Ich hoffe, Sie sind mit den
"Species" einverstanden, die Ihr
Werk in meiner Arbeit hinter-
lassen hat!

Mit freundlichen Grüßen

C(

Campus Forschung
Band 776

Dr. Uta Eser hat in Tübingen Biochemie, Biologie und Philosophie studiert. Seit 1992 arbeitet sie im Zentrum für Ethik in den Wissenschaften der Universität Tübingen. Sie ist Postdoktorandin am Graduiertenkolleg »Genese, Struktur und Folgen von Wissenschaft und Technik« am Institut für Wissenschafts- und Technikforschung der Universität Bielefeld.

Uta Eser

Der Naturschutz und das Fremde

Ökologische und normative Grundlagen
der Umweltethik

Campus Verlag
Frankfurt/New York

Gedruckt mit Unterstützung des Bundesministeriums für Bildung und Forschung

Die Deutsche Bibliothek – CIP-Einheitsaufnahme

Eser, Uta:
Der Naturschutz und das Fremde: ökologische und normative Grundlagen
der Umweltethik / Uta Eser. – Frankfurt/Main; New York:
Campus Verlag, 1999
  (Campus: Forschung; Bd. 776)
  Zugl.: Tübingen, Univ., Diss., 1998
  ISBN 3-593-36250-3

Umschlaggestaltung: Atelier Warminski, Büdingen
Druck und Bindung: KM-Druck, Groß-Umstadt
Gedruckt auf säurefreiem und chlorfrei gebleichtem Papier.
Printed in Germany

Inhalt

Einleitung

»Die weit verbreitete Ontologisierung von Natur bis hin zur Naturalisierung
gesellschaftlicher Verhältnisse zu Legitimationszwecken verkennt, daß die
gegenständlichen Substrate, die wir ›Natur‹ nennen, von menschlichen Defini-
tionsprozessen und menschlicher Praxis abhängen.« (Kardorff 1991:75)

Die fortschreitende Zerstörung der natürlichen Umwelt ist nicht in erster
Linie ein ökologisches, sondern ein gesellschaftliches Problem. Daher sind
längst neben Biologie, Landschaftsplanung und Umwelttechnik auch zahlreiche andere Disziplinen wie Ökonomie, Rechts- und Politikwissenschaften
um einen Ausweg aus der »ökologischen Krise« bemüht. Welchen Beitrag
die Ökologie dabei leisten kann und sollte, darüber allerdings scheinen die
Meinungen auseinanderzugehen: Einerseits ist der »ökologische« Umbau
der Gesellschaft offensichtlich ein mittlerweile mehrheitsfähiges politisches
Programm. Andererseits ist aber zu befürchten, daß die hegemoniale
Stellung der Ökologie im Umweltdiskurs zu einer Entpolitisierung der
Thematik führt, die die gesellschaftliche Dimension der Umweltproblematik
verkennt.

Ökologische Erkenntnisse sind bekanntlich nicht umstandslos in Regeln
für den Umgang mit der Natur zu überführen (Haber 1993a). Die verbreitete
Vorstellung, Ökologie sei die Theorie und Naturschutz die aus dieser sich
zwangsläufig ergebende Praxis, wird von seiten der Ökologie schon seit geraumer Zeit zurückgewiesen (z. B. Konold 1988; Bröring/Wiegleb 1990;
Kaule/Henle 1991; Trepl 1991; Haber 1993b). Die in der Naturschutzpraxis
relevanten Fragen – warum welche Natur an welcher Stelle wie zu schützen
sei – lassen sich nicht allein nach ökologischen Gesichtspunkten beantworten, sondern nur unter Abwägung verschiedener, oft divergierender,
menschlicher Bedürfnisse.

Bei solchen Abwägungen ziehen Naturschutzbelange, trotz des allgemein
gestiegenen Umweltbewußtseins, regelmäßig den kürzeren. Die Ursache
hierfür sehen viele für den Naturschutz Engagierte in der Qualität der
ethischen Grundlage des Naturschutzes: Herkömmliche Naturschutzbegründungen werden für einen wirksamen Schutz der Natur als unzureichend

erachtet (Buchwald 1983; Bierhals 1984; Meyer-Abich 1987; Wöbse 1987; Altner 1990).

Aus diesem Grund bemühen sich seit geraumer Zeit PhilosophInnen wie BiologInnen[1] um Ansätze einer Umweltethik, die das Verhältnis von Mensch und Natur grundlegend neu bestimmen soll. Seit den 1970er Jahren mehren sich dabei, vor allem in der angloamerikanischen Literatur, Ansätze, die in der anthropozentrischen Begründungsstruktur der Ethik selbst die Ursache für die rücksichtslose Ausbeutung der Natur durch Menschen sehen. Sie plädieren daher für eine grundsätzlich neue Ethik, in der der Natur ein von Menschen unabhängiger moralischer Wert zuerkannt wird. Solche Ansätze einer »ökologischen« Ethik[2] beziehen sich häufig auf die Ökologie (z.B. die sog. Tiefenökologie: Rolston 1989; Naess 1989). Von ihr erhofft man sich Aufschluß darüber, wie die Natur funktioniere und wie der Mensch sich demzufolge zu verhalten habe: »[E]cology often functions as the exemplar of the natural and the healthy, and in so doing seems to indicate to us how we ought to re-orient our lives« (Evernden 1992:8).

Indem Konzeptionen einer ökologischen Ethik in ihrer Begründung auf die Natur selbst zurückgreifen, setzen sie sich dem Vorwurf des Naturalismus aus. Die philosophische Kritik an solchen Ethik-Entwürfen focussiert daher in der Regel das Problem des Sein-Sollens-Fehlschluß': ein logischer Schluß von deskriptiven auf präskriptive Sätzen ist unmöglich. Werturteile oder gar Normen lassen sich aus ökologischen Fakten nicht ableiten – zumindest nicht ohne weitere Zusatzannahmen. Dieses Argument beruht auf der Voraussetzung, daß die Biologie als naturwissenschaftliche Disziplin »wertfreies« und »objektives« Wissen über die Natur zur Verfügung stelle,

---

1 Da der deutsche Plural grammatikalisch nur die männliche Form vorsieht, ich aber die Präsenz von Frauen in Wissenschaft und Gesellschaft auch sprachlich kenntlich machen möchte, habe ich, wo dies nicht durch andere Formulierungen zu vermeiden war, die Schreibweise -Innen gewählt. Sie stellt eine Kurzform für das sprachlich etwas holprige »-en/innen« dar und ist seit ihrer Einführung durch die Berliner *tageszeitung* als Versuch einer geschlechtsneutralen Ausdrucksweise üblich.

2 Die Bezeichnung »ökologische Ethik« ist mehrdeutig: In einigen Fällen wird sie lediglich synonym zu »Umweltethik« gebraucht, kennzeichnet also einen Bereich angewandter Ethik, in anderen Fällen steht sie für ein ganz bestimmtes Begründungsprogramm, nämlich ein ökozentrisches. Ich selbst bevorzuge zur Kennzeichnung der Bereichsethik den Terminus »Umweltethik«, sofern ich von »ökologischer« Ethik spreche, meine ich damit ökozentrische Begründungsansätze.

das dann in einem als »Fehlschluß« erachteten Schritt normativ gewendet werde. Statt dieses logischen möchte ich in diesem Buch ein wissenschaftskritisches Argument gegen den unreflektierten Rekurs auf die Ökologie geltend machen. Ich möchte zeigen, daß die Ökologie normative, politische und weltanschauliche Einträge enthält, die durch ihren wissenschaftlichen Objektivitätsanspruch verschleiert werden. Unter Berücksichtigung von Erkenntnistheorie, Wissenschaftsgeschichte und Wissenssoziologie gehe ich davon aus, daß die wissenschaftliche Praxis stets von Vorannahmen geleitet ist, die ihr Fundament im Sozialen haben. Zu solchen Vorannahmen zählen auch kulturell geprägte Wertvorstellungen. Umgekehrt werden gesellschaftliche Wertvorstellungen ihrerseits in hohem Maße von wissenschaftlichen Erkenntnissen – gerade solchen der Biologie – beeinflußt. Diese *Wechselwirkung* von Wissenschaft und Gesellschaft wird m. E. in der Debatte über den naturalistischen Fehlschluß nicht hinreichend zur Kenntnis genommen. Wenn in ökologischen Aussagen bereits normative Elemente versteckt sind, die dann in ökologisch begründeten Normen wieder auftauchen, scheint mir der vermeintliche Fehlschluß doch eher ein Zirkel zu sein. Solange diese Wechselwirkung nicht thematisiert wird, können über den Umweg der Wissenschaft auch Werte gesellschaftsfähig werden, die einer kritischen Prüfung ihrer Verallgemeinerbarkeit u. U. nicht standhalten würden, unter dem Deckmantel der Wissenschaft aber unerkannt bleiben.

Anlaß für diese Vermutung war die Beobachtung, daß ökologische Argumentationsmuster zunehmend durch die politische Rechte instrumentalisiert werden (Jahn/Wehling 1990; Wölk 1992; Wüst 1993). Während die Ökologiebewegung sich selbst meist dem politisch fortschrittlichen Lager zuordnet, befürchten KritikerInnen des »Ökologismus« »...ein ökologisch modernisiertes rechtes Gesellschaftsmodell, in dem unter Berufung auf drohende ökologische Katastrophen individuelle Menschen- und Freiheitsrechte, demokratische Gesellschaftsstrukturen und soziale Rechte eingeschränkt oder beseitigt werden sollen« (Maegerle 1993).

Vor diesem Hintergrund möchte ich im vorliegenden Buch den Zusammenhang von Wertvorstellungen und Weltbildern mit der wissenschaftlichen Ökologie einerseits und mit der Naturschutzidee andererseits anhand eines Fallbeispiels aus dem praktischen Naturschutz genauer untersuchen: Es geht im folgenden um die Einbürgerung fremder Pflanzenarten (sog.

Neophyten), deren Beschreibung durch die Ökologie und deren Bewertung durch den Naturschutz.

Das Beispiel Neophyten

Im Oktober 1993 stellte die Fraktion der Republikaner im Stuttgarter Landtag eine Anfrage an die Landesregierung, welche Konzepte sie habe, um die »teilweise rasante Ausbreitung« außereuropäischer Wildpflanzen aufzuhalten und zurückzudrängen. In der Begründung des Antrags heißt es:

»Zeitungsberichten zufolge haben manche aus dem außereuropäischen Ausland eingeführte Pflanzen einen Siegeszug durch die heimische Landschaft angetreten, d[er] mancherorts zu einer gefährlichen Zurückdrängung einheimischer Pflanzen führt. Mit Recht warnen insbesondere Naturschützer zum Beispiel der BUND davor, diese Expansion nicht zu unterschätzen, da infolge mangelnder natürlicher Feinde ein Verdrängungsprozeß gegenüber den hier heimischen Pflanzen festzustellen sei. Dieser könnte in absehbarer Zeit zu einer Florenverarmung führen.« (Landtag von Baden-Württemberg 1993:1)

Für eine Untersuchung der oben erläuterten Problemstellung erscheint mir der wissenschaftliche und öffentliche Diskurs zu diesem »Neophyten-problem« in vielerlei Hinsicht paradigmatisch:

Zum ersten ist das Problemfeld geeignet, den *Beitrag der Ökologie zu Bewertungsfragen* im Naturschutz genauer zu studieren. Während einige ÖkologInnen unter Verweis auf ihre wissenschaftliche Neutralität wertende Stellungnahmen vermeiden, betrachten andere die Aufklärung der Öffentlichkeit über die mit bestimmten Handlungen möglicherweise verbundenen Gefahren für Mensch und Natur als Bestandteil wissenschaftlicher Verantwortung. Welchen Beitrag die Ökologie als Wissenschaft zu einem auf Werthaltungen gegründeten Naturschutz leisten kann und soll, ist also die erste Frage, die ich anhand der Thematik klären möchte.

Zum zweiten hängt die Neophytenproblematik mit der allgemeineren Frage der Beschreibung menschlichen Handelns durch die Ökologie und seiner Bewertung durch Naturschutz und Umweltethik zusammen. Da die Ausbreitung von Neophyten auf menschliche Tätigkeit zurückzuführen ist, gehen sowohl in ihre Beschreibung also auch in ihre Bewertung bestimmte *Natur- und Menschenbilder* ein, die im Zuge meiner Untersuchung sichtbar gemacht werden sollen.

Zum dritten werden in der stellenweise vehement geführten Debatte um einen angemessenen Umgang mit der Ausbreitung eingeführter Arten neben biologischen »Fakten« explizit auch nicht biologische Werte geltend gemacht: Während NaturschützerInnen negative Konsequenzen für heimische Arten befürchten, interpretieren KritikerInnen die undifferenzierte Ablehnung gebietsfremder Arten als Ausdruck eines zunehmend fremdenfeindlichen gesellschaftlichen Klimas: »There is a kind of an irrational xenophobia about invading animals and plants that resembles the inherent fear and intolerance of foreign races, cultures, and religions« (Brown 1989:105). Die Frage nach *Herkunft und Legitimität der Werte*, die in Naturschutzbewertungen einfließen, kann daher gut an diesem Beispiel untersucht werden.

Zum Aufbau des Buchs

In Kapitel I stelle ich Material und Methoden meiner Studie vor. Ich erläutere zunächst das Neophytenproblem, dann charakterisiere ich die spezifische Situation Mitteleuropas und präsentiere konkrete Fallbeispiele von in Deutschland als problematisch eingestuften Arten. Abschließend stelle ich die methodische Herangehensweise meiner Untersuchung vor.

In Kapitel II erläutere ich die wissenschaftstheoretischen Voraussetzungen meines Vorgehens. Hier geht es um ein angemessenes Verständnis wissenschaftlicher Objektivität und Wertfreiheit, und um die Frage, wie Werte und Objektivität zusammenzubringen sind.

In Kapitel III stelle ich die Geschichte des Neophytenbegriffs sowie den wissenschaftstheoretischen Hintergrund der Vegetationskunde dar. Ich erläutere Unterschiede zwischen nomothetischen und idiographischen Wissenschaftskonzeptionen und stelle das holistisch-organizistische Weltbild dem individualistischen gegenüber. Die Pflanzensoziologie, die häufig zur Erfassung der Vegetation verwendet wird, ordne ich anschließend in diese Begriffsfelder ein.

Kapitel IV eruiert den Gegenstand des Naturschutzes genauer. Ich skizziere zunächst Wandlungen des abendländischen Naturverständnisses. Dann stelle ich die Heimatschutzbewegung als eine historische Wurzel des Naturschutzes dar und diskutiere anschließend den Begriff der Heimat hinsichtlich seiner Implikationen für die Bewertung des Fremden. Welche konkurrierenden Bilder von Natur aktuellen Zielkonflikten im Naturschutz zugrundeliegen, diskutiere ich im Hinblick auf die aktuelle Relevanz der Heimatidee für den Naturschutz.

In Kapitel V untersuche ich Theorien über biologische Invasionen auf Spuren dahinterliegender Naturbilder. Hier werden unterschiedliche Annahmen über die Ursachen erfolgreicher Einwanderungen diskutiert und von einer theoretischen Ebene aus interpretiert.

Kapitel VI dient einer systematischen Darstellung der Bewertung von Neophyten. Ich beurteile die vorgebrachten Argumente zunächst auf der Sachebene. Anschließend diskutiere ich die den Argumenten zugrundeliegenden Werte. Von besonderem Interesse sind hierbei die angeführten Begründungen.

Im Kapitel VII fasse ich meine Ergebnisse zusammen. Ich diskutiere die Frage der Wertfreiheit der Ökologie. Anschließend erörtere ich die Folgerungen, die sich aus der Neophytenproblematik für das dem Naturschutz zugrundeliegende Naturverständnis ziehen lassen. Abschließend kritisiere ich das in den Texten vorgefundene Bild von Mensch und Natur und schlage damit den Bogen zurück zur Umweltethik.

Dank

Das vorliegende Buch ist eine leicht überarbeitete Fassung meiner Dissertationsschrift »Werturteile im Naturschutz: Ökologische und normative Grundlagen am Beispiel der Neophytenproblematik«. Sie wurde am *Zentrum für Ethik in den Wissenschaften*, einer interfakultären Einrichtung der Eberhard-Karls-Universität Tübingen, angefertigt und im März 1998 bei der Fakultät für Biologie eingereicht. Die Arbeit war Teil des Forschungsprojekts »Die Bedeutung der Ökologie für Bewertungsfragen im Naturschutz: Eine kritische Analyse normativer Implikationen biologischer Theorien«, das aus Mitteln des Förderschwerpunkts Arten- und Biotopschutz des Bundesforschungsministeriums gefördert wurde (FKZ 0339561).

Ohne die institutionelle, fachliche und persönliche Unterstützung, die ich am *Zentrum für Ethik in den Wissenschaften* erfahren habe, hätte dieses Buch nicht geschrieben werden können. Im *Graduiertenkolleg Ethik in den Wissenschaften* wurden nicht nur die Grundlagen ethischen Argumentierens vermittelt, sondern darüberhinaus der Austausch von Standpunkten und

Wissen in jener freundschaftlich-kollegialen Athmosphäre ermöglicht, die interdisziplinäres Arbeiten erst fruchtbar macht.

Für die Betreuung und Begutachtung der Arbeit danke ich Franz Oberwinkler und Reiner Wimmer sowie Ludwig Trepl. Franz Oberwinkler hat mir bei der Konzeption und Durchführung meiner Arbeit größtmögliche Freiheit gewährt, zugleich aber auch Sorge dafür getragen, daß die konkreten Bezüge nicht zu kurz kamen. Reiner Wimmer danke ich für das wohlwollende Verständnis, mit dem er mein Vorhaben von Anfang an unterstützt hat. Seinem beharrlichen Festhalten an den Rationalitätsansprüchen der Wissenschaft wie der Ethik ist es zu verdanken, daß ich sie im Eifer meiner Empörung über die herkömmliche Engführung des Rationalitätsbegriffs nicht gänzlich aufgegeben habe: So baue ich denn im wissenschaftstheoretischen Fundament dieser Arbeit auf die menschliche Vernunft – trotz aller Beweise ihrer Ohnmacht in der Realität. Der ideengeschichtliche Ansatz Ludwig Trepls sowie verschiedene Arbeiten aus seinem Hause haben meine Interpretationen ökologischer Theorien stark beeinflußt. Seine genauen und kritischen Kommentare zu den ihm vorgelegten Entwürfen haben erheblich zur Präzisierung meiner Argumentation beigetragen. Werner Konold verdanke ich die Anregung, mein Vorhaben am Beispiel der Neophytenproblematik zu konkretisieren. Seine Diskussionsbereitschaft sowie die Fülle seiner praktischen Erfahrungen haben meine Arbeit sehr bereichert. Jens Badura, Marcus Düwell, Heidrun Hesse, Kurt Jax, Fred Jopp, Christiane Kohler-Weiß, Tom Konopka, Thomas Potthast und Hartwig Schepker haben Teile dieses Buchs vorab gelesen und durch wichtige Hinweise verbessert. Beim Beschaffen und Verwalten der umfangreichen Literatur und in Fragen der Textverarbeitung haben mir Jens Badura und Daniel Effinger große Hilfe geleistet. Die Verantwortung für die hier vorliegende Fassung meiner Arbeit liegt selbstverständlich ausschließlich bei mir.

In dieses Buch sind ungezählte Diskussionen mit KollegInnen, LehrerInnen und FreundInnen eingeflossen: An erster Stelle ist hier Thomas Potthast zu nennen, mit dem ich mir oft in stundenlangen Debatten den Kopf heiß geredet habe. Viele der hier thematisierten Probleme haben wir im Laufe unseres Forschungsprojekts gemeinsam erheblich präzisiert, wenn wir auch bis heute nicht in allen Punkten zu einem Konsens gekommen sind. Verschiedenen Seminaren bei Heidrun Hesse verdanke ich meine Einführung in die philosophische Wissenschaftstheorie sowie eine außerordentlich lehrreiche Schulung im kritischen Umgang mit Texten. Ihr kompromißloser Diskussionsstil war mir nicht nur ständige Herausforderung zu genauerem Argumentieren, sondern auch stets ein Vergnügen.

Hitzige Debatten im *AK BuSiB* (Arbeitskreis Berufsbild und Selbstverständnis in der Biologie) über Zielvorstellungen und Begründungen des Naturschutzes sowie über das Thema »Biologismus« haben diese Arbeit ebenso bereichert wie die Diskussionen im *AK Theoretische Promotionen* über Fragen der Methodik theoretischer Ansätze in der Biologie. Die kritische Auseinandersetzung mit den Begriffen »Störung«, »Konkurrenz« und »Diversität« im Rahmen einer informellen Arbeitsgruppe *Theorie und Geschichte der Ökologie* hat ebenfalls ihren Niederschlag gefunden. Einem Besuch im Kasseler *ARÖK* (Archiv für Arbeiterkultur und Ökologie) verdanke ich wichtige Literaturhinweise. Meine Überlegungen zum Umgang mit dem Anderen wurden maßgeblich stimuliert durch Diskussionen im *AK Feministische Ethik* des Graduiertenkollegs sowie in der *Tübinger Frauengruppe gegen Bevölkerungspolitik*.

Das *Graduiertenkolleg Genese, Struktur und Folgen von Wissenschaft und Technik* am Institut für Wissenschafts- und Technikforschung der Universität Bielefeld hat mir nicht nur dankenswerterweise nach Abschluß meiner Arbeit ein kurzfristiges Post-Doc-Stipendium gewährt, sondern mir in dieser Zeit auch einen vertiefenden Einblick in die soziologische und historische Wissenschaftsforschung ermöglicht, der mir bei der Überarbeitung meiner Arbeit außerordentlich hilfreich war.

Auf eine ganz fundamentale Weise ermöglicht wurde diese Arbeit schließlich durch meine Freundinnen und Freunde. Allen, die mich während der unvermeidlichen Durststrecken ermutigt und unterstützt haben, sei an dieser Stelle von Herzen gedankt!

Kapitel I

Neophyten: Fremde Natur

1. Was ist das Neophytenproblem?

> »Viele der Arten, um die sich der Naturschutz heute besonders kümmert, sind
> erst mit dem Menschen nach Mitteleuropa gelangt .... Arten, die erst in diesem
> Jahrhundert hier eingeführt wurden, werden dagegen vom Naturschutz heute in
> der Regel heftig abgelehnt.« (Henle/Kaule 1991:69)

1.1. Fremde Arten als Gefahr für heimische?

Von Menschen eingeführte, gebietsfremde Tier- und Pflanzenarten haben in
zahlreichen Regionen der Welt zum Rückgang oder gar Aussterben ursprünglich dort heimischer Arten geführt. Für die Galapagos-Inseln, Hawaii,
Florida, Neuseeland und auch Australien sind die verheerenden Folgen der
Einführung neuer Arten gut dokumentiert (Fox/Adamson 1979; Groves
1986; Mott 1986; Section 5 in Mooney/Drake 1986; Stone/Stone 1989).
Insbesondere auf ozeanischen Inseln, die aufgrund ihrer langen Isolierung
einen hohen Anteil endemischer Arten besitzen, können eingeführte Arten
die ursprüngliche Flora und Fauna gefährden.

Eine erste eindringliche Warnung vor den negativen Folgen einer welt-
weiten Vermischung zuvor getrennter Floren und Faunen veröffentlichte der
US-amerikanische Ökologe Charles S. Elton (1958). Zunächst noch relativ
unbeachtet nimmt das Thema seit Anfang der 80er Jahre immer breiteren
Raum sowohl in der ökologischen Forschung als auch in der gesellschaftli-
chen Wahrnehmung ein. Mitte 1982 initiierte das SCOPE[3] das erste globale
Forschungsprojekt zur »Ökologie biologischer Invasionen« (Ergebnisse in
Groves/Burdon 1986; Kornberg/Williamson 1986; MacDonald u.a. 1986;
Mooney/Drake 1986; Joenje 1987; Drake u.a. 1989; Di Castri u.a. 1990).

---

3 Scientific Committee on Problems of the Environment

Mittlerweile wird der weltweite anthropogene Transport von Tier- und Pflanzenarten von zahlreichen im Naturschutz Engagierten als ernsthafte Bedrohung der globalen Biodiversität wahrgenommen. Mit Blick auf befürchtete Artenverluste werden restriktive Maßnahmen gegen eine weitere Verbreitung gebietsfremder Pflanzenarten gefordert:

»Jeder Tag der verstreicht, ohne daß etwas gegen die zunehmende biologische Verschmutzung unternommen wird, erhöht das Risiko, daß irgendwo auf der Welt wieder eine Art unwiederbringlich verloren geht, wieder ein Ökosystem von fremden Eindringlingen überrannt wird.« (Bright 1995:22)

1.2. Zur spezifischen Situation Mitteleuropas

Inwieweit die zitierte Befürchtung auch für Mitteleuropa zutrifft, ist jedoch fraglich. Im Gegensatz zu Deutschland bzw. Mitteleuropa haben die meist als Beleg für die Gefahren zitierten ozeanischen Inseln einen hohen Anteil an endemischen Arten. Diese konnten sich dort im Zuge ihrer langen erdgeschichtlichen Isolation entwickeln und an äußerst spezifische Umweltbedingungen anpassen. Die im Zuge der europäischen Kolonisierung eingebrachten Pflanzen- und Tierarten haben zu massiven Veränderungen der ursprünglichen Lebensräume geführt, die von zahlreichen Ausrottungen der heimischen Arten begleitet waren (Elton 1958; Crosby 1985). Viele dieser Arten sind heute unwiederbringlich verloren.

Das Arteninventar Mitteleuropas ist dagegen vergleichsweise jung. Es ist in hohem Maße geprägt durch die enormen Artenverluste während der Eiszeit. Denn anders als in Amerika, wo die Gebirgsketten in Nord-Süd-Richtung verlaufen, wurde in Europa durch die in Ost-West-Richtung verlaufenden Alpen der Rückzug der kälteempfindlichen Arten Richtung Süden verhindert. Bis auf wenige eiszeitliche Reliktarten verdanken daher die meisten mitteleuropäischen Arten ihre Existenz im Gebiet postglazialer Einwanderung. Diese Einwanderungsflora ist daher ausgesprochen arm an Endemiten: In der Liste der in der Bundesrepublik Deutschland einheimischen und eingebürgerten Farn- und Blütenpflanzen sind nur 32 Arten und Unterarten als endemisch gekennzeichnet (Korneck/Sukopp 1988). Ob die Veränderung der Vegetation und die lokale Verdrängung heimischer Arten zu einem Artensterben eines der oben beschriebenen Situation vergleichbaren Ausmaßes führen, ist daher zweifelhaft.

Die Flora Mitteleuropas ist darüberhinaus in hohem Maße vom Menschen beeinflußt (Ellenberg 1986). In Deutschland sind 16% der beständig vorkommenden Arten nur infolge direkter oder indirekter Mithilfe des Menschen in das Gebiet gelangt, davon 7% vor dem Jahr 1500 und 9% erst danach (Sukopp 1976).

Der Ackerbau in Mitteleuropa ist über 5.000 Jahre alt. Er wurde im Zuge der sog. vorderasiatischen Kulturdrift über Griechenland und den Balkan nach Mitteleuropa eingeführt. Mit dem Wandel der acker- und pflanzenbaulichen Methoden im Neolithikum etablierten sich auch unterschiedlichste Begleitpflanzen (Pötsch 1991). Die in der Jungsteinzeit bis Bronzezeit noch verbreitete prähistorische Feldgraswirtschaft mit ihren langen Brachephasen begünstigte vor allem mehrjährige Arten und besonders tritt- und verbißfeste Weidepflanzen. Die Einführung der Plaggenwirtschaft im Pleistozän führte durch Plaggenentnahme zu einer Schwächung der Wälder. Die mittelalterliche Dreifelderwirtschaft, um 775 erstmals erwähnt, mit ihrem Wechsel von Wintergetreide, Sommergetreide und Brache im 3-jährigen Rhythmus ermöglichte bis zur Einführung des Wendepflugs noch das Wachstum hauptsächlich mehrjähriger Begleitarten. Mit der tiefgründigeren Bodenbearbeitung und dem Hackfruchtanbau wurden dann einjährige »Unkräuter« wie Klatschmohn (*Papaver rhoeas*), Ackersenf (*Sinapis arvensis*), Weißer Gänsefuß (*Chenopodium album*), Kornrade (*Agrostemma githago*) und Kornblume (*Centaurea cyanus*) fester Bestandteil der mitteleuropäischen Flora. Einige dieser sog. Archäophyten sind heute bereits wieder durch veränderte Wirtschaftsformen gefährdet.

Mit dem Aufkommen des weltweiten Verkehrs zwischen den Kontinenten zu Beginn des 16. Jahrhunderts und der Einführung von Dampfschiffahrt und Eisenbahn im 19. Jahrhundert verstärkte sich der anthropogene Einfluß auf die Flora. Mit der Intensivierung des Ackerbaus Anfang des 19. Jahrhunderts und dem verbreiteten Anbau neuer Kulturpflanzen (Kartoffel, Futter- und Zuckerrübe, verschiedene Kohlarten, Ölfrüchte, Tabak und Färbepflanzen) kam es jeweils zu neuen Einführungsschüben, denen die sog. Neophyten ihre Existenz im Gebiet verdanken.

Nach Lohmeyer/Sukopp (1992) wurden in Deutschland seit der Einführung von Ackerbau und Viehzucht mindestens 12.000 Sippen als Zier- und Nutzpflanzen importiert oder unbeabsichtigt eingeschleppt. Damit übertrifft die Zahl der eingeführten Pflanzenarten die der wildwachsenden Farn- und Blütenpflanzen um das Fünffache. 229 Sippen können heute als auch in naturnaher Vegetation fest eingebürgert gelten. Davon ist das Erstauftreten bei 60 Arten unbekannt, 50 wurden vor dem Jahr 1500 eingeführt, sind also sog. Archäophyten, während 119 als Neophyten anzusehen sind. Der Höhepunkt der Einwanderung neuer Arten war im 19. Jahrhundert (fast 30% der heute eingebürgerten Arten sind in dieser Zeit eingewandert), ist also zeitlich mit der Industrialisierungswelle korreliert. Jäger (1977) geht davon aus, daß mittlerweile die meisten der zu anthropogenen Arealerweiterungen fähigen Arten bereits eingeführt sind. Allerdings ist eine Abschätzung der Zahl weiterer zukünftiger Einbürgerungen aufgrund des sog. time-lags (Kowarik 1995a), also des zeitlichen Abstands zwischen Ersteinfuhr und Beginn der selbständigen Ausbreitung, schwerlich möglich. Auch aufgrund der Möglichkeit der selektiven Differenzierung neuer Ökotypen sind sichere Prognosen ausgeschlossen (Jäger 1988).

1.3. Neophytenbekämpfung – »Ausländer raus«?

Populärwissenschaftliche Darstellungen der sog. Neophytenproblematik begnügen sich oft damit, auf die Fremdheit der eingeführten Arten zu verweisen. Überschriften wie »Die grünen Besatzer. Ausländer auf Erfolgskurs: Fremde Pflanzen überwuchern deutsche Kräuter« (Finck 1991) oder »Invasion der fremden Art. Exotische Pflanzen und Tiere verdrängen heimische Arten« (Aufmacher des World Watch Magazins für den Aufsatz von Bright 1995) vermitteln durch ihre Sprache, daß die Verdrängung heimischer durch fremde Arten unerwünscht ist, ohne dies weiter zu begründen. Die Befürchtung, die Ausbreitung gebietsfremder Arten stelle *per se* eine Bedrohung für die heimische Flora und Vegetation, erscheint in solchen Zitaten als unmittelbar einleuchtende. Diese intuitive Plausibilität muß aber hinsichtlich ihrer latent fremdenfeindlichen Komponente hinterfragt werden.

So wird die Diskussion über heimische bzw nicht-heimische Arten auch immer wieder mit dem Vorwurf der Heimattümelei, des Nationalismus oder Rassismus konfrontiert (Webb 1985; Garthwaite 1993; Binggeli 1994; Marinelli 1995; Reichholf 1996). Während manche besorgten NaturschützerInnen fordern, der Staat solle »generell den einheimischen Arten Vorrang einräumen« (Bright 1995:23), warnen KritikerInnen einer solchen pauschalen Ablehnung fremder Arten vor einer unreflektierten Wiederaufnahme nationalistischen Gedankenguts durch die ökologische Hintertür: Die Verbannung fremder Arten aus Garten und Landschaft knüpfe an eine Blut- und

Boden-Tradition an, die der Idee menschlicher Gestaltungsfreiheit widerstreite (Gröning/Wolschke-Bulmahn 1992; allgemeiner zur Frage eines politisch reaktionären Ökologismus: Trepl, 1981; Lorenz/Trepl 1993). Mein eingangs geäußerter Verdacht, daß vom Naturschutz bzw. der »Ökologie« Werturteile auf die Natur angewendet werden, die einem gesellschaftlichen Kontext entstammen, wird im Rahmen der Neophyten-Debatte also explizit vorgebracht: »This current debate shows that human value judgements are now freely applied to the plant kingdom« (Binggeli 1994:11). Damit erscheint mir die Problematik in besonderer Weise geeignet, die Frage nach den ökologischen und normativen Grundlagen von Naturschutzbewertungen zu untersuchen.

2. Vorstellung einiger »Problemarten«

Nach Lohmeyer/Sukopp (1992) gibt es in Deutschland ungefähr 120 neophytische Arten[4] , die sich auch in naturnaher Vegetation etabliert haben. Von diesen werden nur ungefähr zehn als Problemarten diskutiert. Viele neophytische Agriophyten zeigen keine Expansions- und Verdrängungseffekte und stellen daher anerkanntermaßen kein Problem dar.

Die Tabelle 1 gibt einen Überblick über die wichtigsten Arten, gegen die in Mitteleuropa Bekämpfungsmaßnahmen durchgeführt werden. Neben der Herkunft der Arten werden die Biotope, in denen sie Probleme verursachen sowie die Gründe für ihre Bekämpfung angegeben. Die hervorgehobenen Arten werden im folgenden zur Illustration des Problems und Herausarbeitung der speziellen Fragestellung etwas genauer vorgestellt. Die Auswahl der Arten ist dabei in erster Linie an der öffentlichkeitswirksamen Wahrnehmung dieser Arten als »Probleme« orientiert. Sie alle werden aufgrund ihrer Ausbreitungstendenz zu den aus Naturschutzperspektive »gefährlichen« und daher beobachtungsbedürftigen Arten gerechnet (Fukarek 1987).

---

4 Die genauen Zahlenangaben schwanken, da nicht für alle Arten Daten über ihr Erstauftreten vorliegen: 119 Arten sind sicher nach 1500 datiert, von den 190 von Lohmeyer/ Sukopp (1992) bearbeiteten Agriophyten werden 136 als Neophyten eingestuft.

Tabelle 1

Name	Herkunft	betroffene Ökotope	N	L	F	W	G
Amaranthus spec. div. u.a.	NAm	Hackfrucht-, Maiskulturen	●	●			●
Impatiens glandulifera	Oas	Fließgewässer, Ufer, Auen	●			●	●
Heracleum mantegazzianum	WAs	Säume, Wegränder	●			●	●
		Wiesenbrachen, Parkanlagen					
		Ruderalflächen					
Cyperus esculentus	OAs	Mais-, Zwiebelkulturen	●	●			
Helinatus tuberosus	NAm	Ufer, Auen	●			●	
Reynoutria japonica	OAs	Ufer, Auen	●			●	
R. sachalinensis	OAs	Ufer, Auen	●			●	
R. x bohemica	(OAs)[a]	Ufer, Auen	●			●	
Solidago canadensis	NAm	Auen, Ackerbrachen	●	●			
		Rohböden, Magerrasen					
S. gigantea	NAm	wie S. canadensis, auch feuchte Standorte	●			●	
Elodea canadensis	NAm	Fließgewässer, Stillgewässer	●			●	
E. nuttallii	NAm	wie E. canadensis	●			●	
Rosa rugosa	OAs	Küstendünen	●		●		
Vaccinium angustifolium,							
V. corymbosum,		Forsten,					
V. augustiofolium x corymbosum [c](NAm)[a]		Feuchtgebiete	●		●		
Pinus nigra	Eur	Trocken-/ Halbtrockenrasen	●		●		
P. strobus	NAm	Felsenstandorte (Elbsandsteingebirge),	●		●		
		Moorränder					
Populus x canadensis	(NAm)[b]	Gehölzvegetation mit Populus nigra	●		●		
Prunus serotina	NAm	Forste, Waldinnen-/außenränder	●		●		●
		Heiden, (teil-) entwässerte Feuchtgebiete					
Robinia pseudoacacia	NAm	Magerrasen, Waldgrenzstandorte	●	●			

Tabelle 1: Neophyten, die in Mitteleuropa bekämpft werden, und Angaben zu Ökotopen, in denen Beeinträchtigungen auftreten können. (Herkunft: NAm: Nordamerika, OAs: Ostasien, WAs: Westasien, Eur: Europa; Betroffene Landnutzungen: N: Naturschutz, L: Landwirtschaft, F: Forstwirtschaft, W: Wasserwirtschaft sowie G: menschliche Gesundheit. Bei Hybriden a: Herkunftsgebiet beider Elternarten; b: Herkunftsgebiet einer Elternart; c: prov. taxonomische Abgrenzung der Vaccinium- Sippen; Quelle: Kowarik 1996: 143, verändert)

Die neophytischen Staudenknöteriche *Reynoutria japonica* und *R. saccha-linensis*, das Indische Springkraut *Impatiens glandulifera* und die Herkules-staude *Heracleum mantegazzianum* sind die bekanntesten Problemarten in Bach- und Flußauen (Pyšek/Prach 1994). Die nordamerikanischen Gold-ruten (*Solidago canadensis* und *S. gigantea*) werden vor allem auf für den Artenschutz bedeutsamen Ruderal- und Brachflächen als problematisch ein-gestuft (Hartmann/Konold 1995). Die Spätblühende Traubenkirsche *Prunus serotina* gilt als die Hauptproblemart in Forsten (Starfinger 1990).

Zur Ökologie und Verbreitung sowie zur Wahrnehmung, Bewertung und Bekämpfung von Neophyten in Deutschland liegen etliche Studien und Übersichten vor (Hanf 1991; NNA 1991; Adolphi 1995; Hartmann u.a. 1995; Kowarik/Schepker 1997). Die ausgewählten Arten ziehen dabei die größte Aufmerksamkeit auf sich. So veranstaltete der Bund Naturschutz Bayern e.V. im Juli 1993 ein Seminar mit dem Titel:»Indisches Spring-kraut, Herkulesstaude, Goldrute – raus? Vom Umgang mit eingewanderten und verschleppten Pflanzen«. Auch bei dem Symposium »Neophyten – Gefahr für die Natur?«, veranstaltet von der Akademie für Umwelt- und Naturschutz Baden-Württemberg in Offenburg am 6./7. 9. 1994, ging es neben vereinzelten Darstellungen anderer Neophyten hinsichtlich der Bekämpfung vor allem um die vorgestellten Arten (vgl. Böcker u.a. 1995; ANU 1996).

Ich werde im folgenden die Arten und ihre Ausbreitung in groben Zügen vorstellen: Herkunft, Einwanderungsart, Fortpflanzungsbiologie und Ver-breitung (einschließlich ihrer gängigen pflanzensoziologischen Einordnung). Außerdem gilt es darzustellen, aus welchen Gründen die Auswirkungen der Arten als problematisch eingestuft werden. Ein Überblick über Bekämp-fungsmaßnahmen rundet das Bild ab. Einige Textbeispiele zeigen darüber-hinaus, wie eng Beschreibung und Bewertung in der Darstellung von Neo-phyten oft verbunden sind. Dabei sollen auch Widersprüche und strittige Punkte in der Debatte deutlich werden.

2.1. Asiatische Staudenknöteriche

Die aus dem ostasiatischen Raum stammenden neophytischen Stauden-knöteriche *Reynoutria japonica* HOUTT. und *R. sachalinensis (F. SCHMIDT PETROP. ex MAXIM.) NAKAI* gehören zur Familie der *Polygonaceae*. Auf-grund ihrer unklaren systematischen Einordnung finden sich in der Literatur zahlreiche Synonyme: Beate Alberternst (1995) gibt für den Japanknöterich *Reynoutria japonica, Polygonum cuspidatum, P. reynoutria, P. zuccarinii, P. sieboldii, Pleuropterus cuspidatus, Tiniaria japonica* und *Fallopia japonica* an. Japan- und Sachalinknöterich wurden 1993 von der Zentralsteile für floristische Kartierung der Gattung *Fallopia* zugeordnet (Alberternst 1995). In der verwendeten Naturschutzliteratur ist dagegen die Bezeichnung *Reynoutria japonica* bzw. *R. sachalinensis* gebräuchlicher, die ich daher für diese Arbeit übernehme.

Ursprünglich in China, Korea und Japan beheimatet, wurden sie in der Mitte des 19. Jahrhunderts aus Asien als Zierpflanzen eingeführt. Der Japanknöterich ist im Jahr 1823 erstmals nachgewiesen. Als Agriophyt kommt er in Belgien, Dänemark, West-, Süd-, Mitteldeutschland, in der Schweiz, Polen, Tschechien und Österreich vor. Hier bildet er in Fluß- und Bachauen eine eigene *Reynoutria japonica*-Gesellschaft an Stelle des ursprünglichen Flußröhrichts (*Phalario-Petasitetum hybridi)* und des *Cuscuto-Convolvuletum* mit *Lamium maculatum* (Lohmeyer/Sukopp 1992).

Der seltenere Sachalinknöterich wurde 1863 erstmals belegt. Er ist im Schwarzwald, im Erzgebirge und in den Beskiden (Polen) als Agriophyt bekannt. Dort wächst er an Bachufern in *Aegopodium*-Gesellschaften (Lohmeyer/Sukopp 1992). Da er bisher nicht so verbreitet ist wie der Japanknöterich, gilt er als weniger »aggressiv« (Bailey 1994; Hayen 1995). *Reynoutria japonica* und *R. sachalinensis* können hybridisieren. Ihr Hybride, *Reynoutria x bohemica* CHRTEK/CHRTKOVA, ist genotypisch und phänotypisch intermediär, d. h. er steht in der Chromosomenzahl und morphologisch zwischen den Elternarten (Alberternst u.a. 1995). Durch Heterosis-Effekte ist der Hybride allerdings wuchskräftiger und konkurrenzstärker (Bailey u.a. 1995; Konold u.a. 1995).

Die neophytischen Staudenknöteriche sind ausdauernde Arten mit geophytischer Lebensform, sie können also ungünstige Perioden unter der Erde überdauern. Über diese Rhizome erfolgt in Mitteleuropa auch ihre Vermehrung. Sie haben ihren Ursprung in den verdickten Basalteilen der Pflanze, wachsen horizontal und sind deutlich in Nodien und Internodien gegliedert. Die in den Nodien liegenden Achselknospen können bei einer Verletzung des Rhizoms zu vertikalen Sprossen auswachsen. Dabei sind selbst Bruchstücke des Rhizoms sehr regenerationsfähig. Ein 1,5 cm kurzer Rhizomanschnitt kann, sofern er ein Nodium aufweist, zu einer vollständigen

Pflanze regenerieren. (Eine ausführliche Darstellung der Rhizommorphologie und Populationsökologie des Japanknöterich findet sich bei Hayen 1995.) Bei Hochwasser werden solche Rhizomfragmente mit dem Sediment flußabwärts verfrachtet, wo sich neue Bestände etablieren können (Brock u.a. 1995).

Die hohe Wuchs- und Konkurrenzkraft neophytischer Staudenknöteriche kann zur Ausbildung großflächiger Reinbestände führen. Solche Vorkommen werden als »ausgedehnte Bestände«, »sehr vitale und ausgreifende Bestände«, »kilometerlange Monobestände«, »üppige Trupps« (Bauer 1995) ja sogar »monopolistische Bestände« (Hayen 1995:125 u. 135) bezeichnet. Wegen dieser Eigenschaften und seiner Fähigkeit, sich auch auf naturnahen Standorten zu etablieren, wird der Japanknöterich als Gefährdung für autochthone Arten bewertet:

»Was *Reynoutria japonica* angeht, darf man ohne Einschränkung sagen, daß, wo immer sie sich auf Auenstandorten in Mitteleuropa *breitmacht*, ihr Überhandnehmen zwangsläufig zur Verarmung und schließlich zur Uniformierung der bis dahin aus autochthonen und archäophytischen Kräutern und Gräsern bestehenden Pflanzendecke führt« (Lohmeyer/Sukopp 1992:50; Herv. UE).

Vielfach werde die *Urtica-*, *Calystegia-* oder *Petasites*-reiche nitrophytische Krautvegetation der Fließgewässer vom Japan-Knöterich vollständig unterdrückt (Lohmeyer/Sukopp 1992). Diese Verdrängung der »angestammten Konkurrenzvegetation« (Bauer 1995:108) gilt nicht nur aus Artenschutzgründen als bedenklich, sondern auch aus der Perspektive der Wasserwirtschaft, weil sie zu einer mangelhaften Uferbefestigung führt.

Versuche zur Regulierung problematischer neophytischer *Reynoutria*-Bestände wurden mit verschiedenen Methoden gemacht: Mahd, Beweidung und Konkurrenz (Konold u.a. 1995), Mähen, Überpflanzungen und Herbizideinsatz (Kretz 1995) sowie Ausbreitungsprophylaxe durch Sieben und Kompostieren rhizomhaltigen Bodenmaterials (Walser 1995). Bei allen Versuchen wurde eine 100%ige Eliminierung der Art weder angestrebt noch erreicht. Durch regelmäßige Schädigung der oberirdischen Pflanzenteile, sei es durch Mähen, Schlegeln oder Beweidung konnte jedoch eine gewisse Eindämmung des Wachstums erzielt werden. Adolphi (1995) weist allerdings darauf hin, daß diese Maßnahmen regelmäßig wiederholt werden müßten, weil die Bestände nicht nachhaltig geschädigt würden. Durch regelmäßiges Mähen werde aber keine ursprüngliche Ufervegetation, sondern auf Dauer eine Wiesenvegetation erhalten.

Da alle Maßnahmen, bei denen die Rhizome der Pflanzen zerstückelt werden, damit gleichzeitig zur vegetativen Verbreitung beitragen, wurde auch die Bekämpfung von Einzelpflanzen durch gezielte Herbizidinjektion getestet (Hagemann 1995). Diese erwies sich zwar hinsichtlich der Letalität als erfolgreich, brachte jedoch, weil sie alle wachsenden Pflanzenteile und damit auch die Rhizome betraf, ebenfalls eine Rhizomzerstückelung mit sich. Diese Rhizomfragmente erwiesen sich trotz der Herbizidbehandlung noch als regenerationsfähig, so daß eine Nachbehandlung der oberirdischen Regenerate als nötig erachtet wird (Hagemann 1995).

Außerdem sind für *Reynoutria japonica* biologische Maßnahmen zur Regulierung unerwünschter Bestände in Entwicklung (Diaz/Hurle 1995). Da davon ausgegangen wird, daß die Konkurrenzkraft einer Art durch natürliche Antagonisten limitiert wird, sollen am Japanknöterich vorkommende Pathogene isoliert und nachträglich eingeführt werden. Durch gezielte Ausbringung erhofft man sich eine Schwächung der Konkurrenzkraft der Pflanzen und damit eine Verkleinerung unerwünschter Bestände.

2.2. Nordamerikanische Goldruten

Die beiden nordamerikanischen Goldrutenarten *Solidago canadensis* L. und *S. gigantea* AIT wurden ursprünglich als Zierpflanzen nach Europa, zunächst nach England, eingeführt. Erstmals nachgewiesen ist die Kanadische Goldrute (*Solidago canadensis*) bereits 1648, die Späte Goldrute (*S. gigantea*) 1758 (Hartmann/Konold 1995). Die Goldruten waren und sind noch heute Bestandteil traditioneller Bauerngärten. Von ersten Verwilderungen wird um die Jahrhundertwende berichtet (Rüdenauer u.a. 1974).

Die ursprüngliche Präriepflanze ist ausgesprochen lichtliebend und bevorzugt daher offene Standorte. Nach dem zweiten Weltkrieg fand sie in zerbombten Großstädten als sog. Trümmerschuttpflanze weite Verbreitung (Kreh 1955). Von dort breitete sie sich in andere offene Lebensräume aus. Sie gilt heute als eine der häufigsten Arten in der Stadt (Cornelius 1990). Schwerpunkte ihres Vorkommens in ländlichen Gebieten sind Ruderalflächen und landwirtschaftliche Brachen, auf denen sie ausgeprägt artenarme, gelegentlich sogar Reinbestände bildet (Hartmann/Konold 1995). Ackerbrachen scheinen die Ansprüche der Goldrute gut zu erfüllen. So hat sich in Baden-Württemberg die Goldrute durch die Sozialbrachen der 60er und 70er Jahre beschleunigt und schließlich flächendeckend ausbreiten können (ebd.).

Aufgrund ihrer breiten ökologischen Amplitude besiedeln beide Goldrutenarten verschiedenste Standorte, wobei *Solidago gigantea* im feuchten Bereich zu überwiegen scheint (Hartmann u.a. 1995). Agriophytische Goldrutenvorkommen sind am Ufersaum in Windengesellschaften und Weidengebüschen sowie auf Verlichtungen im *Salicetum albae* und im *Querceto-Ulmetum* zu finden. *Solidago gigantea* gedeiht darüberhinaus im *Equiseto-Alnetum incanae* (Lohmeyer/Sukopp 1992). Epökophytisch kommen beide Goldruten in *Agropyretea*- und *Artemisietea*-Gesellschaften vor. Im Bereich der Flußufer und Auen sind die überschwemmungsempfindlichen Goldruten im Vergleich zu anderen Neophyten von untergeordneter Bedeutung. So wurde die Späte Goldrute im Taubergießengebiet durch das später eingewanderte Indische Springkraut verdrängt. Im sog. *Impatienti-Solidaginetum* läßt sich eine Zonierung innerhalb der Aue erkennen, in der die Goldruten auf die höhergelegenen Stellen beschränkt sind (Kopecký 1967). Beide Goldrutenarten werden von zahlreichen blütenbesuchenden Insekten genutzt und wurden daher teilweise von Imkern als Trachtpflanze angesalbt. Die Zusammensetzung des Besucherspektrums entspricht dabei dem späten Blühtermin der Goldruten (August/ September), wird aber im wesentlichen durch die Qualität des Umfelds bestimmt. Je vielfältiger das umgebende Lebensraummosaik desto reichhaltiger ist auch die Blütenbesucher-Gilde (Schwabe/Kratochwil 1991).

Als »Erfolgskonzept der Goldrute« (Hartmann/Konold 1995:94) gilt ihre Fähigkeit, sich sowohl vegetativ als auch generativ zu verbreiten. Die vegetative Vermehrung erfolgt über Rhizomknospen, die zu Luftsprossen auswachsen. So entstehen ausgedehnte Herden (sog. Klone). Die Fernverbreitung erfolgt dagegen über Samen, die in großer Zahl produziert und vom Wind verbreitet werden (Hartmann u.a. 1995).

Die Goldruten gelten als sehr konkurrenzstark. Aufgrund ihrer »aggressiven Ausbreitungstendenz« (Schwabe/Kratochwil 1991:17) wird befürchtet, daß ihre Etablierung sich negativ auf die Artenvielfalt auswirkt. So bilde die Goldrute im Naturschutzgebiet Taubergießen »unduldsame Polykormone« (ebd.:16). Auch in der südlichen Oberrheinebene konnte nach Grundwasserabsenkungen eine »exzessive Zunahme« (ebd:16) der Goldrute beobachtet werden.

Aufgrund dieser Ausbreitungstendenz und der damit einhergehenden Unterdrückung der autochthonen Flora raten Schwabe/Kratochwil von einer direkten Förderung der *Solidago*-Arten im Uferbereich, z. B. durch Aussaat durch Imker, ab. In geschützten Lebensgemeinschaften wie Halbtrockenrasen und ehemaligen Streuwiesen wird ebenfalls befürchtet, daß die Ausbreitung der Goldrute zur – zumindest lokalen – Gefährdung der Bestände bedrohter Arten führen kann. Hierdurch wären in erster Linie konkurrenzschwache Rote-Liste-Arten betroffen (Hartmann/Konold 1995).

Wo die Eindämmung der Goldrute aus Artenschutzgründen angezeigt scheint, wird versucht, durch Mähen oder Mulchen der Goldrutenbestände vor der Blüte die Ausbildung und Ausbreitung der Samen zu verhindern. Durch den Eingriff werden jedoch oberirdische Stengel- und unterirdische Wurzelknospen aktiviert, so daß die Zahl der Triebe zunächst zunimmt. Gleichzeitig wird aber die Wuchskraft der Pflanzen geschwächt. Nach Versuchen von Hartmann konnte nach dreijähriger Behandlung der Deckungsgrad von *Solidago* auf die Hälfte reduziert werden (ebd.). Auch durch Bodenbehandlung kann die Goldrute kurzfristig zurückgedrängt werden. Da sich die Restbestände aber relativ rasch wieder vegetativ ausbreiten, muß die Bodenbearbeitung mit einer nachfolgenden Einsaat kombiniert werden.

2.3. Indisches Springkraut

Das Indische Springkraut *Impatiens glandulifera* ROYLE stammt aus dem westlichen Himalaya, wo es an Bachufern wächst. Es wurde 1839 als Samen nach England eingeführt (Schuldes 1995). Lohmeyer/Sukopp (1992) datieren den Erstnachweis in Deutschland auf 1854. Seither hat sich *Impatiens glandulifera* in ganz Mitteleuropa verbreitet, wo es als Agriophyt u.a. in Weiden-, und Winden-Gesellschaften, Erlenbruchwäldern und Rohrglanzgras-Röhrichten zu finden ist.

Als einjährige Art vermehrt sich das Springkraut auschließlich über Samen, die in großen Mengen produziert werden (Schuldes 1995). Die Samen werden, wenn sie reif sind, durch das Platzen der Samenkapsel einige Meter weit geschleudert, fallen jedoch wegen ihres Gewichts schnell zu Boden. *Impatiens glandulifera* keimt in Vegetationslücken, bildet große Keimblätter und wächst rasch. Ein Ferntransport der Samen erfolgt über Wasserläufe, entweder an deren Grund mit dem Geschiebe oder, vom Hochwasser aufgewirbelt, im freien Wasserkörper. Mit der Verwendung von ausgebaggertem Kies- und Erdmaterial im Straßenbau wird der Ferntransport erheblich gesteigert (Hartmann u.a. 1995). Aufgrund seiner hohen Wasseransprüche und seines Verbreitungsmodus wächst das Springkraut wie in seinem Herkunftsland vorzugsweise entlang von Fluß- und Bachläufen.

Die Bedeutung des Indischen Springkrauts für den Naturschutz ist strittig. Die Art kann an Bachufern ausgedehnte Reinbestände bilden. Lohmeyer/Sukopp (1992) schätzen aber ihre Verdrängungseffekte als gering ein. Nach Sukopp (1996) nimmt die Art die Rolle eines Lückenfüllers ein, indem sie auf frischen Ufer-Anrissen besonders gut gedeiht, bei zunehmender Beschattung im Zuge der Sukzession jedoch zurückgeht. Die feuchte- und wärmebedürftige Art wird darüberhinaus durch Spätfröste oder Trockenperioden stärker als einheimische Arten, insbesondere die konkurrenzstarke Brennessel *Urtica dioica,* geschwächt (Prach 1994). Disko (1996) hält dagegen die artenarmen Bestände des neophytischen Springkrauts für problematisch: »Das Kraut vernichtet die gegen den Wüstling völlig schutz- und chancenlose, eingespielt-artenreiche Vegetation« (Disko 1996:42). Er fordert daher: »Jedes einzelne Springkraut muß in freier Landschaft eliminiert werden!« (Disko 1996:42)

Mangelhafte Ufersicherung durch *Impatiens glandulifera* führt Schuldes (1995) als möglichen Grund für Regulierungsmaßnahmen an. Im Forst könne es bei flächigen Vorkommen darüberhinaus zu einer Beeinträchtigung der Gehölzverjüngung kommen.

Bekämpfungsmaßnahmen zielen in erster Linie darauf, die Samenbildung zu verhindern, da vegetative Reproduktion für die annuelle Art praktisch keine Rolle spielt (Hartmann u.a. 1995). Durch gegebenenfalls wiederholtes Mähen und Mulchen zum geeigneten Zeitpunkt ist es möglich, unerwünschte Bestände des Indischen Springkrauts wirksam zu reduzieren (Schuldes 1995).

2.4. Kaukasische Herkulesstaude

Vor rund hundert Jahren wurde die Herkulesstaude *Heracleum mantegazzianum SOMM. et LEV.* ihrer auffälligen Blüte wegen als Zierpflanze aus dem Kaukasus nach Europa eingeführt. Ihr attraktiver Blütenstand wird auch in der ökologischen Literatur immer wieder erwähnt (Caffrey 1994; Sampson 1994). Die aufgrund ihrer imposanten Wuchshöhe von über 4 m im blühenden Zustand (Tiley/Philip 1994) auch als Riesen-Bärenklau bezeichnete Art ist also ein sog. Gartenflüchtling.

Dierschke beschreibt 1984 den ersten Fundort der Art in einem Naturschutzgebiet:

»Unmittelbar nördlich wächst ein Ruderalbestand, der in seiner ungewöhnlichen Üppigkeit von der armen Umgebung stark abweicht. Aus den dichten, 50-80 cm hohen Staudenbeständen, … ragen riesige, ab Mitte Juni auffällig blühende Pflanzen von *Heracleum mantegazzianum* heraus, die mit ihren großen Blättern und Blütendolden und einer Wuchshöhe von bis etwa 2,5 Meter recht exotisch anmuten.« (Dierschke 1984:252)

Heracleum mantegazzianum vermehrt sich ausschließlich generativ. Im zweiten oder dritten Jahr produziert die Pflanze Samen in großen Mengen (»massenhaft«, Kübler 1995:89), danach stirbt sie ab. Nach Vogt Andersen (1994) produziert jede Pflanze mindestens 5.000 Samen pro Jahr, Tiley/Philip (1994) geben gar 50.000 und mehr Samen pro Pflanze an. Die Samen können bis zu sechs Jahren im Boden überdauern, bevor sie keimen. Da die schwimmfähigen Samen entlang von Fließgewässern mit dem Wasser transportiert werden können, ist *Heracleum mantegazzianum* häufig in der Nähe von Fließgewässern zu finden. Er wächst in Weiden-Grauerlen-Auwäldern ebenso wie in Glanzgras-Pestwurz-Röhrichten (*Phalarido-Petasitetum hybridi)* und in Winden-Gesellschaften (*Convolvuletalia*). Für *Heracleum mantegazzianum*-Bestände sind eigene taxonomische Einheiten beschrieben (Klauck 1988).

Dank ihrer breiten ökologischen Amplitude kann die Herkulesstaude aber auch andere Standorte besiedeln. Epökophytische Vorkommen auf Grünlandbrachen und Ruderalflächen sind ebenfalls häufig. Hier erfolgt der Ferntransport meist durch Menschen. Ansalbungen durch Imker und die Verwendung als Gartenpflanze beschleunigten die Ausbreitung der Herkulesstaude (Hartmann u.a. 1995). Nach Pyšek (1994) ist die Etablierungs- und Ausbreitungsrate von *Heracleum mantegazzianum* weitgehend unabängig von anthropogenen Standort-Einflüssen. Wichtig sei allein, daß die Art ein bestimmtes Gebiet erreiche. Ob es sich dabei um halb-natürliche oder anthropogene Lebensräume handelt, spiele für die weitere Ausbreitung dann keine Rolle mehr. Lohmeyer/Sukopp (1992) geben in Deutschland größere Vorkommen an der Isar, an Nebenflüssen des Rheins, im Erzgebirge, im Vogtland, im Egertal und im Kaiserland an. Hartmann u.a. (1995) nehmen an, daß sich die Art in Baden-Württemberg erst im Anfangsstadium ihrer Ausbreitung befindet.

Die Herkulesstaude wird von zahlreichen nektar- und pollensuchenden Insekten besucht. In dieser Hinsicht wird sie als Bereicherung der Vegetation betrachtet (Westrich 1989). Dierschke (1984) vergleicht die Art aufgrund kompetitiver Verdrängungseffekte mit »aggressiven Neophyten wie *Solidago, Helianthus, Reynoutria* u.a.« (Dierschke 1984:253). Auch Disko (1997) ordnet »die wuchernde Walze des schwer hauttoxischen Riesenschierlings« den problematischen »Fremdarten« zu (ebd.:43). Klauck (1988) schreibt ihr dagegen aufgrund ihrer fehlenden Fähigkeit zur vegetativen Vermehrung ein geringeres Ausbreitungspotential zu.

Entsprechend dieser widersprüchlichen Einschätzung fällt auch die Bewertung aus Naturschutzperspektive unterschiedlich aus. In Baden-Württemberg bildet die Herkulesstaude nach Schwabe/Kratochwil (1991) meist nur lokal begrenzte, kleine Bestände und wird daher nicht als Gefährdung für bedrohte Arten oder Gesellschaften eingestuft. Für England betonen dagegen Tiley/Philip (1994) den invasiven Charakter der Art. Dank ihrer ausgeprägten Samenproduktion habe sich die Art exponentiell ausgebreitet und besiedle jetzt nach ihrer Etablierung in den Flußtälern vor allem Brachen in der offenen Landschaft. Ihr großen Blätter und die dichten Bestände machten sie zu einer sehr konkurrenzkräftigen Art, die die einheimische Flora durch Beschattung verdränge. Nach Kowarik/Schepker (1997) bildet die Herkulesstaude in Niedersachsen teilweise aus Naturschutzperspektive problematische Vorkommen. Für Schottland wird die Hybridisierung mit dem heimischen *Heracleum sphondylium* als potentiell negativer Effekt angeführt (Tiley/Philip 1994).

Aus der Perspektive der Landwirtschaft ist bedeutsam, daß *Heracleum mantegazzianum* den Pilz *Sclerotinia sclerotiorum* beherbergt, der zu Schäden an zahlreichen Feldfrüchten führt (Caffrey 1994). Verstärkte Flußufer-Erosion und Zugangs- und Sichtbehinderungen gelten als weitere aus praktischer Perspektive unliebsame Auswirkungen (Hartmann u.a. 1995). Ausschlaggebend für lokale Bekämpfungsnahmen sind aber vor allem die unmittelbar gesundheitsschädigenden Auswirkungen der Herkulesstaude (Dodd u.a. 1994). Die im Saft der Pflanze enthaltenen Inhaltsstoffe, sog. Furocumarine, gelangen beim Kontakt mit zerquetschten oder zertretenen Pflanzenteilen auf die Haut und bilden dort unter Sonneneinstrahlung phototoxische Derivate. Diese führen zu akuten sonnenbrandähnlichen Ausschlägen mit z. T. chronischen Folgen. Aufgrund dieser Photo-Toxizität ist die Art auch einer breiteren Öffentlichkeit als gefährlich bekannt und wird auf öffentlichen Erholungsflächen und an Badeseen bekämpft. Es wird vermutet, daß die Furocumarine auch allelopathische Eigenschaften besitzen (Vogt Andersen 1994).

Als effektivstes Verfahren unter den mechanischen Bekämpfungsmaßnahmen gilt das Abstechen der Einzelpflanze unter der obersten Wurzelschicht (10-15 cm tief, Kübler 1995). Mit dem Hypokotyl werde der gesamte regenerative Bereich entfernt. Damit soll die Pflanze so geschädigt werden, daß ein erneutes Austreiben unmöglich ist. Eine Mahd der Pflanzen vor der Blüte führe dagegen nicht zum gewünschten Ergebnis, da sich die Pflanzen in kürzester Zeit regenerieren. Vogt Anderson (1994) stellt Schafbeweidung als eine effektive Kontrollmethode dar, da sie die Ausbildung der Blätter und Blüten verhindere und damit sowohl die beschattende Wirkung als auch die extreme Samenproduktion der Herkulesstaude eindämme.

Neben diesen mechanischen werden immer wieder auch chemische Bekämpfungsmaßnahmen vorgeschlagen (Caffrey 1994). In der Nähe von Gewässern müsse dabei aus Umweltschutzgründen auf eine möglichst kurze Persistenz der eingesetzten Herbizide im Boden bzw. Grundwasser geachtet werden. Caffrey setzt daher ein systemisches Breitband-Herbizid (Glyphosat) ein. Glyphosat ist zwar wegen seiner leichten Abbaubarkeit als Herbizid in der Nähe von Gewässern zugelassen, hat aber aufgrund seiner unspezifischen, systemischen Wirkung stark schädigende Auswirkungen auf die gesamte Vegetation (einer seiner Handelsnamen lautet Round-Up), so daß es bei winterlichem Hochwasser zu beachtlichen Erosionen kommt (Caffrey 1994). Selektive Herbizide, die nur dikotyle Arten treffen und damit die Ausbildung einer stabilisierenden Grasnarbe ermöglichen würden, sind in Wasserschutzgebieten nicht zugelassen, weil sie zu persistent sind. Chemische Methoden stoßen aus Naturschutzperspektive auf Kritik, weil sie mit dem Schutz der heimischen Vegetation kaum zu vereinbaren sind. Um die benachbarte Vegetation vor dem Herbizid zu schützen, werden daher gezielte Gift-Injektionen in Einzelpflanzen oder der Einsatz von Röhren erprobt (Lundström/Darby 1994).

Zum Schutz der einheimischen Arten wird außerdem an der Entwicklung biologischer Bekämpfungsverfahren gearbeitet, von denen eine höhere Spezifität erwartet wird. Felduntersuchungen in Großbritannien (Sampson 1994) ergaben allerdings, daß die Herbivorenfauna auf *Heracleum mantegazzianum* bereits alle Insektenarten enthält, die sich auch auf heimischen

H. sphondylium finden. Diese scheinen die eingeführte Art aber nicht in nennenswertem Ausmaß zu schädigen. Die Einfuhr von Kontrollorganismen aus dem Ursprungsland wird daher in Erwägung gezogen. Hierzu soll in gründlichen Vorstudien die Wirtsspezifität der Pathogene oder Herbivoren getestet werden (Fowler/Holden 1994). Die absichtliche Einfuhr von Pflanzenpathogenen ist allerdings ebenfalls wieder mit gewissen Risiken verbunden. Die gezielte Einfuhr von Schädlingen zum Zwecke einer biologischen Neophytenbekämpfung ist daher derzeit noch Gegenstand einer kontroversen Debatte (vgl. hierzu Kareiva 1996 sowie die ausführliche Diskussion im Schwerpunktheft »Biological Control« der Zeitschrift Ecology 77 (7)).

2.5. Späte Traubenkirsche

Die agriophytische Spätblühende Traubenkirsche *Prunus serotina* EHRH wurde zu Beginn des 17. Jahrhunderts als Zierpflanze aus Nordamerika nach Europa eingeführt. Größere Verbreitung erreichte sie jedoch erst Ende des 19./ Anfang des 20. Jahrhunderts, als sie in größeren Mengen in Forsten angepflanzt wurde.

Die Spätblühende Traubenkirsche ist ein Pioniergehölz, das sich durch schnelles Wachstum und geringen Lichtbedarf auszeichnet (Spaeth u.a. 1994). Unter günstigen Bedingungen kommt sie schon nach 7-10 Jahren zur Fruchtbildung, in der Regel aber erst nach 20 Jahren (Starfinger 1990). Die Früchte werden von zahlreichen Vögeln und Säugetieren gefressen, wodurch die Samen über größere Entfernungen transportiert werden. Die Samen bleiben bis zu vier Jahren keimfähig, die Keimungsrate ist aber im ersten Jahr am höchsten. Die Jungpflanzen können lange im Kümmerwuchs verharren, bevor sie bei entsprechenden Wuchsbedingungen zur Baumschicht aufwachsen (Starfinger 1990).

Aufgrund ihrer leicht zersetzbaren Laubstreu wurde die Art zur Bodenverbesserung sandiger Böden angepflanzt. Von den Pflanzungen aus konnte sie an vielen Orten verwildern. Lohmeyer/Sukopp (1992) stufen sie als erfolgreichste fremdländische Baumart ein. Als Agriophyt ist sie in den Niederlanden, Norddeutschland, Thüringen, Anhalt, Sachsen und Mittelfranken in bodensauren Eichenwäldern (*Quercion robori-petraeae*) verbreitet, epökophytische Vorkommen finden sich vor allem in Kiefernforsten (Lohmeyer/Sukopp 1992).

Für eine Zurückdrängung der Art durch Bekämpfungsmaßnahmen werden vorrangig forstwirtschaftliche Argumente angeführt: Sie behindere die Naturverjüngung des Waldes und mindere die Erträge forstlich genutzter Arten. Diese Befürchtung ist allerdings nach Kowarik (1996) noch für keinen Fall eindeutig belegt. Durch den üppigen Unterwuchs aus *Prunus serotina* wird der Schichtenaufbau des Waldes und die Waldbodenvegetation verändert. Dies behindert zum einen Maßnahmen der Waldbewirtschaftung, kann aber auch aus Gründen des Arten- und Biotopschutzes bedeutsam werden. Für die Laubstreu von *Prunus serotina* werden darüber hinaus allelopathische Effekte diskutiert, deren Wirkung auf die heimische Flora allerdings schwer von anderen Mechanismen der Konkurrenz zu trennen ist (Spaeth u.a. 1994).

Aus den genannten Gründen wird die Art systematisch, aber oft ohne dauerhaften Erfolg bekämpft (Starfinger 1990, Lohmeyer/Sukopp 1992). Neben Rodungsmaßnahmen vor der Durchforstung empfehlen Spaeth u.a. (1994) Ringelung der Borke sowie regelmäßiges Rupfen der Sämlinge und des Jungwuchses. Kombination mit chemischen Maßnahmen, z. B. Bestreichen von Schnittstellen mit Glyphosat, soll die Wirksamkeit der mechanischen Maßnahmen erhöhen. In den Niederlanden wird die Spätblühende Traubenkirsche mit dem Erreger des Bleiglanzes *Chonostereum purpureum* biologisch bekämpft: Sein Mycel wird auf abgeschlagene Stümpfe aufgebracht und bringt diese zum Absterben. Aufgrund des Infektionsrisikos für Baumschulen und Obstanlagen wird in deren Nähe von einer Behandlung mit dem Pilz abgesehen (Spaeth u.a. 1994).

2.6. Fazit

Folgende Gründe für die Bekämpfung der vorgestellten Arten seien hier vorläufig festgehalten:

- *Schädigung der Ufervegetation durch Verdrängung der autochthonen Vegetation und dadurch Gefährdung der von dieser abhängigen Fauna*
- *ökonomische Schäden für die Wasserwirtschaft und angrenzende landwirtschaftliche Nutzflächen durch verstärkte Ufererosion*
- *ökonomische Schäden in der Forstwirtschaft durch Beeinträchtigung der Naturverjüngung und Behinderung der Waldbewirtschaftung*
- *gesundheitliche Schädigungen bei direktem Kontakt mit der Pflanze*

- *Gefährdung von Naturschutzzielen, die im Schutz seltener oder gefährdeter Arten oder Biotoptypen liegen*
- *Reduzierung der Artenvielfalt*
- *Beeinträchtigung der landschaftlichen Eigenart*

3. Texte über fremde Arten: Material und Methoden

> »*Unsere Methode ist kein Mittel, in der wissenschaftlichen Methodologie* ›*richtig*‹ *und* ›*falsch*‹ *zu trennen, aber ein Mittel, Selbstverständlichkeiten wieder in Hypothesen zu verwandeln.*« *(Hard 1969:14)*

Wie an den eben vorgestellten Beispielen hoffentlich deutlich wurde, sind die bei der Darstellung der Neophytenproblematik naturwissenschaftlichen »Fakten« und Bewertungen kaum zu trennen. Sowohl der ökologischen Beschreibung als auch der Bewertung von Neophyten liegen dabei – meist unausgesprochene – Prämissen zugrunde, die es zu explizieren gilt. Ich möchte im folgenden versuchen, anhand des vorliegenden Textmaterials Rückschlüsse auf Haltungen und Wertvorstellungen der VerfasserInnen bzw. des wissenschaftlichen Kollektivs zu ziehen. Dazu werde ich die wissenschaftlichen Texte systematisch interpretierend aufbereiten. Meine Arbeitsweise ist daher weniger einer empirischen als einer hermeneutischen Vorgehensweise vergleichbar, mein Methodenarsenal daher ein hauptsächlich linguistisches.

Mein Vorgehen bei der Lektüre, Aufbereitung und Diskussion des Textmaterials wurde dabei wesentlich beeinflußt von Arbeiten des Geographen Gerhard Hard. Da er linguistische Verfahren explizit auf die Vegetationskunde anwendet, war er für meine Belange außerordentlich hilfreich. Zwei der von ihm angewendeten Methoden haben meine Untersuchung nachhaltig geprägt: die *Analyse des semantischen Hofs* eines Begriffs mithilfe *polarkonträrer Begriffspaare* (Hard 1969; Kapitel III und IV) und die Methode des *Spurenlesens* (Hard 1995; Kapitel V).

3.1. Texte als Material

Unter der Überschrift »Material« wird in einer biologischen Arbeit normalerweise der Untersuchungsgegenstand genauer vorgestellt. In der vorliegenden Studie handelt es sich dabei nicht – wie sonst in der Biologie üblich – um Organismen, Arten, Populationen, Lebensgemeinschaften oder Landschaften, sondern um *Texte*. In diesen Texten geht es um bestimmte Arten und ihre Beziehung zur Umwelt. Mein Material sind also Publikationen aus der ökologischen- und Naturschutzforschung, die sich mit Neophyten, ihrer Biologie, ihrer Ausbreitung, den durch sie verursachten Problemen und ihrer Bekämpfung befassen.

Dabei geht es mir nicht um ein Zusammentragen und Resümieren dieser Texte auf ihrer eigenen Ebene. Vielmehr sollen sie auf einer anderen, theoretischen Ebene interpretiert und diskutiert werden. Ich beabsichtige nicht, eine weitere wissenschaftliche Überblicksarbeit zur Neophytenproblematik zu verfassen, sondern die vorliegenden neu zu interpretieren. Indem mein Forschungsgegenstand nicht die Neophyten selber, sondern wissenschaftliche Texte über Neophyten sind, nähere ich mich der Thematik nicht aus einer praktischen, sondern aus einer theoretischen Perspektive.

Es wird bei der Diskussion der vorliegenden Arbeiten daher weniger um die Frage der Richtigkeit der wissenschaftlichen Darstellungen im Sinne einer »korrekten« Wiedergabe der Realität gehen, sondern um ihre deutende Interpretation im Hinblick auf außerwissenschaftliche Einflüsse. Das bedeutet, die Fragen, wann welche Arten eingewandert sind, wie schnell sie sich ausbreiten konnten, welche biologischen Eigenschaften erfolgreiche neue Arten haben oder in welchen Biotoptypen sie sich bevorzugt ansiedeln können, spielen eine untergeordnete Rolle. Vielmehr interessiert mich die *Wahrnehmung* dieser Sachverhalte und wie sie in wissenschaftlichen Aussagen *versprachlicht* wird. Es geht mir also darum, wie über Neophyten geschrieben wird, welche Worte, welche Analogien, welche Metaphern Verwendung finden, welche Konnotationen durch die Art des Schreibens evoziert werden. Diese wiederum sollen es mir erlauben, Rückschlüsse auf den Texten zugrundeliegende Weltbilder und Wertvorstellungen zu ziehen.

3.2. Der Begriff des semantischen Hofs

Ausgehend von der Beobachtung, daß sich in Publikationen zu Naturschutz und Landschaftspflege regelmäßig wiederkehrende Aussagen finden, die den Status von Selbstverständlichkeiten besitzen, ohne je einer empirischen Prüfung unterzogen zu werden oder überhaupt einer solchen zugänglich zu sein, unternimmt Hard (1969) den Versuch, dieses Phänomen sprachpsychologisch zu erklären. Bestimmte Aussagen über die Landschaft, so lautet seine Hypothese, sind deshalb »evident«, weil sie sich aus dem sprachlichen Hof des Begriffs ergeben.

Die Methode beruht auf der Auffassung, daß Worte nicht nur einen genau bestimmbaren, eindeutigen Inhalt haben, sondern einen größeren Bedeutungshof. Jedes Wort hat zum einen feste Sinnkopplungen, die sich aus den üblichen Kontexten des Wortes ergeben, zum anderen auch eher lose, assoziative Bindungen. Der Bereich kontextueller und assoziativer Bindungen eines einzelnen Wortes wird als semantischer und subsemantisch assoziativer Hof eines Begriffs bezeichnet (ebd.). Um den semantischen Hof des Worts »Landschaft« erfassen und darstellen zu können, verwendet Hard das sog. semantische Differential. Dieses besteht aus meist adjektivischen Wortpaaren, die Polaritäten oder zumindest Alternativen darstellen und dem in Frage stehenden Begriff assoziativ zugeordnet werden (für weiterführende Hinweise zur Methodik siehe Hard 1969).

In der von Hard vorgestellten empirischen Studie sollten die Befragten ihre spontanen Assoziationen zum Landschaftsbegriff bezüglich polarkonträrer Begriffspaare wie nah/fern, Gemüt/Intellekt, weiblich/männlich etc. auf einer mehrstufigen Skala einstufen. Die Wortpaare, die verwendet wurden, um dieses Profil zu erstellen, bilden selbstverständlich bereits Hypothesen. Nach Hard ergaben sie sich aus der geographischen Literatur, durch Auskultation seines eigenen Sprachgefühls und des Sprachbesitzes der Umwelt in Einzel- und Gruppeninterviews sowie durch systematische Sammlung von Buch und Aufsatztiteln, die das Wort »Landschaft« enthalten.

Zur Illustration des Vorgehens und seiner Ergebnisse soll hier der semantische Hof des Landschaftsbegriffs, wie er sich nach der Befragung von 351 Versuchspersonen darstellt, vorgestellt werden. Die umseitige Abbildung 1 zeigt eine im Kontext meiner Arbeit interessante, leicht gekürzte Auswahl an Begriffen, die von den Versuchspersonen mit dem Begriff Landschaft in Verbindung gebracht wurden. Je nach Einstufung auf der siebenteiligen Skala ist zu ersehen, mit welcher Seite des Gegensatzpaares der Landschaftsbegriff eher in Verbindung gebracht wird. Begriffe, die hinsichtlich der von mir bearbeiteten Fragestellung interessant erscheinen, sind hervorgehoben.

In einem zusammenhängenden Text läßt sich das so gewonnene semantische Profil des Landschaftsbegriffs folgendermaßen formulieren:

	1	2	3	4	5	6	7	
Gegenwart …					•			Sehnsucht
Glück …			•					Unglück
nah …					•			fern
rücksichtsvoll…			•					rücksichtslos
krank …						•		gesund
verwurzelt …			•					entwurzelt
konservativ …				•				fortschrittlich
Arbeit …						•		Erholung
Ganzheit …			•					Zerstückelung
gut …				•				schlecht
Verlorenheit …						•		*Geborgenheit*
Tradition …				•				Technik
Einsamkeit …			•					Gesellschaft
Kultur …				•				Zivilisation
Vergangenheit …					•			Zukunft
Begrenzung …						•		Unendlichkeit
Persönlichkeit				•				Masse
ländlich …			•					städtisch
schön …		•						häßlich
geplant …						•		*gewachsen*
vertraut …				•				*fremd*
begrenzt …					•			unbegrenzt
Zusammenhang			•					Vereinzelung
natürlich …		•						zivilisiert
Dissonanz …						•		*Harmonie*
ideale Werte …			•					Profit
unorganisch …						•		*organisch*
Fabrik …						•		Dorf
mannigfaltig …			•					monoton
Heimat …					•			*Fremde*
Masse …						•		Gemeinschaft

Abbildung 1: Ein semantisches Profil zum Wort Landschaft in gemeinsprachlicher Verwendung. *Quelle:* Hard 1969:11, verändert und gekürzt

»Die (wahre) Landschaft ist *weit* und *harmonisch, still, farbig, groß mannigfaltig* und *schön*. Sie ist ein primär *ästhetisches* Phänomen, dem *Auge* näher als dem *Verstand*, dem *Herzen*, dem *Gemüt* und seinen *Stimmungen* verwandter als dem *Geist* und dem *Intellekt*, dem *weiblichen* Prinzip näher als dem *männlichen*. Die wahre Landschaft ist etwas *Gewachsenes, Organisches* und *Lebendiges*. Sie ist uns eher *vertraut* als *fremd* und dennoch eher *fern* als *nah*, eher *Sehnsucht* als *Gegenwart*, denn sie hebt uns über den *Alltag* hinaus und grenzt an die *Poesie*. Aber so sehr sie auch ins *Unbegrenzte*, ja ins *Unendliche* weist, so bietet die *mütterliche* Landschaft dem Menschen doch immer *Heimat* und *Geborgenheit*. Sie ist ein Hort der *Vergangenheit*, der *Geschichte*, der *Kultur* und der *Tradition*, des *Friedens* und der *Freiheit*, des *Glückes* und der *Liebe*, der *Ruhe* auf dem *Land*, der *Einsamkeit* und der *Erholung* von der *Hast* des *Alltags* und dem *Lärm* der *Städte*« (Hard 1969:10f., *kursiv* sind die Polaritätenbegriffe, die in der Studie abgefragt worden sind).

Ich habe für diese Arbeit allerdings keine vergleichbare empirische Studie erstellt. Vielmehr habe ich versucht, anhand des historischen und aktuellen Textmaterials den semantischen Hof der Begriffe »Neophyt« und »Naturschutz« mithilfe solcher Polaritätenbegriffe abzustecken. Dieses Vorhaben beruht auf der Hypothese, daß Neophyten bestimmte Eigenschaften besitzen, die sie von der Natur, die im Naturschutz geschützt wird, unterscheiden. Ich vermute, daß Neophyten deshalb für den Naturschutz problematisch sind, weil der semantische Hof des Neophytenbegriffs und der des Naturschutzbegriffs wenig oder keine Überschneidungen aufweisen. Welche genau diese relevanten Eigenschaften sind und in welcher Hinsicht sie relevant sind, werde ich in den Kapiteln II und IV herausarbeiten. Diese dienen also dazu, den semantischen Hof der Begriffe »Neophyt« einerseits (Kapitel III) und »Naturschutz« andererseits (Kapitel IV) mithilfe polarkonträrer Begriffe zu charakterisieren.

3.3. Spurensuche

> »*Die Zeichenproduktion und ihre Zeichenprozesse (Semiosen) sind nur anwesend als banale oder kühne Hypothesen und Rekonstruktionen eines Zeichenlesers .... Seine Zeichendeutungen mögen subjektiv plausibel, ja evident sein, aber objektiv sind sie immer gewagt und fehlbar.*« (Hard 1995:43)

Die Methode des Spurenlesens geht zurück auf die Zeichentheorie (Semiotik). Ein Zeichen ist »etwas, das für ein anderes steht« (Eco 1977). Zeichen sind nicht nur Buchstaben und Worte, sie können auch natürlicher Herkunft sein. Den Begriff des Zeichens möchte ich kurz an einem Beispiel illustrieren: Das physische Phänomen Rauhreif kann als Zeichen gelten, daß es nachts kalt war. Der sprachliche Ausdruck »Rauhreif« bezeichnet dieses physische Phänomen Rauhreif. Über diese eigentliche Bedeutung, die Denotation, hinaus trägt er assoziative Nebenbedeutungen, sog. Konnotationen. Diese sind weniger verbindlich, subjektiv gefärbt und vom Kontext abhängig. So mag der erste Rauhreif des Jahres an die Vergänglichkeit des Lebens gemahnen und weniger empfindsame Gemüter an Winterreifen und Heizöl erinnern. Solche Zusammenhänge zwischen Kode und Botschaft, zwischen Zeichen und Diskurs untersucht die Semiotik.

In der semiotischen Betrachtung kann alles als Zeichen erscheinen bzw. nichts ist von sich aus ein Zeichen. Erst der Interpret bzw. die Interpretin macht es zum Zeichen. Auch haben nur wenige Zeichen eindeutige Bedeutungen, meist lassen sie ein Vielzahl von Interpretationen offen. An diesem Phänomen setzt die Methode der *Spurensuche* an.

Spuren sind unbewußt und unabsichtlich erzeugte Zeichen. Sie werden leicht übersehen oder für bedeutungslos gehalten, können jedoch Hinweise auf dahinterliegende Phänomene geben. Als Beispiele für ein solches Vorgehen dienen Ginzburg die Kriminalistik (hier heißen die Spuren Indizien) und die Psychoanalyse: der unbeabsichtigt hinterlassene Fingerabdruck kann den Mörder verraten, eine unbedachte Äußerung Hinweise auf den seelischen Zustand des Sprechers liefern. Auch die Medizin bedient sich einer vergleichbaren Methode: Symptome werden als Äußerungen einer dahinterliegenden Krankheit betrachtet (vgl. Eco 1977).

Betrachtet man ein Zeichen als Spur, so interessiert man sich weniger für die (meist konventionell festgelegte) Bedeutung des Zeichens, als für dahinterliegende Phänomene, auf die das Zeichen ebenfalls verweist oder zumindest verweisen könnte. Wieder ein Beispiel: jedeR VerkehrsteilnehmerIn kennt die Bedeutung eines Stop-Schilds und weiß, daß es »Anhalten« gebietet. Das Stop-Signal kann aber zudem die *Spur* eines vergangenen Ereignisses sein, beispielsweise, daß es an der bezeichneten Stelle bereits mehrfach zu schweren Unfällen kam. Solche Interpretationen sind notwendig spekulativ. Sie können mehr oder weniger plausibel sein, sind aber weder so eindeutig wie das Zeichen selbst, noch so zwingend wie eine logische Beweisführung.

Ihre »Subjektivität« mag die Ergebnisse eines solchen Vorgehens in den Augen einer auf »Objektivität« bedachten Naturwissenschaft anfechtbar machen. Ich folge jedoch Ginzburg (1980) in der Auffassung, daß das

»Spurenparadigma« einen Beitrag darstellt, dieser verengenden Gegenüberstellung in der wissenschaftlichen Methodik zu entkommen.

Hard (1995) hat dieses Spurenparadigma für die Vegetationskunde fruchtbar gemacht. Als Methode der Vegetationskunde bedeutet Spurenlesen, »ein Phänomen als Spur und Indiz für ein anderes lesen« (Hard 1995:33). So ist es in der Vegetationskunde üblich, bestimmte Pflanzenarten als »Zeigerarten« für Nährstoffeinträge, Grundwasserabsenkungen oder Trittbelastung zu interpretieren (Ellenberg 1979). In Mitteleuropa ist es in vielen Fällen möglich und sinnvoll, die aktuelle Vegetation als Spur menschlichen Handelns zu betrachten. Physisch-Materielles kann so auch als Spur für etwas Soziales gelesen werden: Ackerbrachen, beispielsweise, als Symptom veränderter wirtschaftlicher Rahmenbedingungen. Auch wenn VegetationskundlerInnen diese interpretierende Leistung ihres Tuns oft nicht bewußt ist, geht es – gerade in Texten, die es mit anthropogenen Vegetationsformen zu tun haben – nicht nur um Natur, sondern auch um Soziales.

Die Art und Weise, wie die Interaktion von Mensch und Natur in ökologischen Texten beschrieben wird, stellt dabei immer eine Interpretation dar. Diese läßt umgekehrt wiederum Rückschlüsse auf Einstellungen der solcherart Interpretierenden zu. Unter dieser Voraussetzung will ich in Texten zur Neophytenproblematik nach Spuren dahinterliegender Naturauffassungen, Menschenbilder und Weltanschauungen suchen. Mich interessieren also Textstellen, an denen Einstellungen und soziale Erfahrungen ihre Spuren in der wissenschaftlichen Sprache und Theoriebildung hinterlassen haben. Die in den Texten benutzen Begriffe, Metaphern und Interpretationen betrachte ich somit als Zeichen, die nicht nur auf konkrete Phänomene verweisen, sondern zugleich auch etwas über die Forschenden aussagen.

Solches Spurenlesen umfaßt nach Hard (1995) drei Verfahren: das Finden von Subtexten, die Konstruktion von Gegentexten und das Schreiben von Extratexten:

»1. Aufspüren des nicht-intendierten Sinns intendierter Botschaften; Spurensicherung als Finden von Subtexten;
2. Dekonstruktion, Gegen-den-Strich-lesen (Destruktion und Neukonstruktion offizieller Verlautbarungen; Spurensicherung als Konstruktion von Gegentexten);
3. Fremdgehen (Aus-dem-Felde-gehen, Paradigmenwechsel; Spurensuche als Schreiben von Un- und Extratexten)« (Hard 1995:66).

Dabei sind folgende Prinzipien zu beachten:

1. Das *Prinzip des zutageliegenden Untergrunds*: Es besagt, daß die Aufmerksamkeit der Forschenden auf solche Stellen des Materials zu richten ist, an denen der Untergrund unmittelbar beobachtet werden kann (analog der Geologie, in der man solche Stellen im Gelände Aufscnlüsse nennt).

2. Das *Prinzip der plausiblen Konkurrenzhypothesen*: Aufgrund der möglichen Vieldeutigkeit solcher »Aufschlüsse« sind so viele plausible Alternativ-Hypothesen wie möglich zu entwickeln.

3. Das *Prinzip der Triangulation*: analog dem Vorgehen des Geographen im Gelände beim Einmessen eines Geländepunktes wird ein Punkt von zwei verschiedenen Standorten aus »angepeilt«. Für das Verfahren der Spurenlese bedeutet das, daß Ergebnisse auch von einem anderen Blickwinkel aus zu überprüfen sind, um so der Gefahr der einseitigen Verzerrung und der Produktion von Artefakten zu entgehen.

Wie jedes wissenschaftliche Arbeiten beinhaltet mein Vorgehen dabei eine theoriegeleitete Auswahl aus der Fülle der Einzeldaten: Ich kann unmöglich *alle* vorliegenden Arbeiten berücksichtigen, sondern werde nach dem »Prinzip des zutageliegenden Untergrunds« meine Aufmerksamkeit bevorzugt auf »aufschlußreiche« Stellen im Textmaterial richten. Ich werde also in den Kapiteln III und IV zunächst Hypothesen entwickeln, und dann im vorliegenden Material nach Indizien für diese Hypothesen suchen (Kapitel V). Die Hypothesen wiederum werden an jedem »Aufschluß« selbst wieder überprüft, korrigiert oder gegebenenfalls umgestürzt.

Zuvor ist allerdings noch zu erklären, warum ich ein solches Vorgehen für gerechtfertigt halte. Daß naturwissenschaftliche Texte überhaupt einem solchen deutenden Zugang offenstehen, ist nämlich keineswegs selbstverständlich. Bevor ich mich also an die eigentliche Arbeit begebe, will ich im folgenden Kapitel – notwendigerweise etwas holzschnittartig – das herkömmliche Verständnis vom Wesen wissenschaftlicher Erkenntnis kritisieren und meine eigene Auffassung skizzieren.

Kapitel II

Wissenschaftstheoretische Grundlagen

1. Theoriedefizite in der Naturschutzforschung

»In das Streben nach objektivem Erkenntnisgewinn müssen auch persönliche und gesellschaftliche Werthaltungen mit einbezogen werden.« (Fuchs 1990:6)

In diesem Buch geht es um den Zusammenhang von Ökologie, Naturschutz und Ethik. Daß der Naturschutz hier zwischen Ökologie und Ethik steht, ist kein Zufall, sondern beinahe schon Programm: Naturschutz bedient sich notwendig bei beiden Disziplinen. Er fußt einerseits auf der Einsicht in ökologische Zusammenhänge, kommt aber andererseits auch nicht ohne Werte und Normen aus, die zum Gegenstandsbereich der Ethik gehören. Wie ökologische Fakten und Wertsetzungen wissenschaftlich miteinander zu verbinden sind, stellt eine bislang ungeklärte Frage der Naturschutzforschung dar. Diese ist als relativ junge Disziplin gerade erst dabei, ein eigenes Profil zu entwickeln (Plachter 1997). Neben der Definition fachspezifischer Aufgabenfelder und Ziele bedarf sie noch einer eigenen wissenschaftstheoretischen Charakterisierung. Weder als Natur- noch als Geistesnoch als Sozialwissenschaft ist sie hinreichend und vollständig beschreibbar. Bevor ich mich also an die eigentliche Arbeit einer kritischen Analyse ökologischer Inhalte begebe, halte ich es für erforderlich, die mit einem solchen Vorhaben verbundenen theoretischen Probleme zu eruieren und Ansätze zu deren Lösung vorzuschlagen.

Worin genau die theoretischen Defizite der Naturschutzforschung bestehen, mögen zwei Zitate aus dem Konzept der Bayerischen Akademie für Naturschutz und Landschaftspflege verdeutlichen. Das erste gibt eine Auffassung vom Charakter der Ökologie als Naturwissenschaft wieder, die sicher als exemplarisch für das Selbstverständnis der Disziplin gelten kann:

»Ökologie ist die Wissenschaft von den Umweltbeziehungen der Lebewesen. Sie widmet sich Fragen nach Struktur und Funktion des Naturhaushalts, seiner Systeme und Kompartimente. Im tradierten Wissenschaftsverständnis wird dabei das Ideal der Wertfreiheit angestrebt, hat die *Objektivierung* der Natur durch Vernunft, die beobachterunabhängige Reproduzierbarkeit der Ergebnisse höchsten Rang. Die Ökologie hat als Wissenschaftsdisziplin das Ziel der Durchdringung der realen Welt. Sie fragt nach Sein nicht nach Sollen und Kann. Ihre Ergebnisse sind zunächst *wertneutral.*« (Fuchs 1990:6; Herv. UE)

Ökologische Erkenntnis wird also als »objektiv« und »wertneutral« erachtet. Anders als die wertfreie ökologische Forschung gilt die Naturschutzforschung als handlungs- und zweckorientiert und damit als notwendig wertbezogen:

»Naturschutzforschung wird ... verstanden als ›Forschung für Naturschutz und Landschaftspflege‹ mit dem Ziel der Mehrung *objektiver Erkenntnisse* unter Einbeziehung *subjektiver Werthaltungen* und der Erarbeitung *nachvollziehbarer Handlungsanleitungen.* (Sie ist) immer nur wertbezogen denkbar.« (Fuchs 1990:6; Herv. UE)

Mit der so formulierten Dichotomie »objektiv-wertfrei« vs. »subjektiv-wertbezogen« ist eine Naturschutzforschung, die nachvollziehbare (und wohl auch verbindliche) Handlungsanleitungen erarbeiten soll, vor eine schwierige Aufgabe gestellt. Denn unter dieser Voraussetzung stellt sich die Frage, was es heißen kann, »primär wertfrei ökologisch ermittelte Ergebnisse sekundär wertbezogen umzusetzen« (Foeckler 1991:49) und dabei dennoch »objektiv« zu bleiben. Wenn wirklich jede objektive Erkenntnis wertfrei, jede Wertung notwendig subjektiv wäre, wäre die oben gestellte Aufgabe der Naturschutzforschung von vornherein unlösbar. Dieses Problem bildet den Ansatzpunkt meiner Argumentation.

Folgende Problemfelder bedürfen daher einer genaueren Erörterung:

1. Das Problem der Objektivität naturwissenschaftlicher Erkenntnis
2. Die Frage nach der Möglichkeit wissenschaftlicher Werturteile

Beide sind seit langem Gegenstand heftiger und bis heute nicht gelöster Kontroversen innerhalb der Philosophie und Wissenschaftstheorie. Es kann daher an dieser Stelle keinesfalls darum gehen, endgültige Antworten zu geben oder auch nur einen annähernd vollständigen Überblick über die philosophische Debatte zu präsentieren. Vielmehr werde ich zunächst das naturwissenschaftliche Selbstverständnis, wie es auch für die Biologie in obigem Zitat exemplarisch zum Ausdruck kommt, kurz darstellen und den Begriff der wissenschaftlichen Objektivität präzisieren. Ich beschränke mich dabei auf zwei Positionen, die auch heute noch fundamental für dieses Selbstverständnis sein dürften: die klassischen Empiristen und ihre Kritik durch Karl R. Popper. Diese objektivistischen Positionen konfrontiere ich dann mit Ansätzen, die die subjektive, historische und soziale Dimension der Wissenschaft betonen. Im nächsten Abschnitt (3.) widme ich mich dann dem Problem der wissenschaftlichen Wertfreiheit. Abschließend schlage ich ein Verständnis von Wissenschaft, Objektivität und Werten vor, das meinem eigenen Vorhaben angemessen ist (4.).

2. Zur Objektivität naturwissenschaftlicher Erkenntnis

»Der menschliche Verstand ist kein reines Licht, sondern er erleidet einen Einfluß vom Willen und von den Gefühlen.... Was nämlich der Mensch lieber für das Wahre hält, das glaubt er eher.« (Bacon, Novum Organon Aphor. 49)

Alltagssprachlich wird als objektive im Gegensatz zu einer subjektiven Sicht diejenige bezeichnet, die die Dinge so sieht, wie sie an sich und für alle, also unabhängig vom Subjekt, sind. Meistens ist der Begriff »objektiv« darüberhinaus mit einem Wahrheitsanspruch i. S. einer Übereinstimmung mit der Wirklichkeit verbunden, d. h. er wird gleichbedeutend mit »wirklich« oder »real« verwendet (Brugger 1976). Eine ähnliche Auffassung findet sich auch in den eingangs zitierten Aussagen über den Charakter der Ökologie. Beide Verwendungen erweisen sich bei genauerer Überlegung als kritikwürdig. Ich werde im folgenden den Begriff der Objektivität in verschiedenen erkenntnistheoretischen Ansätzen darstellen, um anschließend auszuführen, in welchem Sinne die Rede von wissenschaftlicher Objektivität mir selbst möglich und sinnvoll scheint.

2.1. Alles Wissen gründet in Erfahrung: Die Wissenschaft der frühen Empiristen

Die Freiheit von tradierten Vorurteilen ist Auftrag und Programm der neuzeitlichen Wissenschaft (Descartes 1977 [Orig. 1641]; Locke 1981 [Orig. 1689]. Gegen die mittelalterlichen Naturphilosophen, denen noch antike Schriften und die Bibel als Quelle der Naturerkenntnis dienten, sollte nach Auffassung der Empiristen wissenschaftliches Wissen über die Natur allein durch Beobachtung und Experiment erworben werden. Trotz aller erheblichen Unterschiede zwischen den verschiedenen empiristischen Auffassungen teilen sie alle die Voraussetzung, daß wissenschaftliche Erkenntnis im wesentlichen auf *Induktion* beruhe: Über wiederholte Beobachtungen, die uns die Sinnesorgane vermitteln, kämen wir durch induktives Schließen zu allgemeinen Gesetzen und Theorien. Logik und deduktives Schließen ermöglichten dann Erklärungen und Vorhersagen. Das Induktionsprinzip (d. h. der Schluß von vielen Einzelfällen auf ein allgemeines Prinzip) darf dabei nur angewendet werden, wenn eine große Anzahl von Beobachtungen vorliegt, die Beobachtung unter einer Vielzahl von Bedingungen wiederholt wurde und keine der Beobachtungsaussagen im Widerspruch zum allgemeinen Gesetz steht.

Francis Bacon (1561-1626), der Begründer der *experimentellen* Naturwissenschaft, stellte dagegen die Möglichkeit eines Erkenntnisgewinns durch bloßes Beobachten in Frage und proklamierte das wissenschaftliche Experiment als einzige Methode systematischen Erkenntnisgewinns (Bacon 1990 [Orig. 1620]).

Empiristische Positionen sehen sich mit zwei Problemen konfrontiert: Das sog. *Induktionsproblem* wurde schon von David Hume (1989; Orig. 1739] formuliert. Er zog die Rechtfertigung des Induktionsprinzips an sich in Zweifel: Logisch führe kein zwingender Weg von einer noch so großen Menge an Einzelaussagen zu einer allgemeinen, von vergangenen zu zukünftigen Ereignissen.

Die neuere Debatte stellt weniger das Induktionsproblem als eine *erkenntnistheoretische Kritik* in den Mittelpunkt. Der Charakter von Beobachtungen wird in den frühen empiristischen Ansätzen noch kaum problematisiert. Sie gehen einfach davon aus, daß unsere Sinneseindrücke uns unmittelbar ein Bild von der Welt vermitteln, wie sie wirklich ist, vertreten also einen heute vielfach als naiv gekennzeichneten Realismus. Diese Unmittelbarkeit der Wahrnehmung wird heute in Frage gestellt. Denn Wahrnehmungen sind nicht einfach Sinneseindrücke, sondern variieren mit der Erfahrung und dem Wissen der Beobachtenden und sind somit subjektiv. Erst recht sind Beobachtungsaussagen, als theoretische Entitäten, die in der Sprache einer bestimmten Theorie ausgedrückt werden müssen, bereits theoriegeladen. Und schließlich sind auch Beobachtung und Experiment selbst insofern theoriegeleitet, als die Wahl des Beobachtungsgegenstands und der Versuchsaufbau nicht Ergebnis von Zufall oder reiner Willkür, sondern überhaupt erst im Lichte einer bestimmten Theorie sinnvoll sind (Chalmers 1986). Mit dieser Kritik wird die empiristische Auffassung, allein über

Wahrnehmung und Beobachtung zu Erkenntnis gelangen zu können, fraglich.

2.2. Objektive Erkenntnis: Zur Erkenntnistheorie Karl Poppers

Karl R. Popper entwarf die kritische Form des Empirismus, auf die sich noch heute ein Großteil der NaturwissenschaftlerInnen stützt (Popper 1973 und 1984). Popper teilt Humes Kritik am Induktionsprinzip, weist jedoch dessen psychologische Erklärung der Induktion zurück: Wenn der aus wiederholten Beobachtungen resultierende Glaube an Regelmäßigkeit reine Gewohnheit sei, wäre Erkenntnis nichts als ein irrationaler Glaube. Zur Rettung des wissenschaftlichen Rationalitätsanspruchs formuliert Popper daher das Induktionsproblem neu, indem er fragt: »Läßt sich die Behauptung, eine erklärende Theorie sei wahr oder falsch mit ›empirischen Gründen‹ rechtfertigen?« (Popper 1973:19) So gestellt, läßt sich die Frage bejahen, denn Beobachtungsaussagen können durchaus den Charakter von Prüfaussagen haben: »Ja, die Annahme, bestimmte Prüfaussagen seien wahr, rechtfertigt manchmal die Behauptung, eine erklärende allgemeine Theorie sei falsch« (ebd.:20).

Empirische Aussagen können also Theorien nicht verifizieren, aber zumindest falsifizieren. Diesem Falsifikationsprinzip folgend, sollten Experimente demnach so entworfen werden, daß ihr Ausgang in der Lage ist, die ihnen zugrundeliegende Hypothese zu widerlegen. Im Idealfall kann die Entscheidung zwischen zwei konkurrierende Theorien durch ein geschickt angelegtes *experimentum crucis* herbeigeführt werden. Die entsprechende Beobachtung dient dann dem Erkenntnisfortschritt der Wissenschaft. Dabei können allerdings keine Aussagen über den tatsächlichen Wahrheitsgehalt der (noch) nicht widerlegten Theorie gemacht werden. Theorien sind daher immer nur als Vermutungen oder Hypothesen zu bezeichnen. Mit deren Widerlegung vollzieht sich aber nach Popper *objektiver* wissenschaftlicher Fortschritt.

Das größte Problem, mit dem sich der falsifikationistische Ansatz Poppers konfrontiert sieht, liegt in der Wahrheit oder Falschheit der Prüfaussagen. Diese Frage klammert Popper bewußt aus, sie »sollte nicht als Teil des Induktionsproblems gesehen werden« (Popper 1973:21). Für die Zuverlässigkeit des Falsifikationsprinzips ist sie jedoch von entscheidender Bedeutung: Taucht ein Widerspruch zwischen Beobachtung und Theorie auf, so ist nicht zu entscheiden, welche von beiden zu verwerfen ist. So gibt es in der Geschichte der Wissenschaft (und auch in der Gegenwart) zahlreiche Fälle, in denen Beobachtungen zurückgewiesen und Theorien beibehalten werden (vgl. hierzu Kuhn 1976). Popper will dieses Problem eliminieren, indem er zwischen öffentlichen Beobachtungsaussagen und der individuellen Wahrnehmungserfahrung einzelner Beobachter unterscheidet. Eine Beobachtungsaussage bedarf der Anerkennung durch die scientific community, sie muß intersubjektiv nachvollziehbar und überprüfbar sein. Beobachtungsaussagen haben somit den Charakter einer Konvention. Wissenschaftliche Erkenntnis ruht demnach nicht auf dem soliden Fundament der »Wirklichkeit«, sie ist immer nur vorläufig: »So ist die empirische Basis der objektiven Wissenschaft nichts ›Absolutes‹; die Wissenschaft baut nicht auf Felsengrund. Es ist eher ein Sumpfland, über dem sich die kühne Konstruktion ihrer Theorien erhebt« (Popper 1984:75 f.). Wissenschaftliche »Objektivität« bedeutet demnach – schon bei Popper – *nicht* »Wahrheit« im Sinne einer Übereinstimmung mit der Wirklichkeit, sondern lediglich die Eliminierung sämtlicher subjektiver Einflüsse durch die Forschenden. Dennoch bleibt Wahrheit Erkenntnisideal und regulative Idee der Wissenschaft.

»Die Erkenntnis in diesem objektiven Sinne ist völlig unabhängig von irgend jemandes Erkenntnisanspruch, ebenso von jeglichem Glauben oder jeglicher Disposition zuzustimmen, zu behaupten oder zu handeln. Erkenntnis im objektiven Sinne ist *Erkenntnis ohne einen Erkennenden*: es ist *Erkenntnis ohne ein erkennendes Subjekt*.« (Popper 1973:126; Herv. i. O.).

Dies ist das Wissenschaftsverständnis, das auch in der eingangs zitierten Beschreibung der Ökologie zum Ausdruck kam: die »objektive«, vom Subjekt und seinen persönlichen Eigenschaften völlig unbeeinflusste Erkenntnis. Gegen die Vorstellung einer solchen subjektlosen Erkenntnis möchte ich im folgenden einige Ansätze vorstellen, die in unterschiedlicher Weise die subjektive Seite der Erkenntnis hervorheben.

2.3. Objektivität nach Immanuel Kant

Immanuel Kant (1724-1804) hat in seiner Erkenntnistheorie die fundamentale Bedeutung des Subjekts im Erkenntnisprozeß unterstrichen. In seiner 1781 veröffentlichten »Kritik der reinen Vernunft« begründet er die Einsicht, daß die Vernunft die Objekte ihrer Erkenntnis notwendig nach Kategorien beurteilen muß, die selbst der Erfahrung *vorgängig*, also *a priorisch* sind. Gegen einen naiven Empirismus und Realismus betont er, »daß die Vernunft nur das einsieht, was sie selbst nach ihrem Entwurfe hervorbringt« (Kant 1990: Vorrede B XIII). Wir können also »von den Dingen nur das erkennen, was wir selbst in sie legen« (Kant 1990, Vorrede B XVIII).

Gegen die empiristische Vorstellung, der Verstand sei eine *tabula rasa* und komme erst durch sinnliche Erfahrungen zu Begriffen, hebt Kant hervor, daß der Verstand bereits *vor* aller Erfahrung über bestimmte Kategorien verfügt, die überhaupt die Bedingung jeder Möglichkeit von Erkenntnis sind:

»Erfahrung [ist] selbst ein Erkenntnisakt, der Verstand erfordert, dessen Regel ich in mir, noch ehe mir Gegenstände gegeben werden, mithin *a priori* voraussetzen muß, welche in Begriffen *a priori* ausgedrückt wird, nach denen sich also alle Gegenstände der Erfahrung notwendig richten und mit ihnen übereinstimmen müssen.« (Kant 1990, Vorrede B XVIII)

Da diese Verstandeskategorien der Erkenntnis logisch vorgängig sind, können wir nie wissen, wie die Gegenstände ohne unsere verstandesmäßige Zurichtung aussehen. Wir können also »von keinem Gegenstande als Dinge an sich selbst, sondern nur insofern es Objekt der sinnlichen Anschauung ist, d. i. als Erscheinung, Erkenntnis haben« (Kant 1990, Vorrede B XXVI).

In diesem Sinne ist Erkenntnis ohne Subjekt gar nicht denkbar, also strikt subjektiv. Dennoch hält Kant Objektivität für möglich. Sie haftet aber nicht den Gegenständen an, sondern verdankt sich dem erkennenden Subjekt: Denn das, was der Verstand vor aller Erfahrung, *a priori*, in die Dinge hineinlegt, ist nicht subjektiv im Sinne einer willkürlichen Setzung, sondern notwendige und allgemeine Bedingung jeder Erkenntnis überhaupt. »Objektiv« ist Erkenntnis also nur dann, wenn sie rational ist, d. h. wenn jedes andere vernünftige Wesen aufgrund seiner eigenen Verstandesleistung zur selben Erkenntnis kommen könnte.

Die Einsicht in die logische Vorgängigkeit unseres Erkenntnisapparats ist für mein Vorhaben sehr bedeutsam: die Auffassung, daß wir unvermeidlich schon über bestimmte Ordnungsmuster verfügen müssen, *bevor* wir überhaupt beobachten können, stellt einen wichtigen Bestandteil meiner theoretischen Grundlage dar. Nur unter dieser Voraussetzung ist es überhaupt sinnvoll, den Versuch zu unternehmen, aus wissenschaftlichen Theorien Rückschlüsse auf die ihnen zugrundeliegenden Interpretationsmuster zu ziehen.

Allerdings geht dieses Vorhaben in einem wesentlichen Punkt über Kant hinaus und mündet in einen der Kant'schen Intention entgegengesetzten Schluß. Ich gehe nämlich davon aus, daß nicht nur allen Menschen gemeinsame Kategorien wie Raum, Zeit und Kausalität unsere Erkenntnis bedingen, sondern auch zusätzliche, kontingente Denkmuster.

Die Bedingung des Kantischen Objektivitätsverständnisses ist, daß alle vernünftigen Wesen über dieselben *a priorischen* Kategorien des reinen Denkens verfügen. Ob es solche Kategorien überhaupt gibt und geben kann, ist Gegenstand einer andauernden Kontroverse. Alfred Sohn-Rethel (1978; Orig. 1937) beispielsweise legt gegen den philosophischen Idealismus Kants den Versuch einer materialistischen Erklärung des rationalen Denkens vor. Ausgehend von der zentralen These des historischen Materialismus, daß das gesellschaftliche Sein das Bewußtsein bestimmt, könnten auch die Denkformen, die der Erkenntnis der Naturobjekte dienen, als Produkte des gesellschaftlichen Seins aufgefaßt werden. Das bedeute, »daß das Denken genau in demselben Sinne gesellschaftlich bedingt und geschichtlich entstanden ist, in dem der Idealismus seine Apriorität gegenüber dem Sein und seine Transzendentalität behauptet« (Sohn-Rethel 1978:27). Aus einer Gesellschaft, die auf Warenaustausch beruht, gingen notwendig Verallgemeinerung, Abstraktion und Objektivierung als wesentliche Formen des Denkens hervor. Die Kantischen Kategorien hätten folglich ihren Ursprung nicht im »reinen« Denken, sondern im gesellschaftlichen Tun.

Die Frage der Apriorität braucht an dieser Stelle jedoch nicht geklärt zu werden. Denn unabhängig von ihrer Antwort bin ich davon überzeugt, daß jeder Mensch im Erkenntnisprozeß *auch* »Kategorien« anwendet, die gerade nicht *vor* jeder Erfahrung, sondern das Ergebnis biographischer und kultureller Prägung sind. Solche unbewußten, individuellen, sozial oder weltanschaulich geprägten »Kategorien« bezeichne ich hier und im weiteren in Anlehnung an Ludwik Fleck als Denkmuster, da der Begriff »Kategorie« der von Kant intendierten Bedeutung vorbehalten bleiben sollte.

Ansätze, die die soziale Dimension wissenschaftlicher Erkenntnis in den Mittelpunkt stellen, sind mittlerweile so zahlreich, daß eine Auswahl notwendig willkürlich bleiben muß (vgl. für einen umfassenderen Überblick Weingart 1972, 1974 und 1976; Felt u.a. 1995). Ich beschränke mich hier auf solche, die sich explizit auf die Biowissenschaften beziehen.

2.4. Erkenntnis als soziale Tätigkeit: Zur Erkenntnistheorie Ludwik Flecks

Der polnische Mediziner Ludwik Fleck machte die soziale Dimension der Erkenntnis systematisch zum Ausgangspunkt seiner auf eigenen Erfahrungen als Naturwissenschaftler fußenden Erkenntnistheorie. Seine 1935 verfaßte Monographie »Entstehung und Entwicklung einer wissenschaftlichen Tatsache« (Fleck 1993) konstatiert nicht nur das soziale Gepräge der Wissenschaft, sondern widmet sich auch explizit dessen inhaltlichen Folgen.

Zunächst geht auch Fleck davon aus, daß Wissen nie an sich, sondern nur unter der Bedingung inhaltlich bestimmter Vorannahmen möglich ist. Er zeigt jedoch, daß diese Annahmen nicht *a priorisch*, sondern soziologisches und historisches Produkt eines tätigen Denkkollektivs sind. Den Ausgangspunkt seiner Argumentation bildet dabei die von der Wahrnehmungspsychologie inspirierte Re-Interpretation der Beobachtung, der ja alle empirischen Wissenschaften eine große Bedeutung beimessen. Das von den Empiristen geforderte »voraussetzungslose Beobachten« ist für Fleck eine Illusion – »psychologisch ein Unding, logisch ein Spielzeug« (Fleck 1993:121). Zwei Schwierigkeiten stehen ihm im Wege:

»1) die Notwendigkeit einer gewissen standardisierten Ausbildung und Einübung des Beobachters, ohne die von einem Beobachten des gegebenen Gegenstands keine Rede sein kann, und 2) die Unmöglichkeit der völligen Verständigung sogar unter den ausgebildeten Beobachtern über den Rahmen dieses Gegenstands« (Fleck 1983a:67).

Gegen die Empiristen folgt Fleck der Gestaltpsychologie in der Auffassung, daß Wahrnehmung in »Ganzheiten« erfolgt. D. h. nicht alle Details eines Beobachtungsgegenstands werden wahrgenommen, sondern erst dadurch, daß man von Einzelheiten abstrahiert, Unwichtiges beiseite läßt, Wesentliches hervorhebt, entsteht ein Bild, eine »Gestalt«. Solches Gestaltsehen erfordert Einübung und Erfahrung: »Das unmittelbare Gestaltsehen verlangt ein Erfahrensein in dem bestimmten Denkgebiete: erst nach vielen Erlebnissen, eventuell nach einer Vorbildung erwirbt man die Fähigkeit, Sinn, Gestalt, geschlossene Einheit unmittelbar wahrzunehmen.« (Fleck 1993:121).

So enthüllt sich etwa Ungeübten beim ersten Blick durch ein Mikroskop eine verwirrende Detailfülle, aus der sich erst durch die Kenntnis der technischen Funktionsweise und des histologischen Zusammenhangs ein Bild ergibt (hier ist z. B. die Unterscheidung von dem Objekt zugehörenden Eigenschaften und Artefakten erforderlich). Auch die Bestimmung von

Pflanzen- und Tierarten folgt m. E. den Prinzipien des Gestaltsehens: Wenn es auch anfangs erforderlich ist, eine Art anhand ihrer Differentialmerkmale mühsam zu bestimmen, können wir nach einiger Übung viele Arten »auf Anhieb« ansprechen, ohne die dafür entscheidenden Merkmale noch heranziehen zu müssen.

Diese Einübung ins Gestaltsehen ist unter anderem Bestandteil der wissenschaftlichen Ausbildung, hört aber im Zuge wissenschaftlicher Tätigkeit nie auf: Wie wir vom anfänglichen, unklaren Schauen zum entwickelten Gestaltsehen gelangen, lehrt uns das Kollektiv. Erkenntnis findet also nicht zwischen Subjekt und Objekt statt. Das Denkkollektiv ist als dritter, notwendiger Bestandteil des Erkenntnisprozesses eingeführt:

»Der Prozeß des Erkennens ist nicht, wie es die individualistische Anschauung verkündet, zweigliedrig: Er spielt sich nicht ausschließlich zwischen irgendeinem abgetrennten ›Subjekt‹ und irgendeinem ebenso absoluten ›Gegenstand‹ ab. Das Kollektiv ist in diesen Prozeß als drittes Glied eingeschlossen. ... Alles Erkennen ist ein Prozeß zwischen dem Individuum, seinem Denkstil, der aus der Zugehörigkeit zu einer sozialen Gruppe folgt, und dem Objekt« (Fleck 1983b:168).

Selbstverständlich muß unter der Voraussetzung einer unhintergehbaren sozialen Bedingtheit aller Erkenntnis auch ein anderes Verständnis von wissenschaftlicher Objektivität entwickelt werden. Innerhalb eines Denkkollektivs ist die stilgemäße Auflösung eines Problems nur singulär möglich und deshalb (und nur in diesem Sinne) »wahr«.

»Man kann nie sagen, derselbe Gedanke sei für A wahr und für B falsch. Gehören A und B demselben Denkkollektive an, dann ist der Gedanke für beide entweder wahr oder falsch. Gehören sie aber verschiedenen Denkkollektiven an, so ist es eben *nicht derselbe* Gedanke, da er für einen von ihnen unklar sein muß oder von ihm anders verstanden wird.« (Fleck 1993:131; Herv. i. Orig.)

Objektivität setzt nach dieser Auffassung einen gemeinsamen Bezugsrahmen voraus, der von allen Beteiligten geteilt wird. Dennoch stehen verschiedene Denkstile nicht völlig unvermittelbar nebeneinander: Indem ein Mensch unterschiedlichen Denkkollektiven angehören kann, besteht auch die Möglichkeit eines »interkollektiven Gedankenverkehrs«und damit auch einer Denkstilveränderung (ebd.:144).

2.5. Das Geschlecht des Wissens: feministische Wissenschaftskritik

Nachzuweisen, daß die proklamierte Objektivität der Wissenschaft nur eine vermeintliche ist, ihr also ihren »objektivistischen Schein« (Harding 1991) zu nehmen und ihren parteiischen, androzentrischen Charakter zu entlarven, war und ist das Anliegen feministischer Wissenschaftskritiken. Sie gehen davon aus, daß sich die gesellschaftliche Ungleichheit der Geschlechter nicht nur in der Wissenschaft als sozialer Institution, sondern auch in der von ihr gewonnenen Erkenntnis widerspiegelt. Das (soziale) Geschlecht stellt ihre zentrale analytische Kategorie dar.

Zunächst beschränkte sich feministische Kritik darauf nachzuweisen, daß und wie Frauen im Wissenschaftsbetrieb strukturell benachteiligt sind. Dabei wurde offensichtlich, wie die Dominanz von Männern zu Einseitigkeiten in der Auswahl und Definition wissenschaftlich relevanter Probleme geführt hat. Die Einsicht, daß soziale Faktoren bei der Problemauswahl eine Rolle spielen, berührte zunächst aber noch nicht das Wissenschaftsverständnis selber: Selbst wenn einseitige Interessen in die Begründung eines Forschungsprojekts eingehen, muß dies noch keine Auswirkungen auf die sachliche Richtigkeit seiner Ergebnisse haben.

Etliche Autorinnen haben jedoch auch bezüglich der Interpretation von Beobachtungen und Experimenten Voreingenommenheiten nachgewiesen. Damit ist die vorgebliche Belanglosigkeit der gesellschaftlichen Identität der Beobachtenden bzw. Forschenden für die Ergebnisse der Forschung in Frage gestellt. Hierbei spielt die (vergeschlechtlichte) Sprache, die auch in theoretischen Formulierungen Verwendung findet, eine erhebliche Rolle. Ein Beispiel hierfür ist die von Anthropomorphismen durchsetzte Verhaltensforschung: Wenn in der Primatenforschung »Ein-Männchen-Gruppen« als »Harem« bezeichnet werden, ist durch die anthropomorphe Sprache eine Rollenverteilung im Affenrudel suggeriert, die dessen sozialer Wirklichkeit nicht unbedingt entsprechen muß. Auch in der Evolutionstheorie, der Botanik, selbst in der Mikrobiologie ist, insbesondere wo es um Zweigeschlechtlichkeit geht, der Einfluß androzentrischer Denkmuster nachweisbar (Keller 1989). Nicht nur die Auswahl der Probleme, sondern auch die Interpretation der Beobachtungen und die Theoriebildung selber zeigt sich als von der männlichen Dominanz substantiell beeinflußt.

Gesellschaftliche Ungleichheiten wirken also nicht nur innerhalb der Institution Wissenschaft, sondern bis hinein in ihre Inhalte, ihre Sprache und ihr Denken. Wissenschaftliche Erkenntnis ist damit – entgegen ihrem eigenen Anspruch – vielfach gerade *nicht* unabhängig von subjektiven Einflüssen. Dieser Befund läßt zunächst zwei Konsequenzen zu: Entweder das Projekt einer aufgeklärteren Nachfolgewissenschaft, die es sich zur Aufgabe macht nachzuweisen, wo die Prinzipien der Objektivität und Rationalität in der gängigen Wissenschaftspraxis verletzt werden (z. B. Harding 1991). Oder aber diese Prinzipien werden selber als Fundamente der Wissenschaft in Frage gestellt, weil das Postulat wissenschaftlicher Objektivität verdächtigt wird, lediglich der Verschleierung unhinterfragter gesellschaftlicher Werte zu dienen. Universalisierung erscheint aus dieser Perspektive als Produkt und Reproduktion von Herrschaftsverhältnissen und wird daher ablehnt, z. B.

»Vielleicht kann ›die Wirklichkeit‹ nur aus der falsch verallgemeinernden Sichtweise des Herrn ›eine‹ Struktur besitzen. Das heißt, nur in dem Maße, in dem eine Person oder Gruppe das Ganze beherrscht, kann die ›Wirklichkeit‹ so erscheinen, als würde sie einem einzigen regulativen Zusammenhang gehorchen oder durch eine privilegierte Form gesellschaftlicher Verhältnisse konstituiert.« (Flax 1986, zit. nach Harding 1991:208)

Eine solche partikularistische Sicht würde die Möglichkeit objektiver und universeller wissenschaftlicher Erkenntnis grundsätzlich bestreiten, sich damit aber zugleich als Wissenschaft selbst den Geltungsgrund entziehen: Die standpunktbedingt unterschiedlichen Interpretationen der Welt wären letztlich inkommensurabel, keine könnte *mehr* Geltung beanspruchen als die andere. Damit wäre die Forderung nach einem Verzicht auf jeglichen Objektivitätsanspruch – als wissenschaftliche Äußerung – selbstwidersprüchlich.

Darüberhinaus scheint mir ein radikaler Relativismus auch aus praktischer Perspektive inakzeptabel: Wenn Erkenntnis durch den Standpunkt der Erkennenden vollständig determiniert wäre, wäre jede Form von Wissen über die Natur nur *eine* von vielen möglichen Hinsichten auf einen nicht zu fassenden Gegenstand. Damit wäre es unmöglich, einen Naturzustand – begründet! – einem anderen vorzuziehen. Dann stellt sich aber die berechtigte Frage, warum Natur überhaupt in einem bestimmten Zustand erhalten werden soll: »If nature is only a social and discursive construction, why fight hard to preserve it?« (Hayles 1995:47)

Eine solche relativistische Auffassung ist eine der Fallen, in die gesellschaftskritische Analysen der Wissenschaft häufig geraten. Sie folgt jedoch aus der Einsicht in die soziale Bedingtheit von Erkenntnis nicht notwendig. Im Gegenteil, die Kritik daran, daß Wissenschaft Interessen und gesellschaftliche Machtverhältnisse widerspiegelt, bedarf geradezu des Festhaltens an einem normativen Ideal der Objektivität. Die Diskussion um richtige und falsche Bilder von der Wirklichkeit kann sich nicht mit der Subjektivität individueller oder gruppenspezifischer Standpunkte zufriedengeben, sondern bedarf der Argumente, um zu überzeugen. Andernfalls würde sich letztlich immer die Sicht derer durchsetzen, die über die größere gesellschaftliche Macht verfügen.

Mit dem Stichwort »Argument« ist nun ein Begriff benannt, der abschließend einen Weg aus dem scheinbaren Dilemma zwischen Wissenschaftsideologie einerseits und Relativismus andererseits weisen soll: der Begriff der Kommunikation. Die kommunikationstheoretische Perspektive Jürgen Habermas' führt eine Unterscheidung von Objektivität und Wahrheit ein und faßt Rationalität als kommunikative Qualität auf. »Objektiv« nennt Habermas Erfahrungen oder Wahrnehmungen, die keinen »bloß subjektiven« Charakter haben, sondern intersubjektiv geteilt werden können. Über die »Wahrheit« diesbezüglicher Aussagen kann nur mit kommunikativen Mitteln entschieden werden (vgl. hierzu ausführlich Kunnemann 1991).

Damit wird das Prinzip der Objektivität als Fundament der Wissenschaft nicht aufgegeben, sondern reformuliert: Wissenschaftliche Erkenntnis ist nicht schon durch ein bestimmtes methodisches Vorgehen bei ihrer Erzeugung »objektiv«, sondern bedarf der intersubjektiven Prüfung – nicht nur durch die *scientific community* oder das eigene Denkkollektiv, sondern auch und gerade aus anderen Perspektiven. Solche Intersubjektivität setzt allerdings eine gemeinsame Sprache voraus, die es in der Praxis oft erst zu finden gilt. Als (kontrafaktisches) Ideal ist Objektivität – im Sinne prinzipiell möglicher Intersubjektivität – gerade deshalb unverzichtbar.

2.6. Fazit

- *»Objektivität« bedeutet nicht »Wahrheit« im Sinne der Übereinstimmung mit der Wirklichkeit, sondern »Intersubjektivität«.*

- *Wissenschaftliche Erkenntnis bedarf eines Subjekts. Dessen Erkenntnisstrukturen sind der Erkenntnis logisch vorgängig.*

- *In der Erkenntnistheorie Kants wird die Möglichkeit von Objektivität durch die allen vernunftbegabten Wesen als gemeinsam unterstellten Kategorien des Denkens gesichert.*

- *Erkenntnis wird darüberhinaus auch beeinflußt von individuellen Prägungen, die im kulturellen Kontext und im gesellschaftlichen Standort verankert sind. Diese sind oftmals unbewußt, können jedoch im Zuge kritischer Reflexion sichtbar gemacht werden.*

- *Wissenschaft ist ein sozialer Prozeß. Erkenntnis ist eine dreistellige Relation von Subjekt, Objekt und Denkkollektiv. Innerhalb eines Denkkollektivs wie zwischen verschiedenen Denkkollektiven spielt Kommunikation eine zentrale Rolle.*

- *Das Eingeständnis, daß soziale Strukturen die Produktion wissenschaftlicher Erkenntnis beeinflussen, führt nicht notwendig in einen Relativismus; Wirklichkeit ist nicht beliebig konstruierbar.*

- *Als Wissenschaftsideal ist Objektivität im Sinne einer prinzipiell möglichen Allgemeingültigkeit wissenschaftlicher Aussagen unverzichtbar.*

- *Ein solches, auf die Möglichkeit intersubjektiver Einigung gegründetes Objektivitätsverständnis ist nicht beliebig. Der Vorwurf des Relativismus trifft es daher nicht.*

3. Zur Wertfreiheit der Wissenschaft

> *»Wertbeziehungen sind methodisch unvermeidlich und gleichwohl objektiv unverbindlich. Wir sind daher gehalten, die Abhängigkeit deskriptiver Aussagen von Voraussetzungen normativen Gehalts zu deklarieren.« (Habermas 1982:65).*

Die Einsicht, daß kontingente individuelle und gesellschaftliche Wertvorstellungen der WissenschaftlerInnen ihre Forschungsergebnisse beinflussen, berührt die Frage der Wertfreiheit der Wissenschaft. Mit dem zu Beginn dieses Kapitels dargestellten Selbstverständnis der Naturschutzforschung ist die Wertfreiheitsproblematik in zwei Punkten verbunden: Zum einen ist vor dem Hintergrund des bisher Gesagten fraglich, ob die Ökologie mit dem Prädikat »wertneutral« zutreffend beschrieben ist, zum anderen wirft die geforderte »Erarbeitung von Handlungsanleitungen« die Frage nach der Möglichkeit fachwissenschaftlicher Werturteile auf.

Damit ist eine Diskussion angesprochen, die als sog. »Wertfreiheitsdebatte« in den Sozialwissenschaften eine jahrzehntelange Tradition hat. Wenn ich die in dieser Debatte angeführten Argumente im folgenden auch auf die Naturwissenschaften anwende, bin ich mir darüber im klaren, daß ich dabei einen Transfer vornehme, gegen den sich vermutlich die Beteiligten wehren würden: Beide Seiten scheinen sich darin einig zu sein, daß die Wertfreiheitsproblematik in den Naturwissenschaften keine Paralle besitzt. Vor dem Hintergrund der oben dargestellten sozialen Bedingtheit (und damit Wertabhängigkeit) auch naturwissenschaftlicher Erkenntnis kann diese Annahme jedoch begründet in Zweifel gezogen werden:

>Wenn aber Probleme notwendigerweise von Werten abhängen und Theorien der Erklärung von Problemen dienen, wenn Methoden immer von Theorien abhängen und Beobachtungen von Methoden, kann es dann überhaupt wertfreie Forschungsvorhaben und -interpretationen geben?« (Harding 1991:29)

Ich werde mich also in diesem Abschnitt mit der Frage befassen, in welchem Sinn Werte in der Naturwissenschaft vorkommen und welche Aussagen normativer Art daraus abzuleiten sind. Um meine Sicht der Problematik zu erhellen, versuche ich dabei, den deskriptiven und den präskriptiven Aspekt der Weber'schen Wertfreiheitsthese getrennt darzustellen. Entgegen seinem eigenen Postulat weist Weber selbst leider nicht auf diese beiden Bedeutungen hin, ein Umstand, der m. E. in der Debatte zu wenig Beachtung findet. Ich werde also in den folgenden Absätzen getrennt erläutern, was Wissenschaft nach Webers Ansicht *ist* und kann (bzw. nicht kann), im folgenden dann, was Wissenschaft ihmzufolge *soll* (bzw. nicht soll). Wie ich selbst den Zusammenhang von Werten und Objektivität fassen möchte, stelle ich anschließend im letzten Abschnitt dar.

3.1. Die Unmöglichkeit wissenschaftlicher Werturteile

Den Ausgangspunkt der sog. Wertfreiheitsdebatte bildet die als »Wertfreiheitsthese« in die Literatur eingegangene Aussage Max Webers: »Eine empirische Wissenschaft vermag niemanden zu lehren, was er *soll*, sondern nur, was er *kann* und – unter Umständen – was er *will*« (Weber 1904:151; Herv. i. O.). Weber bestreitet damit die Möglichkeit wissenschaftlicher Werturteile. Unter Werturteilen versteht er dabei »praktische Wertungen sozialer Tatsachen als … praktisch wünschenswert oder unerwünscht« (Weber 1917:499).

Dabei leugnet er nicht, daß Wissenschaft interne Werte kennt, beispielsweise wenn sie Resultate als richtig oder wichtig wertet. Auch daß »schon die Auswahl des Stoffes eine ›Wertung‹ enthält«, gesteht er zu (ebd.:499).

Entgegen einem verbreiteten Mißverständnis behauptet Weber also nicht, daß Wissenschaft unabhängig von allen Wertungen sei. Ihm kommt es vielmehr zunächst darauf an, festzuhalten, daß es keine Möglichkeit für empirisch abgesicherte Werturteile gibt. Das bedeutet,

»daß auf dem Gebiet der praktisch-politischen ... Wertungen, sobald daraus Direktiven für ein wertvolles Handeln abgeleitet werden sollen: 1. die unvermeidlichen Mittel und 2. die unvermeidlichen Nebenerfolge, 3. die dadurch bedingte Konkurrenz mehrerer möglicher Wertungen miteinander in ihren praktischen Konsequenzen, das einzige sind, was eine empirische Disziplin mit ihren Mitteln aufzeigen kann. ... Schon so einfache Fragen aber wie die: inwieweit ein Zweck die unvermeidlichen Mittel heiligen solle, wie auch die andere: inwieweit die nicht gewollten Nebenerfolge in Kauf genommen werden sollen, wie vollends die dritte, wie Konflikte zwischen mehreren in concreto kollidierenden, gewollten oder gesollten Zwecken zu schlichten seien, sind ganz und gar Sache der Wahl oder des Kompromisses. Es gibt keinerlei (rationales oder empirisches) wissenschaftliches Verfahren irgendwelcher Art, welches hier eine Entscheidung geben könnte.« (Weber 1917:508)

Der Kern dieser These ist, daß die empirische Erfassung und *Beschreibung* einer Situation und ihre *Bewertung* zwei völlig unterschiedliche Fragen sind. Während die Empirie lediglich nach dem »was ist?« fragt (und nur hierin sieht Weber die Aufgabe der Wissenschaft), antworten Werturteile auf die Frage »Was soll sein?« und sind damit dem Gegenstandsbereich der Wissenschaft grundsätzlich entzogen.

Für eine wissenschaftliche Naturschutzforschung hat diese Weber'sche Unterscheidung gravierende Folgen: Da ihr erklärtes Ziel die praktische Wertung ökologischer Tatsachen ist, sie mithin Werturteile begründet fällen will, hat sie sich eine Aufgabe gestellt, die sie als Wissenschaft nicht lösen kann. Weber bestreitet nämlich nicht nur, daß Tatsachenfeststellung und Bewertung »miteinander dem Sinn nach auch nur das mindeste zu tun haben«. Er behauptet darüberhinaus, daß praktische Schlußfolgerungen »nicht nur keine Frage einer empirischen, sondern, wie gesagt, überhaupt keiner wie immer gearteten Wissenschaft« (Weber 1917:513) seien. Dies gilt z. B. für die Frage

»in welcher Richtung sich eine konkret gegebene Situation ... mit Wahrscheinlichkeit, und mit wie großer Wahrscheinlichkeit sie sich in jener Richtung entwickeln *werde* (bzw. typisch zu entwicklen *pflege*)? und die andere Frage: ob man dazu *beitragen* solle, daß eine bestimmte Situation sich in einer bestimmten Richtung – sei es der an sich wahrscheinlichen, sei es der gerade entgegengesetzten oder irgendeiner anderen – entwickelt« (Weber 1917:509; Herv. i. O.)?

Naturschutzforschung hat es aber mit genau solchen Fragen zu tun. Daß die Frage nach der praktischen Bewertung eines ihrer immer wieder aufs neue beklagten Defizite darstellt, ist demnach kein Zufall. Mit dem Anspruch, Normen und Bewertungen *wissenschaftlich* begründen zu können, wäre Naturschutzforschung von vornherein ein aussichtsloses Unternehmen.

In dieser Hinsicht ist der Weber'schen »Werturteilsfreiheit« zustimmen: Keine Wissenschaft (welche auch immer) ist in der Lage, universale, d. h. für alle Menschen verbindliche Urteile über richtig und falsch zu fällen. Allerdings gilt dies nur für Handlungszwecke und -ziele, nicht für Mittel. Über deren Angemessenheit kann Wissenschaft sehr wohl urteilen. Um mich als Verfasserin einer wissenschaftlichen Arbeit zu Fragen der Bewertung mit diesem Grundsatz nicht vorzeitig dem Vorwurf eines performativen Selbstwiderspruchs auszusetzen, will ich im folgenden auf die normative Wendung der Wertfreiheit eingehen. Ich werde erläutern, warum und inwiefern Überlegungen zur Wertfreiheit der Wissenschaft für die Formulierung von Naturschutz- (und anderen politischen) Zielen meiner Meinung nach nicht nur relevant, sondern sogar unumgänglich sind.

3.2. Die Trennung deskriptiver und normativer Aussagen

Die Verschiedenheit der Sphären Beschreibung und Bewertung, die Weber immer wieder als Tatsache darstellt, wird von ihm selbst auch normativ gewendet: Beschreibung und Bewertung sind nicht einfach verschieden, sie *sollen* auch auseinandergehalten werden:

»es handelt sich doch ausschließlich um die an sich höchst triviale Forderung: daß der Forscher und Darsteller die Feststellung empirischer Tatsachen ... und *seine* praktisch wertende, d. h. diese Tatsachen ... als erfreulich oder unerfreulich *beurteilende*, in diesem Sinn: ›bewertende‹ Stellungnahme unbedingt *auseinanderhalten* solle, weil es sich da nun einmal um heterogene Probleme handelt.« (Weber 1917:500; Herv. i. O.)

Webers Postulat der Wertfreiheit richtet sich nicht gegen (persönliche) wertende Stellungnahmen durch WissenschaftlerInnen, sondern fordert lediglich deren Kennzeichnung. Ich denke, in dieser Form ist das Postulat der Wertfreiheit selbstverständlicher Bestandteil des wissenschaftlichen Ethos und schlicht eine Frage intellektueller Aufrichtigkeit.

Allerdings muß es – wie der Begriff der Objektivität – als kontrafaktisches Ideal reformuliert werden. Denn es setzt voraus, daß es möglich ist, Tatsachenbehauptungen und wertende Stellungnahmen sprachlich zu unterscheiden (Keuth 1991:130). Genau dies ist aber, wie an denen wenigen Textbeispielen im vorigen Kapitel bereits deutlich geworden sein dürfte, nicht immer der Fall. Im Gegenteil, auch Beschreibungen enthalten vielfach schon unbewußte Wertungen. Unsere Sprache spiegelt gesellschaftliche Werthaltungen und unterscheidet nicht immer zwischen Beschreibung und Bewertung. Beispielsweise ist ein Begriff wie »Fortschritt« nicht rein deskriptiv und damit wertfrei zu gebrauchen, sondern impliziert bereits eine Bewertung. Ebenso legen im Bereich des Naturschutzes bestimmte Beschreibungen einer Landschaft, einer Vegetation oder eines Zustands bestimmte Bewertungen nahe: Was »bedroht« ist, muß geschützt werden, wo sich etwas »entwickelt«, verbietet sich ein Eingriff usw. Der Begriff »Vielfalt« kann ebenso eine Beschreibung wie einen Wert darstellen.

Weil also Antworten auf Frage »was ist?«, d. h. Beschreibungen, in einer Sprache verfaßt sind, in die Voraussetzungen normativer Art schon eingegangen sind, legen sie bestimmte Antworten auf Frage »was soll sein?« bereits im vorhinein wenn nicht fest, so doch zumindest nahe. Es handelt sich dabei dann weniger um den berüchtigten Sein-Sollens-Fehlschluß als um einen Zirkel. Indem wir Naturphänomene mit bestimmten Begriffen belegen, übertragen wir auch unsere Wertvorstellungen auf sie. Wenn sie dann als – vermeintlich wertfreie – Fachbegriffe aus der Wissenschaftssprache wieder in die Alltagssprache eingehen, sind die in sie eingegangenen Wertvorstellungen nicht mehr ohne weiteres kenntlich, trotzdem aber noch wirksam. Diesen Vorgang der Übertragung und Rückübertragung über das Vehikel der Sprache erläutert der Sprachwissenschaftler Uwe Pörksen am Beispiel der Evolutionsbiologie:

»Begriffe aus dem menschlichen Alltagsbereich wurden zuerst in den biologischen transferiert, sie füllten sich hier mit einem genauen, vielfach belegten Inhalt, wurden zum formelhaften Ausdruck eines allgemeinen kausalmechanischen Gesetzes: die Vorstellung ›Fortschritt durch Kampf um's Dasein und Zuchtwahl‹ konnte nun zurückübertragen werden in den menschlichen Bereich, von dem her ihr immer eine gewisse bildliche Unschärfe und Gefühlsbesetzung angehaftet hatte und konnte sich hier im Sinn einer biologischen Normierung und Sanktionierung der alltagssprachlichen Vorstellungen auswirken. Die vorherige Projektion begünstigte eine Rückprojektion. Die Übereinstimmung in der Sprache der beiden Bereiche legte eine Kongruenz in der Sache nahe.« (Pörksen 1994:144)

Nicht nur ihre sprachliche Verfaßtheit, sondern auch ihr sozialer Charakter macht Erkenntnis offen für Werteinträge: Bereits bei der Auswahl und Definition von Problemfeldern – d. h. der Entscheidung darüber, welche Dinge in der Welt der Erklärung bedürfen, und der Definition dessen, was an ihnen problematisch ist – gehen Bewertungen ein. Der Einfluß dieser vorgängigen Wertannahmen auf die vermeintliche Wertfreiheit der Wissenschaft wird oft unterschätzt.

Der idealtypischen Trennung von Wissenschaft und Werten steht in der Realität eine wechselseitige Abhängigkeit von gesellschaftlichen Wertvorstellungen und Wissenschaft gegenüber. Der meist affirmativ gemeinte Versuch, Wissenschaft durch Hinweis auf ihre Wertfreiheit moralisch »freizusprechen«, verkennt diese Wechselwirkung. Eine Kritik hinter der wissenschaftlichen Fassade unerkannt bleibender Werte setzt aber das Ideal wissenschaftlicher Wertfreiheit – wiederum kontrafaktisch – voraus.

3.3. Fazit

- *Die Wertfreiheitsthese begründet die Unmöglichkeit wissenschaftlicher Werturteile und fordert die Kennzeichnung persönlicher, wertender Stellungnahmen.*

- *Der Anspruch der Wertfreiheit bedeutet nicht die faktische Wertneutralität wissenschaftlicher Erkenntnis. Vielmehr ist Wissenschaft von ihr vorgängigen Wertungen abhängig.*

- *Auch wissenschaftliche Aussagen sind in einer Sprache verfaßt, in die Voraussetzungen normativer Art eingehen. Es ist daher erforderlich, diese zu reflektieren, um nicht unbeabsichtigt ihrer Suggestivkraft zu erliegen.*

- *Wie der Begriff der Objektivität bezeichnet der Begriff der Wertfreiheit nicht eine durch die wissenschaftliche Methode allein bereits gesicherte Eigenschaft wissenschaftlicher Erkenntnis, sondern eine Norm, an der Wissenschaft sich auszurichten hat.*

4. Objektivität und Werte

»Eine im maximalen Sinne objektive (Natur- und Sozial-) Wissenschaft umfaßt eine selbst-bewußte und kritische Untersuchung der Beziehungen, die zwischen der gesellschaftlichen Erfahrung ihrer Erzeugerinnen und Erzeuger und den von ihrer Forschung bevorzugten kognitiven Strukturen bestehen.«
(Harding 1991:273f.)

Wird die soziale Bedingtheit wissenschaftlicher Erkenntnis und damit ihre unvermeidliche Wertbezogenheit anerkannt, muß die Frage nach der wissenschaftlichen Objektitvität neu gestellt werden. Führt die Anerkennung der sozialen Geformtheit unserer Erkenntnis nicht doch unvermeidlich in einen subjektivistischen Relativismus und »postmoderne Beliebigkeit«?

Ich habe in meiner Einleitung das wissenschaftskritische Anliegen dieser Arbeit formuliert: Ich will der wissenschaftlichen Objektivität und Wertfreiheit widerstreitende Einträge in die ökologische Forschung zum Neophytenproblem aufdecken. Ein solcher Versuch setzt nicht unbedingt den Glauben an eine mögliche »saubere«, weil wertfreie Wissenschaft voraus, zumindest jedoch die Vorstellung, daß mit dieser Aufdeckung ein Erkenntnisfortschritt verbunden ist. Ich vertrete also die Ansicht, daß eine Wissenschaft, deren Wissensformen nicht die alltäglichen Macht- und Dominanzstrukturen reproduziert, besser ist als eine, der man dies nachweisen kann. Solche Kritik kommt, wie ich in den vorigen Absätzen bereits erläutert habe, nicht ohne ein normatives Wissenschaftsideal von Rationalität und Objektivität aus, nicht zuletzt, weil sie sonst »gegenüber einer etablierten wissenschaftlichen Rationalität machtlos« bliebe (Janich et al 1974:34).

Die Unterscheidung eines solchen Bemühens um Objektivität von der objektivistischen Illusion herkömmlicher Wissenschaft setzt nach Evelyn Fox Keller (1989) eine begriffliche Rekonstruktion von Objektivität als dialektischem Prozeß voraus. Das wissenschaftliche Bemühen um ein rationales Verstehen der Welt soll also nicht aufgegeben, sondern durch eine kritische Selbstreflexion ergänzt werden. Nur so sind Merkmale der Wissenschaft aufzudecken, die ihrem Universalitätsanspruch widerstreiten. Das Streben nach Objektivität bedeutet also die weitestmöglich Abstraktion von eigenen Begrenzungen:

»Die Objektivität besteht darin, daß man die tausenderlei Auswirkungen des Ich auf das Alltagsdenken ... so gut kennt, daß man, bevor man sich ein Urteil erlaubt, die Fesseln des Ich abstreift. Der Realismus hingegen besteht darin, daß man nicht weiß, daß es ein Ich gibt und deshalb die eigene Betrachtungsweise für unmittelbar objektiv und absolut hält.« (Piaget 1978:39 f., zit nach Keller 1989:287)

Die eigene Standortgebundenheit setzt dabei dem Bemühen um Objektivität Grenzen. Es wird kaum möglich sein, den eigenen sozialen Standort so weit zu verlassen, daß von dort aus ein unverzerrtes Bild der Realität gezeichnet werden könnte. Nur die Zusammenschau unterschiedlicher Perspektiven ermöglicht eine Annäherung an Objektivität. Objektivität wäre mithin ein Ideal, das grundsätzlich nicht von einzelnen ForscherInnen verwirklicht, sondern immer nur vom wissenschaftlichen Kollektiv als ganzem angenähert werden kann. Sie wäre mithin nicht exklusiv (objektiv *oder* subjektiv), sondern graduell (mehr oder weniger objektiv; Harding 1994).

Obwohl eine solche kontextbewußte Wissenschaft jeden partikularen Standpunkt als möglichen Standpunkt würdigt und berücksichtigt, ist sie nicht wertneutral. Der Vorwurf der Beliebigkeit trifft sie daher nicht. Indem kritische Wissenschaft die ihr zugrundeliegenden Bedingungen, Überzeugungen und Werte bewußt reflektiert, findet sie Anschluß an das ursprüngliche Motiv der Aufklärung, sich von unbegründeten Vorurteilen und den von ihnen perpetuierten Machtstrukturen frei zu machen. Dieses aufklärerische Ideal liegt als basaler Wert auch einer kritischen Wissenschaft zugrunde.

Die Gründerväter der Naturwissenschaft sahen in der »Aufstellung der Begriffe und Sätze durch wahre Induktion« das »geeignete Heilmittel, die Idole abzuhalten und zu eliminieren« (Bacon 1990 [1620]). Dagegen muß eine kritische Wissenschaft die Abhängigkeit der Erkenntnis von emotiven und normativen Voraussetzungen anerkennen und genau diese Voraussetzungen zum Thema machen. Von einem solchen Standpunkt aus ist, wo immer der Aufweis von Vorurteilen gelingt, ein Beitrag zu größerer Objektivität geleistet. Partikulare Wahrnehmungsverzerrungen können entdeckt und kritisiert werden, auch wenn es nicht möglich ist, sie völlig aus dem Forschungsprozeß herauszuhalten. Hierbei ist wiederum eine Bezugnahme auf Werte unvermeidlich: Nicht jede partikulare Ansicht ist gleichwertig, eine sich kritisch nennende Wissenschaft muß Stellung beziehen. Denn die herkömmliche Wissenschaft »ist wertfrei in einem sehr gefährlichen erkenntnistheoretischen und gesellschaftlichen Sinn: sie ist für die moralischen und politischen Bedeutungen, die ihre Kategorien und Methodologien strukturieren, durchlässig« (Harding 1991:259).

In einer von Herrschaftsverhältnissen gekennzeichneten Gesellschaft sind daher partizipatorische Werte Vorbedingung einer Reformulierung von

Objektivität. Eine ihrem ursprünglichen Programm verpflichtete Wissenschaft muß also einen emanzipatorischen Standpunkt einnehmen.

4.3. Fazit

- *Objektivität kann nur kollektiv und durch den bewußten Umgang mit Werten entstehen.*

- *In dem Wissen, daß Erkenntnis als soziale Tätigkeit unweigerlich den sozialen Standort des Erkenntnissubjekts widerspiegelt, muß Wissenschaft die ihr vorgängigen Normen kritisch reflektieren.*

- *Wird der Einfluß individueller und kollektiver Werthaltungen auf die Wissenschaft verleugnet, so können ihre Ergebnisse gesellschaftliche Machtverhältnisse reproduzieren.*

- *Eine dem Aufklärungsgedanken verpflichtete Wissenschaft muß in einer von Herrschaftsverhältnissen strukturierten Gesellschaft einen emanzipatorischen Standpunkt einnehmen*

Kapitel III

Das historische und theoretische Umfeld des Neophytenbegriffs

Im vorigen Kapitel habe ich die grundlegenden epistemologischen Prämissen dieser Arbeit erläutert:

1. Wissenschaftliche »Fakten« sind als Ergebnis eines soziales Prozesses zu betrachten. Sie sagen damit nicht nur etwas über den Zustand der Welt, sondern stets auch etwas über Bedingungen, Denkweisen, Haltungen oder gar Weltbilder der Forschenden.
2. Da wissenschaftliche Theorien sich in einem Kommunikationszusammenhang innerhalb der scientific community entwickeln, bildet Sprache ein wesentliches Element der Wissenschaft (Haila 1986). Sprache transportiert außer den beabsichtigten Bedeutungen auch Nebenbedeutungen und Wertungen.

Vor diesem Hintergrund werde ich in diesem Kapitel – vorwiegend anhand historischer Quellen – die der Neophytenproblematik zugrundeliegenden Voraussetzungen rekonstruieren. Ich werde zunächst die »Wertfreiheit« des Neophytenbegriffs untersuchen (1.), danach Implikationen unterschiedlicher Wissenschafts- und Gesellschaftsverständnisses der Vegetationskunde herausarbeiten (2.) und schließlich die Pflanzensoziologie als gebräuchliche vegetationskundliche Methode auf ihr Natur- und Menschenbild befragen (3.).

1. Der Begriff »Neophyt«

Versuche, die Vielfalt der Pflanzenwelt sinnvoll zu strukturieren und zu systematisieren, reichen zurück bis in die Antike (Übersichten bei Rübel 1917; Meusel 1943; Schmithüsen 1957; Trepl 1990a). Neben der Frage nach der Entstehung der verschiedenen Arten und ihrem phylogenetischen Zusammenhang, mit der sich vor allem die Morphologie und Systematik sowie die Evolutionsbiologie befassen, stellt die Verbreitung der verschiedenen Arten über die Erde einen wichtigen Ansatzpunkt für ihre Klassifikation dar. Dabei hat die Unterscheidung von einheimischen und nichteinheimischen Arten in der Biogeographie und Geobotanik eine lange Tradition (ausführliche Darstellung bei Zizka 1985; Trepl 1990a; Pyšek 1995).

Bereits zu Beginn des 19. Jahrhunderts befaßte sich die Naturgeschichte mit dem Einfluß des Menschen auf die Verteilung und Wanderung von Pflanzen. Erste systematische Studien zur Herkunft und anthropogenen Verbreitung von Pflanzen legten A. de Candolle (1855) und H.C. Watson (1847) vor. Die heute noch übliche Einteilung der sog. *Anthropochoren* nach Einwanderungszeitpunkt und -art sowie Naturalisationsgrad geht wesentlich auf einen von Rikli (1903) entworfenen und von Thellung (1912, 1915, 1918/19) weiterentwickelten Klassifikationsansatz zurück, der bis heute allerdings mehrfach überarbeitet und revidiert wurde. Die letzte grundlegende Revision dieser Klassifikation wurde 1969 von Schroeder (zurückgehend auf Kreh 1957) vorgenommen. Aufgrund ihrer Übersichtlichkeit und logischen Gliederung hat sie sich heute in der Vegetationskunde weitestgehend durchgesetzt (vgl. Kowarik 1985; Zizka 1985; Trepl 1984 und 1990a; Lohmeyer/Sukopp 1992).

Wenn ich im folgenden den Versuch unternehme, die Bedeutungswandlung des Begriffs »Neophyt« zu rekonstruieren, so nicht mit dem Anspruch, einen umfassenden Überblick über die verschiedenen Klassifikationsansätze zu geben (hierzu liegt mit der Arbeit von Zizka 1985 ein hervorragende Übersicht vor). Die Rekonstruktion soll vielmehr dazu dienen, Bedeutung (Denotation) und Bedeutungshof (Konnotation) des Begriffs zu unterscheiden und letzteren aus der innerwissenschaftlichen Geschichte heraus nachvollziehbar zu machen.

1.1. Die Klassifikation nach Thellung

Eine erste umfassende Terminologie der Adventiv- (und Ruderal)floristik legt Thellung in seinem Aufsatz von 1918/19 vor. In dem Bemühen, den Gegenstandsbereich der Adventivfloristik zu präzisieren, gliedert er die Flora zunächst nach der Herkunft der Pflanzenarten in zwei Hauptgruppen:

die Einheimischen, deren Auftreten im Gebiet älter sei als das Auftreten des Menschen und die Adventiven oder Ankömmlinge. Diese sind

»Pflanzen, die in einem Gebiete unter der (beabsichtigten oder unbewußten) Mitwirkung des Menschen eingewandert sind, aber die auf jeden Fall ihren Standort ohne das direkte Zutun des Menschen eingenommen haben (durch diese letztere Einschränkung werden die Kulturpflanzen im angebauten Zustand ausgeschlossen)« (Thellung 1918/19:37).

Mit Blick auf die entscheidende Rolle des Menschen bei ihrer Einführung und/oder Verbreitung bezeichnet er sie auch als *Anthropochoren*, d. h. als »dem Gebiete ursprünglich fremde Arten, die durch die – absichtliche oder unbewußte – Tätigkeit des Menschen verbreitet werden« (Thellung 1918/19:38). Gegenstand der Adventivfloristik sind folglich Arten, die das Gebiet unter der Mitwirkung des Menschen erreicht, ihren Wuchsort aber ohne sein Zutun eingenommen haben.

Die Gruppe der Anthropochoren läßt sich nach verschiedenen Kriterien weiter systematisieren. Zum einen unterscheidet Thellung nach der *Art und Weise der Einführung*

I. fremde Kulturpflanzen, d. h. absichtlich eingeführte Pflanzen
II. fremdländische Unkräuter, d. h. durch die unbewußte Vermittlung des Menschen eingeschleppte Arten.

Entscheidend für diese erste Gruppierung ist, ob die Einführung einer Art absichtlich oder unabsichtlich erfolgte. Mithin ist die Grundlage dieser Einteilung nicht ein ökologisches, sondern ein anthropozentrisches Kriterium. Eine zweite, von der beschriebenen völlig unabhängige Einteilung unterscheidet nach dem *Grad der Einbürgerung* drei Gruppen:

1. *Ephemerophyten* sind Arten, die sich nur vorübergehend zeigen. Sie können ihren Wuchsort nicht dauerhaft besiedeln.
2. *Epökophyten* kommen zwar regelmäßig vor und vermehren sich ohne Zutun des Menschen. Sie können sich aber nur an künstlichen, d. h. anthropogenen, Standorten dauerhaft halten und erliegen im Laufe der Sukzession der Konkurrenz durch die einheimische Vegetation.
3. *Neophyten* sind dagegen an natürlichen Standorten dauerhaft eingebürgert, d. h. sie sind als einzige Gruppe vom Menschen vollständig unabhängig geworden:

»Sie haben mit den Epökophyten den fremdländischen Ursprung und das regelmäßige und beständige Auftreten gemeinsam, unterscheiden sich aber von ihnen wesentlich dadurch, daß sie sich *an natürlichen Standorten ... inmitten der einheimischen Vegetation* anzusiedeln und dauernd einzubürgern vermögen, wo sie in ihrem Fortbestehen von der Tätigkeit des Menschen unabhängig sind; häufig gelangen sie dazu, durch massenhafte Ausbreitung *die einheimische Vegetation in empfindlicher Weise zu dezimieren oder gar zu verdrängen* und im Landschaftsbilde eine geradezu *dominierende Rolle* zu spielen« (Thellung 1918/19:40f., Herv. UE).

In der ursprünglichen Fassung des Neophytenbegriffs durch Thellung ist also die Fähigkeit, sich in die natürliche Vegetation einzufügen oder sogar die ursprüngliche Vegetation zu verdrängen, bereits enthalten. Die Wortwahl Thellungs in seiner Definition läßt außerdem eine Wertung erkennen: die »empfindliche Dezimierung« der einheimischen Vegetation und die »Dominierung« des Landschaftsbildes durch »massenhafte Ausbreitung« können kaum als wertfreie biologische Beschreibungen einer Art verstanden werden.

1.2. Die Revision des Thellung'schen Systems durch Kreh (1957) und Schroeder (1969)

Wie viele Autoren vor ihm (z. B. Thellung 1918/19; Krause 1929; Jalas 1955) beklagt Kreh (1957) die uneinheitliche Begriffsbildung in der Adventivfloristik und nimmt sich eine »Bereinigung der Sachlage« vor. Dabei bedient er sich weitestgehend der Begriffe von Thellung (1918/19), nimmt aber gerade beim Begriff »Neophyt« deutliche Veränderungen vor. An diesem beanstandet er, Thellung sei »der Gefahr der Überladung des Begriffsinhalts, vor der er selber warnt ... nicht ganz entgangen« (Kreh 1957:90).

Kreh plädiert für eine konsequente terminologische Trennung der drei Gliederungsmöglichkeiten Einwanderungszeit und Einwanderungsart sowie Einbürgerungsstufe. Die Art des Standorts, also die Frage der Natürlichkeit oder Anthropogenität desselben, die ja eine Grundlage der Thellung'schen Systematik war, will er ausdrücklich nicht berücksichtigen:

»Zwischen natürlichen und künstlichen Standorten sind so viele Übergänge vorhanden, daß die seitherigen Versuche, den Standorteinfluß auf Einwanderung und Einbürgerung zum Ausdruck zu bringen, wenig befriedigen.« (Kreh 1957:93)

Der Begriff »Neophyt« soll daher nach Kreh lediglich den Einwanderungszeitpunkt kennzeichnen und ohne Standortbeschränkung dem des »Archäophyten« gegenübergestellt werden. Über den Grad der Einbürgerung soll er nichts aussagen. Thellung hatte Archäophyten, bei denen es sich vorwiegend um Unkräuter des Kulturlandes, also Acker- und Gartenunkräuter sowie Ruderalpflanzen handelt, als Spezialfall der Epökophyten eingeordnet. Er betonte ausdrücklich, daß sie in seinem System »nicht als Adventivpflanzen behandelt, sondern den einheimischen Arten gleichgestellt« werden (Thellung 1918/19:40).

Krehs Anregungen werden von Schroeder (1969) aufgegriffen und weiter ausgebaut. Er ordnet die unterschiedlichen Kriterien konsequent unterschiedlichen Terminologien zu (vgl. Tabelle 2): Den Begriff »Neophyt« bezieht Schroeder wie Kreh nur auf den *Zeitpunkt* der Einwanderung. Seine diesbezügliche Unterteilung umfaßt :

1. *Idiochorophyten*: »Arten, die vor dem wirksamen Eingreifen des Menschen in die Vegetation ... eingewandert sind«,
2. *Archäophyten*: »Arten, deren Einwanderung nur durch die indirekte oder direkte Mithilfe des Menschen ermöglicht wurde, aber schon in ›prähistorischer‹ Zeit stattfand, d. h. nicht durch direkte Nachrichten über die Einführung und Ausbreitung belegt ist«,
3. *Neophyten*: »Arten, deren durch den Menschen ermöglichte Einwanderung erst in ›historischer‹ Zeit erfolgte, d. h. entweder durch direkte Nachrichten belegt ist, oder aber aus sachlichen Gründen erst nach einem bestimmten Datum möglich war, z. B. bei allen amerikanischen Elementen erst nach 1492« (ebd.:228f.).

Der Terminus »Neophyt« wird also rein zeitlich gefaßt und dem des Archäophyten gegenübergestellt. Nach Schroeders Ansicht wird er so auch in sprachlicher Hinsicht am sinnvollsten verwendet, da die Vorsilben »neo« und »archäo« einen Zeitpunkt und nicht einen Standort kennzeichneten.

Für eine geobotanisch orientierte Floristik stellt jedoch der *Grad der Einbürgerung* das wichtigste Einteilungsprinzip dar. Dieser wird von Schroeder als Grad der Einfügung in die Vegetation präzisiert. Anders als Kreh, der ja die Natürlichkeit des Standorts explizit unberücksichtigt ließ, macht Schroeder die vegetationskundliche Betrachtungsweise also zum Ausgangspunkt seiner Klassifikation des Einbürgerungsgrads. Unter diesem Gesichtspunkt beschreibt er folgende Gruppen (ebd.:226f.):

Vegetationskundliche Gliederung / Klassifizierung der Anthropochoren

Gruppierung	Grundeinteilung / Unterteilung	ursprünglicher Vegetation — **I. Idiochorophyten** Einheimische	Fester Platz in potentiell natürlicher, aber nicht in ursprünglicher Vegetation — **II. Agriophyten** Neuheimische	aktueller, aber nicht in potentieller natürlicher Vegetation — **III. Epökophyten** Kulturabhängige	Kein fester Platz in der Vegetation, aber wildwachsend vorkommend — **IV. Ephemerophyten** Unbeständige	nur kultiviert vorkommend — **V. Ergasiophyten** Kultivierte
Vegetationskundliche Gruppierung	Grundeinteilung	Idiochoren	Anthropochoren →→→→			
	Abweichende Zusammenfassungen	Ansässige (I–II) →→		Fremde (III–V) →→→		
		Einheimische	Eingebürgerte (II–III) →→		Adventive (III–IV) →→	Kultivierte
		Wildwachsende (I–IV) →→→→				Kultivierte
Gruppierung nach Einwanderungszeit	vor Eingreifen des Menschen	1. *Idiochorophyten*				
	unter Einfluß des Menschen — in „prähistorischer" Zeit		2. *Archäophyten* - Altadventive →→→			
	unter Einfluß des Menschen — in „historischer" Zeit		3. *Neophyten* - Neuadventive →→→			
Gruppierung nach Einwanderungsweise	ohne Einfluß des Menschen	A. *Idiochorophyten*				
	unter Einfluß des Menschen — selbständig eingewandert		B. *Akolutophyten* - Eindringlinge →→			
	unter Einfluß des Menschen — unabsichtlich vom Menschen eingebracht			C. *Xenophyten* - Eingeschleppte →→		
	unter Einfluß des Menschen — als Kulturpflanze eingeführt, jetzt auch wildwachsend			D. *Ergasiophyten* - Verwilderte →→→		

I *Idiochorophyten*: Arten, die bereits in der ursprünglichen Vegetation einen festen Platz hatten,

II *Agriophyten*: Arten, die einen festen Platz in der heutigen potentiellen natürlichen Vegetation hätten, aber nicht in der ursprünglichen hatten,

III *Epökophyten*: Arten, die einen festen Platz in der heutigen realen Vegetation haben, nicht aber in der potentiellen natürlichen,

IV *Ephemerophyten*: Arten, die zwar wildwachsend auftreten, aber keinen festen Platz in der Vegetation haben,

V *Ergasiophyten*: Arten, die nur in kultiviertem Zustand vorkommen.

Neophyten können nach Schroeder also in den Einbürgerungsstufen II, III und IV vorkommen. Reine Kulturpflanzen (Ergasiophyten) können nicht sinnvoll als Neophyten bezeichnet werden. Wie Schroeder in einer Anmerkung erläutert, setzt die Gliederung nach dem Einwanderungszeitpunkt im Begriff »Einwanderung« bereits das Wildwachsen der Pflanzen voraus. Kulturpflanzen seien zwar eingeführt, verhielten sich jedoch rein passiv, ohne jede aktive Komponente, die der Begriff der Einbürgerung erfordere (ebd.:228).

Der ursprünglich von Kamyšev (1959) geprägte Ausdruck »Agriophyt« bezeichnet in Schroeders System die Arten, die Thellung »Neophyten« genannt hatte, nämlich solche, die an natürlichen Standorten eingebürgert sind. Unter Berücksichtigung des Einwanderungszeitpunkts wären die Arten, von denen Thellung spricht, als agriophytische Neophyten (in Abgrenzung zu epökophytischen Neophyten) bzw. als neophytische Agriophyten (im Unterschied zu archäophytischen Agriophyten) zu bezeichnen.

Die dritte Gruppierung schließlich betrifft die *Einwanderungsweise*. Hier unterscheidet Schroeder (1969:230f.):

A *Idiochorophyten*: Arten, die ohne jede Mitwirkung des Menschen eingewandert sind (identisch mit Gr. I und 1),

B *Akolutophyten*: Arten, deren Einwanderung erst durch anthropogene Vegetationsveränderungen ermöglich wurde, die aber aus eigener Kraft ins Gebiet gelangt sind,

C *Xenophyten*: unabsichtlich eingeführte Arten,

D *Ergasiophygophyten*: absichtlich eingeführte und dann verwilderte Arten.

Tabelle 2: Einteilung der Anthropochoren nach ihrer Stellung in Flora und Vegetation. *Quelle:* Schröder 1969:232, verändert.

In der ökologischen Fachliteratur wird diese Terminologie heute weitgehend anerkannt. Wenn es um die Einbürgerung einer eingeführten Art in natürliche bzw. naturnahe Vegetation geht, wird der Begriff »Agriophyt« bevorzugt (z. B. Trepl 1984; Lohmeyer/Sukopp 1992). Das Begriffspaar prähistorisch/historisch wurde wegen seiner Mißverständlichkeit zugunsten eines eindeutigen Zeitpunkts, nämlich 1500 n. Chr., aufgegeben. Dieser Zeitpunkt markiert mit der Eroberung Amerikas durch die Europäer erdgeschichtlich betrachtet eine entscheidende Wende, insofern der interkontinentale Transport pflanzlicher Verbreitungseinheiten von diesem Zeitpunkt an sprunghaft anstieg. Er ist daher den bloß zufälligen Belegen des Einwanderungszeitpunkts als Kriterium vorzuziehen, zumal der Begriff »prähistorisch« üblicherweise für einen sehr viel früheren Zeitraum verwendet wird.

In der aktuellen ökologischen Literatur ist der Neophytenbegriff demnach auf seine zeitliche Dimension beschränkt. Seine bei Thellung noch implizierte ökologische Bedeutung, nämlich die Einbürgerung in natürliche Vegetation, wird heute durch den Begriff »Agriophyt« ausgedrückt. Aufgrund der verwickelten und auch für Fachleute verwirrenden Begrifflichkeiten und Umdeutungen hergebrachter Begriffe gehen jedoch in der wissenschaftlichen Diskussion und auch in der Naturschutzdebatte ältere und neuere Fassungen des Neophytenbegriffs auch heute noch gelegentlich durcheinander.

1.3. Der Neophytenbegriff im Naturschutz

Im Editorial des Seminarberichts »Einsatz und unkontrollierte Ausbreitung fremdländischer Pflanzen – Florenverfälschung oder ökologisch bedenkenlos?«, veranstaltet von der Norddeutschen Naturschutzakademie im März 1990, wird der Begriff »Neophyt« folgendermaßen eingeführt: »Fremdländische Pflanzen, die nach 1500 n. Chr. in Mitteleuropa eingeführt oder eingeschleppt wurden und sich hier behaupten konnten, werden als Neubürger oder Neophyten bezeichnet« (Strohschneider 1991:4).

Diese Begriffsbestimmung scheint mir repräsentativ für die Debatte über die Bedeutung von Neophyten für den Naturschutz (vgl. z. B. Hanf 1991; Hartmann u.a. 1995). In der zitierten Aussage werden alle Kriterien, die im Laufe der eben dargestellten Geschichte für unterschiedliche Terminologien herangezogen wurden, auf den Neophytenbegriff bezogen:

- die Herkunft (»fremdländisch«)
- der Zeitpunkt der Einführung (»nach 1500 n.Chr.«)
- die Art der Einführung (»absichtlich oder unabsichtlich«)
- der Grad der Naturalisation (»und sich hier behaupten konnten«)

Mit der Gleichsetzung von »Neubürger« und »Neophyt« wird die von Schroeder geforderte Trennung der Kriterien Einbürgerungsgrad und Einwanderungszeitpunkt alltagssprachlich unterlaufen. Der Ausdruck »sich hier behaupten konnten« bedeutet ja, daß die Arten so etabliert sind, daß sie der natürlichen Sukzession nicht erliegen. Dies entspricht strenggenommen aber nur der Einbürgerungsstufe II (Agriophyten). Der Begriff »Neophyt« wird hier also in der Weise verwendet, in der Thellung ihn eingeführt hatte. Die im wissenschaftlichen Interesse an eindeutigen Begriffs-Denotationen geforderte rein zeitliche Fassung des Neophyten-Begriffs konnte also nicht verhindern, daß in der Praxis der Begriff bis heute in seiner ursprünglichen Bedeutung verwendet wird.

Mit der Bezeichung einer Art als »Neophyt« ist die Vorstellung ihrer Einbürgerung bereits verbunden. So gaben auf einer Tagung in Offenburg 90% der Teilnehmenden an, das Wort »Neophyt« nur in Verbindung mit Einbürgerung zu benutzen (Sukopp 1995). Es liegt daher nahe, zu vermuten, daß die von Thellung bereits angeführte Tendenz zur Ausbreitung und zur Verdrängung der heimischen Vegetation dem Neophytenbegriff ebenfalls noch anhaftet.

Es scheint mir in diesem Zusammenhang hilfreich, mit Lohmeyer/Sukopp (1992), zwischen Begriff und Terminus zu unterscheiden. Obwohl der *Terminus* »Neophyt« in neuerer Zeit mit Schroeder (1969) rein zeitlich bestimmt wird, bleibt festzuhalten, daß der *Begriff* »Neophyt« von seiner Prägung durch Rikli (1903) bis hin zu seiner Verwendung in der aktuellen Naturschutzdebatte stets den Aspekt der Naturalisation beinhaltet. Auch wenn diese – ökologisch relevante – Eigenschaft heute durch den Terminus »Agriophyt« gekennzeichnet wird, so sind es doch die durch ihn bezeichneten Fähigkeiten, nämlich das Eindringen in natürliche oder naturnahe Vegetation, der Fortbestand und die Verbreitung ohne weitere Mithilfe des Menschen sowie die Zurückdrängung oder gar Verdrängung heimischer Arten, die für den Naturschutz zum Problem werden können. Terminologisch korrekt handelt es sich also bei den im Naturschutz diskutierten Arten meist um agriophytische Neophyten (bzw. um neophytische Agriophyten).

Der Terminus »Neophyt« bezeichnet formal *alle* wildwachsenden Pflanzenarten, deren Einführung nicht länger als 500 Jahre zurückliegt. Der Begriff impliziert jedoch, zurückgehend auf die ursprüngliche Definiton, in der aktuellen Debatte oft auch die Fähigkeit der dauerhaften Etablierung in naturnaher Vegetation und der Verdrängung der angestammten Arten. Die Bezeichnung einer Art als »Neophyt« kommt damit im Naturschutzkontext oft unausgesprochen bereits einer Bewertung gleich.

1.4. Alien/Invader/Neophyt – ein Vergleich der europäischen und angelsächsischen Terminologie

Da ich in dieser Arbeit sprachkritisch vorgehe und mich nicht auf deutschsprachige Ansätze beschränken kann, stellt sich hinsichtlich der Vergleichbarkeit verschiedensprachiger Texte ein Problem: In der englischsprachigen Literatur gebräuchliche Begriffe haben meist keine direkte Entsprechung in der deutschsprachigen Terminologie. Es ist also vorab zu klären, ob bzw. inwiefern Texte über »plant invasions« sich überhaupt auf denselben Gegenstand beziehen wie Texte über Neophyten.

Die im vorigen beschriebene, auf Thellung zurückgehende Terminologie ist im wesentlichen auf den (kontinental)europäischen Raum beschränkt und hat im angelsächsischen Sprachraum nie große Aufmerksamkeit gefunden, obwohl in den überseeischen englischsprachigen Gebieten (Australien, Neuseeland, Hawaii etc.) Pflanzeneinwanderungen am intensivsten studiert wurden. Die dort übliche Verwendung des Begriffs »invader« bzw. »invasion« geht ursprünglich auf Eltons 1958 erschienenes Standardwerk zum Thema zurück, nimmt aber erst seit Beginn des weltweiten SCOPE-Projekts »Biological Invasions« deutlich zu (Pyšek 1995).

Obwohl der Terminus »invader« (bzw. »invasive« oder »invasion«) als *terminus technicus* mit einer relativ klar umschriebenen Fachbedeutung gelten kann, haften ihm deutlicher umgangssprachliche Nebenbedeutungen an als dem Fachbegriff »Neophyt«. So stellen Groves/Burdon (1986) im Vorwort des von ihnen herausgegebenen Sammelbands fest: »Even the terminology associated with ›invasions‹ generally is unsatisfactory with its connotations of military operation« (ebd.: vi).

Während Elton (1958) noch ganz unbefangen eine militaristische Sprache benutzte, indem er das »explosive« Potential biologischer Invasionen mit der Sprengkraft der Atombombe verglich und von einem »bombardement of foreign species« (ebd.:29) sprach, bemüht sich die heutige Fachliteratur um eine neutralere Sprache (Groves/Burdon 1986; Bazzaz 1986; für eine ausführliche Kritik der Terminologie Binggeli 1994). Um emotional aufgeladene Begriffe zu vermeiden, schlagen Groves/Burdon (1986) die neutraleren Bezeichnungen »introduced« (eingeführt) und »adventive« (adventiv) vor. Dieser Sprachgebrauch konnte sich aber offensichtlich nicht durchsetzen. In der Literatur, die sich mit »plant invasions« befaßt, finden sich folgende Begriffe: aliens, invaders, exotics, introduced, translocated, neophytes, adventives, weeds, newcomers, naturalized, colonizers, non-native, nonindigenous, immigrants (Heywood 1989; Pyšek 1995).

In 720 von Pyšek (1995) analysierten Artikeln, die sich explizit mit nichtheimischen Arten befassen, finden sich folgende Begriffshäufigkeiten:

»Invasive«	37,1 %
»Weed«	22,9 %
»Introduced«	13,9 %
»Alien«	12,0 %
»Exotic«	6,4 %
»Naturalized«	4,7 %
»Neophyte«	1,6 %
»Adventive«	1,6 %

Die verschiedenen Begriffe werden zudem oft unpräzise und mehrdeutig verwendet. Rejmánek (1995) macht darauf aufmerksam, daß die Begriffe unterschiedlich emotional besetzt sind und außerdem auf unterschiedliche Perspektiven verweisen. Er schlägt folgende Sprachregelung vor:

- »Weeds« (Unkraut) will er als eine aus anthropozentrischer, meist ökonomischer Perspektive wertende Bezeichnung verstanden wissen: »weeds are plants growing where they are not desired« (ebd.:3).
- »Colonizers« (Erstbesiedler) sollen rein ökologisch als Arten, die in Sukzessionsabläufen zu einem frühen Zeitpunkt erscheinen, definiert werden.
- »Invaders« sollen Arten genannt werden, die sich aus einer biogeographischen Perspektive in Areale verbreiten, in denen sie nicht heimisch sind.

Pyšek (1995) vergleicht die Definitionen des Begriffs »invasive« in 13 einschlägigen Publikationen. Unterschiede in der Verwendung des Begriffs »invader« durch verschieden Autoren bestehen ihmzufolge vor allem darin, ob die fremdländische Herkunft einer Art, ihre derzeitige Expansionstendenz oder die Besiedlung natürlicher Ökosysteme für den Invasionsbegriff konstitutiv sind.

In allen Definitionen schließt der Begriff »invader« ein, daß sich die neue Art in einem Prozeß der Ausbreitung befindet (»increasing aliens«). Dabei wird, anders als in der europäischen Terminologie (Epökophyt vs. Agriophyt) meist nicht nach dem Natürlichkeitsgrad des Ökosystemstyps (anthropogen vs. halbnatürlich) unterschieden. Sieben Definitionen schließen einheimische Arten nicht ausdrücklich aus, beziehen sich also in erster Linie auf das Moment der Ausbreitung und nicht auf die Frage der Herkunft oder Einwanderungsweise. Andererseits beziehen drei Definitionen auch nicht zunehmende Arten ein, für sie ist also die fremdländische Herkunft ausschlaggebend, nicht das ökologische Verhalten. Um die Fragen der Ursprünglichkeit einer Art und ihrer Tendenz zur Ausbreitung begrifflich unterscheiden zu können, schlägt Pyšek (1995) folgende Begriffsdefinitionen vor:

»— *Native* (indigenous) species is one which evolved in the area or which arrived there by one means or another before the beginning of the neolithic period or which« arrived there since that time by a method entirely independent on human activity [Webb 1985]
— *Alien* (introduced, exotic, adventive) species is one which reached the area as a consequence of activities of neolithic or post-neolithic man or his domestic animals [Webb 1985]
— *Invasive* (naturalized) species is an alien the distribution and/or abundance of which in the wild is in the process of increasing *regardless of habitat* ...« (ebd.:79; Herv. UE)

Mit Webb (1985) werden alle Arten als »native« (einheimisch) eingestuft, die entweder schon vor dem Neolithikum im Gebiet vorhanden waren oder deren spätere Einwanderung ins Gebiet als völlig unabhängig vom Menschen angesehen werden kann. Als Begründung für diese Grenzziehung wird angegeben, daß der Mensch vor dem Neolithikum noch Teil der Natur gewesen sei: »Until that time, man was part of nature and his influence on species dispersal equivalent to that of animals« (Pyšek 1995:72).

In der englischsprachigen Literatur fehlt also neben der Unterscheidung von Agriophyten und Epökophyten (»regardless of habitat«) auch die von Archäo- und Neophyten. Als Grund hierfür vermutet Pyšek (1995), daß man sich im angelsächsischen Sprachraum mit Arten, die zwischen der neolithischen Revolution und dem Jahr 1500 eingeführt wurden, nicht befaßt, weil sie dort keine Management-Probleme verursachen: »[B]eing a field with important practical implication, invasion ecology is simply not much concerned with these species because they usually neither cause management problems nor eliminate local flora or change ecosystem properties.« (Pyšek 1995:73)

Diese – sicherlich richtige – Einschätzung ist bemerkenswert. Sie widerspricht der verbreiteten Auffassung, Wissenschaft werde unabhängig von solchen externen Einflüssen betrieben.

Die Terme »Archäo-« und »Neophyt« beziehen sich ursprünglich auf zwei in biogeographisch-historischer Hinsicht bedeutsame Einschnitte: den Beginn des Neolithikums und den Beginn der Neuzeit (datiert mit Beginn der interkontinentalen Seefahrt; ungefähr 1500 n.Chr.). Insofern diese beiden Einschnitte eine signifikante Zunahme des anthropogenen Florenaustauschs mit sich brachten, sind die Begriffe als Bestandteil einer historischen Klassifikation sinnvoll. Dieses historische Erkenntnisinteresse wird in der neueren Literatur unter dem Eindruck der Gefährdung ganzer Tier- und Pflanzenarten ersetzt durch ein im weitesten Sinne technisches: Ökologie soll funktional sein im Hinblick auf Probleme des Naturschutzes. Diese stellen sich jedoch in Mitteleuropa anders dar als im angelsächsischen Sprachraum. Offenbar hängt die größere begriffliche Differenzierung in Mitteleuropa auch mit der diesbezüglichen Unterschiedlichkeit der Problemstellungen zusammen. In Europa haben die sog. Alteinwanderer zunächst auch ein erhebliches »Managementproblem« für die Landwirtschaft dargestellt. Viele von ihnen waren ackerbauliche Unkräuter. Heute sind diese archäophytischen Ackerwildkräuter durch die Intensivierung der Landwirtschaft und veränderte Landnutzungsformen bedroht. Aus Naturschutzperspektive bereiten Archäophten in Mitteleuropa daher mittlerweile »Managementprobleme« mit einem umgekehrten Vorzeichen: Man braucht Management, um sie zu erhalten. Würde man auf Brachflächen natürliche Sukzessionen zulassen, würden manche der an menschliche Bodenbewirtschaftung angepaßten Alteinwanderer verschwinden.

Um über die mit den nichtheimischen Arten verbundenen Probleme angemessen reden zu können, reicht in den überseeischen Regionen *ein* Begriff zur Kennzeichnung der fremdländischen Herkunft. In Europa sind dagegen *zwei* Begriffe erforderlich, die die fremden Arten nach der Aufenthaltsdauer differenzieren, um zwischen »gefährdeten« Alt-Einwanderern und »gefährlichen« Neu-Einwanderern unterscheiden zu können (so

Fukarek 1987). Daher sind die Begriffe mittlerweile fest mit der Zuordnung eines Problems und damit einer Bewertung verbunden. Die pragmatischen Anforderungen des Naturschutzes prägen offenbar die ökologische Forschung zu Pflanzenwanderungen bis in die Terminologie hinein.

Dieser »conservation bias« wird allerdings selten explizit gemacht, auch wenn er seit Erscheinen von Eltons Monographie die ökologische Literatur zum Thema dominiert. Wie Pyšek (1995) gezeigt hat, ist in fast allen Definitionen die Ausbreitungstendenz der Art für den Begriff »invasive« wesentlich. Durch die Wahl des Begriffs »invasion« wird diese Ausbreitung zugleich als unerwünscht gekennzeichnet. Denn Invasionen bedeuten, nicht nur im militärischen Kontext, einen Angriff unerwünschter Eindringlinge. Der Begriff ist folglich aus Naturschutzperspektive negativ belegt. So verwendet auch Bazzaz (1986) den Begriff »invasion« offensichtlich wertend, wenn er festlegt: »Those species that enter relatively intact vegetation and strongly dominate it or even displace it altogether may be called ›invaders‹« (Bazzaz 1986:97).

Cronk/Fuller (1995) nehmen in ihrem Sammelband explizit und konsequent die Naturschutzperspektive ein. Die Auswirkungen eingeführter Arten auf die einheimische Flora und Fauna müssen ihrer Ansicht nach bereits in die Terminologie selber eingehen. Folglich definieren sie »invasive plant« als »an alien plant spreading naturally (without direct assistance of people) in natural or seminatural habitats, *to produce a significant change* in terms of composition, structure or ecosystem processes« (Cronk/Fuller 1995:1; Herv. UE).

Diese Begriffsbestimmungen sind praktisch identisch mit der Definition des Neophyten durch Thellung (1918/19). In ihnen sind, ähnlich wie ich dies für den Neophytenbegriff in der bundesdeutschen Naturschutzliteratur dargestellt habe, Bewertungen aus Naturschutzperspektive bereits im Begriff »invasion« angelegt. Die Ausdrücke »invasive plant species« und »Neophyt« sind also in der für diese Untersuchung entscheidenden Hinsicht bedeutungsgleich: die Etablierung in naturnaher Vegetation und die Verdrängung der angestammten Arten ist in beiden Begriffen impliziert. Damit beinhalten sie eine Bewertung und stellen nicht bloß eine wissenschaftliche, wertfreie Klassifikation dar.

2. Pflanzengeographie zwischen Naturgeschichte und Naturwissenschaft

»Aufgabe der Pflanzengeographie ist es ..., die verschiedenartige Verteilung der Gewächse im Erdraum als Ausdruck allgemeiner Gesetzmäßigkeiten und Ordnungsprinzipien verständlich zu machen.« (Meusel 1943:8)

2.1. Die Gliederung der Flora nach Linkola (1916) und Jalas (1955)

Der von Thellung benutzte Begriff *Anthropochoren* wird auch in einem Klassifikationsansatz verwendet, der auf einem völlig anderen Ordnungsprinzip beruht. In dem – in Skandinavien entwickelten – sogenannten Hemerobie-Konzept werden Pflanzen nicht in erster Linie gebietsspezifisch unterteilt, sondern nach der Beeinflussung ihres Auftretens durch die menschliche Kultur (Linkola 1916). Anders als in den bisher vorgestellten Ansätzen wird also nicht die geographische Herkunft, sondern die Beziehung einer Art zur menschlichen Kultur zum Hauptkriterium gemacht. Nach der Reaktion der Arten auf Kultureinflüsse werden in diesem System zunächst drei Hauptgruppen unterschieden:

A *Hemerophile*: Arten, die in ihrem Vorkommen in einem bestimmten Gebiet aus der Kultur Vorteil gezogen haben,

B *Hemeradiaphore*: im Gebiet ursprüngliche Pflanzenarten, die gegenüber der Kultur indifferent sind,

C *Hemerophobe*: Arten, die an durch Kultureinflüsse veränderten Standorten zurückgehen.

Erst dann unterteilt Linkola die *Hemerophilen* in *Apophyten* (Ursprüngliche) und *Anthropochore* (vom Menschen eingeführte Arten). Methodisch erfolgt die Zuordnung zu den drei Gruppen durch einen quantitativen Vergleich der spontanen Frequenz einer Art (d. h. ihrer Frequenz in unbeeinflussten Regionen) mit ihrer im Untersuchungsgebiet beobachteten.

Jalas (1955) übernimmt das Prinzip, das Verhalten der Pflanzenarten zu verschiedenen Graden der Kultureinwirkung an ihren Standorten zur Gliederungsgrundlage zu machen. Er radikalisiert es aber, indem er den regionalen Bezug völlig eliminiert. Jalas plädiert für ein statistisches und aktualistisches Vorgehen ohne jeden Raumbezug. Nur das gegenwärtige durchschnittliche Verhalten einer Art zur Kultur soll ausschlaggebend für ihre Einstufung sein:

»Bei der Klärung der Bedeutung der Kultur für die Pflanzenarten eines bestimmten Standorts als *biotischen Standortfaktor* wird es indessen völlig gleichgültig sein, ob jene Arten den Standort schon ursprünglich besiedelt haben oder sich von andersher auf ihn ausgebreitet haben. Es handelt sich lediglich darum, wie sich die Pflanzenarten zum verschiedengradigen Einfluß der Kultur verhalten, wenn sie nun einmal am Standort vorhanden sind.« (Jalas 1955:7f., Herv. i.O.)

Damit ist sein Ansatz in zwei für meine Fragestellung relevanten Hinsichten von den im vorigen Abschnitt beschriebenen verschieden:

1. Die Kulturwirkung wird anderen Standortfaktoren gleichgestellt.
2. Für eine aktualistische Gruppierung spielen die Herkunft sowie Art und Zeitpunkt der Einführung keine Rolle mehr.

Der Begriff »Neophyt« im Sinne der Definition von Rikli und Thellung ist in diesem aktualistischen System bedeutungslos, da Neophyten ja nicht mehr die Kultur gebunden, sondern in die natürliche Vegetation integriert sind, also »aufgehört haben, hemerophil zu sein« (Simmons 1910:154).

In Mitteleuropa stieß dieser Ansatz zunächst auf wenig Zustimmung. So hält Krause (1929) Linkolas Verfahren für unpraktikabel. Die spontane Frequenz sei infolge der langen Kulturgeschichte Mitteleuropas oft nicht zu ermitteln. Die Methode stoße also auf technische Grenzen. Schroeder (1969) grenzt seinen Ansatz von Jalas' Konzept mit Verweis auf die unterschiedlichen Fragestellungen, die beide verfolgen, ab: »Diese Einteilung berücksichtigt jedoch nicht mehr die Herkunft und Einwanderungsart der Pflanzen; sie ist rein ökologisch und kann deshalb nicht mit der hier diskutierten, floristisch ausgerichteten Gliederung verglichen werden« (Schroeder 1969:235).

Daß Herkunft und Einwanderungsart, und damit die Unterscheidung von einheimischen und eingewanderten Arten, überhaupt für die Vegetationskunde von Interesse sind, versteht sich für ihn offensichtlich von selbst. Ähnlich selbstverständlich erscheint sie bei Krause (1929):

»Bekannt und – zunächst wenigstens – keine weitere Diskussion heischend ist das Begriffspaar: ursprüngliche und nicht-ursprüngliche Arten, d. h. autochthone (die – ganz allgemein ausgedrückt – ohne jegliche Hilfe des Menschen in einem bestimmten Bezirk existieren) und nicht-autochthone (die ihre Anwesenheit nur dem wie immer beschaffenen Eingreifen anthropogener Faktoren verdanken).« (Krause 1929:51f.)

Gerade diese Unterscheidung wird jedoch von Linkola hinterfragt. Da die Bezeichnung »spontan« oder »anthropogen« immer nur bezogen auf einen bestimmten phytogeographisch-floristischen Flächenraum Sinn hat, will er sie zugunsten einer rein ökologischen Charakteristik aufgeben.

»Mehrere einzelne Arten sind doch in den verschiedenen Teilen eines weiteren und heterogenen Gebiets bald als ursprünglich, bald als eingeführt zu betrachten. Um diesen Umstand ... im Folgenden mit gebührender Betonung zum Vorschein zu bringen, wird gerade in diesem Zusammenhang eine andere Haupteinteilung als die vorerwähnte gebraucht.« (Linkola 1916:237)

Die mit Schroeder und Jalas skizzierten Positionen möchte ich im folgenden als Stellvertreter zweier grundsätzlich verschiedener Herangehensweisen bei der wissenschaftlichen Erforschung der Vegetation interpretieren: einer *historisch-geographischen* einerseits, einer *naturwissenschaftlich-ökologischen* andererseits. Die beiden Richtungen haben nicht nur unterschiedliche Erkenntnisinteressen und Methodologien, sondern sie beruhen auch auf grundverschiedenen Voraussetzungen und Vorannahmen. Wie Trepl (1987) ausführt, zieht sich die Spannung zwischen diesen Ansätzen durch die gesamte Geschichte der Ökologie. Ich werde in den folgenden Absätzen zunächst die beiden unterschiedlichen methodischen Zugänge erläutern und abschließend die Relevanz der gewählten Herangehensweise für Fragen der Bewertung und der Ethik herausarbeiten.

2.2. »Das Allgemeine« oder »das Besondere«: Zur Methodik der Pflanzengeographie

In der eingangs zitierten Beschreibung der Aufgabe der Pflanzengeographie durch Meusel tauchen zwei Begriffe auf, die wissenschaftstheoretisch völlig verschiedenen Methodologien zugehören: sie will »verständlich machen«, also das je Besondere *verstehen*, gleichzeitig aber »allgemeine Gesetzmäßigkeiten« darstellen, also Phänomene *erklären*. Welche Methodik dabei zu bevorzugen ist, hängt von der spezifischen Fragestellung ab: Geht es mehr um das Verständnis der Verteilung der Arten im Raum, so wird die vergleichend-deskriptive Methode anzuwenden sein, geht es dagegen um die Erforschung allgemeiner Gesetzmäßigkeiten ist ein kausalanalytisches Vorgehen zu erwarten.

Hermann Meusel (1943) stellt in seiner »Vergleichenden Arealkunde« die historische Bedingtheit und damit die Singularität seiner Untersuchungsgegenstände in den Vordergrund. Für eine wissenschaftstheoretische Fundierung der Bio- und Vegetationsgeographie sei von großer Bedeutung

»daß es sich bei den Vorgängen der Arealentfaltung im Laufe der Erdgeschichte um *historische Phänomene* handelt, d. h. für die Entwicklung der Organismen ist die Stellung im historischen Raum entscheidend. ... Alle Vorgänge der Pflanzenverbreitung sind an ›ihre Zeit‹ gebunden und lassen sich nicht beliebig wiederholen. Die geschichtliche Zeit, mit der wir es im folgenden zu tun haben, ist somit ausgezeichnet durch die *Einmaligkeit* aller ihrer Ereignisse.« (Meusel 1943:84; Herv. UE)

Entscheidend ist also »der Blick auf das Besondere der einzelnen Vegetationsgebiete« (Schmithüsen 1957:67). Für eine so orientierte Pflanzengeographie ist nach Meusel (1943) die beschreibend-vergleichende Methode zu bevorzugen. Gegen die kausalanalytische, reduktionistische Naturwissenschaft betont er die Bedeutung der Besonderheit der Einzelerscheinungen:

»Während die sogenannte kausale Untersuchungsrichtung in der Biologie voraussetzt, daß alle Lebenserscheinungen letztlich auf experimentell faßbare chemische und physikalische Gesetzmäßigkeiten zurückzuführen sind, geht die vergleichende Betrachtung von der Tatsache aus, daß im Bereich des Organischen spezifische Strukturen auftreten. ... [W]enn die Kausalforschung ihre Aufgabe umso besser gelöst sieht, je weniger bei der ihr eigenen Darstellungsweise die spezifische Gestaltung der Organismen noch in Erscheinung tritt, nimmt die vergleichende Betrachtung gerade auf das besondere Gepräge jedes Naturkörpers Rücksicht. ... Man kommt so nicht durch Abstraktion von den Eigenheiten, sondern durch Veranschaulichung des Wesentlichen in der Gestaltung zur Erkenntnis von Ordnungsprinzipien.« (Meusel 1943:12)

Diese geschichtliche Betrachtung unterscheidet die floristisch-deskriptive von der naturwissenschaftlich orientierten ökologischen Pflanzengeographie. Deren Begründer Eugen Warming hebt seinen ökologischen Ansatz sowohl inhaltlich als auch methodisch vom floristisch-geographischen ab. Ihn interessieren nicht die Arealkunde, die Verbreitung der Sippen und ihre historischen Wanderungen, sondern die Beziehung der Pflanzen zu ihrem Standort, also den abiotischen Bedingungen.

»Die ökologische Pflanzengeographie hat ganz andere Aufgaben; sie belehrt uns darüber, wie die Pflanzen und die Pflanzenvereine ihre Gestalt und ihre Haushaltung nach den auf sie einwirkenden Faktoren, z. B. nach der ihnen zur Verfügung stehenden Menge von Wärme, Licht, Nahrung, Wasser u.a. einrichten. ... *Weshalb* schließen sich Arten zu bestimmten Gesellschaften zusammen und *weshalb* haben diese die Physiognomie, die sie besitzen?« (Warming 1896:2; Herv. i. O.)

Dem kausalanalytischen Programm der neuzeitlichen Naturwissenschaft folgend, fragt dieser Ansatz also nach den ökologischen Ursachen. Sowohl die Gestalt der einzelnen Art, die sog. »Lebensform«, als auch der Zusammenschluß einzelner Arten zu Vereinen sollen nicht auf ein inneres »Wesen« zurückgeführt, sondern als Ergebnis äußerer Einwirkungen erklärt werden. Anders als die geographische Richtung setzt die ökologische daher bei den chemisch-physikalischen Eigenschaften des Standorts an und versucht, Gestalt und Zusammenschluß von Pflanzenarten als Resultat der Standorteinflüsse zu erklären. So gelangt sie zu abstrakten ökologischen Vereinsformen, die dann landesspezifisch unterschiedliche floristische Inhalte haben. Deren konkrete Zusammensetzung wiederum ist dem Gegenstandsbereich der Vegetationsgeographie zugeordnet.

In Anlehnung an Trepl (1987) möchte ich die beschriebenen Ansätze zwei verschiedenen Wissenschaftstypen zuordnen. Der erste entspricht in wesentlichen Zügen dem sog. geisteswissenschaftlichen, d. h. sein Interesse ist auf das Besondere, Einzigartige, Unverwechselbare, Typische gerichtet, seine Methode beschreibend-vergleichend. Windelband (1884) hat ihn – mit Blick auf die Geisteswissenschaften – erstmals »*idiographisch*« genannt, und diese Bezeichnung wird, wenn auch nicht immer in gleicher Bedeutung, zur Bezeichung bestimmter Zweige der Geographie und Biologie herangezogen. Dem ist der von Windelband »*nomothetisch*« genannte Wissenschaftstyp gegenüberzustellen, dessen Paradigma die klassische Physik liefert. Sein Ziel ist die Aufstellung allgemeiner Gesetze, er sieht vom Besonderen ab. Die skizzierten Ansätze lassen sich in dieses Schema wie folgt einordnen:

Die Adventivfloristik kann, da sie in ihrer Klassifikation Begriffe wie Einwanderungszeit und Einwanderungsart verwendet – und mit letzterem den Bereich menschlichen Handelns selbst mit einbezieht – als »idiographisch« angesprochen werden. Die von Warming als »ökologisch« bezeichnete Richtung, der es auf die Formulierung allgemeiner Gesetzmäßigkeiten ankommt, ist dem nomothetischen Ansatz zuzuordnen. Der Hemerobie-Ansatz scheint zunächst, indem er mit dem Kulturbegriff einen Aspekt einführt, der den Naturwissenschaften völlig fremd ist, auf die »idiographische« Seite zu gehören. Indem er aber »Kultureinfluß« einfach als (hochaggregierten) Standortfaktor betrachtet und historische Fragen ausklammert, gehört er, zumindest der Intention nach, auf die »nomothetische«.

2.3. Anpassung oder Wettbewerb? Organismisches vs. individualistisches Konzept

Nachdem ich die Unterschiede in den Klassifikationen von Jalas und Schroeder mit wissenschaftstheoretischen und methodischen Unterschieden in Verbindung gebracht habe, möchte ich nun auf eine weitere Konsequenz des gewählten Zugangs hinweisen. Wie ich in Absatz 1.3. dieses Kapitels ausgeführt habe, ist der Grad der Einbürgerung nicht nur ein mögliches, sondern ein für den Neophytenbegriff unentbehrliches Klassifikationsmerkmal. Nach welchen Kriterien Einbürgerung beurteilt wird und welche Bedeutung sie hat, hängt dabei wesentlich vom gewählten methodischen Zugang ab. Anhand der unterschiedlichen Auffassungen des Begriffs »Einbürgerung«, je nachdem ob eine nomothetische oder eine idiographische Betrachtung vorgenommen wird, will ich unterschiedliche Vorstellungen vom Wesen biologischer Lebensgemeinschaften darstellen.

Thellung (1915, 1918/19) macht die vom Menschen unabhängige Vermehrung zum Kennzeichen eingebürgerter Pflanzen:

> »›Vollständig eingebürgert‹ oder kurz ›eingebürgert‹ nennen wir eine Pflanzenart, die in einer Gegend seit der ›historischen‹ Epoche (historisch vom Standpunkt der botanischen Erforschung!) durch die bewußte oder unbeabsichtigte Vermittlung des Menschen oder auch durch einen unbekannten Faktor eingeführt worden ist, und die in der Folge mit allen Kennzeichen einer einheimischen Pflanze auftritt, indem sie sich durch ihre natürlichen Verbreitungsmittel ... *ohne die direkte Mitwirkung des Menschen ausgiebig vermehrt*, die sich infolgedessen mit mehr oder weniger großer Regelmäßigkeit *an den ihr zusagenden Standorten* zeigt und auch klimatisch abnorme Perioden erfolgreich überdauert hat« (Thellung 1918/19:41, Herv. UE).

Mit den Ausdrücken »erfolgreiche Fortpflanzung« und »an ihr zusagenden Standorten« werden autökologische Kriterien der Naturalisation benannt. Archäophyten schließt Thellung hier ausdrücklich aus. Obwohl sie definitionsgemäß als fremdländisch taxiert werden müssen, behandelt er sie nicht als eingebürgerte Pflanzen, weil ihre Existenz im Gebiet oft so weit zurückreiche, daß ihr exotischer Ursprung nur mit indirekten Methoden wahrscheinlich gemacht werden könne. Er stellt sie daher den Einheimischen gleich.

Kreh (1957) ergänzt in seiner Gliederung der Einbürgerungsstufen das Kriterium der Widerstandskraft der Arten gegen Umweltschwankungen um die erfolgreiche Konkurrenz mit einheimischen Arten. Neubürger (bzw. Volleingebürgerte) sind »gut gedeihende und sich normal fortpflanzende

Arten, die weder durch außerordentlich starke Umweltschwankungen noch durch den Wettbewerb der Urwüchsigen wieder ausgemerzt werden« (ebd.:92). Mit der Wettbewerbskraft wird neben autökologischen also auch ein synökologisches Kriterium der Einbürgerung benannt. Schroeder (1969) schließlich identifiziert Einbürgerung und Einfügung in die Vegetation:

»Das für eine allgemeine geobotanisch orientierte Floristik wichtigste Einteilungsprinzip ist der *Grad der Einbürgerung*, doch waren die Merkmale, nach denen er bewertet wurde, bisher recht unscharf definiert. Das läßt sich leicht ändern, wenn man das Kriterium als den *Grad der Einfügung in die Vegetation* präzisiert« (ebd.:226; Herv. UE).

Als »eingebürgert« werden Arten bezeichnet, die in der ursprünglichen Vegetation nicht vorkamen, in der heutigen realen Vegetation aber einen festen Platz haben. Anders als Thellung und Kreh beschreibt Schroeder also Einbürgerung nicht aktualistisch ökologisch, sondern *historisch*. Demgemäß hält er entschieden an der Unterscheidung von Eingebürgerten und Einheimischen fest. Obwohl er sich sonst weitestgehend auf Kreh (1957) stützt, weist er dessen Zusammenfassung von Eingebürgerten und Urwüchsigen zu Wildpflanzen, und dieser mit Kulturpflanzen zu Einheimischen energisch zurück:

»Ein solcher Gebrauch des Wortes Einheimische ist m. E. ganz abwegig und diese Einteilung deshalb nicht zu vertreten; sinnvoller ist es wohl, das Wort auf diejenigen Arten zu beschränken, die das Gebiet aus eigener Kraft ohne die Mitwirkung des Menschen erreicht haben ...« (Schroeder 1969:233f.).

Die erste Position betrachtet Einbürgerung also als Ergebnis erfolgreichen Wettbewerbs einer neuankommenden Art gegen bereits anwesende, die zweite als Ergebnis einer Einfügung in bestehende Vegetationseinheiten. Von diesen beiden Positionen ausgehend, möchte ich nun zwei unterschiedliche Gesellschaftsverständnisse darstellen. Es soll gezeigt werden, daß die erste auf einem individualistischen, die zweite auf einem organismischen Gesellschaftsverständnis beruht (vgl. zur Bedeutung dieser Konzepte in der Geschichte der Ökologie McIntosh 1985 und Trepl 1987).

Wenn Kreh als Neubürger solche Arten bezeichnet, die auch durch die Konkurrenz mit den Urwüchsigen nicht ausgemerzt werden, schließt er an eine Tradition an, die seit Gleason (1926) als *individualistische* bezeichnet wird: In dieser Konzeption schließen sich Arten nach Zufallsbedingungen (d. h. nach dem Zufall der Einwanderung und der Auslese durch bestimmte Standortsverhältnisse) und unter Konkurrenz mit den bereits vorhandenen Arten zu Lebensgemeinschaften zusammen. Die Zusammensetzung der

Lebensgemeinschaft ist im wesentlichen Ergebnis des Wettbewerbs der um knappe Ressourcen konkurrierenden Individuen und des Einwanderungszufalls. Auch Warming vertrat ein solches individualistisches Konzept, wenn er auch den Schwerpunkt weniger auf Konkurrenz als auf mutualistische Interaktionen legte:

»Gewisse Arten schließen sich zu natürlichen Vereinen zusammen, d. h. zu solchen Vereinigungen, die uns mit derselben Zusammensetzung von Lebensformen und mit demselben Äußeren begegnen. ... Arten, die einen Verein bilden, müssen entweder dieselbe Haushaltung führen, ungefähr dieselben Anforderungen an die Natur des Standortes stellen, oder die eine Art muß in ihrem Leben so von der anderen abhängen, daß sie bei dieser findet, was ihr nützt, vielleicht sogar am besten dienlich ist.« (Warming 1896:7)

Lebensgemeinschaften sind mithin keine Einheiten höherer Art oder individuelle Wesenheiten, sondern einfach Kombinationen von Arten. Jede benannte Einheit stellt demnach lediglich eine Abstraktion der Wissenschaft dar.

Schroeders Formulierung einer »Einfügung in die Vegetation« setzt dagegen voraus, daß Neuankömmlinge auf eine wohlgeordnete, geregelte Struktur, die Gemeinschaft, stoßen, in die sie sich einzufügen haben. Eine solche Vorstellung entstammt der holistischen Tradition, die Lebensgemeinschaften als Quasi-Organismen begreift, als nach eigenen, inneren Gesetzen geordnete Entitäten. Dieser sog. »organismische Ansatz« geht auf Clements (1916) zurück, der die Entwicklung einer Pflanzengesellschaft im Zuge der Sukzession mit der Entwicklung eines Organismus verglichen hatte. Dieser Analogie entstammt die Vorstellung, eine Lebensgemeinschaft sei ein Quasi-Organismus. Solche organismischen Konzepte betrachten das Nebeneinander der Arten als ein geregeltes Miteinander, die Wechselwirkungen der Arten stehen also im Vordergrund.

Wie in einem Organismus hat diesem holistischen Konzept jedes Teil seine Funktion für das Ganze – und das Ganze ist mehr als die Summe seiner Teile. Werden durch die Zuwanderung neuer Arten ursprüngliche Arten verdrängt, so wird zugleich das »Ganze« geschädigt oder gar zerstört.

Es liegt auf der Hand, daß die Bewertung neu zugewanderter Arten entscheidend davon abhängt, welche Konzeption der Lebensgemeinschaft zugrundegelegt wird: Der Begriff der Vegetation impliziert bereits, daß es ein irgendwie geordnetes Miteinander und nicht nur eine regellose Mischung zufällig beieinanderstehender Pflanzenarten gibt. Ob und wie sich neue Arten in diese geordnete Struktur einfügen können, hängt davon ab, was diese Struktur bedingt: eine innere Ordnung der Gesellschaft, in der jeder Teil eine Funktion für das Ganze hat (organismisches Konzept), oder die äußeren Standortbedingungen, die den Wettbewerb der Individuen beeinflussen (individualistisches Konzept).

Unter der Voraussetzung eines organismischen Konzepts führt das Eindringen fremder Arten entweder zu einer harmonischen Einfügung oder es ist, sofern es zur Verdrängung ursprünglicher Arten kommt, ein zerstörerischer Prozeß. In einem individualistischen Konzept stellt sich nach Eingriffen oder Störungen dagegen immer wieder ein durch den Standort bestimmtes Arteninventar ein, das in keiner Weise weniger intakt ist als das vorige. Zufällige Neuankömmlinge und Passanten können Fuß fassen, sofern ihnen die Standortbedingungen zusagen. In dieser »ökologischen« Sichtweise spielt es keine Rolle, wenn eine Art durch eine andere ersetzt wird. Es gibt keinen definierten Normal- oder Idealzustand. Anthropogen veränderte Standortbedingungen und Immigration haben schlicht eine anderes Arteninventar zur Folge.

2.4. Der Mensch als Standortfaktor: zur Bedeutung der Ökologie für Fragen der Ethik

Auseinandersetzungen um die Angemessenheit idiographischer oder nomothetisch-naturwissenschaftlicher Ansätze finden sich sowohl in der Biologie als auch in der Geographie. So unterscheidet schon Fröbel (1834) für die Geographie zwei Richtungen, die historische und »die reine Geographie als Naturwissenschaft«. Nur letzterer verleiht er das Prädikat »wissenschaftlich«: »Die rein wissenschaftliche Erdkunde ist also die Erdkunde als Naturwissenschaft« (Fröbel 1834:17).

Ich nehme an dieser Stelle ausführlicher auf ihn Bezug, weil er schon früh auf einen Aspekt der je gewählten Herangehensweise aufmerksam macht, der m E. bei Versuchen, Ethik »ökologisch« zu begründen, zu wenig beachtet wird: Indem die historisch orientierte Geographie ihr Hauptaugenmerk auf den Menschen und seinen Einfluß auf die Natur richtet, stellt sie Mensch und Natur einander gegenüber und hebt die Besonderheit menschlichen Handelns hervor. Die »reine« Geographie, die Naturwissenschaft also, dagegen betrachtet den Menschen als Naturphänomen:

»...in dieser ganzen Wissenschaft (ist) der Mensch mit allen Erscheinungen seines Lebens *nichts als ein Phänomen der Natur* .... Es sind für sie *gleichwerthige* Erscheinungen, ob der Mensch die Gewächse des einen Continentes in den anderen verstreut, oder ob Vögel hier und dort hin Samenkörner verstreuen; ob der Mensch sich auf der Erde Häuser errichtet, oder ob Termiten dieselben wieder zernagen und auf deren Schutte ihre Hügel bauen; ob Quellen versiegen, weil unterirdische Kräfte die Felsschichten erschütterten, aus deren Schosse dieselben hervordrangen, oder weil der Mensch unvorsichtig die Erde ihrer Pflanzendecke beraubt hat. ... denn der menschliche Staat ist für diese Ansicht nichts mehr, als ein Staat von Bienen oder Ameisen, – ein ethnographisches Phänomen, wie letzterer ein zoologisches.« (Fröbel 1834:30; Herv. UE)

Diese Sichtweise unterscheidet sich deutlich von der der Adventivfloristik. Die im ersten Abschnitt beschriebenen adventivfloristischen Gliederungen haben ja nicht nur die Einführung einer Art durch den Menschen eigens hervorgehoben, sondern sogar zwischen absichtlich und unabsichtlich unterschieden[5]. Für eine strikt naturwissenschaftliche Klassifikation kann dies dagegen kein Kriterium darstellen: verweist doch das mit dem Begriff »(un)absichtlich« angesprochene Moment der Intentionalität auf einen Begriff, der gerade nicht dem Gegenstandsbereich der Naturwissenschaft zuzuordnen ist, nämlich den der Handlung. Ob ein Zustand der Natur Ergebnis menschlichen Handelns oder natürlicher Prozesse ist, kann in einer rein ökologischen Betrachtung keine Rolle spielen. Nur eine eher »idiographisch« orientierte Pflanzengeographie kann menschliches Handeln in ihre Betrachtung integrieren.

Im Blick auf die aktuelle umwelt- und naturschutzethische Debatte, die ja nicht nur den Rahmen, sondern auch den Anlaß dieses Buchs darstellt, erscheint mir bemerkenswert, mit welcher Klarheit Fröbel diese Konsequenz betont. In einer »rein ökologischen« Sichtweise, die menschliches Handeln als Phänomen der Natur auffaßt, können Fragen der Rechenschaftspflicht, der Verantwortung und der Moral weder gestellt noch beantwortet werden. Der Rekurs auf »die Ökologie« als Naturwissenschaft ist als außerstande, Werte zu benennen, auf die eine Umweltethik zu stützen wäre, eben weil die Ökologie den schon von Fröbel erkannten Beschränkungen unterliegt. Da es der Ökologie, als naturwissenschaftlicher Disziplin, »gleichwerthig« ist, ob Mensch oder Natur eine Pflanze an einen neuen Standort gebracht haben,

---

5 Ob Neophyten dabei der Gruppe der absichtlich oder unabsichtlich eingeführten Arten zugeordnet werden, variiert: Bei Thellung (1918/19) ist die Absichtlichkeit der Einführung nicht mehr von Bedeutung, in einer früheren Fassung spielte sie noch eine Rolle, indem Neophyten als Untergruppe der unabsichtlich eingeführten Anthropochoren aufgefaßt wurden (Naegeli/Thellung 1905; Zit. nach Zizka 1985). Auch Krause (1929) bezeichnet als Neophyten nur Adventive, die unabsichtlich eingeführt wurden. Für Meusel (1943) ist dagegen die absichtliche Einführung wesentlich für Neophyten.

müssen bei der Bewertung dieses Vorgangs andere als »ökologische« Gründe benannt werden.

2.5 Fazit

- *Das zugrundegelegte Gesellschaftskonzept hat Auswirkungen auf die Bewertung eingeführter Arten: In »organismische« Gesellschaften müssen sich fremde Arten »einfügen«, ansonsten nimmt der Gesellschaftsorganismus Schaden. »Individualistisch« konzipierte Gesellschaften verändern sich zwar durch die Etablierung neuer Arten, die neue Zusammensetzung der Gesellschaft ist aber weder besser noch schlechter als die ursprüngliche.*

- *Die naturgeschichtliche Traditionslinie der Pflanzengeographie arbeitet »idiographisch«, sie richtet ihren Blick auf das Besondere. Dabei stellt sie den Menschen und sein Wirken als Kultur der Natur gegenüber. Damit können auch Handlungen, Absichten, Gründe und Motive in ihren Blick geraten.*

- *Die naturwissenschaftliche, »nomothetische« Richtung sucht nach allgemeinen Gesetzen. Im Zuge ihres Abstraktionsprozesses sieht sie auch von der Besonderheit menschlichen Handelns ab. Vom Menschen ausgehende Wirkungen werden als Standortfaktoren aufgefaßt und von natürlichen Prozessen nicht unterschieden. Fragen der Verantwortung kann sie weder stellen noch beantworten.*

3. Pflanzensoziologie

> *»Plant communities are classified through a process of interaction between a phytosociologist and vegetation. ... The manner in which the phytosociologist groups communities, and frames his conception of a type is likely to be influenced by what he thinks is most important and interesting about these communities.« (Whittaker 1973:325)*

Die Pflanzensoziologie ist eine zwar wissenschaftlich umstrittene, in Deutschland aber noch weit verbreitete Methode der Vegetationskunde. Die pflanzensoziologische Einordnung der Gesellschaften, in denen »problematische« Neophyten etabliert sind, habe ich bei der Beschreibung der Arten im ersten Kapitel ebenfalls erwähnt. Außerdem stellen pflanzensoziologische Erhebungen in vielen Fällen die empirische Grundlage ökologischer Gutachten dar. Da, wie ich eben gezeigt habe, die angewendete Methode und das ihr zugrundeliegende Gesellschaftskonzept für die Bewertung relevant sind, möchte ich nun die Theorie der Pflanzensoziologie mithilfe des analytischen Rasters der beschriebenen Dichotomien – idiographische vs. nomothetische Ansätze und organismisches vs. individualistisches Gesellschaftsverständnis – rekonstruieren.

Methodik und Systematik der Vegetationskunde richten sich in hohem Maße nach den jeweils vorrangigen Fragestellungen der Forschenden und ihren damit verbundenen Erkenntnisinteressen. Entsprechend unterschiedlich sind Ansätze zur Klassifikation der Vegetation (Übersichten bei Moss 1978 [1910]; du Rietz 1978 [1930]; Braun-Blanquet 1952; Schmithüsen 1957; Whittaker 1973; van der Maarel 1975). Frühe geographisch orientierte Systeme stützten sich auf *physiognomische* Merkmale: Von Alexander von Humboldt (1807) stammt das Konzept der Wuchsform, Grisebach (1838) prägte den Begriff der Formation. Beide sind heute noch in der Vegetationsgeographie gebräuchlich. Diesen physiognomischen Einheiten der Geographie setzte Warming (1896) seine strikt *ökologisch* definierten Pflanzenvereine entgegen und plädierte für eine auf den Standorten der Gesellschaften basierende Systematik. Der soziologische Ansatz betont dagegen die Beziehung der Arten untereinander. Pflanzengesellschaften werden als »lebendige Wirkungsgefüge« (Knapp 1971:22) aufgefaßt, die *artliche Zusammensetzung* der Gesellschaft erhält so besondere Bedeutung.

In Brüssel wurde 1910 durch den Internationalen Botanikerkongreß eine Definition der Assoziation verabschiedet, die dem älteren geographischen Formationsbegriff erstmals einen floristisch definierten Begriff der Assoziation gegenüberstellt (Schmithüsen 1957). In ihm werden neben der Physiognomie auch die Standortsbedingungen und die floristische Zusammensetzung berücksichtigt:

»Eine Assoziation ist eine Pflanzengesellschaft von bestimmter floristischer Zusammensetzung, einheitlichen Standortsbedingungen und einheitlicher Physiognomie. Sie ist die grundlegende Einheit der Synökologie.« (Internationaler Botanikerkongreß 1910, zit. nach Braun-Blanquet 1959:148)

Etwa um die gleiche Zeit, also zu Beginn des 20. Jahrhunderts, kam der Begriff »Pflanzensoziologie« für die Lehre von den Pflanzengesellschaften in Gebrauch (Schmithüsen 1957).

3.1. Das pflanzensoziologische System nach Braun-Blanquet

Entscheidend für die inhaltliche Weiterentwicklung der europäischen Pflanzensoziologie war der Ansatz Josias Braun-Blanquets, erstmals systematisch entwickelt in seinem zentralen Aufsatz »Prinzipien einer Systematik der Pflanzengesellschaften auf floristischer Grundlage« (1921). Nicht zuletzt aufgrund seiner effektiven Standardisierung war sein pflanzensoziologisches System lange das verbreitetste und am häufigsten angewendete Klassifikationsverfahren (Whittaker 1973). Bei Vegetationskartierungen und ökologischen Gutachten im Rahmen von Naturschutzplanungen steht es auch heute noch vielfach im Vordergrund.

Drei zentrale Vorstellungen kennzeichnen Braun-Blanquets Ansatz (nach Maarel 1975):

1. Pflanzengesellschaften sind aufgrund ihrer floristischen Zusammensetzung zu identifizieren.
2. Unter den Arten einer Gesellschaft sind durch ihrer Treue ausgezeichnete Charakterarten von besonderer diagnostischer Bedeutung.
3. Mit Hilfe dieser diagnostischen Arten könne Gesellschaften in einer hierarchischen Klassifikation geordnet werden.

In der Natur vorfindliche Pflanzensiedlungen sind in ihrer floristischen Zusammensetzung unübersichtlich vielfältig, das Vorkommen oder Vorherrschen einer Art kann rein vom Zufall abhängig sein. Erste Aufgabe einer Systematik ist es folglich, regelmäßig auftretende Artenkombinationen zu Gesellschaftstypen zusammenzufassen.

»Auf die Pflanzensoziologie übertragen heißt dies, aus der bunten Vielheit der Vegetationsaufnahmen das Verwandte herauslesen und die zusammengehörigen konkreten Aufnahmen zu abstrakten Typen vereinigen, die eine Klassifizierung erlauben.« (Braun-Blanquet 1964:68)

Dieser synthetischen Leistung dienen im System Braun-Blanquets die *Charakterarten*. Diese zeichnen sich durch besondere Treue aus, d. h. sie kommen mit großer Regelmäßigkeit in einem bestimmten Artenkomplex vor. Sie sind daher gewissermaßen das allgemeine Element in der je besonderen Pflanzengemeinschaft und charakterisieren so die abstrakte Gesellschaft (daher ihr Name).

»Jede Assoziation soll rein floristisch unterscheidbar sein, ohne Zuhilfenahme verwickelter ökologischer Spekulationen oder vager physiognomischer Begriffe. Dazu dienen vor allem die bestandestreuen Arten, mit anderen Worten die Charakterarten« (Braun-Blanquet 1921:321).

Die diagnostischen Arten dienen nicht nur der Bestimmung einzelner Pflanzengesellschaften, sondern auch ihrer hierarchischen Klassifikation. Die mit Hilfe der Charakterarten floristisch definierten Assoziationen sind zugleich die Basiseinheiten des Gesellschaftssystems. Auch hier nimmt die Gesellschaftstreue eine zentrale Rolle ein, indem sie auf die soziologische Stellung der bezeichneten Gesellschaft verweist: »Die Verwandtschaftsbeziehungen gelangen in erster Linie durch die Treueverhältnisse der Arten zum Ausdruck« (Braun-Blanquet 1921:346). Je höher der Treuewert der Charakterarten (d. h. je regelmäßiger eine Art an eine Gesellschaft gebunden ist) und je artenreicher der Charakterartenkomplex (d. h. je mehr Charakterarten vorliegen), desto selbständiger ist die dazugehörige Gesellschaft.

Assoziationen sind sowohl durch Kennarten als auch durch Trennarten gekennzeichnet. Erstere verweisen auf ihre Zugehörigkeit zu einem übergeordneten Typus, letztere unterscheiden verschiedene Assoziationen desselbens Verband voneinander. Unterhalb der Ebene der Assoziation sind weitere Untergruppen durch Trennarten zu unterscheiden.

Aus der historischen Distanz fällt uns heute die wertbeladene Sprache dieses pflanzensoziologischen Konzepts auf: »Charakter«, »Treue« und »Stetigkeit« sind Begriffe, die als menschliche (v.a. männliche) Tugenden deutlich werthaft konnotiert sind. Die pflanzensoziologischen Gesellschaften erscheinen so als Spiegel der menschlichen Gesellschaft.

3.2. Gesellschaftsentwicklung: Syndynamik

Anders als die statische Klassifikation untersucht die Syndynamik die zeitliche Abfolge verschiedener Gesellschaften am selben Wuchsort. Sie stellt also dynamische Entwicklungen in den Mittelpunkt. Der Begriff *Sukzession* bezeichnet die regelhafte Abfolge verschiedener Vegetationsstadien bis zum Erreichen eines Endzustands. Die Vegetation, die sich bei Erreichen dieses Endzustands einstellt, ist die sog. Schlußgesellschaft. Wird der Entwicklungsgang durch natürliche oder anthropogene Störungen am Erreichen des Endzustands gehindert, so stellen sich sog. Dauergesellschaften ein.

Von Clements (1916) stammt die Idee, den Entwicklungsgang einer Pflanzengesellschaft mit der Ontogenese von Organismen zu vergleichen. So wie diese verschiedene Entwicklungsstadien durchlaufen, lassen sich auch bei Pflanzengesellschaften juvenile, adulte und senile Stadien unterscheiden. Der Höhepunkt der Entwicklung eines solchen Gesellschafts-Organismus wird als Klimax bezeichnet. Clements vertrat die heute mehrheitlich abgelehnte Auffassung, daß sich unter gleichen klimatischen Voraussetzungen unabhängig von den sonstigen Bedingungen (z. B. Ausgangsgestein und Böden) bei ungestörter Entwicklung überall dieselbe Endgesellschaft, die sog. Klimaxgesellschaft einstellen werde (Monoklimax-Theorie, v.a. vertreten durch Clements 1916 und Phillips 1935, kritische Diskussion des Konzepts bei Tansley 1935; Cain 1978 [1939]; Schmithüsen 1950; Whittaker 1978 [1951]).

Dieses sog. organismische Konzept wird von Gleason (1926) fundamental in Frage gestellt. Er betont die Bedeutung des Zufalls bei der Einwanderung, Etablierung und Ausbreitung einzelner Arten. Er bestreitet die organismische Vorstellung und setzt ihr eine individualistische entgegen. Tansley (1935) begrüßt den heuristischen Wert der Organismus-Analogie, wirft aber Clements und Philipps vor, daß sie die Grenzen dieses Analogieschlusses überschreiten. Die Gesellschaft sei ein *Quasi-Organismus* und eben kein wirklicher Organismus.

Trotz dieser Unterschiede bleibt festzuhalten, daß es sich bei Sukzessionstheorien lange um teleologische Konzepte handelte. Ob durch Standortfaktoren oder innere Wechselwirkungen der Arten bedingt: der Endzustand einer Entwicklungsserie schien immer ausgezeichnet durch die Vorstellung eines *Gleichgewichts*, sei es zwischen Standortbedingungen und Arteninventar oder zwischen den Ansprüchen der Arten untereinander. Dieser Gleichgewichtszustand geht einher mit einer gewissen *Stabilität* und einem hohen Grad an *Komplexität*.

Bis in die 80er Jahre dieses Jahrhunderts konnte sich die Botanik nicht von der Vorstellung eines statischen Endzustands der Vegetationsentwicklung lösen. Erst mit dem Aufkommen des patch-dynamics-Konzepts (Pickett/White 1985), das in Deutschland als Mosaik-Zyklus-Konzept rezipiert wurde (Remmert 1987), konnte sich die Vorstellung durchsetzen, daß die Vegetation immer in Veränderung ist. Bei genauerer Betrachtung bleiben aber auch diese Konzepte einer Gleichgewichtsvorstellung verhaftet:

In vom Menschen unbeeinflußten Systemen gelten Zusammenbruch und Regenerationszyklen als ausgeglichen (z. B. Remmert 1988).

Auf der Vorstellung eines Gleichgewichts basiert auch das Konzept der »heutigen potentiellen natürlichen Vegetation«, kurz: PNV. Es muß in diesem Zusammenhang diskutiert werden, weil es eine für den Naturschutz wichtige Bedeutung hat. Die PNV wurde von Reinhold Tüxen (1956) als Gegenstand von Vegetationskartierungen vorgeschlagen, um das Entwicklungspotential eines Standorts beim Wegfall dieser menschlichen Einflüsse beschreiben zu können. Die PNV wurde also von Anfang an in den Dienst einer naturgemäßen Landnutzung bzw. Forstwirtschaft gestellt.

»Was wollen wir mit der pflanzensoziologischen Forschung ... eigentlich erreichen? Wir wollen wissen, wie der Wald eigentlich auf diesem Standort beschaffen *sein sollte* und könnte – sehr oft im Gegensatz zu dem Zustand, in dem er gerade *ist*.« (Ernst 1956, zit. nach Tüxen 1956:13; Herv. i.O.)

Das Konzept fußt auf der Erkenntnis, daß die heute vorfindliche Vegetation in erster Linie Ausdruck menschlicher Einflüsse und nicht natürlicher Standortbedingungen ist. Die aktuelle Vegetation wird durch menschliche Aktivitäten am Erreichen eines Gleichgewichts zwischen Vegetation und Standortfaktoren gehindert, dem sie sonst zustreben würde. Diese Vorstellung setzt eine gerichtete Entwicklung der Vegetation voraus, die ohne Eingriffe des Menschen in einen Gleichgewichtszustand münden würde. Dies geht auch aus einer eher beiläufigen Definition des Begriffs »natürlich« bei Tüxen hervor: »In manchen Gebieten der Welt ... ist die reale natürliche Vegetation noch natürlich, *d. h. im Gleichgewicht* mit den abiotischen und biotischen Kräften des Standorts« (ebd.:5; Herv. UE).

Sowohl der aktuellen als auch der ursprünglichen stellt Tüxen die PNV als *gedachten* natürlichen Zustand gegenüber,

»der sich für heute ... entwerfen läßt, wenn die menschliche Wirkung auf die Vegetation unter den heute vorhandenen ... Lebensbedingungen beseitigt und die natürliche Vegetation, um denkbare Wirkungen inzwischen sich vollziehender Klima-Änderungen und ihrer Folgen auszuschalten, sozusagen schlagartig in das neue Gleichgewicht eingeschaltet gedacht würde. Diesen gedachten Zustand wollen wir im Gegensatz zu der realen natürlichen als potentielle natürliche Vegetation bezeichnen.« (Tüxen 1956:5)

Die Gesellschaften, die sich unter menschlichem Einfluß etablieren, sind die sog. Ersatzgesellschaften. Sie ersetzen die an diesem Standort mögliche natürliche Schlußgesellschaft. Würde der menschliche Einfluß aufhören und sich schlagartig (ohne Berücksichtigung des Zeitfaktors) die Ersatz- zu ihrer natürlichen Schlußgesellschaft weiterentwickeln, so läge die potentielle natürliche Vegetaion vor. »Diese natürlichen Schlußgesellschaften sind nichts anderes als die heutige potentielle natürliche Vegetation« (Tüxen 1956:10).

Diese Parallelisierung hält Kowarik (1987) in einer kritischen Revision des PNV-Konzepts für irreführend. Hinsichtlich der Frage, ob irreversible anthropogene Standort- und Florenveränderungen berücksichtigt werden, sei das Konzept der PNV von Tüxen nicht konsequent entwickelt. Die Frage ob irreversible Florenveränderungen in der PNV zu berücksichtigen sind, ist im Hinblick auf die Neophyten-Problematik nicht unbedeutend: Wenn die PNV eine Art Leitbild für den Naturschutz darstellt, indem sie angibt, wie die Vegetation sein sollte, und wenn Florenveränderungen darin nicht berücksichtigt werden, dann können Neophyten kein Gegenstand des Naturschutzes sein. Kowarik (1987) besteht jedoch darauf, daß die PNV ein aktualistisches Konzept ist, d. h. Grundlage der PNV ist immer das aktuelle Standortpotential – und mithin auch Arteninventar: »Die PNV ist ... *nicht* das vorweggenommene Ergebnis einer tatsächlich ablaufenden Sukzession, sondern die Projektion einer idealen (nämlich höchstentwickelten) Vegetation auf das aktuelle Standortpotential« (ebd.:56, Herv. i.O.). Somit umfaßt die PNV auch ursprünglich florenfremde Pflanzenarten.

Genau aus diesem Grund will Kaiser (1996) die PNV als Bewertungsgrundlage im Naturschutz durch zusätzliche Kriterien ergänzt sehen. Für den Fall, daß die Ausbreitung neuer Arten in einem Naturschutzgebiet das Schutzziel nach § 2 BNatSchG, nämlich den Schutz wildlebender Tiere und Pflanzen in ihrer natürlichen und historisch gewachsenen Artenvielfalt, gefährde, sei die PNV kein ausreichendes Kriterium: »In derartigen Fällen dürfte sich somit eine naturschutzfachliche Zieldefinition nicht einfach an der PNV orientieren, sondern müßte präzisieren ›PNV unter Ausschluß fremder Sippen‹« (Kaiser 1996:438).

Hier wird also wieder deutlich, wie eng die Neophytenproblematik mit bestimmten wissenschaftlichen Naturvorstellungen zusammenhängt: Wird die Entwicklung einer Pflanzengesellschaft als gerichteter Prozeß aufgefaßt, so kann eine anthropogen verursachte Änderung der Entwicklungsrichtung als unnatürlich erscheinen. Setzt sich der Naturschutz die Erhaltung natürlicher Vegetation bzw. die Ermöglichung natürlicher Entwicklungen zum Ziel, so sind unter dieser Voraussetzung fremde Arten von vornherein ausgeschlossen.

3.3. Methodik und Gesellschaftskonzept der Pflanzensoziologie

Die erfolgreiche Einbürgerung gebietsfremder Arten stellt unter der Voraussetzung einer Standortpassung von Pflanzengesellschaften ein erklärungsbedürftiges Phänomen dar. Braun-Blanquet begründet den Vorzug des floristisch-soziologischen Ansatzes vor ausschließlich standortsbezogenen Erklärungen mit dem Verweis auf das diesbezüglich unzureichende Erklärungspotential rein ökologischer Ansätze:

»Die Pflanzengesellschaften, die wir vor uns sehen, sind teils durch einen Komplex heute wirksamer, wenigstens teilweise meßbarer Aussenfaktoren (Wärme, Licht, Feuchtigkeit usw.) bedingt und zusammengehalten, teils durch historisch-geographische Ursachen, die unserem Gesichtskreis entrückt sind. Daß die Standortsbedingungen der Gegenwart nicht allein maßgebend sein können, erhellt schon aus den mannigfachen Beispielen der Verdrängung alteingesessener, bodenständiger Gesellschaften durch Einbürgerung, Ausbreitung und Zusammenschluß gebietsfremder Neuankömmlinge.« (Braun-Blanquet 1921:307; Herv. UE)

Dies erscheint ihm als »einer der wichtigsten Einwände gegen eine Einteilung der Pflanzengesellschaften, die vom Standort als der Ursache ausgeht« (ebd.). Das zitierte Plädoyer für die Anerkennung der historisch-geographischen Ursachen der Vegetation übersieht jedoch, daß historische Ereignisse nicht im selben Sinne Ursachen sein können, wie biologische Standortfaktoren. Im Gegenteil, der Erfolg von Neophyten könnte auch ein Argument für die Anerkennung der Ursächlichkeit der Standortbedingungen darstellen: Wenn sich eine Art in einem neuen Gebiet etabliert, dann nicht weil sie dort eingeführt wurde, sondern weil die Standortbedingungen ihr entsprachen. Daß sie sich ohne die Einführung durch den Menschen dort niemals hätte etablieren können, hat mit diesem kausalen Bedingungsverhältnis zunächst einmal gar nichts zu tun.

Das Beharren auf der Berücksichtigung historischer und geographischer Faktoren entspringt offenbar einem anderen Wissenschaftsverständnis als dem naturwissenschaftlichen. Es will »verstehen«, Zusammenhänge erhellen, es will mehr als nur kausalanalytisch erklären. Die der hermeneutischen Tradition der Geisteswissenschaften entlehnte Methode des Verstehens setzt aber voraus, daß der Gegenstand, auf den sie angewendet wird, einen *Sinn* in sich selbst trägt. Hier tritt also ein völlig anderer Begriff von Natur als eines sinnhaften Zusammenhangs zutage.

Der Zoologe Karl Friederichs, der eng mit der floristisch-soziologischen Arbeitsgemeinschaft verbunden war, bringt dieses Wissenschafts- und Naturverständis einer »holistischen« Ökologie explizit zum Ausdruck:

»Die kausale Denkweise stellt sich *neben* den einzelnen kausalen Sachverhalt .... In der Biozönologie aber ist außerdem ein anderer Blickpunkt nötig, nämlich der von obenher, *über* den Kausalreihen. Hier gilt es zu kombinieren, und dazu gehört finales Denken, *Sinnforschung*. Bleibt sie aus, so ist das Ergebnis nicht wirklichkeitsentsprechend, denn das einzelne Lebendige und seine Umwelt wie auch die Gesamtnatur sind ein einziger großer Sinnzusammenhang: In der kausalen Denkweise dagegen erscheinen sie als sinnloser Kreislauf, als bloßer Mechanismus. ... Ökologie ist Sinnforschung, vorzugsweise solche, und wird sie nicht so aufgefaßt, so verdient sie den Namen nicht.« (Friederichs, Diskussionsbeitrag in Meisel 1966:100f.; Herv. i.O.)

Gemäß der im vorigen Abschnitt dargestellten Terminologie scheint die Pflanzensoziologie aufgrund dieses Interesses an historischen Ereignissen eher dem idiographischen Ansatz zuzuordnen. Dem widerspricht aber, daß Braun-Blanquet großen Wert auf die Naturwissenschaftlichkeit der Pflanzensoziologie legt. Jede beschriebene Assoziation müsse so charakterisiert werden, »daß sie auch von Dritten jederzeit wiedererkannt werden kann« (Braun-Blanquet 1921:307), d. h. sie muß anhand allgemeiner Merkmale reproduzierbar sein. Nun liegt es im Wesen solcher Verallgemeinerungen, daß sie auf Kosten individueller Verschiedenheiten erfolgen. Genau darin liegt, auch nach Ansicht Braun-Blanquets, das Wesen der wissenschaftlichen Methode: »das jeweilen genügend Gleichartige zu erkennen, das bunte Gewebe des *scheinbar* Einmaligen und Individuellen in zusammengehörige Bestandteile zu gliedern und nach Gesichtspunkten neu zu ordnen, die ein verständnismäßiges Erleben der Wirklichkeit ermöglichen« (Niggli 1947, zit. nach Braun-Blanquet 1964:68; Herv. UE). Indem Einmaligkeit und Individualität als »scheinbar« bezeichnet werden, wird hier idiographisches Denken verlassen.

Nach Braun-Blanquet stellt also die Assoziation eine Abstraktion, eine ideelle, synthetische Einheit dar, wie sie in der Natur selbst nicht anzutreffen ist. Er vergleicht sie mit dem Artbegriff:

»Es muß aber immer wieder betont werden, daß die Assoziation, wie die Art der Sippensystematik, eine abstrakte Einheit darstellt, einen Typus, hervorgegangen aus der Synthese zahlreicher gleichartiger Einzelbestände. ... Aber so wenig als die Individuen einer Art der Sippensystematik, so wenig stimmen die Einzelbestände einer Assoziation völlig überein.«(Braun-Blanquet 1964:21)

Die Assoziation, als synthetische Leistung der Wissenschaft, gilt also nicht als Abbild der je spezifischen Wirklichkeit, sondern als abstraktes Konstrukt. Auf die Frage, ob die Pflanzengesellschaft wirklich objektiv gegeben oder nur ein Konstrukt sei, antwortet dagegen der Holist Friederichs:

»Die Gemeinschaft ist *gegenständlich* identisch mit der Summe der Einzelwesen in ihr, sie ist damit *abhängig* von dem Dasein der Einzelwesen, hat andererseits Macht über sie, beeinflußt sie stärkstens, und die Existenz vieler Arten ist von der Gemeinschaft abhängig, indem diese für die betreffenden Arten notwendige ökologische Faktoren schafft. Die Gemeinschaft, die Gesellschaft, exisiert nicht selbständig, aber auf höherer Seinsebene als die Einzelwesen in ihr, und sie ist so wirklich wie diese.« (Friederichs 1967:11, Herv. i.O.)

Die Existenzweise der Gesellschaft wird hier nicht mit der von Arten verglichen, sondern mit der der konkreten (!) Einzelwesen. Damit ist sie kein abstrakter Typus, sondern eine reale Entität. Wie zahlreiche Autoren unterliegt Friederichs hier m. E. im Bezug auf die Pflanzengesellschaft einer Verwechslung von Begriff und Gegenstand (zur Kritik an der Reifizierung abstrakter Konzepte vgl. Levins/Lewontin 1980). Braun-Blanquet (1921:343) vergleicht dagegen im Sinne Tansleys die Gesellschaft mit einem Quasi-Organismus, er vertritt also kein organismisches Konzept. In seinem Lehrbuch «Pflanzensoziologie« betont er ausdrücklich die Rolle des Standorts bei der Gesellschaftsbildung:

»Das gesellschaftliche Zusammentreten bestimmter Pflanzenarten an manchmal weit entfernten Punkten *beruht in erster Linie auf gleichartigen Standortansprüchen*.... Die Standortsverhältnisse liegen dem Zusammenwachsen einer bestimmten Artengruppe zu Grunde. Das gegenseitige Verhalten der Arten am Standort wird durch den Wettbewerb geregelt.« (Braun-Blanquet 1964:508; Herv. UE)

Ein Verständnis der Kollektivität, also des »Abhängigkeitsverhältnis(ses)« der Arten von der Gesellschaft und der Gesellschaft von den Arten« steht seiner Ansicht nach noch aus. Ganz anders sieht dies wieder Friederichs: »... das konstante Nebeneinander bestimmter Arten ist kein bloßer Zufall; nicht nur der Zufall des Standplatzes der einzelnen Pflanze, sondern die innere Gesetzmäßigkeit der Arten hat sie einander zugestellt« (Friederichs 1967:4). Auch die von Reinhold Tüxen (1957) vorgelegten Definition der Pflanzengesellschaft scheint bezüglich der Gesellschaftskonzeption zunächst nicht eindeutig:

»Eine Pflanzengesellschaft (+ Tiergesellschaft = Lebensgemeinschaft) ist eine in ihrer Artenverbindung *durch den Standort ausgelesene* Arbeitsgemeinschaft von Pflanzen (und Tieren), die als sich selbst regulierendes und regenerierendes Wirkungsgefüge im *Wettbewerb* um Raum, Nährstoffe, Wasser und Energie sich in einem soziologisch-dynamischen

Gleichgewicht befindet, in dem jedes auf alles wirkt, und das durch die *Harmonie* zwischen Standort und Produktion und aller Lebenserscheinungen und -äußerungen in Form und Farbe und ihren zeitlichen Ablauf gekennzeichnet ist.« (Tüxen 1957:151; Herv. UE)

Die Ausdrücke »vom Standort ausgelesen« und »Wettbewerb« verweisen eher auf ein individualistisches, die Begriffe »Gleichgewicht« und »Harmonie« dagegen auf ein ganzheitlich-organismisches Verständnis der Gesellschaft. Ihren ideellen, synthetischen Charakter hat die Assoziation aber auch in der Tüxen'schen Definition eingebüßt und ist zu einer realen Entität avanciert. Sie ist kein Abstraktum, sondern ein »Selbst«, das sich reguliert und regeneriert. Die Fähigkeit zur Selbstregulation und Selbstorganisation kommt jedoch im strengen Sinne nur Organismen zu.

Einen weiteren Hinweis auf den organismischen Charakter der Pflanzengesellschaft bildet die große Bedeutung, die die europäische Pflanzensoziologie den Gesellschafts- und Areal*grenzen* zumißt. In der Tradition Braun-Blanquets legt sie ihren Schwerpunkt auf die Klassifikation der verschiedenen Pflanzengesellschaften. Dabei ist die exakte Beschreibung verschiedener Gesellschaften fundamental: »[M]öglichst scharf gefasste, *klar abgrenzbare*, gut unterscheidbare Gesellschaftseinheiten können allein die wissenschaftlich einwandfreie Basis eines Systems der Pflanzengesellschaften abgeben« (Braun-Blanquet 1921:306; Herv. UE).

In der nordamerikanischen Vegetationskunde wird dagegen ein anderer Schwerpunkt gelegt. Dort wird die Vegetation als ein Kontinuum betrachtet, d. h. es wird nicht nach klar umschriebenen Gesellschaften gesucht, sondern sich allmählich verändernde Artenzusammensetzungen werden auf zugrundeliegende Umweltgradienten zurückgeführt. Wie wichtig im europäischen Ansatz die Abgrenzbarkeit der Gesellschaften ist, kommt beispielhaft in der heftigen Ablehnung des Kontinuum-Konzepts auf einer Tagung der floristisch-soziologischen Arbeitsgemeinschaft zum Ausdruck. Dort lobt Tüxen zwei Vorträge über anthropogene Vegetationsformen: »Die beiden Vorträge haben so deutlich, wie es nur wünschenswert ist, gezeigt, daß in den behandelten Gebieten ein Continuum in dem Sinne der angloamerikanischen Autoren doch nicht vorhanden sein kann« (Tüxen; Diskussionsbeitrag zu Marschall 1966:180). Sein Kollege Westhoff berichtet von einer USA-Reise:

»Das bedeutet nun aber gar nicht, daß es in diesem amerikanischen Kontinuum wirklich eine allmähliche Vegetationsverschiebung und *keine scharfen Grenzen* geben würde. Auf kleinem Raum spürt das geübte Auge eines europäischen Vegetationsforschers sofort die amerikanischen Vikarianten ... offensichtlich von edaphischen Faktoren bedingt und untereinander *klar abgegrenzt.* ... Es zeigte sich also, daß das sogenannte Continuum ein theoretischer Begriff ist, gewonnen durch Anwendung einer globalen und u. U. unvollständigen Methodik. Wenn man die nordamerikanische Vegetation mit unseren Methoden bearbeiten würde, ließen sich *klar abgegrenzte* Assoziationen unterscheiden.« (Westhoff; Diskussionsbeitrag zu Oberdorfer 1966:220; Herv. UE)

Nun kann ja eigentlich nicht die Frage sein, ob die amerikanische Vegetation ein Kontinuum darstellt, während die europäische in klar abgegrenzte Gesellschaften unterteilt ist. Es handelt sich doch offensichtlich darum, welcher methodische Zugang gewählt wird. Offenbar scheinen europäische VegetationskundlerInnen eher geneigt, Gesellschaften als klar abgegrenzte zu denken. Mit der Vorstellung eines Kontinuums, eines allmählichen Übergangs, tun sie sich dagegen schwer. Offensichtlich stehen diese beiden Herangehensweisen wiederum im Zusammenhang mit unterschiedlichen Gesellschaftsvorstellungen: Nur Gesellschaften, die organismisch konzipiert sind, müssen klare Grenzen haben. Individualistisch gebildete Gesellschaften hingegen können sich, da vom Standort determiniert, entlang der Umweltbedingungen kontinuierlich in ihrer Zusammensetzung ändern.

Es liegt nahe, daß das Muster, nach dem in beiden Fällen Vegetation wahrgenommen wird, mit dem sozialen und gesellschaftlichen Kontext der Forschenden zu tun hat. Anders als das Gebiet der USA zerfällt die vergleichsweise kleine Fläche Mitteleuropas ja tatsächlich in viele kleine Nationalstaaten, deren jeder seine Eigenheiten kultiviert und sich klar von den anderen abgrenzt. Das US-amerikanische Selbstverständnis ist dagegen viel offener, das daraus resultierende Ideal eines »melting-pott«, d. h. der Aufhebung kultureller und nationaler Grenzen, auch politisch eines der Schreckgespenster des europäischen Konservatismus. Es ist zu vermuten, daß das Beharren auf Grenzen und klaren, übersichtlichen Strukturen auch in der Vegetation mit dieser unterschiedlichen gesellschaftlichen und politischen Situation zusammenhängt.

Die eingangs aufgeworfene Frage, ob der pflanzensoziologische Ansatz dem historisch-idiographischen oder dem ökologisch-nomothetischen Wissenschaftstyp zuzurechnen ist, läßt sich nicht eindeutig beantworten. Einerseits steht die europäische Pflanzensoziologie in der Tradition eines organismischen Welt- und Gesellschaftsbildes. Organismen sind klar nach außen abgegrenzt und sie sind Individuen mit einer eigenen Geschichte. Dies legt einen eher »idiographischen« Zugang nahe. Ihre theoretische Konzeption insbesondere durch Blaun-Blanquet folgt aber dennoch eher der nomothetischen Programmatik der Naturwissenschaft, indem die Assoziation als wissenschaftliche und reproduzierbare Abstraktion aufgefaßt wird.

3.4. Anthropogene Vegetation in der Pflanzensoziologie: Hinweise auf das Verständnis von Mensch und Natur

Um unterscheiden zu können, ob sich die Bewertung der Neophyten allgemein auf den Umstand bezieht, daß sie anthropogenen Ursprungs sind oder ob es tatsächlich um ihre Fremdheit geht, untersuche ich im folgenden pflanzensoziologische Arbeiten zum Einfluß des Menschen auf die Vegetation. Neben empirischen Arbeiten, die konkrete Klassifikationsvorschläge für diese anthropogene Vegetation vorstellen, finden sich auch Arbeiten, die sich prinzipieller mit der Möglichkeit ihrer wissenschaftlichen und systematischen Bearbeitung befassen (Bernatsky 1905; Sukopp 1957; Beiträge in Tüxen 1966). Hinter den unterschiedlichen Aussagen über anthropogene Vegetationsveränderungen stehen zwei Grundauffassungen von der Art des menschlichen Einflusses auf die Vegetation (Sukopp 1957:396):

1. Der Mensch als Standortfaktor
2. Der Mensch als Gestalter der Landschaft

Letztlich geht es bei allen Arbeiten zu anthropogenen Vegetations- (und Floren-)veränderungen um das Verhältnis von Mensch und Natur oder kurz um die Frage: »Is man part of ›nature‹ or not?« (Tansley 1935:303).

Wissenschaftstheoretisch wirft diese Frage folgendes Problem auf: Lassen sich anthropogene und natürliche Vegetation mit denselben Begriffen, denselben Methoden, derselben Systematik beschreiben, mit denselben allgemeinen Gesetze erklären oder sind sie prinzipiell verschieden zu betrachten? Dahinter verbirgt sich zum einen der Zweifel, ob anthropogene Vegetation überhaupt noch genug »Natur« ist, um sich naturwissenschaftlich beschreiben zu lassen, zum anderen der, ob sich menschliches Handeln bzw. dessen Resultate mit den Mitteln einer Naturwissenschaft überhaupt angemessen beschreiben lassen.

Wie bereits erläutert, stellt die erste Position, »der Mensch als Standortfaktor«, Ausdruck eines nomothetischen Vorgehens dar, das menschliche Tätigkeit in einen *kausalen* Zusammenhang mit Vegetationsveränderungen bringt und damit anderen biotischen und abiotischen Faktoren gleichstellt.

»Der Mensch als Gestalter der Natur« ist dagegen die idiographische Auffassung, die auch *Intentionalität* als Spezifikum menschlichen Handelns in den Blick nimmt.

Die Absichtlichkeit der Veränderungen wird denn auch von Sukopp als wesentlicher Unterschied zwischen natürlichen und anthropogenen Vegetationseinheiten benannt:

»Eine wesentliche Differenz [zwischen Faktoren der natürlichen Umwelt und vom Menschen geschaffenen Faktoren, UE] ergibt sich erst durch die *Planmäßigkeit* und das Ausmaß vieler Eingriffe des Menschen sowie durch die Tatsache, daß Veränderungen nach menschlich bedingten Eingriffen oft irreversibel sind.« (Sukopp 1957:396; Herv. UE)

Aus diesem Grund könne die erste Auffassung (der Mensch als Standortfaktor) nicht allen Tatsachen gerecht werden. Daß Sukopp die methodische Gleichbehandlung natürlicher und menschlicher Veränderungen unter Hinweis auf die Planmäßigkeit menschlichen Handelns zurückweist, bestätigt die von mir aufgestellte These, die Vegetationskunde sei eher einem »idiographischen« Wissenschaftstyp zuzurechnen. Die von Sukopp benannten Unterschiede sind ja für eine Naturwissenschaft gerade nicht relevant. Einzig und allein für die *Bewertung* eines Sachverhalts ist es von Bedeutung, ob er Ergebnis absichtlichen Handelns oder natürlicher Abläufe ist. Die Irreversibilität von eingriffsbedingten Veränderungen ist bis heute eines der wichtigsten Kriterien im Naturschutz. Für sich genommen stellt sie jedoch kein Argument dar: Auch natürliche Ereignisse wie ein Bergsturz können irreversible Veränderungen bewirken. Erst im Hinblick auf die Verantwortungsfrage, die aber keine naturwissenschaftliche ist, wird Irreversibilität zum Anlaß moralischer Reflexion.

Um die Unterschiede zwischen spontaner und anthropogener Vegetation weiter zu spezifizieren, benennt Sukopp (1957) folgende Kennzeichen anthropogener Vegetation:

a) Das Auftreten verschleppter Arten, die in natürliche Gesellschaften nicht eindringen könnten,

b) das Auftreten von Apophyten, d. h. einheimischer Arten, die durch Kulturmaßnahmen gefördert werden,

c) die raschen Veränderungen der Arten unter menschlichem Einfluß,

d) die Labilität des Gesellschaftgefüges, die sich beispielsweise in einer geringeren Schichtung der Ersatzgesellschaften zeige.

Daß bei der Charakterisierung anthropogener Einflüsse das Auftreten verschleppter Arten an erster Stelle steht, hat Tradition. Schon Bernatsky (1905) machte zu Beginn dieses Jahrhunderts die floristische Zusammensetzung, genauer gesagt: die Herkunft der Arten bzw. ihre Ansiedelung durch den Menschen, zum Ausgangspunkt seiner Gliederung der anthropogenen Formationen:

»Als natürliche Formationen mögen diejenigen gelten, deren Florenelemente nicht der menschlichen Kultur ihr Dasein verdanken, sondern sich von selbst eingefunden haben« (ebd.:2). ... Als Kulturformationen ... sollen diejenigen betrachtet werden, deren Florenelemente sich nicht auf natürlichem Wege angesiedelt haben, sondern künstlich angepflanzt wurden.« (ebd.:5)

Auch heute noch berücksichtigen Skalen zur Bewertung der Natürlichkeit eines Ökosystems die Herkunft der Arten bzw. die Art ihrer Einwanderung (z. B. Schlüter 1987). Gleichzeitig werden aber aus der Tatsache, daß sich in natürlichen Gesellschaften keine fremden Arten finden, Schlüsse auf die Eigenschaften dieser Gesellschaft gezogen: Anthropogene Gesellschaften gelten als instabil, störungsanfällig und leicht für Invasionen zugänglich, natürliche Lebensgemeinschaften dagegen als dynamische Gleichgewichte, die einem Klimaxstadium zustreben. Wenn sie dieses erreicht haben, gelten sie als stabil und damit immun gegen Invasionen:

»Natürliche Dauergesellschaften zeichnen sich durch eine bemerkenswerte Festigkeit des Gefüges aus, das nicht leicht neue gesellschaftsfremde Arten eindringen läßt. Nur solche Pflanzenarten, die durch besondere soziologische und standörtliche (synökologische) Anpassung eine hohe Kampfkraft entfalten können, haben Aussicht, in einer Dauergesellschaft Fuß zu fassen, sie zu verändern oder gar sie zu zerstören, wenn sie an ihren Wuchsort gelangen können.« (Tüxen 1950:52)

Wenn man berücksichtigt, daß natürliche Gesellschaften *per definitionem* nur solche sind, in denen alle Arten das Gebiet aus eigener Kraft erreicht haben, dann ist diese Beschreibung tautologisch. Daß Arten, die die natürliche Stabilität überwinden, eine besondere »Kampfkraft« attestiert wird, legt erneut nahe, daß ihr Vordringen als zerstörerisch gilt und damit negativ bewertet wird.

Die Gleichsetzung von »Natürlichkeit« und »frei von Fremden« ist kein Einzelfall. Immer wieder wird das Vorhandensein gesellschafts- oder standortsfremder Arten als Charakteristikum anthropogener- oder Kulturgesellschaften herangezogen. So schreibt Inge Meisel-Jahn in einer Arbeit über die pflanzensoziologische Stellung der Kunstforsten, das wichtigste Kriterium der Forstgesellschaft sei »die Tatsache der Dominanz einer oder auch mehrerer in der natürlichen Waldgesellschaft nicht enthaltener also *gesellschaftsfremder* Holzarten« (Meisel-Jahn 1955:13; Herv. UE). Diese künstlich verursachte Dominanz gesellschaftsfremder Holzarten erachtet sie nicht nur als Definitionsmerkmal der Forstgesellschaft, sondern auch als Ursache für die Labilität des Gesellschaftsgefüges:

> »[D]er künstliche Anbau einer gesellschafts- und bodenfremden Holzart, welcher die Einbringung eines *Fremdkörpers* in die Pflanzengesellschaft darstellt, muß als *die entscheidende Störung* des Gesellschaftsgefüges, insbesondere seiner Stabilität, angesehen werden.« (Meisel-Jahn 1955:14; Herv. UE)

Durch das Fehlen eigener Kennarten seien Forstgesellschaften immer mangelhaft charakterisiert und daher soziologisch unselbständig. Da sie darüberhinaus nicht selbständig lebensfähig, sondern allenfalls als abhängige Gesellschaften aufzufassen seien, ließen sie sich nicht in ein natürliches System einpassen.

Diese Auffassung betrifft nicht nur Forst-, sondern allgemein Kulturgesellschaften. Es stellt sich also die Frage, ob Kulturformationen überhaupt pflanzensoziologisch faßbar sind. Die Tatsache, daß die floristisch-soziologische Arbeitsgemeinschaft 1966 ein eigenes Symposium zum Thema »Anthropogene Vegetation« veranstaltete, zeigt bereits, daß sie sich für diesen Forschungsgegenstand durchaus zuständig fühlt. Auch Sukopp (1957) betont, daß der Ausgangspunkt für die pflanzensoziologische Forschung nicht der ursprüngliche Zustand der Vegetation, sondern die Kulturlandschaft der Gegenwart sei.

Ein Hinweis darauf, daß dies nicht immer so war, findet sich in einem Vortrag von Franz Marschall auf eben dieser Tagung. Er leitet sein Referat über Fettwiesen mit den Worten ein:

> »Als ich vor zwanzig Jahren anfing, mich pflanzensoziologischen Untersuchungen zu widmen, da mußte ich bald einmal spüren, daß das von mir gewählte Untersuchungsobjekt, die relativ intensiv bewirtschafteten, fetten Heuwiesen unserer Berggebiete, von den zünftigen Pflanzensoziologen und Geobotanikern soziologisch nicht als ganz vollwertig *bewertet* wurde. Aus der Literatur sowohl als auch aus Gesprächen konnte ich entnehmen, daß die Fettwiesen vom Menschen geschaffene und vom Menschen beeinflußte, *in der freien Natur nicht vorkommende*, und *deshalb* für die Erforschung der pflanzensoziologischen Gesetze nicht brauchbare Pflanzengesellschaften seien. Das betrübte mich ein wenig, wollte ich doch, wie die andern, ganz ernsthaft Pflanzensoziologie betreiben.« (Marschall 1966:173, Herv. UE)

Marschall führt im Anschluß aus, daß es für die Pflanzengesellschaft gleichgültig sei, ob ihre Zusammensetzung vom Mensch, vom Tier oder von der Natur beeinflußt werde, vertritt also denselben Standpunkt wie Fröbel. Offensichtlich war diese Sicht aber noch wenige Jahre zuvor in seiner Zunft durchaus unüblich.

Die Frage, ob Mensch, Tier und andere Faktoren einander gleichzustellen seien, führt naheliegenderweise zu der, ob der Mensch und von ihm eingebrachte Elemente als Teile der Lebensgemeinschaft zu betrachten seien. Ihre Beantwortung hängt selbstverständlich wiederum eng mit dem jeweiligen Gesellschaftsverständnis zusammen. Karl Friederichs, der ein organismisches Konzept vertritt, hält Kulturgesellschaften nicht für Lebensgemeinschaften. Nur verwilderte Kulturpflanzen und Unkräuter könnten Lebensgemeinschaften bilden, nicht aber Kulturpflanzen:

»Das natürliche Vorkommen der Unkräuter ist ohne Zweifel eine Lebensgemeinschaft. Die Rüben dagegen bilden mit den Unkräutern keine Lebensgemeinschaft. Sie sind Fremdkörper.« (Diskussionsbemerkung von Friederichs in Meisel 1966:95) »Nur wenn Kulturpflanzen oder Weidetiere verwildern, gehören sie zur Lebensgemeinschaft.« (Friederichs 1966:51)

Die Gesamtheit der Lebewesen in Kulturlebensräumen bilde also keine vollwertige Lebensgemeinschaft. Die »eigentliche« Lebensgemeinschaft, gebildet durch die Unkräuter, erscheint durch das Wirken des Menschen bedroht:

»Das Ganze des Lebens im Agrarbiotop ist zwar keine Lebensgemeinschaft, aber etwas ähnliches, von Schwerdtfeger ›Biozönoid‹ genannt. Die Lebensgemeinschaft darin ist durch menschliche Tätigkeit, die nur Fragmentgesellschaften übrigläßt, äußerst bedroht. Radikale Unkrautvertilgung ist im Gange ....« (Friederichs 1966:51)

Die Stellung des Menschen zur anthropogenen Lebensgemeinschaft sei notwendig ambivalent. Als ihr Schöpfer stehe er außerhalb, als Naturwesen aber innerhalb ihres Gefüges:

»Der Mensch ist nicht einfach Glied der Lebensgemeinschaft, sondern mehr. ... Einmal bedingt seine Lebenstätigkeit die anthropogene Lebensgemeinschaft, ist also eine Voraussetzung derselben *außerhalb* ihrer, ein Faktor, der zielbewußt, nicht organisch triebhaft wirkt. ... Zum anderen wurzelt der Mensch in der von sich aus gewordenen Natur und ist ständig ein Faktor *innerhalb* der verschiedenen Lebensgemeinschaften.« (Friederichs 1966:51; Herv. i.O.)

Aus der abstrahierenden Sicht der Naturwissenschaft kann diese menschliche Sonderrolle nicht in den Blick geraten. Damit entfällt auch der qualitative Unterschied zwischen Natur- und Kulturgesellschaften. Diese Position vertritt ein anderer Diskussionsteilnehmer:

»Ich möchte es unbedingt bejahen, daß solche Agrarbiotope Lebensgemeinschaften bilden. … *Die Konnexbildung wird entschieden durch die Ansprüche der einzelnen Arten*, ob und wie weit sie innerhalb dieses Konnexsystems befriedigt werden können, mit anderen Worten, ob in dem Wechselspiel der Kräfte sich die Art erhalten kann, ob sie sich in einen Gleichgewichts- oder Quasi-Gleichgewichtszustand einzufügen vermag. Meines Erachtens ist zwischen den natürlichen und den stark anthropogen beeinflußten Lebensgemeinschaften nur ein Unterschied, der den Grad der Gleichgewichtslage betrifft, der in den einzelnen Gemeinschaften erreicht wird. … Der Mensch ist insofern *Bestandteil der Lebensgemeinschaft*, nicht als *homo sapiens*, sondern als ein die Bedingungen für die Existenz der Arten und die möglichen Konnexe beeinflussendes Agens.« (Müller-Stoll, Diskussionsbeitrag in Meisel 1966:98; Herv. UE)

Die Vorstellung, daß die Zusammensetzung der Lebensgemeinschaft durch die individuellen Ansprüche und Fähigkeiten der Arten bestimmt wird, verweist auf ein individualistisches Gesellschaftskonzept. Wird demgegenüber, wie in dem von Friederichs vertretenen organismischen Konzept, der Gemeinschaft im Verhältnis zum Individuum größere Selbständigkeit eingeräumt, hat das Konsequenzen für die Bewertung anthropogener Veränderungen: Menschliche Eingriffe können dann dem Gesellschafts-Organismus schaden. Diese Sicht basiert auf der dualistischen Vorstellung einer Gegensätzlichkeit von Mensch und Natur. Aus dieser folgt, »daß in der *menschbedingten* Natur die Entwicklung, die sich kausal vom Willkürakt des Menschen ableitet, in irgendeiner Art sich *gegen* das Prinzip des biologischen Gleichgewichts auswirken werde« (Hornstein 1957:322; Herv. i.O.). Diese – im letzten misanthropische – Sicht ist die Kehrseite des in der Vorstellung eines natürlichen Gleichgewichts enthaltenen Harmonie-Ideals. Der Mensch gerät so zum Feind der Natur:

»Der Mensch ist in erster Linie – dort wo er sich festsetzt – der Feind der natürlichen Vegetation, der sie im Laufe der Zeit oft bis zur Unkenntlichkeit verändert. Aber der Mensch ist andererseits … auch sehr stark abhängig von der Vegetation.« (Tüxen 1931/32:185)

Die beschriebenen Schwierigkeiten der Pflanzensoziologie mit anthropogenen Pflanzengesellschaften spiegeln also die Ambivalenz des Mensch-Natur-Verhältnisses überhaupt wider: einerseits sind Menschen Teil der Natur, andererseits stehen sie außerhalb von ihr und können sie bewußt gestalten. Unter der Voraussetzung eines harmonischen Gleichgewichts der

Natur erscheint der Mensch, sofern er der ihr entgegengesetzt wird, als Stör-
faktor.

Bevor ich im folgenden Kapitel Vorstellungen über das Verhältnis von
Mensch und Natur im Bezug auf die Idee des Naturschutzes genauer disku-
tiere, soll zum Abschluß dieses Kapitels noch dargestellt werden, welche
Vorstellungen von der (menschlichen) Gesellschaft sich hinter den auf die
Vegetation bezogenen Gesellschaftskonzeptionen verbergen und auf welche
Vorstellungen des Mensch-Natur-Verhältnisses die unterschiedlichen theo-
retischen Positionen Bezug nehmen.

3.5. Pflanzengesellschaften als Symbol menschlicher Vergesellschaftung?

In ihren Aussagen über natürliche Lebensgemeinschaften machen ÖkologInnen explizit oder (meist) implizit auch Aussagen über ihre eigenen
gesellschaftlichen Vorstellungen. Explizite Schlußfolgerungen für die
menschliche Gesellschaft zieht Tüxen (1957), wenn er in den Mitteilungen
der floristisch-soziologischen Arbeitsgemeinschaft folgende Auffassung
vom Wesen der Pflanzensoziologie zitiert:

»Das Wesen [der Pflanzensoziologie] ist, daß die Pflanzenvergesellschaftung eine natur-
gemäße Tatsache ist. Sie läßt sich aus keinem anderen Begriffe, aus keiner anderen natürlichen Einheit ableiten. Das bedeutet, daß die Gesellschaft oder, in aktiver Form gesagt, das
Vergesellschaften, eine allgemeine, urangeborene, originale, primäre natürliche Erscheinung ist: Sie ist nicht nur ein Privileg des Menschen, sondern eine Eigentümlichkeit sämtlicher Lebewesen, sowohl der Pflanzen wie der Tiere.« (Rapaies 1931:275, Zit. nach Tüxen
1957)

Das Zitat ist einem Aufsatz aus *Forschungen zur Völkerpsychologie und
Soziologie* von 1931 entnommen. Der Autor interpretiert hier nicht nur
natürliche Prozesse anthropomorph, sondern auch im Umkehrschluß
menschliche oder kulturelle Phänomene naturalistisch. Dies gibt Anlaß zu
der Frage, ob das naturwissenschaftliche Reden von »Gesellschaften« lediglich metaphorisch oder realistisch zu verstehen ist. Die anthropomorphe
Ausdrucksweise liegt ja gerade in der Pflanzensoziologie offen zutage:
»Gesellschaft«, »Charakter«, »Treue« – dies alles sind Begriffe, die ganz
offensichtlich dem gesellschaftlichen Kontext entlehnt sind. Sie sind
darüberhinaus werthaft konnotiert und zwar – zumindest in der Zeit der Entstehung der Texte – eindeutig positiv. So werden einerseits mit den Aussagen über Natur zugleich (implizit) Aussagen über die menschliche Gesell-

schaft gemacht (vgl. Trepl 1992), andererseits zugleich natürliche Vorgänge bewertet.

Anthropomorphe Ausdrücke können bei der wissenschaftlichen Arbeit durchaus der größeren Verständlichkeit oder aber auch als Heuristik dienlich sein. Auf die nachgerade theoriekonstitutive Kraft der Metapher weist Debatim (1990) hin. Die methodische Forderung nach einem reflexiven Gebrauch von Metaphern, d. h. einer Verwendung, die sich der Übertragung von Begriffen aus dem vorwissenschaftlichen in den wissenschaftlichen Bereich bewußt ist, sollte dabei aber unbedingt beachtet werden. Nur so könne der »verführerische Denkzwang« (Debatim 1990), der von ihnen ausgeht, vermieden werden. »Ein methodisch kontrollierter Umgang mit Metaphern heißt deshalb, sich des konstruktivistischen ›als-ob‹ Charakters jeder Metaphorik bewußt zu bleiben und nicht in substantialistische Auffassungen zu verfallen« (Debatim 1990:802).

Oftmals wird in der ausgewerteten Literatur der vergleichende Charakter von den Autoren durch ein »als ob« oder »so wie« auch noch deutlich gemacht (z. B. Kerner 1863) So unterscheidet auch Friederichs (1967), anders als Rapaies, deutlich zwischen pflanzlichen, tierischen und menschlichen Gesellschaften:

»Die genannten wirkenden Beziehungen der Pflanzen eines Biotops untereinander lassen die starke Realität der Lebensgemeinschaft als Lebensform der Vegetation erkennen, aber nicht eben die Lebensform ›Gesellschaft‹ in dem Sinn wie bei Tier und Mensch.« (ebd.:7) »Die Vergesellschaftung der Pflanzen ist keine Vorstufe der tierischen Gesellschaft, sondern die beiden sind einander nebengestellt .... Die Gesellschaften der Tiere bereiten die menschliche vor, aber ohne daß diese kausal daraus abgeleitet werden könnte. Sie liegt auf einer anderen Seinsebene, indem an die Stelle der Gebundenheit der Instinkte größtenteils intelligentes Handeln tritt sowie die *humanitas* als Ethik.« (ebd.:11)

Auch Braun-Blanquet (1921) weist auf den Unterschied von Pflanzengesellschaften und arbeitsteiligen Gesellschaften hin. Hornstein (1957) schlägt daher vor, im Bereich der Vegetation von Gemeinschaften statt von Gesellschaften zu sprechen

»Gemeinschaft ist ein wechselseitig bedingtes in einem Besonderen begründetes Zusammensein. Das Besondere, das eine Gemeinschaft begründet, ist eine Teilhabe am Gemeinsamen .... Von der Gemeinschaft unterscheidet sich die Gesellschaft als rationale, zweckgerichtete wechselseitige Verbindung in einer bestimmten Form und Ordnung. ... Im Begriff Gemeinschaft sehen wir etwas Natürliches, Naturgegebenes, von der Natur Abgeleitetes, von der Natur Bestimmtes, daher immer organisch Gewachsenes. Gegensatz des organisch gewachsenen ist das Konstruierte, die sozialtechnische Konstruktion, das Organisierte. Im Begriff Gesellschaft liegt Rationales und Konstruktives, liegt Sozialtechnik.« (ebd.:321).

Damit sollen menschliche Kultur und gesellschaftliche Organisation der Natur und ihren natürlichen Lebensgemeinschaften ganz klar gegenübergestellt werden. Nichtsdestotrotz spiegeln naturwissenschaftliche Auffassungen vom »Wesen« einer Lebensgemeinschaft unterschiedliche Theorien über menschliche Vergesellschaftung: In »progressiven« Gesellschaftstheorien liegt im Zusammenschluß der Einzelnen zu Gesellschaften die Möglichkeit der Befreiung von Naturzwängen, in »konservativen« Konzepten dagegen werden Kulturen als quasi-organismische Gemeinschaften erachtet, die gerade durch Anpassung an ihren besonderen Lebensraum zur Entfaltung kommen (Trepl 1992).

3.6. Fazit

- *Die pflanzensoziologische Gesellschaftskonzeption reflektiert die Konzeption einer menschlichen Gesellschaft, für die Treue und Stetigkeit sowie klare Grenzen wesentlich sind.*

- *Der Sukzessionskonzepten zugrundeliegende Entwicklungsgedanke verweist auf ein latent teleologisches Naturverständnis, unter dessen Voraussetzung menschliche Eingriffe als negativ erscheinen.*

- *Die verbreitete Neigung, das abstrakte, pflanzensoziologische Gesellschaftskonzept zu reifizieren, bringt ein organisches Gesellschaftsverständnis mit sich. Dieses wiederum läßt Neophyten als zerstörerisch erscheinen.*

- *Die Entgegensetzung von Mensch und Natur führt unter der Voraussetzung einer im Gleichgewicht befindlichen Natur zu einer negativen Bewertung anthropogener Veränderungen.*

- *Wird der metaphorische Charakter des Gesellschaftsbegriffs übersehen, besteht die Gefahr, daß gesellschaftliche Werte in die Natur übertragen werden. Das pflanzensoziologische, überwiegend organische Gesellschaftskonzept legt eine solche Wertübertragung besonders nahe.*

Kapitel IV

Die Bedeutung des Heimatbegriffs für den Naturschutz

1. Was bedeutet »Naturschutz«?

Bezüglich der Naturschutzrelevanz von Neophyten scheint folgendes *prima facie*-Argument schlüssig: Naturschutz will Natur schützen. Wenn unter Natur das nicht vom Menschen Gemachte, das vom Menschen Unabhängige zu verstehen ist, sind Neophyten wegen ihres anthropogenen Ursprungs nicht Natur. Daher können sie nicht zum Gegenstandsbereich des Naturschutzes gehören.

Nun ist es aber mittlerweile ein Allgemeinplatz, daß Naturschutz in der BRD weitestgehend Kulturlandschaftsschutz ist. Als Teil der Kulturlandschaft stehen zahlreiche Arten, Lebensgemeinschaften und Landschaften unter Schutz, die ihre Existenz menschlichem Wirtschaften verdanken. Unter dieser Perspektive leuchtet die Naturschutzrelevanz der Neophyten nicht mehr so unmittelbar ein. An ihrem anthropogenen Ursprung allein kann es jedenfalls nicht liegen, wenn ihre Etablierung und Ausbreitung als unerwünscht bewertet wird. Genauer zu bestimmen, bezüglich welcher Eigenschaften sich Neophyten von der Natur unterscheiden, die Gegenstand des Naturschutzes ist, ist daher die Absicht dieses Kapitels. Es geht also um eine genauere historische und ideengeschichtliche Verortung des Naturschutzgedankens.

1.1. Der Begriff »Naturschutz«?

Wenn ich im folgenden von »Naturschutz« spreche, so ist damit nicht eine konkrete Institution, sondern vielmehr der Naturschutzgedanke als solcher gemeint. Was ich hier diskutiere, ist eine idealtypische Darstellung, die sich aus der historischen Tradition der Naturschutzbewegung und aus im »ökologischen Diskurs« gängigen Argumentationstypen ergibt.

Für die *Institution* Naturschutz wären dagegen mindestens drei Zweige zu unterscheiden:

1. der *ehrenamtliche* Naturschutz, also Einzelpersonen, Vereine und Verbände, die aufgrund persönlicher Wertschätzung konkrete Interessenpolitik für die Natur betreiben,
2. der *amtliche* Naturschutz, also Behörden und Ministerien, die auf der Grundlage des positiven Rechts (z. B. des BNatSchG) Naturschutznormen in politisches Handeln überführen und
3. der *wissenschaftliche* Naturschutz, also ökologische Naturschutzforschung, die Sachkenntnisse, Methoden und Kriterien für die Realisation der von den beiden anderen formulierten Zielvorstellungen liefert.

Angesichts der Verschiedenheit dieser Gruppen wäre die Rede von »dem« Naturverständnis »des« Naturschutzes als Institution völlig irreführend. Eine solche verallgemeinernde Redeweise würde sich dem berechtigten Vorwurf aussetzen, Widersprüche unterschiedlicher Guppierungen, die sich alle dem Naturschutz zuordnen, zu verdecken. So können im konkreten Einzelfall immer wieder Zielkonflikte zwischen Arten- und Prozeßschutz auftreten, ebenso zwischen der Funktion von Schutzgebieten als Lebensraum für Tier- und Pflanzenarten und als Erholungs- und Erlebnisraum für den Menschen (Eser u.a. 1992).

Trotz dieser Unterschiede auf der institutionellen, personellen und sachlichen Ebene scheint es mir gerechtfertigt, so etwas wie eine *Idee* des Naturschutzes anzunehmen. Ich meine damit die Vorstellung, es läge grundsätzlich im Bereich des Möglichen und moralisch Wünschenswerten, daß der Mensch Verantwortung für sein Handeln hinsichtlich »der Natur« übernimmt. Daß Natur also etwas ist, das in gewisser Weise dem Menschen anvertraut ist, für das er Verantwortung trägt oder auch dem er Respekt schuldet oder sich unterordnen muß – das ist in diesem Kapitel genauer zu diskutieren. Jedenfalls scheint mir die Rede von einem Schutz der Natur die Klärung dessen zu erfordern, was unter dieser Natur zu verstehen ist und welche Eigenschaften ihr zugeschrieben werden.

1.2. Der semantische Hof des Naturschutzbegriffs

Eine vollständige Geschichte des Naturschutzgedankens müßte zunächst das neuzeitliche Naturverhältnis charakterisieren, den Begriff der Aufklärung, der Moderne und der Romantik erläutern, und schließlich die Heimatschutzbewegung als konservative Reaktion auf die Modernisierung diskutieren. Ein streng historisches Vorgehen ist hier jedoch nicht beabsichtigt. Detaillierte Darstellungen dieser Zusammenhänge liegen mit den Dissertationen von Andreas Knaut (1993) zur Geschichte der Ökologiebewegung und von Michael Neumeyer (1992) zur Geschichte des Heimatbegriffs bereits vor.

Ich werde dagegen systematisch vorgehen, indem ich in meiner Darstellung auf historische Details verzichte und mich stattdessen um idealtypische Stilisierungen bemühe, die für meine konkrete Fragestellung zielführend scheinen. Mein Vorgehen ist dabei an die im Kapitel I vorgestellte Methode der Analyse des semantischen Hofs eines Begriffs mit Hilfe von Polaritätenbegriffen angelehnt, wie Hard (1969) sie für den Begriff der Landschaft vorgenommen hat. Ohne allerdings eine vergleichbare empirische Studie anzustreben, erscheint mir ein Vergleich des semantischen Hofs der Begriffe »Neophyt« und »Naturschutz« für die Beantwortung meiner Frage, warum und inwiefern Neophyten ein Problem für den Naturschutz darstellen, vielversprechend.

Daß in den Eigenschaften natürlich/unnatürlich allein nicht der entscheidende Unterschied zwischen Neophyten und schützenswerter Natur zu finden ist, habe ich eingangs bereits ausgeführt. Ich habe im letzten Kapitel anhand der Geschichte des Neophytenbegriffs und einer Analyse seiner heutigen Verwendung aber zwei weitere wesentliche Eigenschaften von Neophyten herausgearbeitet:

1. Sie befinden sich in einem Gebiet jenseits ihres ursprünglichen Verbreitungsareals. Sie haben, unter Mithilfe des Menschen, ihre natürlichen Arealgrenzen überschritten, und ihr Einwanderungszeitpunkt liegt noch nicht weit genug zurück, um sie bereits als »heimisch« gelten zu lassen, d. h. sie sind *fremd*.

2. Sie sind von menschlichen Kulturmaßnahmen unabhängig (sofern es sich um unabsichtlich eingeschleppte Arten handelt) bzw. unabhängig geworden (sog. Kulturflüchtlinge). Damit fallen sie unter den Begriff der Wildpflanzen (Kowarik 1985), sie sind also *wild*.

Die Ausdrücke »fremd« und »wild« laden deutlich mehr zu Assoziationen ein als die Fachbegriffe. Ich habe sie zur Pointierung meiner These bewußt gewählt. Diese These lautet, daß die Problematik von Neophyten für den Naturschutz eher mit der beschriebenen »Fremdheit« und »Wildheit« als mit ihrem anthropogenen Ursprung zusammenhängt. So steht das Fremdsein als Nicht-Heimisch-Sein begrifflich im Gegensatz zur Heimat, die wiederum historisch den Ausgangspunkt der Naturschutzbewegung bildet. »Fremde« gehören nicht dazu, sie sind unvertraut, ja un-»heim«-lich, sie sind nicht Teil einer gewachsenen Struktur, stören vielmehr deren organische Ordnung. Das Fremde bildet außerdem einen Gegensatz zum Eigenen, das beispielsweise in der »Eigenart« der Landschaft geschützt wird (§1 BNatSchG). »Wilde« sind nicht nur unkultiviert, sondern auch unkontrolliert und unkontrollierbar, Wildheit bildet also einerseits einen Gegensatz zu Kultur, andererseits aber auch zu Kontrolle.

Zum Beleg dieser These ist zu zeigen, daß der Begriff der Heimat auch heute noch zentral für den Naturschutzgedanken ist. Sofern Heimat Symbol des Althergebrachten und Vertrauten ist, scheint die Vermutung berechtigt, daß Neophyten aufgrund ihrer Fremdheit und Unbeherrschbarkeit nicht als Teil der »Natur« wahrgenommen werden, die der Naturschutz schützen will. Es wird also in diesem Kapitel darum gehen, das Naturbild des Naturschutzes im Hinblick auf die Begriffe »Heimat« und »Fremde« und die Frage der Naturbeherrschung zu charakterisieren.

Hierzu werde ich im folgenden untersuchen, inwiefern die Gegensatzpaare natürlich/unnatürlich, Natur/Kultur, fremd/eigen, fremd/heimisch, wild/beherrscht den Begriffen Neophyt und Naturschutz zuzuordnen sind und welche Implikationen diese Zuordnung für die Schutzwürdigkeit von Neophyten hat. Die Geschichte des Naturschutzes, den Begriff der Heimat, die Charakterisierung der Antike, der Moderne und der Romantik werde ich also durch ein mithilfe dieser Polaritätenbegriffe aufgespanntes analytisches Raster darstellen. Meine Leitfragen sind dabei stets folgende:

- Welche Bedeutung hat das *Fremde* für die Charakterisierung der Natur in den verschiedenen Epochen?
- Welche Bedeutung hat die mit der Frage der *Naturbeherrschung* verbundene wilde bzw. unterworfene Natur jeweils?

Ich werde zunächst das neuzeitliche Naturverhältnis, als dessen Gegenbewegung der Naturschutz landläufig dargestellt wird, als eines der Entfremdung und Herrschaft charakterisieren (2). Anschließend werde ich den Heimatschutz als historischen Vorläufer des Naturschutzes darstellen (3). Inbesondere werde ich erläutern, welche Implikationen für das Mensch-Natur-Verhältnis sich aus den idealisierten Klischees der unberührten Natur (3.1.) und der harmonisch geordneten Landschaft (3.2.) unter dem Aspekt der Fremdheit ergeben. Aktuellere Versuche der subjektiven Wendung des Heimatbegriffs werde ich sodann ebenfalls auf ihr Verhältnis zum Fremden befragen (3.3.). Vor diesem Hintergrund versuche ich das Naturverständnis des heutigen Naturschutzes einzuordnen (4). Es wird zu zeigen sein, daß der Begriff der Kulturlandschaft an die Heimatschutzbewegung anknüpft (4.1.). Die gegenwärtige Debatte um gewährenden oder gestaltenden Naturschutz ist sodann als Ausdruck konfligierender Naturbilder zu interpretieren (4.2.). Sowohl das ästhetische Landschaftserleben (5.1.) als auch das Gefühl der Erhabenheit (5.2.) werde ich abschließend als spezifisch neuzeitlich ausweisen. Um die Ambivalenz der neuzeitlichen Naturbeherrschung geht es im letzten Absatz (5.3.).

2. Was ist Natur? Ein kurzer Abriß des abendländischen Naturverständnisses von der Antike bis zur Moderne

Unser aktuelles Naturverständnis ist entscheidend geprägt von seinen historischen Vorläufern. Ausgehend von der klassischen Antike hat es jedoch im Laufe der Jahrhunderte entscheidende Wandlungen erfahren, durch die allerdings ältere Vorstellungen meist nicht vollständig abgelöst, sondern lediglich ergänzt wurden. Die Geschichte des Naturbegriffs füllt Bibliotheken. Der hier folgende Abriß orientiert sich im wesentlichen an der Darstellung von Stephan Heiland (1992).

2.1. Natur als Kosmos: antikes Naturverständnis

Die griechische *physis* ist der vom Menschen unabhängige und unbeeinflußbare Teil der Welt, umgreift aber auch ihn selbst. »Physis« umfaßt nun aber nicht nur die Dinge der Natur, sondern auch das göttliche Prinzip, das deren Entwicklung ermöglicht. Natur wird als planvoll und vernünftig angelegter

Kosmos gedacht. In diesem ist der Gedanke einer Teleologie, einer Zweck-mäßigkeit und Zielgerichtetheit der Natur, enthalten. Wissenschaft ist »theoria«, die kontemplative Schau dieser harmonischen Weltordnung, ihr Sinn, menschliches Handeln an eben dieser Ordnung zu orientieren. »Natur« hat hier also nicht nur einen beschreibenden, sondern auch einen normativ-sittlichen Bedeutungsgehalt. Die Rolle des Menschen in einer so gedachten Natur ist die der Ein- und Unterordnung, die einzig angemessene Haltung der Natur gegenüber Ehrfurcht und Achtung. Die Vorstellung einer teleolo-gisch strukturierten, harmonisch geordneten, vollkommenen Kosmos-Natur mit Orientierungsfunktion für den Menschen erscheint mir als wesentlich-ster Unterschied zwischen antikem und neuzeitlichem Naturverständnis.

2.2. Natur als Schöpfung: christliches Naturverständnis

Gegenüber der antiken Vorstellung stellen die Entgötterung der Natur und die Gottesähnlichkeit des Menschen im jüdisch-christlichen Weltbild einen für das menschliche Naturverhältnis gravierenden Unterschied dar. Der christliche Gott steht der Natur als ihr Schöpfer gegenüber. Diese Entgötte-rung der Welt sowie seine eigene Gottesebenbildlichkeit eröffnen dem Menschen neue Handlungsmöglichkeiten, die im »dominium terrae«, dem göttlichen Herrschaftsauftrag an den Menschen, zum Ausdruck gebracht werden. Nach Ansicht zahlreicher Autoren ist in diesem Herrschaftsauftrag der Grundstein für die neuzeitliche Entfremdung von Mensch und Natur gelegt.

Der Übergang von der ehrfürchtigen Verehrung der Natur zu ihrer aneig-nenden Unterwerfung durch den Menschen erfolgte jedoch erst später. Noch bis ins Spätmittelalter war das (klassische) Bild einer vollkommenen und statischen Natur auch im christlichen Naturverständnis gültig. In der Rede vom Paradies erscheint Natur bzw. der Naturzustand ja noch als Inbegriff der Vollkommenheit. Das einzig Unvollkommene in dieser Natur war der Mensch: Seine Fähigkeit zu Erkenntnis ist der »Sündenfall« und führt zur Vertreibung aus dem Stand der Unschuld.

2.3. Natur als Kulturaufgabe: Übergang zur Neuzeit

Als im 13. Jahrhundert im Christentum das heilsgeschichtliche Wirken des Geistes in den Vordergrund trat, änderte sich dieses statische Naturbild:

Natur wurde offen für Veränderung und Geschichte. Die menschliche Gestaltung der Natur erhielt, als Teil dieses geistgewirkten Vollendungsprozesses, eschatologische Würde. Erst im Zuge einer Neubewertung der Vernunft kann sich diese Vorstellung einer Teilhabe des Menschen am göttlichen Schöpfungsakt und damit die Idee der Perfektibilität der Natur entwickeln (Krolzik 1990): »Naturbearbeitung war so Kultivierung der Schöpfung, sie beutete diese nicht aus, sondern nahm in ihr schlummernde Möglichkeiten wahr und verwirklichte diese« (ebd.:147).

Der Glaube an eine Veränderbarkeit und Verbesserungswürdigkeit der Natur tritt also im ausgehenden Mittelalter an die Stelle des statischen Naturbilds. Die Vorstellung, daß Natur durch menschliche Tätigkeit zu vervollkommnen sei, impliziert ihre Unvollkommenheit. Damit ist die vormoderne Kosmos-Vorstellung bereits in Teilen verabschiedet. Die Vorstellung einer teleologischen Struktur der Natur bleibt aber in Form der Physikotheologie zunächst noch erhalten. Die Zweckmäßigkeit der Natur erscheint als Ausdruck des göttlichen Schöpfungsplans, ihre Veredelung durch Kultur allerdings ebenso.

2.4. Natur als Materie: Naturverständnis der Aufklärung

Die Teleologievorstellung wird erst im Zeitalter der Aufklärung vollends aufgegeben. Mit der kartesischen Unterscheidung von *res cogitans* und *res extensa* (Descartes 1977; Orig. 1641) wird der Dualismus von Geist und Materie begründet, der bis heute als Charakteristikum der Moderne angesehen wird. Der menschliche Fortschritt wird zum Fortschritt durch Naturbeherrschung und dieser zum Programm der Moderne. Francis Bacon (1561-1626), Begründer der experimentellen Naturwissenschaft und ihrer Anbindung an den Fortschrittsgedanken, lehnte das teleologische Naturverständnis ausdrücklich deshalb ab, weil es für die Bearbeitung der Natur durch den Menschen nicht offen sei. Wo nicht im christlichen *dominium terrae* oder im kartesischen Dualismus so wird in dieser Überzeugung Bacons der »Sündenfall« des modernen Menschen gesehen. Stellvertretend für diese Einschätzung Heiland:

> »Damit verliert die Natur jeden normativen Orientierungscharakter, sie wird zu einem unerschöpflichen Warenlager, das der menschlichen Ausbeutung zur Verfügung steht. Bei Bacon geht es immer, dies zeigt bereits seine Sprache, um ein Herrschaftsverhältnis des Menschen gegenüber der Natur.« (Heiland 1992:36)

Mit der Abschaffung des teleologischen Denkens kehrt sich das Verhältnis von Mensch und Natur um: War vorher Natur als in sich zweckvoll auf ein »*telos*« hin strukturiert gedacht, so hat jetzt der Mensch, als aufgrund seiner Freiheit Zwecke setzendes Wesen, Verfügungsgewalt über Natur. Mit dem Dualismus von Materie und Geist entsteht der Dualismus von Natur und Mensch, von Objekt und Subjekt. Natur wird dem Menschen, als Subjekt, zum bloßen Objekt, d. h. der Mensch nimmt sich das Recht, sich Natur zum Mittel für seine selbst gesetzten Zwecke zu machen. Damit ist allerdings die Vorstellung einer Natur als unerschöpfliches Ressource nicht zwingend verbunden. Im Baconschen Verständnis ist Technik gerade nicht »Vergewaltigung« der Natur, sondern Anwendung ihrer eigenen Gesetze; demnach sind ihre Möglichkeiten nicht beliebig. Fortschritt kann sich nur im Rahmen des naturgesetzlich möglichen vollziehen. Moralische Grenzen in Gestalt einer Rücksicht auf die Natur kennt der Baconische Fortschrittsgedanke allerdings noch nicht.

2.4. Fazit

- *Natur und Mensch sind in der Neuzeit einander gegenübergestellt.*

- *Natur bzw. die natürliche Ordnung sind nicht mehr sinnstiftend, der Gedanke einer natürlichen Teleologie wird abgelehnt.*

- *Naturerforschung dient nicht länger der sittlichen Orientierung, sondern der Beherrschung der Natur.*

3. Heimatschutz: Die Ursprünge des Naturschutzgedankens

»*Der Naturschutzgedanke ist seinem Inhalt und seiner Herkunft nach im wesentlichen ein Sproß der romantischen Geisteshaltung*« (Schoenichen 1954:1).

Liebe zu Heimat und Tradition, romantische Naturverehrung sowie eine ablehnende Haltung gegenüber technischen und sozialen Veränderungen gelten als wesentliche Motive der Naturschutzbewegung (Schoenichen 1954; Buchwald 1968; Wormbs 1976; Olschowy 1978; Küppers u.a. 1978; Andersen 1987; Treml 1992; Knaut 1993). Die Natur- bzw. Heimatschutzbewegung ist dabei als Reaktion v.a. des Bildungsbürgertums auf die fortschreitende Industrialisierung Deutschlands Mitte bis Ende des 19. Jahrhunderts zu verstehen. Sie richtete sich nicht nur gegen die durch diese verursachte Umgestaltung der Landschaft, sondern gleichermaßen gegen die damit einhergehenden gesellschaftlichen Veränderungen. Der Schriftsteller und Historiker Wilhelm Heinrich Riehl (1854) war einer der ersten, die die Auswirkungen der Industrialisierung auf »Land und Leute« thematisierte. In seiner Tradition begründete der Musiker Ernst Rudorff (1926; Orig. 1897) den Begriff »Heimatschutz«. Der Naturwissenschaftler Hugo Conwentz (1904) prägte den Begriff des Naturdenkmalschutzes, der von den Vertretern eines konservativen Landschaftsschutzes vehement abgelehnt wurde. Als Vertreter des reformistischen Flügels der Heimatschutzbewegung gilt der Architekt Paul Schultze-Naumburg, der gegen den konservativen Flügel statt eines bloß bewahrenden die Idee eines gestaltenden Landschaftsschutzes befürwortete (Knaut 1993). Daß die Geschichtsschreibung des Naturschutzes sich immer wieder an diesen drei Autoren orientiert, mag damit zusammenhängen, daß sie als Repräsentanten sehr verschiedener Natur- und Gesellschaftsauffassungen gelten können: Rudorff und mit ihm Riehl und Löns können als Stellvertreter eines Heimatbegriffs verstanden werden, dessen geistesgeschichtliche Wurzeln bei Johann Gottfried von Herder (1744-1803) und Justus Möser (1720-1794) zu suchen sind. Conwentz repräsentiert dagegen als Naturwissenschaftler das Weltbild der Aufklärung, das Mensch und Natur als getrennt betrachtet. Schultze-Naumburg schließlich repräsentiert die Idee der Kulturlandschaft, d. h. der Landschaftsverschönerung durch menschliche Arbeit (Knaut 1993).

In der frühen Heimatschutzliteratur wird Natur in zweifacher Hinsicht romantisch idealisiert:

- Als unberührte, unentdeckte, erhabene Natur scheint sie wild, unzugänglich, eigengesetzlich und dem Menschen entzogen. Ihr gelten Bewunderung und Ehrfurcht, ihr gegenüber überwiegt das Gefühl der *Fremdheit*.
- Als vom Menschen gestaltete Landschaft vermittelt sie *Vertrautheit* und Geborgenheit, als Heimat ist sie Symbol einer verlorengegangenen Harmonie von Mensch und Natur[6].

---

[6] Diese hier und im folgenden ebenfalls als »romantisch« charakterisierte Auffassung wäre treffender als »romantisierend« oder »sentimental« zu bezeichnen. Das Naturverständnis des Heimatschutzes unterscheidet sich hinsichtlich seiner Haltung zur Fremdheit der Natur erheblich von dem der Romantik als historischer Epoche.

Im Interesse einer Rekonstruktion des Naturschutzgedankens werde ich daher im folgenden darstellen, auf welches Naturbild unterschiedliche Heimatschutzansätze Bezug nehmen und welche Rückschlüsse dies auf das zugrundegelegte Verständnis von Mensch und Natur zuläßt.

3.1. Schutz der Wildnis: die Faszination der fremden Natur

Die romantische Bewunderung und Wertschätzung der ursprünglichen Natur betont vor allem deren Unabhängigkeit vom Menschen. »Natürlich« ist in diesem Sinne nur die ursprüngliche, vom Menschen unveränderte, seinem Einfluß entzogene Natur. Das von sich aus Gewordene, nicht vom Menschen Gemachte steht also im Zentrum romantischer Verehrung. Daß die Dinge der Natur durch sich selbst bestehen, nach eigenen und unabänderlichen Gesetzen existieren, ist Grund für ihre Achtung und Wertschätzung: »Das Eigengesetzliche, das im Gegensatz zum Menschenwerk stehende ist es, das uns die Schöpfungen des Erdbodens ... beachtlich erscheinen läßt« (Schoenichen 1954:1).

Die Wildnis ist die dem Menschen entgegengesetzte, *fremde* Natur. Sie ist Gegenstand der Ehrfurcht, Ergriffenheit und Bewunderung. Wegen dieser starken Gefühlsbetonung nennt Schoenichen die Naturauffassung des Naturschutzes eine »sentimentalisch-elegische«. Damit sei aber keineswegs eine »himbeerfarbene Empfindelei« gemeint, sondern eine »vom Eindruck der Natur ausgelöste Reflexion, aus der Rührung entspringt« (Schoenichen 1954:5). Für das Verständnis dieser romantischen Geisteshaltung kommt nach Schoenichen (ebd.) dem Begriff des »Erhabenen« eine Schlüsselrolle zu (vgl. dazu 5.2.).

Das Erleben wilder, dem menschlichen Zugriff entzogener Natur gilt nicht bloß als ästhetischer Genuß, sondern als soziales Bedürfnis vor allem der naturfern lebenden Stadtmenschen. Naturgenuß ist dabei kein entbehrlicher Luxus, sondern in einer immer stärker vom Menschen nach seinen Interessen gestalteten und überformten Welt unentbehrlich (Schultze-Naumburg, Vorwort zu Rudorff 1926). Diese Auffassung findet sich bereits bei Riehl:

»Nicht bloß das Waldland, auch die Sanddünen, Moore, Heiden, die Felsen- und Gletscherstriche, alle Wildniß und Wüstenei ist eine notwendige Ergänzung zum cultivirten Feldland. Freuen wir uns, daß es noch so manche Wildnis in Deutschland gibt.« (Riehl 1854:31)

Die Notwendigkeit ursprünglicher Natur gründet dabei in ihrer sittlichen Funktion. Das Erlebnis unberührter Natur soll der moralischen Läuterung der Menschen dienen. Die ursprüngliche Natur wird oft als unangetastete, unberührte, unbefleckte oder jungfräuliche beschrieben. Es ist diese Unberührtheit, die der ursprünglichen Natur den Nimbus des Tugendhaften verleiht. Schoenichen (1954) zitiert zur Illustration dieses Gefühls aus Adalbert Stifters Novelle »Der Hochwald«: »...denn es liegt ein Anstand, ich möchte sagen ein Ausdruck von Tugend in dem von Menschenhänden noch nicht berührten Antlitz der Natur« (Stifter, Zit. von Schoenichen 1954:23).

Auch in den Schriften Ernst Rudorffs findet sich eine solche Unberührtheitsrhetorik: Er beschreibt die Öffnung der ländlichen Gebiete für den Fremdenverkehr als »schamlose« Prostitution der bis dato »jungfräulichen« Natur und kritisiert die »überlaute Anpreisung landschaftlicher Reize« durch die Fremdenverkehrsindustrie. Diese zerstörten die Ursprünglichkeit der Natur und damit auch ihre sittliche Wirkung: »Soll aber die Natur moralisch, d. h. reinigend und erhebend wirken, so muß sie vor allem selbst unentweihte, unverfälschte Natur geblieben sein« (Rudorff 1926:74).

In dieser Sichtweise erscheint die Natur an sich als sittlich gute. Sie soll auf den – moralisch schlechten – zivilisierten Menschen eine »reinigende« Wirkung haben, ihn erheben können. Indem sie solcherart Sinn- und Orientierungsfunktion für den Menschen gewährt, gleicht die »Natur« des frühen Naturschutzes dem vormodernen Naturverständnis.

3.2. Schutz der Heimat: der Trost der vertrauten Natur

Der romantisierende Topos von der Unberührtheit der Natur erscheint in einem neuen Licht, wenn man betrachtet, was die frühe Heimatschutzbewegung unter »ursprünglicher Natur« versteht: »Was ist aus unserer schönen, herrlichen Heimat mit ihren malerischen Bergen, Strömen, Burgen und freundlichen Städten geworden! ... Zerstörung jeder Ursprünglichkeit, also gerade dessen, was die Natur zur Natur macht« (Rudorff 1926:15).

Burgen und Städte sind ja gerade keine ursprüngliche Natur im eben dargestellten Sinne, sondern eindeutig Menschenwerk. So ist denn auch in dem Aufsatz »Heimatschutz« (Rudorff 1926), der bis heute als eines der Grundlagenwerke des Naturschutzes gilt, von unberührter Natur kaum die Rede. Als Natur gilt vielmehr die vorindustrielle Agrarlandschaft, die das Ergebnis einer kleinbäuerlichen Landwirtschaft ist. Menschliche Eingriffe und Veränderungen werden als Ergänzung und Vollendung der natürlichen Gegebenheiten begriffen und sind daher ebenfalls Schutzgut:

»Unter dem Gesamtbilde einer Landschaft begreift man zuerst das von Natur Gegebene, dann aber ebensowohl auch dasjenige, was seine Bewohner im Laufe der geschichtlichen Entwicklung am Gegebenen verändert und an Menschenwerken hinzugeschaffen haben.« (Rudorff 1926:15)

Mensch und Natur als organische Einheit

Die »Natur«, um die es der Heimatschutzbewegung geht, ist also keineswegs die ursprüngliche, sondern Kulturlandschaft. Kultur ist dabei »das, was der Mensch durch sein planendes und gestaltendes Eingreifen aus den natürlichen Gegebenheiten entwickelt« (Brugger 1990). Kultur bedeutet hier, im ursprünglichen Sinn des lateinischen Wortes »colere«, »das Land bebauen, pflegen«. Die Veränderung der Natur durch den Menschen wird also nicht prinzipiell abgelehnt. Sie ist vielmehr, sofern sie sich den natürlichen Gegebenheiten anpaßt, als Kultur ebenfalls schützenswert. So schreibt der Naturforscher und frühe Naturwissenschafts-Publizist Raoul Francé in seinem Kosmos-Band »Die Entdeckung der Heimat« (1923): »Also Natur *und* Kultur ist es, was man als Heimat empfindet. Sie ist ein gemeinsamer Nenner für beides« (ebd.:6; Herv. i. O.).

Im Gegensatz zum Begriff der Zivilisation wird in der Heimat-Ideologie der Begriff der Kultur deutlich positiv belegt. Natur und Kultur scheinen eng miteinander verbunden, die kulturelle Entwicklung nur die konsequente Weiterentwicklung der natürlichen Anlagen. Natur als das, was von selbst, ohne den Menschen und sein Zutun, vorhanden ist, habe ich im vorigen Absatz als Gegenstand romantischer Naturverehrung dargestellt. Sie war als ursprüngliche, reine, unverfälschte Natur Gegenstand der Ehrfurcht, Menschen schienen sie nur zerstören zu können. Im Gegensatz hierzu bezeichnet Kultur das, was der Mensch aus der Natur heraus entwickelt, ohne sie zu zerstören. Vielmehr entwickelt er hierbei nur die in ihr bereits angelegten Möglichkeiten. Kultur ist in diesem auf Herder zurückgehenden Verständnis der Natur nicht entgegengesetzt. Die kulturschaffenden Fähigkeiten des Menschen wurzeln vielmehr in der Natur, finden aber »ihr eigentliches Ziel in der Vollendung und Vervollkommnung der Natur des Menschen« (Brugger 1990:207). Natur erscheint hier also als Kulturaufgabe (vgl. Absatz 2.3.), Kultur als notwendig raumbezogenes Ergebnis einer organischen Entwicklung.

Dieser organische Kulturbegriff wird im Heimatschutz dem mit der Industrialisierung einhergehenden Rationalismus, der sog. *Zivilisation* entgegengesetzt. Die Kritik an der Zivilisation gilt in erster Linie den als nivellierend diskreditierten Wirkungen des industriellen und technischen Fortschritts. Sowohl lebensgeschichtlich als auch in seinen Arbeiten zum Heimatschutz entzündet sich beispielsweise Rudorffs Zivilisationskritik an der sog. Landesverkoppelung, einer Flurbereinigung, die um die Jahrhundertwende im Namen der sog. Landeskultur durchgeführt wurde. Diese mißachte, im Gegensatz zur herkömmlichen Kultur, die natürlichen Gegebenheiten und unterwerfe sie einem mathematischen Ideal:

»Die hier seit einem halben Jahrhundert eingeführte Verkoppelung ... überträgt das kahle Prinzip der geraden Linie und des Rechtecks so blind in die Wirklichkeit ..., daß eine Feldmark, über die das Unwetter dieser Regulierung dahingezogen ist, aussieht wie ein fleischgewordnes, nationalökonomisches Rechenexempel. ... Begradigte, zu Gräben umgewandelte Bäche, begradigte Waldgrenzen, schnurgerade, breite, unter Umständen steil bergansteigende Feldwege, nirgends mehr ein Hohlweg oder eine feuchte Stelle mit der ihr eigenen wilden Pflanzen- und Tierwelt in dem sorgsam geebneten Terrain, nirgends eine Hecke oder ein Busch am Ackerrand oder in der Wiese, wo ein Landmann, ein Wanderer rasten, ein Singvogel nisten könnte – das ist das trostlose Bild einer so zugerichteten Gegend.« (Rudorff 1926:22)

Als Gegenbild zu dieser die Natur mißachtenden Form der Gestaltung der Landschaft beschwört Rudorff das Bild einer intakten bäuerlichen Wirtschaft, die die natürlichen Gegebenheiten nutzt, ohne sie auszubeuten, und so eine regionaltypische Landschaft, die Heimat, hervorbringt. Nicht die Natur ist also Gegenstand des Heimatschutzes, sondern ein ganz bestimmtes Naturverhältnis. Die Kulturlandschaft erscheint dabei als Ausdruck einer verlorengegangenen Einheit von Mensch und Natur. Die Herrschaft des Menschen über die Natur wird nicht grundsätzlich in Frage gestellt, sondern nur in ihrer modernen Form. Als Vorbild gilt dagegen eine Form der Herrschaft, die der Natur nicht nur Dienstleistungen abverlangt, sondern ihr eine gewisse Unabhängigkeit und Eigenständigkeit einräumt. Rudorff vergleicht sie mit der Herrschaft des Hausvaters über sein Gesinde, ihm dient also ein feudalistischer Paternalismus als Vorbild:

»Die Herrschaft des Menschen über die Dinge der Außenwelt ist hier nicht mehr die des Hausvaters über sein Gesinde, die dem Untergebenen neben aller Dienstbarkeit doch auch ein gewisses Recht selbständigen Daseins zugesteht: nein, die Natur ist zur Sklavin erniedrigt, der ein Joch abstrakter Nutzungssysteme, das ihr völlig fremd ist, gewaltsam aufgezwängt, deren Leistungsfähigkeit ausgepreßt wird bis auf den letzten Tropfen.« (ebd.:22)

Für den Heimatschutz ist daher die Landschaft ein unteilbares Ganzes von Mensch und Natur, dessen Zerstörung Symbolwert hat: Die zunehmende Mißachtung der Landschaft wird als »Merkzeichen einer fortschreitenden Auflösung der zwischen Mensch und Scholle bestehenden Bindungen« (Schoenichen 1954:140) betrachtet, aus der schließlich seelische Entwurzelung, Entartung und Kulturlosigkeit resultierten. Der angeprangerten Entfremdung von Mensch und Natur wird stattdessen das Ideal einer organischen Einheit von Mensch und Natur entgegengesetzt.

Heimat und Fremde

Die als Heimat empfundene Natur ist nach menschlichen Bedürfnissen gestaltet, sie trägt die Züge menschlicher Arbeit. Sie ist nicht mehr die dem Menschen fremde, sondern die durch Kultur zu eigen gemachte. Schon bei Rudorff erscheint daher das Fremde besonders bedrohlich. Die mit der Zunahme des Tourismus steigende Zahl der Fremden gefährde die Landschaft ebenso wie die hergebrachte Kultur. Der wachsende Einfluß des Fremden nivelliere regionale Besonderheiten und Eigenarten. Folgerichtig beklagt er neben dem Verlust von Wildnis und Ödland auch das Verschwinden des Sonntagsrocks aus der ländlichen Garderobe durch »gedankenloses Nachmachen fremder Sitten« (Rudorff 1926:27). Die heimatliebende Ablehnung solcher Veränderungen betrifft also nicht nur das Verhältnis zur Natur, sondern auch und gerade Sitten und Gebräuche.

Diese Ablehnung von Veränderungen entspringt der rückwärtsgerichteten Sehnsucht nach den vertrauten und gewohnten Strukturen, in denen alles seine Ordnung, seinen festen Platz hatte: »Kann man denn nicht Dinge und Menschen lassen, wo sie hingehören?« (ebd.:66)

Die Auflösung der früheren Ordnung, der freie Verkehr von Gütern und Menschen, führe zu einer Angleichung der verschiedenen Gegenden und Gebräuche. Damit werde nicht nur die Eigenart der Heimat, sondern auch die patriotische Einsatzbereitschaft ihrer Bewohner gefährdet:

»[W]ir arbeiten den Ideen eines heimatfremden Internationalismus mit unserer Gleichmacherei geradezu in die Hände. ... Was gibt es auch an vaterländischen Gütern besonders zu schützen, wofür das Leben einzusetzen wäre, wenn jede Eigenart der Heimat in ihrem landschaftlich und geschichtlich gewordenen Charakter, jede Besonderheit in Wesen, Sitte und Erscheinung vertilgt wird?« (ebd.:76)

Dieser deutlich antisozialistische Duktus (auch die Arbeiterbewegung ist ja ein Produkt der Industrialisierung) findet sich bereits 80 Jahre früher bei

Riehl als Zurückweisung der Idee der Gleichheit (die ihrem Ursprung nach ja auch fremd, nämlich französisch, ist!). Er publizierte seine Schrift »Land und Leute« 1854, kurz nach der Ausrufung des deutschen Nationalstaats, d. h. dem Ende der ständisch organisierten Feudalgesellschaft. In diesem Zusammenhang muß man die folgende, mit der Verherrlichung der »natürlichen« Natur verbundene Zivilisationskritik zugleich als Absage an das politische Programm der Aufklärung lesen:

»Der ausstudierte Städter, der feiste Bauer des reichen Getreidelandes, das mögen Männer der Gegenwart seyn, aber der armselige Moorbauer, der rauhe, zähe Waldbauer, das sind die Männer der Zukunft. Die Lehre von der bürgerlichen Gesellschaft ist wesentlich die Lehre von der *natürlichen Ungleichheit des Menschen*. Ja in dieser Ungleichheit der Gaben und Berufe wurzelt die höchste Glorie der Gesellschaft, denn sie ist der Quell einer unerschöpflichen Lebensfülle.« (Riehl 1854:31, Herv. UE)

Wie für die Rudorff'sche Idealisierung des paternalistischen Naturverhältnisses gilt auch für das von Riehl gezeichnete Gesellschaftsbild: Es leugnet existierende Herrschaftsverhältnisse, indem Hierarchie und Ungleichheit als Teil einer natürlichen Ordnung dargestellt werden. Darin sind aber die tatsächlich bestehenden Herrschaftsverhältnisse gerade nicht aufgehoben, sondern lediglich verschleiert und damit letztlich affirmiert. Nur so ist es zu verstehen, daß die »Gleichmacherei« so vehement bekämpft wird. Wenn erwiesen würde, daß die Ungleichheit gerade nicht naturgesetzlich festgeschrieben ist, wäre den gesellschaftlichen Ungleichheiten der Legitimationsgrund entzogen.

Daß »frühere« Wirtschaftsweisen des Menschen dank eines besseren Naturverständnisses oder einer größeren Rücksichtnahme auf die Natur angepaßter gewesen seien als moderne, muß heute als Mythos bezeichnet werden (Adam 1996). Die von dem Heimatdichter Hermann Löns (1866-1914) so verehrte Heide etwa ist aus ökologischer Perspektive als Degradationsstadium anzusprechen, das auf jahrhundertelanger Übernutzung beruht. Heimat ist also nicht in erster Linie ein konkreter geographischer Raum samt seiner natürlichen Ausstattung, wie er früher einmal existiert hätte, sondern Inbegriff eines *idealisierten* Mensch-Natur-Verhältnisses. Ohne diese ideologische Komponente ist der Heimatbegriff nicht zu verstehen (Knaut 1993).

Während in der romantischen Ehrfurcht vor der unberührten Natur die Erfahrung der Fremdheit der Natur verklärt wird, wird die Fremdheit von Mensch und Natur im Begriff der Heimat geleugnet. Indem der Mensch als Teil einer natürlichen Ordnung erscheint, wird hier wiederum ein vormodernes Naturverständnis avisiert. Heimatschutz im Sinne Riehls und Rudorffs ist also in jeder Hinsicht konservativ. Die Ordnung der Dinge und das Verhältnis der Menschen zur Natur und zueinander sind von Natur vorgegeben. Dieser natürlichen Ordnung muß der Mensch sich einfügen:

»Dein Vaterland, deine Ahnen, dein Volk, dein Heimatort, dein Herkommen und deine heimische Natur, das sind deine Heiligtümer. Ihnen mußt du dich einordnen, denn nichts anderes ist der Sinn des Lebens, als daß wir nur ein Teil sind, kreisend, wirkend in einem Ganzen und für das Ganze« (Francé 1923:67).

Natur erscheint hier also wieder, wie im vormodernen Naturverständnis, als sinngebende Instanz.

3.3. Heimat und Identität: die subjektive Bedeutung der Heimat

Wenn heute in Naturschutzpublikationen der Heimatbegriff verwendet wird, kann selbstverständlich nicht umstandslos die Identität dieses Begriffs mit dem Heimatbegriff zu Beginn dieses Jahrhunderts vorausgesetzt werden. Eine solche ahistorische Gleichsetzung würde eine rund dreißigjährige Diskussion um den Heimatbegriff unterschlagen, in deren Verlauf seine Raum- und Volksbezogenheit zugunsten einer individuelleren Fassung aufgegeben wurde. Diese Wandlungen des Heimatbegriffs können hier nicht im Detail nachgezeichnet werden (für eine ausführliche Darstellung der Geschichte des Heimatbegriffs vgl. Neumeyer 1992). Vielmehr ist in diesem Absatz die entscheidende Frage, ob ein Heimatbegriff denkbar ist, der nicht, wie der konservative, Fremde und Fremdes prinzipiell ausschließt.

Aufgrund seiner ideologisch-konservativen Züge war der Heimatbegriff nach dem Ende des Zweiten Weltkriegs zunächst diskreditiert. Zu deutlich schien aufgrund seiner »Blut- und Boden«-Assoziationen die Nähe zu völkischem und nationalistischem Denken. Allerdings weist Margrit Bensch (1993) darauf hin, daß die Heimatideologie aufgrund der von ihr beschworenen engen Bindung von Volk und Raum gerade nicht als Legitimation imperialistischer Bestrebungen geeignet gewesen sei. Dazu habe es zusätzlich der nationalsozialistischen Rassenideologie bedurft, die nicht nur die Ungleichheit der verschiedenen Völker, sondern darüberhinaus die Höherwertigkeit der arischen Rasse behaupten mußte.

Erst Ende der 70er Jahre erfolgte wieder eine wissenschaftliche Auseinandersetzung mit dem Heimatbegriff (Neumeyer 1992). Der Begriff der Heimat wurde dabei weniger als politisch konservative Kategorie analysiert, sondern vielmehr der Versuch unternommen, seine subjektive Bedeutung zu verstehen. Heimat wurde als *subjektiver und emotionaler Umweltbezug des Einzelnen* gedeutet. Dabei stand nicht mehr der Raum, sondern der soziale Bezugsrahmen im Mittelpunkt (König 1965). So konzipiert, garantiert Heimat dem Individuum Identität und Geborgenheit vgl. (Bausinger 1980; Jeggle 1980; Moosmann 1980; Dürrmann 1994).

Psychologischen Interpretationen zufolge erscheint der sentimentale Rückgriff auf »Heimat« als die durch eine als unbefriedigend erlebte Gegenwart hervorgerufene »Sehnsucht nach einer früher erlebten Welt mit befriedigenden emotionalen Strukturen« (Neumeyer 1992:93), dem Ort der Kindheit und Jugend. Damit ist »Heimat« Symbol der Vertrautheit und Geborgenheit: »Die Vertrautheit mit einer bestimmten Umwelt spielt ... für ihre Bezeichnung als Heimat eine wesentliche Rolle, während demgegenüber eine unvertraute, fremde Umwelt als Nicht-Heimat zu benennen wäre« (Neumeyer 1992:42).

Das Bedürfnis nach Heimat, nach Vertrautheit, Geborgenheit, Orientierung und Sicherheit kann dabei als Reaktion des individualisierten Menschen auf die entmythologisierte und säkularisierte Welt der Moderne interpretiert werden. Eine starre und unveränderliche soziale Ordnung engt den Einzelnen zwar ein, bietet ihm aber auch Sicherheit und Identität. Diese sind in einer veränderlichen Welt permanent gefährdet (Beck 1986). Heimat wäre somit Ersatz für die vergangene identitätsstiftende Ordnung der Welt. »Fremdes« wird zum Problem, weil es dem Heimatgefühl widerspricht. Das Bedürfnis des modernen Menschen, in der Welt, in der Natur, zuhause zu sein, geht daher leicht mit einem Konservatismus und einer ablehnenden Haltung gegenüber Fremden und Fremdem einher.

Wenn also die Vertrautheit eine so wesenliche Rolle für das individuelle Heimatgefühl spielt, dann ist es, wie in der politisch konservativen Fassung des Begriffs, durch alles Fremde gefährdet. Zu diesem Ergebnis kommt auch eine Analyse des Heimatbegriffs in deutschen Schulbüchern: »Alle Auffassungen und Schattierungen des Heimatbegriffs haben im Begriff der Fremde die entsprechende Opposition. ... Fremd ist dem Menschen alles, was über das Gewohnte und Vertraute seines Erfahrungsbereichs hinausgeht« (Ehni 1967:38).

3.4. Fazit

- *Im frühen Naturschutz gilt die vom Menschen unbeeinflußte, »wilde« Natur als Quelle moralischer Empfindungen. Die Fremdheit von Mensch und Natur wird negiert, Natur als sinngebende Instanz idealisiert.*

- *Als »Heimat« wird Natur nicht um ihrer selbst willen, sondern als Ergebnis und Ausdruck einer ganz bestimmten Lebens- und Wirtschaftsweise erhalten. »Kultur« gilt dabei als Inbegriff einer gelungenen Mensch-Natur-Beziehung.*

- *Im konservativen Heimatbegriff erscheinen Fremde als Bedrohung der regionalen Eigenart.*

- *Bezüglich der »Bedrohlichkeit« des Fremden unterscheidet sich auch ein individuell konzipierter Heimatbegriff nicht von dem politisch konservativen Konzept der Heimatschutzbewegung.*

4. Naturschutz heute – Erhalten oder Gestalten?

Eines der im Bundesnaturschutzgesetz genannten Ziele des Naturschutzes ist die nachhaltige Sicherung der »Vielfalt, Eigenart und Schönheit von Natur und Landschaft« (§1 Abs.1 BNatSchG). Damit wird der für den Heimatschutz zentrale Begriff der Eigenart bis heute in der juristischen Grundlage des Naturschutzes normativ festgeschrieben. Implizit wird so auf ein Ideal des Heimatschutzes Bezug genommen.

Während das Gebot der Erhaltung die konservativen Anteile der Heimatschutzbewegung aufnimmt, schließt das Gebot der Pflege auch ein aktive Gestaltung der Natur durch den Menschen im Sinne einer Landeskultur ein. Beide sind jedoch statische Konzepte, indem sie einen bestimmten Zustand der Natur erhalten wollen. Diesen werden seit einiger Zeit Konzepte entgegengesetzt, die die dynamischen Eigenschaften der Natur betonen (Zimen 1985, Scherzinger 1990). Die Auseinandersetzung über die Angemessenheit der verschiedenen Strategien ist dabei noch lange nicht abgeschlossen (Mayerl 1990, Eser u.a. 1992). Die im Rahmen dieser Debatte implizit mitdiskutierten Natur- und Menschenbilder möchte ich im folgenden darstellen und mit den Überlegungen zum Heimatbegriff in Verbindung bringen.

4.1. Schutz der kultivierten Natur

Daß Naturschutz in der BRD es nicht mit ursprünglicher Natur, sondern mit vom Menschen überformter Kulturlandschaft zu tun hat, darf mittlerweile als common sense der Naturschutzforschung gelten. »Alle Landschaft ist letztlich Kulturlandschaft, vom Menschen gestaltet, nach seinen Bedürfnissen und Vorstellungen« (Wehling/Konold 1994:1).

Dennoch gilt nicht jede Form menschlich bearbeiteter Natur als schutzwürdig. Die Bezeichnung Kulturlandschaft ist mit einer Wertung verbunden, der Begriff ist positiv konnotiert (Konold 1994; vgl. die Beiträge in Droste u.a. 1995). Ihm entgegengesetzt werden die Begriffe »Zivilisationslandschaft« oder »Industrielandschaft«, als deren Charakteristika das Primat der Ökonomie und Effizienz, durchgehende Technisierung und mit dieser einhergehende Uniformierung der Landschaft gelten:

»Frühere Zeiten entwickelten die Kulturlandschaft gewissermaßen aus der Naturlandschaft heraus, so daß die Naturlandschaft in der Kulturlandschaft noch wiederzufinden war, indem man sich den natürlichen Standortbedingungen anzupassen suchte. Heute verfügt weitgehend der Markt, nicht die Standortgunst, über das Gesicht der Landschaft, getragen von der Vorstellung, daß letzlich alles machbar ist.« (Wehling/Konold 1994:1)

Die Einstufung einer Landschaft als Kulturlandschaft kommt damit einer Auszeichnung gleich. Sie ist kein deskriptives Urteil, sondern enthält eine Wertung. »Kulturlandschaft« bezeichnet nicht bloß das Ergebnis menschlicher Auseinandersetzung mit der Natur (Wöbse 1991), sondern das Ergebnis einer *gelungenen* Auseinandersetzung. Als Idealvorstellung ist dies eine Kulturlandschaft, die die Natur unter der menschlichen Überformung noch sichtbar bleiben läßt, die die natürliche Eigenart des Raums unterstützt, statt sie zu nivellieren. Natur wird also im Begriff der Kulturlandschaft einerseits als Substrat menschlicher Kultur aufgefaßt, zugleich aber auch als Grenze menschlicher Entwicklung. Natürliche Voraussetzungen und menschliche Kultur müssen aneinander angeglichen werden:

»Mensch und Natur stehen in einem dialektischen Verhältnis, das sich nur in besonderen Situationen «harmonisch» ausgleicht. Daß von solcher Harmonie dort nicht die Rede sein kann, wo Kultur die Natur landschaftlich vollständig überwältigt, bedarf keiner besonderen Darlegung.« (Schwind 1950:198)

Der Bezugspunkt für Bewahrung und Pflege der traditionellen Kulturlandschaft ist die vorindustrielle Agrarlandschaft des 19. Jahrhunderts, dessen Mitte als Höhepunkt der Artenvielfalt gilt. Nicht nur zeitlich, sondern auch inhaltlich bildet das Konzept des Heimatschutzes den Bezugspunkt des Kulturlandschaftsideals. So wird der Schutz historischer Kulturlandschaften im Bundesnaturschutzgesetz unter anderem mit der Erhaltung des Heimatgefühls der Bevölkerung begründet. Die Erhaltung historischer Landschaftselemente sei notwendig:

» – aus kulturhistorischen Gründen,
– aus ökologischen Gründen (z. B. Schutz von Biotopen bedrohter Tier und Pflanzenarten) sowie
– zur Erhaltung der Eigenart und Erlebniswirksamkeit der Landschaft sowie der *Heimatverbundenheit* der ansässigen Bevölkerung« (§2 Abs.1 Nr.13 BNatSchG, Bundestagsdrucksache 8/3716; Herv. UE).

Meist ist heute jedoch in der Bezugnahme auf den Heimatbegriff nicht der völkische (der ja in der Formulierung »ansässige Bevölkerung« noch durchscheint), sondern eher der individuell-emotional gefaßte Heimatbegriff (vgl. 3.3.) gemeint. Heimat bedeutet in aktuelleren Überlegungen zum Naturschutz emotionale Bindung, Möglichkeit der Identifikation, Sicherheit, Wiedererkennungswert, Sich-wohl-Fühlen, Sich-zuhause-Fühlen, kurz: »Heimat muß man mögen können« (Heringer 1981:18).

Für die identitätsstiftende Funktion der Landschaft ist es wichtig, daß sie sich von anderen unterscheidet, sie muß unverwechselbar sein. Hier kommt der Begriff der *Eigenart* ins Spiel. Das Eigenartige, das Besondere der heimatlichen Landschaft soll dem Einzelnen Möglichkeiten zur Identifikation bieten, soll ihm helfen, »die Selbstentfremdung als soziales Massenphänomen der gegenwärtigen Zivilisationsphase zu überwinden« (Heringer 1981:18). In der Entgegensetzung von Kultur und Masse, von Kultur und Zivilisation erweist sich Kulturlandschaftsschutz im wesentlichen als Kulturschutz (Wöbse 1991). Kultur als das je Besondere scheint durch die Industrialisierung, die Massenproduktion, den Massentourismus, die Uniformierung gefährdet.

Dennoch wird die Wertschätzung der Kultur nicht bloß mit menschlichen Bedürfnissen begründet. Mit der kulturell erzeugten Lebensraumvielfalt sind darüberhinaus ja auch die von dieser abhängigen Pflanzen und Tiere bedroht. Überhaupt gilt die Wirtschaftsweise der Vorfahren als vorbildlich für den Umgang mit Natur: Sie paßt sich an die Gegebenheiten an und akzeptiert natürliche Grenzen. Dies aber nicht etwa aus moralischer Rücksichtnahme, sondern aus dem Wissen, auf die Natur angewiesen zu sein. So wird die mit dem Begriff der »Standortgunst« konnotierte Vorstellung einer guten Natur in dem oben bereits zitierten Text mit Blick auf die »Urangst

des Menschen vor der ›natürlichen‹ Natur« (Wehling/Konold 1994:1) so-
gleich wieder zurückgenommen. Mit »natürlich« ist in diesem Fall eine
Natur gemeint, die bedrohlich sein kann – die eigengesetzliche Wildnis:
»Die Natur läßt aber nicht alles mit sich machen, erinnert immer wieder
daran, daß man sich bei allem Willen zur Herrschaft über sie sich ihr auch
anpassen, schonend mit ihr umgehen muß. Sonst kommt es zu Katastrophen.« (Wehling/Konold 1994:1)

Die Vorstellung, daß die (vermeintlich) umweltgemäßere Wirtschafts-
weise der Altvorderen sich einem moralischeren Naturverständnis verdanke,
muß an dieser Stelle also nochmals zurückgewiesen werden. Angst vor
Strafe ist kein moralisches Motiv, sondern schlicht ein Klugheitsgebot. Als
Vorbild für eine »neue« Umweltethik kann ein solches Denken nicht in
Frage kommen.

4.2. Schutz der eigengesetzlichen Natur

Der konservierende ebenso wie der entwickelnde und gestaltende Naturschutz steht seit ungefähr zehn Jahren im Kreuzfeuer der Kritik. Er gilt als
museal, wirklichkeitsfremd und – vor allem – unnatürlich. Unnatürlich
deshalb, weil er durch Eingriffe, sei es zur Pflege, sei es zur Nutzung,
verhindere, daß natürliche Dynamik ablaufe, und stattdessen einen statischen, unnatürlichen Zustand bewahre. (Diskussionen dieses Problemkreises
finden sich beispielhaft in ANL 1979; Pflug 1987; Opitz von Boberfeld
1989; Mayerl 1990; Scherzinger 1990.)

Dieser Kritik am konservierenden Naturschutzes geht es nicht um die
Bewahrung eines bestimmten *Zustands* der Natur, sondern um die Sicherung
der Möglichkeit des vom Menschen ungestörten Ablaufs natürlicher
Prozesse. Der Prozeßcharakter der Natur, ihre Dynamik, steht dabei im
Vordergrund. Natur gilt in erster Linie als veränderlich – und sie soll dies
sein dürfen. Dabei spielen Heimatschutzwerte wie »Geschichte«, »Tradition«, »Ursprünglichkeit« keine so wesentliche Rolle. Diese Form des
Naturschutzes kann auch in der Industrielandschaft stattfinden. Ein aufge-
lassener Steinbruch, eine stillgelegte Kiesgrube, ein brachgefallener Acker –
sie alle können Raum geben für natürliche Entwicklungsprozesse (Schiefer
1981). Vorausgesetzt, der Mensch verzichtet auf jegliche Einflußnahme:
»hands-off« heißt die prägnante Norm für diese Art des Prozeßschutzes. Die
eigentümliche Flora einer schwermetallbelasteten Industriefläche gilt hier

als ebenso wertvoll wie eine auf Schafbeweidung zurückgehende Orchide-enwiese – und darüberhinaus als zeitgemäßer (Feldmann 1987; Kosmale 1989).

Die Wertschätzung der Eigengesetzlichkeit der Natur findet sich bereits in den Anfängen der Naturschutzbewegung. Anders als der kulturbeflissene Musiker Rudorff wollte der Wissenschaftler Hugo Conwentz Natur nicht aufgrund romantischer Naturverehrung, sondern als Ausdruck der in ihr wirkenden Naturgesetze unter Schutz stellen. Naturdenkmäler, definiert er, seien »in sich geschlossene Einzelschöpfung der Natur von überragender Bedeutung, in der bestimmte Kräftewirkungen ihren Ausdruck gefunden haben« (nach Schoenichen 1954:216), also etwa einzelne Gipfel oder Fels-bildungen aber auch besondere Baumgestalten. Als Ausdruck der Natur-kräfte und -gesetze werden solche Formen nicht zuerst aus Respekt und Ehr-furcht, sondern auch aus einem naturwissenschaftlichen Interesse geschützt. Wie der heutige Prozeßschutz mißt Conwentz dabei der Ursprünglichkeit eines bestimmten Naturzustands aus pragmatischen Erwägungen unter-geordnete Bedeutung für seine Schutzwürdigkeit bei:

»Obschon hiernach eigentlich nur jungfräuliche Gelände, sowie Pflanzen und Tiere, die ohne Mitwirkung des Menschen an ihren Standort gelangten, als Naturdenkmäler ange-sehen werden sollen, wird der Begriff derselben hier und dort etwas erweitert werden müssen, da völlig unberührte Landschaften, bei uns wie in anderen Kulturstaaten, kaum noch bestehen.« (Conwentz 1904:6)

Für die im Kulturlandschaftsschutz fortgesetzte »Heimat«-Tradition des Naturschutzes stellen fremde Arten eine (per se negative) Veränderung des ursprünglichen Zustands sowie der Vertrautheit der Landschaft dar. Für einen am aktuellen Zustand interessierten Prozeßschutz spielen dagegen Herkunft und Standort eine geringere Rolle.

»Ich sehe kein Hindernis, in diesen Kreis der Naturdenkmäler im weiteren Sinne alle Bäume einzubeziehen, die durch Alter, Größe, Wuchsform, Schönheit oder sonstige Eigen-art ausgezeichnet sind, wenn sie auch im Park, auf dem Friedhof, im Dorf oder an der Straße, auf einem Platz usw. stehen, ob sie nun der heimischen Flora angehören oder nicht.« (Conwentz, zit. nach Schoenichen 1954:218)

- *Der Kulturlandschaftsschutz nimmt mit der Wertschätzung der Kultur und der Betonung der Bedeutung für Menschen wesentliche Aspekte des Heimatschutzgedankens auf. Er will die Landschaft als Ganze, also nicht die Natur ohne, sondern die Natur mit und durch den Menschen schützen.*

- *Beim Schutz natürlicher Prozesse geht es dagegen darum, inmitten der vom Menschen gestalteten Landschaft vom Menschen weitestgehend unbeeinflusste natürliche Abläufe zu ermöglichen. Der Schutz einer »Natur ohne Menschen« kann gegebenenfalls auch zum Schutz der Natur »vor Menschen« verpflichten. Hierin unterscheidet dieser Ansatz sich erheblich von dem des Kulturlandschaftsschutzes.*

5.   Zur Modernität des Naturschutzgedankens

Im dritten Abschnitt habe ich herausgearbeitet, daß die Naturverherrlichung der Heimatschutzbewegung in zweierlei Hinsicht einem vormodernen Naturverständnis huldigt, nämlich indem

1. Natur eine sittlich-moralisch normative Funktion hat und
2. Natur als ein wohlgeordneter Kosmos erscheint, dem der Mensch sich einzuordnen hat.

Anders als sie in ihrer Zivilisationskritik suggeriert, ist diese Sicht der Natur aber nur vom Boden der Moderne aus möglich. Daß sowohl die prinzipielle Fremdheit von Mensch und Natur als auch die Beherrschung der Natur durch den Menschen unhintergehbare Voraussetzungen der Naturschutzidee überhaupt sind, werde ich im folgenden aufzeigen.

5.1.   Die schöne Landschaft als Kompensation
   neuzeitlicher Naturentfremdung

In der Darstellung des konservativen Heimatbegriffs war bereits von der ganzheitlichen Konzeption der Landschaft als zentralem Bestandteil der Heimat die Rede. Die kulturell überformte Landschaft schien dort Ausdruck einer gelungenen Anpassung des Menschen an die natürlichen Gegebenheiten, war Synonym der Ganzheit von Mensch und Natur, Bauer und Scholle, Kultur und Natur. Dieser holistische Begriff der Landschaft bezeichnet nicht ein konkret-räumliches Objekt, sondern stellt ein kulturgebundenes und historisches Phänomen dar. Die Landschaft, von der hier die Rede ist, ist also nicht die »Landschaft« der ÖkologInnen, die sich ihr naturwissenschaftlich nähern. Der Begriff bezeichnet vielmehr ein ästhetisches Konstrukt, das ohne Bezug auf die dazugehörige Gesellschaft nicht zu verstehen ist. »Landschaft ist kein natürlicher, dinghafter Gegenstand, sie ist vielmehr eine Sehgewohnheit, ein Bild, ein Zeichen, eine Idee« (Dinnebier 1996:12).

Antonia Dinnebier hat das »Verhältnis der Idee der ›Landschaft‹ zur Moderne« (ebd.:10) genauer untersucht und dabei drei Interpretationsrichtungen des Landschaftsbegriff herausgearbeitet:

1. Landschaft kann als Relikt eines vergangenen, als Utopie eines zukünftigen oder als Korrelat des gegenwärtigen Mensch-Natur-Verhältnisses aufgefaßt werden – bei solchen Interpretationen steht also ihr *historischer Verweisungscharakter* im Vordergrund.
2. Landschaft kann als Surrogat einer (verlorenen oder zukünftigen) Ganzheit oder Kompensation gegenwärtiger Entzweiungsverhältnisse betrachtet werden – in diesem Sinne hat sie eine *funktionale Bedeutung* in der gegenwärtigen Gesellschaft.
3. Landschaft kann der kontemplativen (Selbst)Erkenntnis dienen – in diesem Fall geht es um ihre *Reflexionsfunktion*.

Um den ersten Modus der Landschaftsinterpretation, ihren historischen Verweisungscharakter, ging es eben unter der Überschrift »Heimat«: Die heimatliche Kulturlandschaft habe ich dort als rückwärtsgewandtes oder auch utopisches Ideal einer gelungenen Mensch-Natur-Beziehung interpretiert. In diesem Absatz soll es nun um den *funktionalen* Aspekt des Landschaftsbegriffs gehen, nämlich um die Kompensation der Trennung von Mensch und Natur in der ästhetischen Erfahrung der Einheit von Mensch und Natur im Landschaftserleben.

Der Gedanke der ästhetischen Kompensation der neuzeitlichen Natur-Entfremdung des Menschen durch die »Landschaft« wurde von Joachim Ritter (1974) entwickelt: Die literarische Beschreibung der Besteigung des

Mont Ventoux durch Petrarca interpretiert er als den Aufbruch des neuzeitlichen Menschen aus der Natur, in die er zuvor eingebettet war. Erst von dieser herausgehobenen Stellung aus ist Natur als »Landschaft« zu betrachten. Die ästhetische Zuwendung zur Natur als Landschaft ordnet Ritter in die Tradition der antiken »theoria« ein, bei der sich der Geist dem alles umgreifenden Ganzen zuwendet: »Natur als Landschaft ist Frucht und Erzeugnis des theoretischen Geistes« (Ritter 1974:146).

Nach Ritter erfüllt »Landschaft« nun die Funktion, die Entfremdung von Mensch und Natur, die ihre Wahrnehmung erst ermöglicht, zugleich zu kompensieren. Indem Natur in Gestalt der »Landschaft« als Ganze erfahren wird, hebt sie die als schmerzhaft erlebte Entfremdung des modernen Menschen von der Natur ästhetisch auf. Die ästhetisch wertgeschätze »Landschaft« ist dabei grundsätzlich praxisfern (Piepmeier 1980, Dinnebier 1996). Nicht dem in ihr lebenden, sie bearbeitenden Bauern erscheint Natur als Landschaft, sondern nur ihrem untätigen Beschauer.

»Der moderne Mensch muß sich erst von seiner vertrauten Umgebung lösen und sich in die ›fremde Natur‹ begeben, um die ›Landschaft‹ sehen zu können. Das historisch Besondere des landschaftlichen Blicks besteht darin, das Fremde ertragen zu können, ohne zugleich einen Mangel an Vertrautheit zu empfinden, denn das bildet ebenfalls eine wesentliche Voraussetzung für die ›Landschaft‹.« (Dinnebier 1996:17)

Während die ästhetische Landschaftserfahrung eine distanzierte Haltung gegenüber jeder Einbindung in die Zwecke des Lebens erfordert, entsteht das Heimatgefühl aus der Praxis des mit und von der Natur Lebenden. Für den romantisch idealisierten Bauern ist Natur die von ihm bearbeitete, was jenseits dessen liegt, ist und bleibt ihm fremd. Ästhetische Wertschätzung und praktische Nutzung fallen also auseinander.

»Natur ist für den ländlich Wohnenden immer die heimatliche, je in das werkende Dasein einbezogene Natur. … Was jenseits des so umgrenzten Bereichs liegt, bleibt das Fremde; es gibt keinen Grund in sie hinauszugehen, um die ›freie Natur‹ als sie selbst aufzusuchen und sich ihr betrachtend hinzugeben.« (Ritter 1974:147)

Die ästhetische »Landschaft« unterscheidet sich also von der »Heimat« durch die Distanz des Menschen zur Natur. Selbst die unterworfene und beherrschte Natur wird nur dem zur »Landschaft«, der ihr fremd ist, dem Städter, nicht dem Bauern, der sie Tag für Tag bestellt.

Es sind also mit dem Begriff der Landschaft zwei Entfremdungsverhältnisse angesprochen: das des Menschen von der Natur und das des städtischen, aufgekärten Individuums (das erst Landschaft wertschätzen kann) von der bäuerlichen, feudalen Gemeinschaft. Im Lichte dieser Analyse kann der Heimatbegriff als der Versuch interpretiert werden, diese beiden Entfremdungsverhältnisse zu versöhnen: das von Mensch und Natur im Begriff der Heimat, das von Individuum und Gemeinschaft im Begriff des Volkes (Sieferle 1989). Heimat wäre demnach die vom Menschen durch Arbeit angeeignete Natur, während Landschaft als ästhetische ihm fremd bleibt.

5.2. Die erhabene Wildnis als Korrelat neuzeitlicher Naturbeherrschung

Die kompensatorische Funktion der Landschaft imaginiert Natur als wohlgeordneten Kosmos. Die Trennung und Entfremdung des Menschen von der Natur scheint in der ganzheitlichen Landschaftserfahrung aufgehoben. Die Romantik kennt aber nicht nur schöne, sondern auch erhabene Landschaften. Hier bezieht sich die ästhetische Wertschätzung auf die Wildnis.

Der Begriff der Wildnis repräsentiert ursprünglich die bedrohliche Seite der Natur, ihre Gesetzlosigkeit und Unberechenbarkeit (Praxenthaler 1996, Schama 1996). Die Schriftstellerin Elfriede Jelinek charakterisiert diese Seite der Natur in ihrem Roman »Oh Wildnis, oh Schutz vor ihr« mit den Worten: »Alles ist Laune an der Natur. Nichts ist Gesetz und schon gar nichts sanft« (Jelinek 1985). Wie ist es möglich, daß Wildnis, vor der Menschen sich eigentlich schützen müssen, selber schutzbedürftig wird?

Die Wertschätzung der an sich gefahrvollen Wildnis ist nur möglich, wenn der eigene Standort prinzipiell gesichert ist: Nur solange die Naturgewalten eine Drohung bleiben, können sie den Schauder des Erhabenen auslösen. Sobald sie aber den Betrachter real zu überwältigen drohen, ist kein Raum mehr für ästhetische Wertschätzung. Damit setzt die Fähigkeit, Natur als »Landschaft« zu sehen, nicht nur neuzeitliche Distanz des Menschen zur Natur, sondern auch die Beherrschung der Natur durch den Menschen voraus.

Ästhetische Naturerfahrung ist mithin an ein Subjekt gebunden, das sich durch die Natur emotional überwältigen läßt, ohne real überwältigt zu sein. Auch in der Malerei, der der Landschaftsbegriff zu verdanken ist, wird dieser Zusammenhang von Subjekt und Landschaft deutlich: Historisch tauchen nicht nur Porträts und Landschaften zur gleichen Zeit als neue Themen auf, die Zentralperspektive der gemalten Landschaft setzt darüberhinaus ein Subjekt als Betrachter voraus. Die romantischen Naturdarstellungen Caspar David Friedrichs (1774-1840) etwa verdeutlichen dies.

Wenn die Wahrnehmung von Natur als Landschaft ein individuelles Subjekt voraussetzt, stellt die ästhetische Landschaftserfahrung nicht bloß eine Kompensation neuzeitlicher Naturentfremdung, sondern ihr unmittelbares Korrelat dar (Piepmeier 1980). Natur als Landschaft zu sehen, erfordert also einerseits die Objektivierung der Außenwelt und gleichzeitig die Subjektivierung der Innenwelt (Dinnebier 1996). Erst wenn Natur zum Objekt, der Mensch aber zum Subjekt geworden ist, kann die ästhetische Landschaft entstehen: »›Landschaft‹ kann aber erst da entstehen, wo die Distanzierung der Natur und die Individuierung des Subjekts einen Punkt erreicht haben, an dem zu dem objektiven Ding Natur eine *subjektive* Beziehung aufgenommen wird« (ebd.:131). Dieser Dualismus von Subjekt und Objekt ist, wie ich im ersten Abschnitt erläutert habe, charakteristisch für die Neuzeit.

Die mit dem Begriff des *Erhabenen* verbundene sittliche Funktion der (unberührten) Natur, von der in Absatz 3.1. die Rede war, muß daher neu interpretiert werden. Die Suggestion, die sittlich gute Natur könne den Menschen moralisch erheben, verkennt den Begriff des Erhabenen. Dieser ist nämlich bei Kant genau umgekehrt zu verstehen: Gerade indem sich der Mensch in der Naturerfahrung als von ihr verschieden, nämlich als – im Unterschied zur Natur – vernunftbegabtes und damit moralfähiges Wesen erkennt, empfindet er seine Erhabenheit (nicht die der Natur!). Nicht die Natur erhebt den Menschen, sondern er selber fühlt sich – zumindest in der Kant'schen Fassung des Begriffs – über sie erhaben: »Man muß sich bereits als Subjekt empfinden, sich seiner moralischen Bestimmung gewiß sein, um überhaupt ein Gefühl der Überlegenheit bzw. Unabhängigkeit von Natur fühlen zu können« (Wysemborski 1991:51).

Die im Gefühl der Erhabenheit erfahrene *Fremdheit* von der Natur bestätigt das Subjekt mithin als moralisches, nicht umgekehrt. Der Mensch erlebt sich angesichts der wilden Natur als selbstbestimmt. Im Gegensatz zur Natur ist sein Handeln nicht naturgesetzlich determiniert, sondern frei. In seiner Rezeption durch den Heimatschutz hat der Begriff der Erhabenheit also eine fundamentale Umdeutung erfahren. Dasselbe gilt für den Landschaftsbegriff. Die notwendig von handelnden Menschen geschaffene und von einem Subjekt rezipierte »Landschaft« erscheint in der Heimat-Ideologie gerade nicht mehr als Ergebnis menschlicher Kreativität und Gestaltungsfreiheit, als Vervollkommnung der Natur, sondern als optimale Anpassung des Menschen an die natürlichen Voraussetzungen, d. h. letztlich als Ergebnis einer Unterordnung des Menschen unter Natur.

»War [der Landschaftsgarten] ein Spiegelbild des aufgeklärten politischen Subjekts gewesen, indem er als konstruierte Natur Ausdruck von dessen produktiven Fähigkeiten war, so wird Landschaft nun Ort der Unterordnung des Menschen unter die vorgegebenen Bedingungen der Natur« (Wysemborski 1991:46).

Damit kehrt sich das ursprünglich im Landschaftsbegriff enthaltene Mensch-Natur-Verständnis in der Heimatliteratur in sein Gegenteil.

5.3. Natur als das Andere der Vernunft: zur Ambivalenz der Naturbeherrschung

Um die bedrohliche Wildnis wertschätzen zu können, müssen die beunruhigenden Seiten der Natur durch (Selbst-)Beherrschung des Subjekts bewältigt werden. Mit dieser Erfordernis sind sowohl die Beherrschung der äußeren Natur als auch die Beherrschung der inneren Natur untrennbar verbunden.

»Die Herausbildung des Gefühls des Erhabenen angesichts der Natur entspricht dem Kampf der Sittlichkeit gegen die Sinnlichkeit als das zu überwindende. ... Natur, die das Gefühl des Erhabenen zum Korrelat hat, ist die bedrohende, überwältigende, die durch Beherrschung distanziert wird. ›Achtung‹ im Gefühl des Erhabenen verweist auf den wechselseitigen Zusammenhang der Unterwerfung von innerer und äußerer Natur.« (Piepmeier 1980:27)

Wie die Unterwerfung der äußeren Natur mit der Beherrschung der inneren Natur zusammenhängt und welche Konsequenzen sich daraus für den Naturschutzgedanken ergeben, möchte ich zum Abschluß dieses Kapitels noch etwas genauer ausarbeiten, weil der Gedanke der Naturbeherrschung mir für die Neophytenproblematik zentral zu sein scheint.

Der moderne Dualismus von Mensch und Natur wirkt sich auch auf das menschliche Selbstverständnis aus. Als Vernunftwesen ist der Mensch Geist und Subjekt, als Naturwesen jedoch auch Körper und Objekt. In der Moderne wird der Subjekthaftigkeit des Menschen besondere Bedeutung zugemessen, die Autonomie des Individuums von natürlichen Trieben und sozialen Zwängen betont. Die Unabhängigkeit von Anderen und der Natur wird vom Einzelnen jedoch ambivalent erlebt. Einerseits ermöglicht sie größere Freiheit. Andererseits führt die einseitige Idealisierung der Autonomie zu einer Verleugnung und Unterdrückung der Bedürftigkeit des Menschen als Natur- und sozialem Wesen. Die zur Unterdrückung dieser

Bedürfnisse erforderliche Selbst-Beherrschung hat dabei durchaus auch repressiven Charakter: »Furchtbares hat die Menschheit sich antun müssen bis das Selbst, der identische, zweckgerichtete, männliche Charakter des Menschen geschaffen war, und etwas davon wird immer noch in jeder Kindheit wiederholt« (Horkheimer/Adorno 1969:40).

Die dem Individuum abverlangte Disziplinierung des Körpers und seiner Bedürfnisse bringt aus psychologischer Perspektive die Projektion der unbeherrschten und unbeherrschbaren Anteile in *Andere* mit sich (vgl. Freud 1972, Theweleit 1995, Kristeva 1990). Die beschriebene Konzeption des aufgeklärten Subjekts ist eine eurozentrische und männliche. Als Projektionsflächen dienen und dienten daher nicht nur die Natur (Merchant 1994), sondern seit jeher auch Frauen (de Beauvoir 1968) und sog. Wilde (Fink-Eitel 1994). Nicht zufällig finden sich über Frau, Natur und Fremde ähnliche Klischees: Sie werden einerseits als launenhaft, unkontrolliert und gefährlich abgewertet, andererseits als unschuldig, tugendhaft und sittsam idealisiert.

Für die unterschiedlichen Funktionen der äußeren Natur als Projektionsfläche hat Odo Marquard (1987) drei tiefenpsychologisch inspirierte Naturbegriffe geprägt. Angeregt durch einen Beitrag von Schwarz/Trepl (1999) will ich diese Terminologie im folgenden für den Naturschutzgedanken fruchtbar machen:

Als *Kontrollnatur* bezeichnet Marquardt die grundsätzlich beherrschbare, weil von Gesetzen geregelte, und faktisch beherrschte Natur:

»… Natur ist Gegenstand der exakten Naturwissenschaft, die mit gezielter, geplanter Beobachtung, mit Experiment und Mathematik, die Natur unter Kontrolle zu bringen, d. h. voraussagbar und manipulierbar zu machen sucht. Diese Natur ist nicht allein bloß die ›sinnliche‹, sie ist vielmehr die Natur der Verstandesgesetze und Regeln: die Natur der Naturgesetze.« (ebd.:56).

Die Beherrschung der Natur bringt ihrerseits zwei weitere, gegensätzliche Naturbilder hervor. Sie setzt einerseits ihre Abwertung als gemein und triebhaft voraus, erzeugt aber als Gegenbewegung andererseits auch ihre romantische Überhöhung. Der Marquard'sche Begriff der *Triebnatur* ist eng an Thomas Hobbes angelehnt. Er bezeichnet die rücksichtslose und egoistische Natur des Menschen, die nach Bedürfnisbefriedigung und Macht strebt und ihn fähig macht, seinesgleichen zu zerstören: Triebnatur ist

»… Titel für das durch Begierde – durch Bedürfnis oder trieblichen Überdruck – geprägte, für das die Not und Unlust fliehende, die Macht und Lust suchende ›sinnliche‹ und dabei zur individuellen oder Gruppenexistenz ›vereinzelte‹ Interessendasein der Lebewesen, speziell des Menschen.« (ebd.:55).

Dies ist die Natur, die im Namen eines harmonischen Zusammenlebens der Menschen kulturell überformt werden muß. In der idealisierten *Romantiknatur* sind dagegen Kampf und widersprüchliche Eigeninteressen in einem harmonisch gedachten Ganzen aufgehoben. Als Romantiknatur ist Natur nach Marquard

»die vornehmlich als Organismus gesehene, *erhabene* oder schöne und jedenfalls heile außergeschichtliche Lebendigkeit – sie ist Landschaft, *fruchtbare Wildnis*, Verfassung der Unschuld und Naivität: das Feld der Innerlichkeit, ihres Fühlens und Sehnens, die harmonische Kondition ihres (verlorenen) intakten Seins, das Rousseau dem Urzustand zuspricht.« (ebd.:57; Herv. UE)

Damit sieht es so aus, als sei Gegenstand des Naturschutzes allein die idealisierte Romantiknatur. Weder die »erhabene« Natur noch die »fruchtbare Wildnis« sind allerdings m. E. als Romantiknatur richtig beschrieben. Vielmehr scheint es mir angemessener, Wildnis der Triebnatur zuzuordnen, die durch Beherrschung distanziert werden muß. Das Gefühl der Erhabenheit entsteht ja im Betrachter im Bewußtsein seiner eigenen Vernunft, gilt also gerade nicht der Eigengesetzlichkeit der Natur, sondern seiner eigenen Fähigkeit, die Natur (und sich selbst) zu beherrschen. Damit entspringt es aber der Kontroll- und nicht der Romantiknatur des Menschen.

In dem auf Herder zurückgehenden Begriff der Kultur war Kultur eine quasi organische Weiterentwicklung aus der Natur. Die heimatliche Kulturlandschaft, in der Mensch und Natur eine organische Einheit bilden, scheint damit der Romantiknatur zuzuordnen. Im Unterschied zu diesem positiv belegten Kulturbegriff möchte ich im folgenden mit Klaus Theweleit (1995) Kultur als erfolgreiche Unterwerfung der Triebnatur interpretieren. Die Kulturlandschaft wäre damit als sorgsam geregelte und beherrschte Triebnatur zu deuten und die Aufrechterhaltung der Naturbeherrschung damit als Grundbedingung des Naturschutzgedankens ausweisen.

In seinem zweibändigen Werk »Männerphantasien«, einer tiefenpsychologischen Interpretation preußischer Männerbiographien, interpretiert Theweleit Kultur als Bemühung des (männlichen) Subjekts, seine Autonomie zu bewahren. Angeregt von den Schriften Norbert Elias' über Kultur und Zivilisation wird Kultur als Abwehr der bedrohlichen Seiten des Selbst gedeutet. Kultur bedeutet damit, und dies ist eine fundamentaler Unterschied zum Kulturbegriff Herders, nicht Anpassung, sondern Unterwerfung und

Beherrschung. Dabei kann die Unterwerfung der äußeren Natur durch den Menschen als Symbol für seine Selbstbeherrschung, also die Beherrschung seiner inneren (Trieb-)Natur, verstanden werden. Die Kontrolle über die Dinge der äußeren Natur garantiert in diesem Interpretationsrahmen zugleich die Kontrolle über die bedrohlichen, weil verdrängten, triebhaften Seiten des Selbst.

Diese verdrängten triebhaften Anteile werden nicht nur auf Frauen und Natur projeziert, sondern auch in diesen stellvertretend unterdrückt. Symbol für die Unterwerfung und Beherrschung der auf Natur und Frauen gleichermaßen projezierten Triebnatur ist bei Theweleit der Garten. Er wird so zum Inbegriff der gezähmten, durch Kultur veredelten Natur. Sein Schutz dient nicht nur dem realen Stück Natur, sondern viel mehr noch dem, was es für ihn bedeutet – erfolgreiche (Selbst)Beherrschung:

»Im Schrebergarten hat er [der Mann, UE] das Medusische zusammen mit dem eigenen Inneren eingezäumt, jeden Zentimeter umgegraben, abgesteckt, in Beete und Wege unterteilt, in Nutz- und Zierflächen, dort kennt er jeden Regenwurm und weiß, daß er nicht beißt, dort überlebt kein auflösender Wunsch … Daß manche Schrebergartenbesitzer nachts mit dem Gewehr in der Hand ihre Heiligtümer bewachen, bezieht sich weniger auf den drohenden Verlust der halbreifen Erdbeeren, als auf die befürchtete Schändung der schwererkämpften, endlich erlangten Reinheit eines Fleckchen Weiberde, das sie ihr eigen nennen und das ihnen die Unbedrohlichkeit (die Unbetretenheit) des eigenen Inneren garantiert.« (Theweleit 1995 Bd.2:74)

Diese Interpretation läßt sich m. E. hervorragend für das Verständnis des Naturschutzgedankens fruchtbar machen. Kulturlandschaften sind, so vermute ich, in diesem *symbolischen* Sinne ebenfalls als Garten zu verstehen: Für den, der die kulturell veredelte Natur schützt, beruht ihr Wert gerade auf den Spuren menschlichen Wirkens. Ohne den Menschen ist Natur bloß noch wild und damit bedrohlich. Erst menschliche Kultur veredelt die gefährliche, triebhafte Natur zur schützenswerten Kulturlandschaft. Wie in Theweleits Schrebergarten hat in dieser »gezähmten« Natur alles seinen Platz und seine feste Ordnung; es ist bekannt und daher unbedrohlich. Indem es klare Grenzen und Regeln gibt, ist für emotionale Sicherheit, Zuverlässigkeit und Beständigkeit gesorgt. Die aufgrund dieser Eigenschaften wertgeschätzte Natur ist also nicht Romantik-, sondern Kontrollnatur, denn sie ist beherrscht oder zumindest prinzipiell beherrschbar.

Der Gedanke der Kontrolle ist dem Heimatschutz zwar seinem Selbstverständnis nach wesensfremd. Der Herder'sche Kulturbegriff meint ja gerade Anpassung an die Natur, nicht ihre Beherrschung. Faktisch jedoch sind die

Werte, auf die Rudorff, Riehl und ihre Nachfolger sich beziehen, genau dieselben, die Theweleit als Kernbegriffe der deutschen, soldatischen Kultur
ausweist. Die Bewahrung der traditionellen Kulturlandschaft als Heimat
möchte ich vor diesem symbolischen Hintergrund also als Versuch der
Sicherung der Identität individualisierter Subjekte deuten. So kann Rudorffs
Befürchtung, daß der Charakter der Heimat durch zunehmende Überfrem-
dung gefährdet werde ebenso wie seine Kritik an der Schnelllebigkeit der
modernen Zeit und am Tempo der Veränderung als Angst um die mühsam
aufrechterhaltene individuelle Identität gedeutet werden. Denn der Charakter
des identischen Subjekts erscheint durch Kontakt mit dem Fremden gefährdet (Thürmer-Rohr 1994). Solche gefährlichen Begegnungen mit Fremdem
zu vermeiden, wäre mithin eine Aufgabe dieser Heimat.

Während Natur als »Heimat« die Identiät des Subjekts garantieren soll,
symbolisiert Natur als »Wildnis« die Anteile des Selbst, die zugunsten der
Autonomie auf der Strecke bleiben: die Bedürfnisse des Körpers, abgewertet
als »Triebe«, und die Gefühle. Das, was ihm an sich selbst fremd geworden
ist, sucht der Mensch dann in der Hinwendung zur Natur: »In der sentimen-
talischen Rückkehr zur Natur versteht er das Eigene an der Natur, aber als
dasjenige, das ihm fremdgeworden ist, das Andere der Vernunft«
(Böhme/Böhme 1992:50).

5.4. Fazit

- *Die Idee, daß Natur eines Schutzes durch Menschen bedarf, ist ohne die
  prinzipielle Fremdheit von Mensch und Natur undenkbar. Im Begriff der
  Landschaft ist die Entfremdung von Mensch und Natur, die der Heimatschutz aufzuheben bestrebt ist, genetisch bereits vorauszusetzen.*

- *Die Wertschätzung der wilden Natur ist nur vom gesicherten Ort einer
  prinzipiell unterworfenen Natur aus möglich. Landschaftserleben ist
  ohne die Trennung von Subjekt und Objekt nicht denkbar.*

- *Indem er die prinzipielle Fremdheit von Mensch und Natur sowie die
  Beherrschung der Natur durch den Menschen voraussetzt, steht der
  Naturschutzgedanke fest auf dem Boden der Moderne. Während die
  gefühlsbetonte Seite der Natur als Ergänzung zur Rationalität des Alltags gesucht und wertgeschätzt wird, werden ihre wilden Anteile nur
  solange wertgeschätzt, wie die Voraussetzung ihrer prinzipiellen
  Beherrschbarkeit erfüllt ist.*

Kapitel V

Naturbilder in ökologischen Texten über Neophyten

1. Vier Thesen zur Bedeutung von Neophyten für den Naturschutz

> »Der Landschaftsbetrachter findet eine Korrespondenz von Seele und Landschaft und so in der Landschaft sein Selbst und im Erleben des Landschaftslebens die Dynamik seines Seelenlebens wieder. Was der ästhetisch umgepolte Blick des Vegetationskundlers dann sieht, ist nicht mehr so sehr das Ergebnis eines ökologischen Dramas (einer Konkurrenz von Pflanzenarten unter Umweltdruck) sondern eher eine Art Psychodrama, d. h. verschlüsselte Botschaften über sein Inneres und die Jugend seines Geistes.« (Hard 1995:138f.)

Ich habe im vorigen Kapitel dargestellt, daß der Naturschutzgedanke auf zwei unterschiedliche Naturbilder zielt: die wilde, unverfälschte, natürliche Natur und die vom Menschen kulturell überformte, heimatliche Natur. Zugleich beruht die Idee des Naturschutzes auf der faktischen Beherrschung der Natur durch den Menschen. Damit stellen »Natürlichkeit« und »Kultur« zwei widersprüchliche, aber gleichermaßen wesentliche Werte des Naturschutzes dar. Da eine meiner zentrale epistemologischen Prämissen lautete, daß solche Wertvorstellungen auch in wissenschaftliche Arbeiten eingehen (vgl. Kap. II), werde ich im folgenden untersuchen, welche Bilder von der Natur und welche Vorstellungen über das Verhältnis des Menschen zur Natur sich in ökologischen Arbeiten zur Neophytenproblematik finden.

Ich analysiere daher in diesem Kapitel ökologische Publikationen, die sich mit der Biologie neophytischer Arten sowie den Bedingungen ihrer erfolgreichen Etablierung, Ausbreitung und Naturalisation befassen. Für Belange des Naturschutzes, und damit für diese Arbeit, sind nur solche Neophyten relevant, die sich ohne Zutun des Menschen dauerhaft in einem neuen Gebiet halten, also sich selbst unterhaltende, stabile Populationen aufbauen können. Abschätzen zu können, bei welchen Arten oder an welchen Orten hiermit zu rechnen ist, ist eines der vorrangigen Forschungsthemen der naturschutzorientierten Neophytenforschung. Die Ursache für eine erfolgreiche Etablierung einer Art in einem ihr bislang fremden Gebiet kann dabei in den Eigenschaften der Art selber oder aber in den Eigenschaften der Lebensgemeinschaft, auf die sie trifft, gesucht werden.

Mein Erkenntnisinteresse liegt aber nicht auf dieser faktischen Ebene, sondern auf der Deutungsebene. Es geht mir also nicht um eine Synopse der verschiedenen Erklärungsansätze und Theorien, sondern um deren Interpretation von einer theoretischen Ebene aus. Im Vordergrund steht nicht die Frage, warum sich welche Arten in welchen Lebensgemeinschaften etablieren können, sondern, was es *bedeutet*, wenn der Erfolg einer Art als Zeichen ihrer Aggressivität und als Zeichen der Anfälligkeit der betroffenen Gesellschaft betrachtet wird. Das umfangreiche wissenschaftliche Textmaterial werde ich daher konsequent interpretierend aufbereiten. Vergleichbar dem Vorgehen einer literaturwissenschaftlichen Arbeit untersuche ich, wie über Neophyten und Lebensgemeinschaften geschrieben wird, welche Begriffe und Metaphern Verwendung finden, welche Konnotationen durch die Art des Schreibens evoziert werden. Unter der Voraussetzung, daß Sprache und Bilder Werte transportieren, geht es in diesem Kapitel also darum, die den ökologischen Arbeiten zugrundeliegenden theoretischen, naturphilosophischen und moralischen Prämissen zu explizieren.

Mein Vorgehen entspricht der Methode des Spurenlesens (Hard 1995), die ich im ersten Kapitel erläutert habe. Mit Hilfe dieser Methode interpretiere ich die in den wissenschaftlichen Texten verwendeten Zeichen als Spuren darunterliegender Naturbilder und moralischer Überzeugungen. In den untersuchten Arbeiten geht es einerseits um Eigenschaften »erfolgreicher« eingeführter Arten, andererseits um Eigenschaften der – vom Menschen weitestgehend unbeeinflussten – Natur. Insofern erstere meist als aggressiv, letztere als resistent beschrieben werden, enthält das Material eine Fülle an vorwissenschaftlichen Unterstellungen über das Wesen der »Fremden« bzw. der »Natur«. Sowohl über die Natur der einwandernden Arten (Abschnitt 2) als auch über die Natur der Aufnahmegesellschaften (Abschnitt 3) finden sich in der Literatur einige Standardaussagen, die vorgestellt und kritisiert werden.

Spurenlesen als (Er)Finden und Produzieren neuer Zeichen und Zeichenbedeutungen bedeutet dabei, die untersuchten Texte absichtsvoll »miß«zuverstehen, indem ich bei ihrer Lektüre und Interpretation systematisch auf Kodierungen aus anderen Bereichen zurückgreife. Als Heuristik dienen hierbei die in den vergangenen Kapiteln entwickelten Thesen zum Gesellschaftsverständnis der Ökologie, zum Heimat- und Naturbegriff sowie zum Natur- und Selbstverhältnis des modernen Menschen:

1. In der zentraleuropäischen Vegetationsökologie dominieren organismische Gesellschaftskonzeptionen.
2. Der Begriff der Heimat ist für den Naturschutzgedanken zentral. Damit kommen der Bodenständigkeit und der Stabilität besondere Bedeutung zu.
3. Als besonders schutzbedürftig gilt die unberührte, die »jungfräuliche« Natur.
4. Der Naturschutzgedanke setzt die prinzipielle Beherrschbarkeit der Natur durch den Menschen voraus.

Die Hypothese, die diese Arbeit motiviert hat, war, daß die Wahrnehmung und Bewertung nichtheimischer Pflanzenarten von einer latenten Fremdenfeindlichkeit beeinflußt wird. Aufgrund der bisherigen Ergebnisse sind nunmehr folgende *Konkurrenzhypothesen* zur Bedeutung von Neophyten für den Naturschutz zu formulieren:

1. Das Bild des Organismus impliziert, daß ein Eindringling von außen schädlich ist. Damit liegt eine negative Bewertung in die Gesellschaft eindringender Arten nahe.
2. Nichtheimische Arten gefährden die »Heimatlichkeit« der Natur.
3. Neophyten beschädigen die (vermeintliche) Unberührtheit der Natur.
4. Die Unkontrollierbarkeit problematischer Neophyten bedroht die Grundlage des Naturschutzgedankens.

Diese Hypothesen sollen nun am Textmaterial zu Neophyten kritisch geprüft werden. Dabei ist nach dem Triangulationsprinzip zu fragen »Wenn diese Hypothese(n) richtig wäre(n), welche Spuren müßten sich dann noch im vorliegenden Material finden?« Aus den Hypothesen habe ich daher folgende *Leitfragen* für die Untersuchung abgeleitet:

1. Welche Eigenschaften werden natürlichen Lebensgemeinschaften zugeschrieben? Lassen Erklärungen für Ausbreitung und Erfolg von Neophyten auf ein individualistisches oder auf ein organismisches Konzept der Lebensgemeinschaft schließen?

2. Welche Aussagen werden über den Zusammenhang von Neophyten und (Ökosystem)stabilität gemacht?
3. Wie werden Ökosysteme vor und nach dem Eindringen neuer Arten beschrieben? Wird das Eindringen selbst als aggressiver und zerstörerischer Akt dargestellt? Ist von »Hindernissen« die Rede?
4. Wie werden einwandernde Arten charakterisiert? Sind die ihnen zugeschrieben Eigenschaften moralisch konnotiert?

2. Eigenschaften problematischer Neophyten

Welche Eigenschaften charakterisieren Arten, die erfolgreich neue Areale besiedeln konnten? Gibt es bestimmte Merkmale, die es einer eingeführten Art besonders leicht machen, sich in einer neuen Umgebung zu etablieren und die ursprüngliche Vegetation mehr oder weniger stark zu verändern? Welche Verbreitungsstrategien sind im Fall einer unerwünschten Ausbreitung besonders schwer unter Kontrolle zu bringen? Diese Fragen beschäftigen die ökologische Forschung vor allem im Hinblick auf eine Risikoabschätzung bei der Einführung neuer Arten.

Zahlreiche Charakterisierungen von Arten mit Ausbreitungstendenz stützen sich dabei auf die von Baker (1965) vorgelegte Liste der ökologischen und physiologischen Eigenschaften eines »idealen Unkrauts« (vgl. Abb. 2). Die von Baker benannten Eigenschaften tauchen in Arbeiten über die Eigenschaften erfolgreicher eingeführter Arten bis auf den heutigen Tag immer wieder auf (Baker 1986, Barrett/Richardson 1986, Bazzaz 1986, Groves 1986, Newsome/Noble 1986, Noble 1989). Nach Lodge (1993:610) stellen die folgenden Punkte »widely-cited generalisations about biological invasions« dar: hohe genetische Variabilität, phänotypische Plastizität, weites ursprüngliches Verbreitungsgebiet, Eurytopie, Polyphagie, Hemerophilie, hohe Verbreitungsraten, eingeschlechtliche Vermehrung, vegetative Vermehrung und an Ruderalstandorte angepaßte Charakteristika.

All diese Charakterisierungen treffen in erster Linie auf Arten zu, die an ruderalen, d. h. vorübergehend vegetationslosen Standorten als Erstbesiedler erfolgreich sind. Der Großteil der Merkmale in dieser Liste bezieht sich also auf die ökologische Eigenschaft der *Kolonisationsfähigkeit*. Diese bezeichnet die Fähigkeit der Arten, vegetationslose Flächen schnell und erfolgreich möglichst deckend zu besiedeln. Die Vegetationslosigkeit kann dabei sowohl von anthropogenen als auch von natürlichen Störungen verursacht sein. Arten, die an die Umweltbedingungen früher Sukzessionsstadien angepaßt sind, werden auch als Ruderal-Strategen bezeichnet (Grime 1974; 1979). Solche r-Strategen verfügen über zahlreiche, kleine Samen, die früh keimen, und sind auf Störungen angewiesen (Burke/Grime 1996).

Das ideale (?) Unkraut

1. Hat keine speziellen Umweltansprüche, um zu keimen.

2. Hat diskontinuierliche (selbstkontrollierte) Keimung und hohe Langlebigkeit der Samen.

3. Zeigt schnelles Sämlingswachstum.

4. Verbringt vor Beginn der Blüte nur eine kurze Zeitspanne im vegetativen Zustand.

5. Unterhält eine kontinuierliche Samenproduktion, solange die Umweltbedingungen es erlauben.

6. Ist selbstkompatibel, aber nicht obligatorisch selbstbestäubt, oder apomiktisch.

7. Falls fremdbestäubt, kann dies durch unspezialisierte Blütenbesucher oder Wind geschehen.

8. Hat unter günstigen Umweltbedingungen sehr hohe Samenproduktion.

9. Kann in einem breiten Spektrum an Umweltbedingungen zumindest einige Samen produzieren. Hat eine hohe Toleranz (und oftmals Plastizität) angesichts klimatischer und edaphischer Variation.

10. Hat spezielle Anpassungen sowohl für Langstrecken- als auch für Kurzstrecken-Verbreitung.

11. Falls ausdauernd, hat kräftige vegetative Reproduktion.

12. Falls ausdauernd, bricht leicht an unteren Nodien, Rhizomen oder Wurzelstöcken.

13. Falls ausdauernd, zeigt die Fähigkeit, aus Teilstücken des Wurzelstocks zu regenerieren.

14. Verfügt über spezielle Wettbewerbsmittel: Rosettenbildung, schubweises Wachstum, exokrine Produkte (verdirbt sich aber nicht den eigenen Boden), etc.

Abbildung 2: Eigenschaften eines hypothetischen idealen Unkrauts. *Quelle*: Baker 1965:166-167; Übersetzung Uta Eser

Die erfolgreiche Kolonisation einer Fläche durch eine eingeführte Art ist aber, wie eingangs bereits ausgeführt, lediglich der erste Schritt für eine erfolgreiche Etablierung im Gebiet. Es ist zu erwarten, daß ein erfolgreicher Kolonisator im Laufe der Sukzession von anderen, meist spezialisierteren und damit besser an die besonderen Standortbedingungen angepassten Arten, zurückgedrängt oder gar verdrängt wird. Daß eine Pflanzenart aufgrund der oben genannten Merkmale ein guter Kolonisator ist, heißt deswegen noch lange nicht, daß sie sich auch im Laufe der Sukzession hält und in der natürlichen Vegetation etabliert. Nur auf Ruderalflächen und in Habitaten mit großer natürlicher Dynamik, beispielsweise Bach- und Flußauen, in denen immer wieder junge Sukzessionsstadien geschaffen werden, ist eine Ruderalstrategie, die anhand der dargestellten idealisierten Liste zu beurteilen wäre, erfolgreich.

In Übereinstimmung mit diesem Befund definiert Baker (1965) Unkräuter als Pflanzen, deren Populationen ausschließlich oder vorwiegend in hochgradig vom Menschen gestörten Lebensräumen wachsen. Dieses ökologische Kriterium trifft auf die für den Naturschutz relevanten Arten aber nicht zu. Diese wachsen ja gerade nicht an hochgradig gestörten, sondern an natürlichen oder zumindest naturnahen Standorten. Die unerwünschte Ausbreitung eingeführter Arten in landwirtschaftlich genutzten Flächen stand in der angelsächsischen Literatur zum Thema »Biological Invasions« tatsächlich lange im Vordergrund. Eingeführte Arten wurden in erster Linie als ökonomisches Problem wahrgenommen. Daß die Liste der Eigenschaften des »ideal weed« im Zusammenhang mit »plant invasions« immer wieder zitiert wird, ist daher auch als Ausdruck der Praxisorientiertheit der ökologischen Forschung zu werten.

Zu Recht weist Noble (1989) darauf hin, daß aus Naturschutzperspektive besonders die Frage nach den Eigenschaften interessant ist, die eine Art besitzen muß, um sich erfolgreich in natürlicher Vegetation zu etablieren. Hierzu sei gerade nicht nur Kolonisationsfähigkeit, sondern vor allem langfristige Konkurrenzfähigkeit erforderlich. Arten mit den genannten »Unkrauteigenschaften« müssen also nicht unbedingt auch in natürlichen oder naturnahen Vegetationseinheiten erfolgreich sein. Vielmehr können für den Naturschutz durchaus auch Arten problematisch werden, die sich auf Ruderalstandorten nicht etablieren könnten.

Unter Berücksichtigung der Konkurrenzfähigkeit unterscheiden Newsome/Noble (1986) nach der spezifischen Kombination bestimmter Merkmale vier ökophysiologische Gruppen erfolgreicher Arten:

1. »Gap grabbers«: Arten, die sehr früh keimen, über ein schnelles Initialwachstum verfügen und durch Rosettenbildung schnell viel Platz einnehmen, so daß andere Arten nicht mehr keimen können

2. »Competitors«: Arten, die durch ihre Morphologie erfolgreicher um Licht oder Wasser konkurrieren können, z. B. durch höheren Wuchs, größere Blätter oder tiefere Wurzeln

3. »Survivors«: Langlebige bzw. durch vegetative Vermehrung »unsterbliche« Individuen

4. »Swampers«: Arten, die nach hoher Samenproduktion in einer Massenkeimung eine Fläche förmlich mit Sämlingen überschwemmen

Diese der Alltagssprache entlehnten Charakterisierungen scheinen mir nun hinsichtlich meines Vorhabens der Spurensuche außerordentlich aufschlußreich. Durch ihre schlagwortartige Verkürztheit lädt diese Gruppierung zu einer Fülle von Assoziationen ein. Ihrem botanischen Zusammenhang entfremdet und in einen neuen, gesellschaftlichen Kontext gestellt, weisen diese Charakterisierungen frappierende Parallelen zu menschlichen Verhaltensweisen auf, mit denen zwar unterschiedliche, aber durchweg negative Bewertungen verbunden sind:

1. »Grabber« bezeichnet im Englischen einen habgierigen Menschen. »Grabber« sind stets als erste zur Stelle und machen sich dann so breit, daß für andere kein Platz mehr bleibt.

2. »Competitors« sind die Ellenbogentypen, die aufgrund ihrer (körperlichen) Größe und Stärke den anderen den Zugang zu Ressourcen streitig machen.

3 »Survivors« kennt auch die deutsche Sprache: »Unkraut vergeht nicht«. Das sind die Hartnäckigen, die einfach nie aufgeben.

4 Der Begriff »swamper« schließlich evoziert Bilder von »Flut« und »Masse«. Das Bildfeld der Überschwemmung suggeriert stets Hilflosigkeit und Ausgeliefertsein (Theweleit 1995).

In diesem sozialen Kontext sind die oben beschriebenen Verhaltensweisen eindeutig moralisch negativ belegt. Rücksichtslosigkeit erscheint als ihr konstitutives Merkmal. Vom »survivor« abgesehen, der seinen Erfolg gerade seiner Anspruchslosigkeit und seinem Durchhaltevermögen verdankt, scheinen die anderen Strategien einen Egoismus sowie strategisches und taktisches Vorgehen zu implizieren. Die durch die Bedrohlichkeit einer Überschwemmung provozierten Angstgefühle erzeugen eine ablehnende Haltung.

Daß die von Baker angeführten »Unkraut«-Eigenschaften in der Debatte um sog. Problem-Neophyten immer wieder angeführt werden, könnte daher ein Hinweis darauf sein, daß nicht allein die Folgen, sondern bereits die Unkrauteigenschaften als solche ausschlaggebend dafür sind, eine Art als »problematisch« zu empfinden. Um dies genauer zu untersuchen, habe ich die zitierten Eigenschaften zu folgenden Gruppen zusammengefaßt: hohe Plastizität, intensive Vermehrung, effektive Verbreitung, Konkurrenzkraft und Ausdauer. Diese Merkmale will ich im folgenden zum einen mit empirischen Studien vergleichen, zum anderen als Hinweise auf gesellschaftliche Wertvorstellungen interpretieren.

2.1. Hohe Umweltplastizität

> *»Die Tierwelt (ebenso die Pflanzenwelt) läßt sich angesichts der Aktivität des Menschen einteilen in Verlierer und Gewinner. Zu den letzteren zählen die Opportunisten, die als Kulturfolger von unseren Monokulturen in Feld und Wald profitieren, die sich auch in angeschmuddeltem Wasser wohlfühlen oder als Teil der ›Urbanen Fauna‹ vorwiegend in Städten ihr Auskommen finden.«*
> *(Kinzelbach 1997:1)*

Hohe genotypische Variabilität und phänotypische Plastizität sind häufig benannte Eigenschaften problematischer Neophyten (Bazzaz 1986). Erfolgreiche Arten seien in allen Phasen der Reproduktion weitestgehend unabhängig von ihrer Umwelt, d. h. sie haben ein »general purpose genotype« (Baker 1965). Dadurch könnten sie sich an die jeweiligen Umweltbedingungen flexibel anpassen. Burke/Grime (1996) bezeichnen diese Fähigkeit als »highly plastic response to environmental variation«.

Selbstverständlich ist keine Art vollständig unabhängig von ihren Umweltbedingungen. Vielmehr haben Pflanzen verschiedene Strategien, um sich an unterschiedliche Umweltbedingungen anzupassen. Die von Grime (1974) entwickelte Klassifikation verschiedener Pflanzenstrategien berücksichtigt daher die unterschiedlichen Formen der Anpassung von Pflanzen an die Faktoren Störungshäufigkeit und Streß (d. h. Licht-, Wasser- oder Nährstoffknappheit). Die *S-Strategie* (Streßtoleranz) ist angebracht, wenn ein hoher Streßlevel vorliegt, aber Störungen kaum vorkommen. Im ungekehrten Fall eines hohen Störungslevels bei guter Ressourcenverfügbarkeit ist eine *R-Strategie* (Ruderalstrategie) angemessen. Unter niedrigem Störungslevel bei gleichzeitig guter Ressourcenlage entsteht eine hohe Populationsdichte, an die Arten mit hoher Konkurrenzkraft (*C-Strategen*) am besten angepaßt sind.

Eine empirische Untersuchung der Frage, welche Eigenschaften die Etablierung einer eingeführten Art in naturnaher Vegetation begünstigen, legen Pyšek u.a. (1995) vor. In Tabelle 3 sind die Ergebnisse schematisch dargestellt. Die Autoren haben versucht, den Erfolg nichtheimischer Arten mit bestimmten Eigenschaften zu korrelieren. Hierzu wurden in der tschechischen Republik 132 gebietsfremde Arten, von denen 20% aufgrund eigener Beobachtungen als erfolgreich naturalisiert galten, hinsichtlich folgender Fragen untersucht:

a) Gibt es Merkmale, hinsichtlich derer sich fremde von einheimischen Arten unterscheiden?
b) Hinsichtlich welcher Eigenschaften unterscheiden sich agriophytische von epökophytischen Neophyten?

Der Annahme einer großen *Umweltplastizität* entsprechend, finden sich hinsichtlich der Lebensstrategie unter den nichtheimischen mehr Arten, die unter Konkurrenz- und Ruderalbedingungen erfolgreich sind (C- oder CR-Strategen). Unter den Einheimischen überwiegen dagegen spezialisierte Arten (S-Strategen), die an unterschiedliche Formen von Streß angepaßt sind. Verglichen mit den heimischen erscheinen daher die eingeführten Arten als unspezialisiert. Zugleich zeigt jedoch die Auswertung der Zeigerwerte nach Ellenberg (1979), daß die nichtheimischen Arten im Durchschnitt höhere Ansprüche an Licht, Wärme und Nährstoffe haben als die heimischen Arten.

Die meisten der erfolgreichen eingeführten Arten sind nordamerikanische und asiatische Arten der gemäßigten Breiten, australische oder afrikanische Arten waren dagegen durchweg erfolglos. Dieser Befund deckt sich mit der Darstellung bei Lohmeyer/Sukopp (1992), derzufolge 54% der Agriophyten Mitteleuropas aus Europa oder Westasien stammen, 30% aus ähnlichen Klimagebieten Nordamerikas und 9% aus solchen Asiens. Arten australischer und afrikanischer Herkunft konnten sich praktisch nicht etablieren. Auch Rejmánek (1995) weist darauf hin, daß sich Arten vorzugsweise in Breitengraden ausbreiten, die ihrem Ursprungsareal ähnlich sind: »The primary (native) latitudinal range of climates in source areas seem to be the

best predictors of invasiveness for herbaceous species known so far«
(Rejmánek 1995:11).

| | Nichtheimische Flora im Vergleich zur heimischen Flora | Erfolgreiche Arten verschiedener Habitate | |
		halbnatürlich	*anthropogen*
Herkunft	außerhalb Mitteleuropas	vorwiegend Nord-Amerika und Asien (insg. 3 Areale)	vorwiegend Nord-Amerika und Asien (insg. 5 Areale)
Statur	nicht untersucht	hochwüchsig	normal
Lebensform	Therophyten überrepräsentiert	Hemikryptophyten	Therophyten, Geophyten
Lebens-Strategie	mehr C, CR, weniger S	C	C, CR
Verbreitung	kein Unterschied	Wind, Tiere, selbst	Tiere, Wind
Bestäubung	kein Unterschied	Insekten	Insekten
Anpflanzung	nicht untersucht	aus Kultur verwildert	unbeabsichtigt eingeführt
Ausbreitung	nicht untersucht	Samen	Samen
Ökologie	trockenere, wärmere, nährstoffreiche Standorte	feuchtere Standorte mit höherem Stickstoff-Eintrag	trockenere, wärmere Standorte mit höherem Nährstoffeintrag

Tabelle 3: Ein vereinfachtes und generalisiertes Schema der Eigenschaften des »durchschnittlichen erfolgreichen Invasors« und Vergleich der »Durchschnittsfremden« mit der heimischen Flora. Lebensstrategien: Anpassung an Konkurrenz (C), Ruderalbedingungen (R) oder Streß (S); *Quelle:* verändert nach Pyšek u.a. 1995:55

Vor diesem Hintergrund muß die Ansicht, neophytische Arten hätten keine speziellen Umweltansprüche, korrigiert werden. Selbstverständlich haben sie, wie alle Arten, bestimmte Umweltansprüche. Nur wenn sie in ihrer neuen Heimat auf Standorte treffen, die diese Ansprüche befriedigen, können sie sich ansiedeln oder ausbreiten (Swincer 1986).

Was *bedeutet* es nun aber, von einer Metaebene aus betrachtet, wenn fremde Arten als anspruchslos und anpassungsfähig charakterisiert werden? Aus einer anthropomorphen Perspektive betrachtet und »gegen den Strich« gelesen heißt das: Problematische Arten sind *Opportunisten.* Sie zeigen keine hochgradigen Spezialisierungen, sondern sind Alleskönner. Im

Gegensatz zu Spezialisten, die in einer ganz bestimmten Region über lange Zeit evolutiv hochspezialisierte Anpassungen an die spezifische Ausstattung dieses Raumes entwickelt haben, können Generalisten überall gedeihen. Für Nicht-Spezialisten ist im Naturschutz der pejorative Begriff »Allerweltsart« gebräuchlich.

Die Geringschätzung wenig spezialisierter Arten scheint mir ein Hinweis auf das Wirken gesellschaftlicher Wertvorstellungen: Zum einen sind hochspezialisierte Arten besser geeignet, die Besonderheit eines bestimmten Raums – der Heimat – zu unterstreichen und ihn so von anderen zu unterscheiden. Nur sie können eine unverwechselbare Identität des Lebensraum gewährleisten. Zum anderen erinnert die besondere Wertschätzung der Spezialisten an die Wertschätzung von Spezialisten in arbeitsteiligen menschlichen Gesellschaften. Fremde werden, auch und gerade im gesellschaftlichen Kontext, als umso problematischer wahrgenommen, je weniger sie Spezialisierungen vorweisen können.

2.2. Intensive Vermehrung

Intensive und effektive Vermehrung, sei es generativ oder vegetativ, ist ein weiteres, wiederkehrendes Merkmal problematischer Arten. Für den Erfolg einer Art wird ihren Fortpflanzungseigenschaften (regenerative characteristics) besondere Bedeutung beigemessen (Harper 1977; Grubb 1977). Zwölf der vierzehn von Baker (1965) benannten Eigenschaften beziehen sich auf die *Fortpflanzungsfähigkeit* dieser Arten. Vitalität und Wuchskraft sowie Intensität der Samenproduktion und/oder Triebbildung zeichnen auch die im ersten Kapitel vorgestellten Problemarten der bundesdeutschen Debatte aus. In der Untersuchung von Pyšek u.a. (1995) konnte dagegen kein signifikanter Unterschied zwischen heimischen und nichtheimischen Arten bezüglich der Fortpflanzung (etwa deutlich höhere Samenproduktion oder intensive vegetative Vermehrung) festgestellt werden.

Schlüsselbegriffe in diesem Zusammenhang scheinen mir die Begriffe »Masse« und »Triebe« zu sein. Ob als »Massenvorkommen«, »massen«hafte Samenbildung, »Massenvermehrung« usw.: Eine immer wieder benannte Fähigkeit als problematisch empfundener Arten ist ihre Befähigung, »Massen« zu bilden. »Massenhafte« Samenbildung wird beispielsweise bei *Heracleum mantegazzianum* und *Solidago canadensis* explizit genannt. Die Bedeutung der Ausbildung von Massenbeständen für ihre Einstufung als Problem geht auch aus einer Umfrage von Kowarik/Schepker (1997) hervor:»Die Bedeutung des Wortes Massenvorkommen ist in vielen Fragebögen durch Ausrufezeichen, Unterstreichungen oder separate Hektarangaben untermauert worden« (Kowarik/Schepker 1997:32). Der von Newsome/Noble (1986) geprägte Begriff»swamper« bringt die mit dem Begriff der Masse verbundene Vorstellung einer Überschwemmung bildhaft zum Ausdruck.

Auch»Triebhaftigkeit« wird häufig als problematische Eigenschaft von Neophyten benannt. So gilt beispielsweise der Japanknöterich als ausgesprochen wuchsfreudig und triebhaft:»Hat sich der Japanische Knöterich erst einmal in der Aue etabliert, *treibt* er das nächste Jahr meist schon mehrere ... Seiten*triebe* und über 2 m hoch aufragende *steife Sprosse*« (Sukopp 1995:23; Herv. UE).

Die Tatsache, daß dieser Neophyt auf mechanische und chemische Bekämpfungsversuche mit der Bildung immer neuer vegetativer Triebe reagiert, provozierte einen Tagungsteilnehmer in Offenburg zu dem entnervten Ausruf:»Diese Pflanze ist einfach unheimlich potent!« Dies war für mich ein wichtiger Hinweis darauf, daß die Reproduktionskraft der Art als problematisch empfunden wird. Auch Böcker u.a. (1995) argumentieren in diese Richtung, wenn sie schreiben:»Man könnte manchmal den Eindruck gewinnen, als ob manchen Menschen einfach das Starke, das Vitale, die Kompromißlosigkeit, die schier unerschöpfliche Potenz der Neophyten Angst oder zumindest Unbehagen bereitet« (ebd.:213).

Die angeblich dramatischen Folgen ungebremster Fortpflanzung sind im Kontext menschlicher Gesellschaften ein gängiges Stereotyp. Frühe Geschlechtsreife und ungehemmte Triebhaftigkeit sowie daraus resultierend eine ungehinderte und unvernünftige Vermehrung auf Kosten der Gesellschaft – solche Zuschreibungen finden sich nicht nur im Bezug auf problematische Neophyten, sondern in der politischen Diskussion auch im Bezug auf MigrantInnen bzw. die Bevölkerung der sog. 3. Welt. Auch in diesem Kontext wird Fortpflanzung bevorzugt mit dem Begriff der Masse assoziiert, werden Menschen zu Menschenmassen und zu bedrohlichen Fluten stilisiert.

Wie dem Begriff»Allerweltsart« ist dem Begriff der Masse eine Geringschätzung verbunden. Auch im Hinblick auf Kultur erscheint Massenware wertlos, von bleibendem Wert ist dagegen nur das Einzigartige, das nicht beliebig Reproduzierbare.

2.3. Effektive Nah- und Fernverbreitung

Obwohl im Kontext anthropogener Verbreitung die eigene Fähigkeit einer Art zur Fernverbreitung nur eine untergeordnete Rolle spielt, taucht auch dieser Punkt in fast allen Listen auf. Mechanismen der Fernverbreitung machen eine Art standortsunabhängig. Sie kann somit aus eigener Kraft an andere Wuchsorte gelangen und dort – erleichtert durch ihre Umweltplastizität – neue Populationen gründen.

In einen sozialen Kontext gestellt, findet solche »Nichtseßhaftigkeit« wenig Achtung. Vaterlandslose Gesellen, Juden und Zigeuner, Vagabunden und fahrendes Volk: sie alle waren schon immer den Seßhaften verdächtig. Die Wertschätzung einer gewissen Bodenständigkeit verweist wiederum auf die Heimat-Idee. Der Begriff der Kultur selbst setzt bereits Seßhaftigkeit voraus. Im alten Wortsinn des »Land-Bestellens« ist der Ackerbau – und mithin Seßhaftigkeit – Voraussetzung für Kultur. Die Bewahrung der Kultur aber ist es, um die es dem Naturschutz in der Tradition des Heimatschutzes zentral geht.

Ein weiterer zentraler Aspekt der (Nicht)-Seßhaftigkeit ist der der Kontrolle: Wer nicht ortsgebunden ist, ist auch schwerer zu kontrollieren – das gilt ebenfalls nicht nur für Unkräuter. Vor dem Hintergrund, daß die prinzipielle Beherrschbarkeit der Natur die Voraussetzung ihrer Schutzwürdigkeit bildet, ist dies ebenfalls ein wichtiger Befund.

2.4. Konkurrenzkraft

Die überlegene Konkurrenzkraft der problematischen Neophyten ist eine wiederkehrende Erklärung für ihren Ausbreitungserfolg. Sie erscheint dabei gelegentlich als Eigenschaft der Art selbst, nicht nur als Ergebnis der Wechselwirkung mit ihrer Umwelt: »Konstruktion, Produktivität und Größe verschaffen dem Japanknöterich in Europa Vorteile gegenüber der angestammten Vegetation« (Hagemann 1995:192).

Die Größe der Pflanzenindividuen ist aber nur unter bestimmten Bedingungen erfolgsbestimmend. An anthropogenen Standorten kommt es mehr auf die Ruderaleigenschaften einer Art an, nur an naturnahen braucht eine Art eine höhere Konkurrenzfähigkeit, um sich etablieren zu können. Die Studie von Pyšek u.a. (1995) belegt dies, indem sich erfolgreiche und erfolglose eingeführte Arten nur in seminatürlichen Habitaten unterscheiden. Nur dort waren die erfolgreichen Arten größer.

Zusammen mit der unter Punkt 2 beschriebenen Wuchskraft wird die Konkurrenzkraft einer Art häufig als Aggressivität bezeichnet. Diese kennzeichnet die Fähigkeit, sich unter Verdrängung anderer Arten auszubreiten. Die Ausbreitung einer konkurrenzstarken Art erscheint dabei als aggressiver Akt auf Kosten anderer Arten. In der Literatur wird immer wieder darauf hingewiesen, daß solche konkurrenzstarken Arten zur Bildung von Ein-Art-Beständen neigen. Diese werden beispielsweise als »kilometerlange Monobestände« (Bauer 1995) oder sogar als »monopolistische Bestände« (Hayen 1995) bezeichnet. Der Rückgriff auf die in der Biologie unübliche Ausdrucksweise »Monopol« verdeutlicht die negative Bewertung dieser konkurrenzbedingten Ausbreitung. Die Ausbildung von Ein-Art-Beständen erscheint in der Literatur oftmals *per se* als unerwünscht. Dies mag damit zusammenhängen, daß Monobestände als instabil gelten. Gerade mit dem Argument der Instabilität solcher Bestände dürfte ein »Monobestand« allerdings aus Naturschutzperspektive wenig Anlaß zur Sorge geben: da er ja ohnehin nicht langfristig stabil wäre, könnte man einfach gelassen seinen Zusammenbruch abwarten. Im ökonomischen Begriff »monopolistisch« ist dagegen die – moralisch verwerfliche – aktive und rücksichtslose Verdrängung der Konkurrenz enthalten.

Der Konkurrenz-Begriff verweist auf ein individualistisches Gesellschaftsverständnis (Trepl 1994b). In der Ökologie kann im Rahmen eines solchen Konzepts die Verdrängung von Arten durch konkurrenzkräftigere nicht negativ bewertet werden (vgl. Kap. III). Auch innerhalb eines politisch »individualistisch-liberalen« Weltbildes ist gegen die erfolgreiche Verdrängung anderer im freien Wettbewerb nichts einzuwenden. Im Rahmen des »konservativen«[7] Weltbildes, das dem Naturschutz historisch zugrundeliegt, gilt dagegen offen rücksichtsloses Verhalten als anstößig. Insbesondere dann, wenn die solcherart Erfolgreichen nicht Einheimische, sondern Zugewanderte sind und ihre (wirtschaftliche) Machtposition nicht ererbt, sondern neu erworben ist. Das abfällige Reden von »Neureichen« sowie das antise-

---

7 Die Gegenüberstellung von »individualistisch/progressiv/liberal« einerseits und »konservativ« andererseits bleibt notwendig plakativ. Sie ist, wie in der gesamten Arbeit, als analytische Kategorie zu verstehen, die ideengeschichtliche Zusammenhänge erhellen soll. Im konkreten Einzelfall weisen die meisten Theorien oder Argumentationen diesbezüglich Mischtypen auf.

mitische Klischee des »jüdischen Wucherers« geben diese Werthaltungen deutlich wieder (auch die nichtseßhaften Neophyten »wuchern« übrigens!).

2.5. Überdauerungsfähigkeit

Viele Unkraut-Arten haben die Fähigkeit, für sie ungünstige Situationen zu überdauern, um dann unter geeigneten Bedingungen schnell und effektiv aufzuwachsen. Ausdauernde, große Samen sowie hohe Langlebigkeit der Sämlinge (Burke/Grime 1996) gehören ebenso in diese Gruppe wie die sog. Oskar-Strategie bei *Prunus serotina*, die Fähigkeit also, nach der Keimung bis zum Eintritt der erforderlichen Wuchsbedingungen im Kümmerwuchs zu verharren (Starfinger 1990). Newsome/Noble (1986) bezeichnen Arten mit hoher Langlebigkeit und solche, deren Individuen durch vegetative Vermehrung »unsterblich« sind, als »survivors«. Auch in der Studie von Pyšek u.a. (1995) waren in anthropogenen Biotopen Therophyten und Geophyten als Lebensformtypen überrepräsentiert, in halbnatürlichen dagegen besonders Hemikryptophyten. Unter den meist ruderalen Bedingungen anthropogener Wuchsorte sind Arten mit gut geschützten Überdauerungsorganen also offenbar im Vorteil.

Auf die Fähigkeit problematischer Arten, widrige Bedingungen zu überdauern, spielt auch das sprichwörtliche »Unkraut vergeht nicht« an. Im allgemeinen Sprachgebrauch bezieht es sich jedoch nicht auf Pflanzen, sondern auf einen bestimmten Menschentyp. Obwohl solcher Ausdauer auch eine gewisse Anerkennung gezollt wird, gilt ihr zugleich auch Mißbilligung: Ein empfindsamerer Mensch würde etwa »eingehen, wie eine Primel«. Im Gegensatz zur Primel ist das Unkraut »nicht kaputtzukriegen«. Das hängt mit seiner Anspruchslosigkeit zusammen, die, wie ich oben gezeigt habe, Ausdruck seines geringen Werts ist.

Vor dem Hintergrund, daß Unkraut definitionsgemäß unerwünscht ist, stellt die Fähigkeit solcher Arten, widrige Bedingungen und auch Bekämpfungsversuche zu überdauern, eine besonders ärgerliche Eigenschaft dar. Die Survivor-Qualitäten der behandelten Arten sind bereits in den eingangs dargestellten Arbeiten über Bekämpfungsversuche zutagegetreten, in denen das erstaunliche Regenerationspotential der Arten nach Kontrollmaßnahmen immer wieder Thema war. Die hohe Regenerationsfähigkeit der bekämpften Problemneophyten wird in Berichten über Regulierungsversuche oft als hartnäckiger Widerstand gegen die Kontrollmaßnahme erlebt. Die Ambivalenz dieses Gefühls wird im folgenden Zitat deutlich:

»Die starke Vitalität, der Konkurrenten unterlegen sind, die weite Standortamplitude und die bemerkenswerte Verbreitungsstrategie des Japanknöterichs *Reynoutria japonica* nötigen einerseits Respekt ab, andererseits stehen die von dem schwer kontrollierbaren Ausbreitungsdrang des Neophyten Betroffenen vor großen Problemen: Im Rahmen der üblichen Unterhaltungsmethoden sind nachhaltige Kontrollerfolge nicht zu erreichen.« (Kretz 1996:49)

Die Vitalität ist bewundernswert, aber der »Drang« zur Ausbreitung macht »betroffen« – und schafft Probleme, weil er nicht zu kontrollieren ist. Die Unkontrollierbarkeit solcher Arten erscheint dabei nicht nur als praktisches, sondern – unbewußt – auch als emotionales Problem. Daß die Vitalität und Widerständigkeit der Neophyten mit ein Grund für ihre Ablehnung und für die Emotionalität der Debatte ist, vermuten auch die Veranstalter des Neophyten-Symposiums in Offenburg: »Diese Eigenschaften lösen bei manchen Menschen Komplexe und sogar gewisse Ängste aus. Diese eher im psychischen Bereich angesiedelten Empfindungen verhindern leider oft einen sachlichen Umgang mit dem Neophyten-Thema« (Konold u.a. 1995:141).

2.6. Fazit

- *Ein wesentliches Kennzeichen als problematisch empfundener Neophytenarten ist, daß sie zu massenhafter Verbreitung durch generative und/oder vegetative Fortpflanzung fähig sind. Der Begriff der Masse ist emotional negativ belegt.*

- *Ihren Konkurrenzvorteil gegenüber der einheimischen Vegetation beziehen sie aus einer unspezifischen Konkurrenz, nicht aus spezialisierten Anpassungen.*

- *Als problematisch empfundene Neophyten sind »anspruchslos«, »triebhaft«, »nicht seßhaft«, »rücksichtslos« und »kaum kontrollierbar«. Ein solches Verhalten wird unter Menschen moralisch negativ bewertet.*

- *Neopyten repräsentieren damit Eigenschaften, die »kultivierte« Menschen unter Kontrolle zu halten lernen müssen. Entgegen sittlich aufgeladenen Naturvorstellungen taugen Neophyten also nicht als moralisches Vorbild.*

- *Aus der Perspektive eines Naturschutzes, der Kulturlandschaft und damit Kultur schützen will, sind Neophyten nicht etwa zu unnatürlich, sondern zu unkultiviert.*

3. Eigenschaften natürlicher Gesellschaften

> *»The properties of the invaded habitat are a critical determinant of the likely success of an invader.« (Noble 1989:310)*

Obwohl die Wahrscheinlichkeit, daß eine Art in ihrer neuen Heimat zu Problemen führt, mit bestimmten biologischen Eigenschaften korreliert zu sein scheint, sind diese noch keine hinreichenden Bedingungen für ihre erfolgreiche Etablierung. Der Erfolg einer eingeführten Art wird von vielen Autoren letztlich den Umweltbedingungen, auf die sie an ihrem neuen Wuchsort trifft, zugeschrieben (Newsome/Noble 1986, Noble 1989). Auf welchen Voraussetzungen dieser Ansatz beruht, werde ich im folgenden ausarbeiten.

Ähnlich der Liste des »idealen Unkrauts« finden sich in der Literatur einige Standardaussagen über die Eigenschaften der Gesellschaften, in denen die Etablierung fremder Arten möglich ist. Die Beobachtung, daß unterschiedliche Vegetationstypen unterschiedlich große Neophytenanteile aufweisen, legt es nahe, in den Eigenschaften der betroffenen Ökosysteme nach den Ursachen dieses Phänomens zu suchen. Ein Vergleich des Neophytenanteils in der Flora unterschiedlicher Biotoptypen zeigt, daß gestörte Gesellschaften besonders anfällig für die Ausbreitung neuer Arten sind (Elton 1958; Orians 1986; Fox/Fox 1986; Crawley 1987).

Niedrige Gesamtdeckung und hohe Störungsfrequenz kennzeichnen meist anthropogene Standorte wie landwirtschaftliche Nutzflächen (hier sind Ackerflächen stärker betroffen als Wiesen und Weiden), Wegränder, Schutthalden etc. Daraus wird oft geschlossen, daß ungestörte natürliche Lebensgemeinschaften weniger invasibel als anthropogen beeinflußte seien. Die Vorstellung einer Immunität natürlicher Gesellschaften findet sich bereits in Eltons Standardwerk zur Ökologie biologischer Invasionen (Elton 1958). Wechselwirkungen zwischen den Arten einer Lebensgemeinschaft wie Konkurrenz, Mutualismus und Räuber-Beute-Beziehungen gelten bis heute als Erklärung für die Resistenz bestimmter Gesellschaften.

Die meisten Modelle zur Dynamik von Lebensgemeinschaften gehen davon aus, daß die Ausbreitungsrate eingeführter Pflanzenarten prinzipiell durch vier Faktoren begrenzt werde (Crawley 1987):

1) interspezifische Konkurrenz mit der einheimischen Flora
2) Reduktion durch Freßfeinde, Schädlinge oder Krankheitserreger
3) Fehlen notwendiger Mutualisten zur Bestäubung oder Verbreitung
4) auf der geringen Populationsgröße und -dichte der neuen Art selbst beruhende Einschränkungen

Die Faktoren 1) bis 3) stellen die für ein Mißlingen der Etablierung ursächlichen Abwehrmechanismen seitens der Zielgesellschaften dar. Je weniger Mechanismen einer Gesellschaft zur Verfügung stehen, das Eindringen einer neuen Art zu verhindern, als desto anfälliger gilt sie für Invasionen, desto höher also ihre Invasibilität.

Die folgende Übersicht über unterschiedliche Ansätze zur Erklärung des Invasionserfolgs orientiert sich wesentlich an der Darstellung von Johnstone (1986), ist von mir aber bezüglich ihrer Interpretationsfelder neu geordnet und teilweise umbenannt.

1. Die *Komplexitätshypothese* geht davon aus, daß Artenvielfalt und Komplexität zur Stabilität und damit Immunität der Gesellschaft führen (Elton 1958; simple-community-hypothesis; Johnstone 1986; balance-of-nature-hypothesis, Cronk/Fuller 1995).
2. Nach dem *Konzept der freien Nische* müssen neue Arten auf eine ökologische Nische treffen, die noch von keiner anderen Art besetzt ist, um sich etablieren zu können (Walker/Valentine 1984).
3. Die *Störungshypothese* betrachtet Störungen als wesentliche Ursache der Invasibilität (disturbance-generated-gaps-hypothesis, Johnstone 1986; creation of spare resource by disturbance, Fox/Fox 1986).
4. In der *Konkurrenzhypothese* gelten effektivere Fortpflanzung (superior-reproductive-potential hypothesis, Johnstone 1986) oder bessere Angepaßtheit der neuen Art an die Standortbedingungen (poorly adapted native species hypothesis, Johnstone 1986) als Erklärungen. Hier steht das Wirken der interspezifischen Konkurrenz im Vordergrund.
5. Die *Hypothese der Freiheit von Räubern* sieht in der Abwesenheit von Predatoren die Ursache des unkontrollierten Wachstums der Populatio-

nen neu eingeführter Arten (freedom from predators hypothesis, Johnstone 1986). Hier werden vor allem die kontrollierenden Effekte der Lebensgemeinschaft betont.

6. Nach der *Standortshypothese* spielen abiotische Veränderungen des Standorts die ausschlaggebende Rolle für die Etablierung neuer Arten (chemical change-hypothesis, Johnstone 1986).

7. Das *Konzept der sicheren Stellen* macht den Invasionserfolg einer Art von der Verfügbarkeit einer Stelle abhängig, an der sie vor den oben genannten Resistenzfaktoren geschützt ist, nimmt also die Perspektive der neuen Art ein (safe sites, Harper 1977).

Wie im vorigen Abschnitt kann keine der Hypothesen eine umfassende Erklärung für den Etablierungserfolg neuer Arten geben. Jede von ihnen ist durch empirische Gegenbeispiele widerlegbar, jede weist theoretische Inkonsistenzen auf oder wird durch Alternativ-Hypothesen in Frage gestellt. Es geht mir daher wieder im wesentlichen um eine interpretierende Deutung der jeweiligen Erklärungsansätze. Die den unterschiedlichen Hypothesen zugrundeliegenden Gesellschaftsverständnisse und Naturbilder stehen im Vordergrund der folgenden Erörterungen.

3.1. Zum Begriff der Resistenz

Ludwig Trepl (1994a) weist darauf hin, daß der Begriff »Immunität« ebenso wie sein Gegenstück, die »Aggressivität«, aus der Epidemiologie kommt. Die Metapher, die beim Begriff der Resistenz vorstellungsleitend ist, ist die des Immunsystems.

Die Geschichte des immunologischen Denkens zeichnet Beate Zimmermann (1996) folgendermaßen: Ursprünglich habe »Immunität« die politische oder ökonomische Privilegierung bestimmter Menschen oder Regionen bezeichnet – noch heute genießen PolitikerInnen Immunität in diesem Sinne. Im 19. Jahrhundert sei sie zum Kennzeichen leiblicher Unversehrtheit im Sinne der Freiheit von Gift oder ansteckenden Krankheiten geworden. Daß Immunität eine aktiv vom Körper aufrechterhaltene Eigenschaft sei, sei erst in den 80er Jahren des 19. Jahrhunderts »entdeckt« worden. Der russische Embryologe Elie Metchnikoff habe erstmals eine von ihm unter dem Mikroskop beobachtete Entzündung als aktive Abwehr des Körpers gegen einen Eindringling interpretiert. Damit sei die Vorstellung eines Immunsystems entstanden, das sich gegen von außen eindringende Feinde zur Wehr setze. Das darin implizierte Freund-Feind-Denken präge bis heute unsere Wahrnehmung nachhaltig: »Mit diesem Bild von Angriff und Verteidigung sind wir groß geworden, wir haben es längst in unsere Wahrnehmung von Körper, Umwelt und Krankheit integriert« (Zimmermann 1996:79).

Die Immunologie weist, da es ihr um die Unterscheidung von »eigen« und »fremd« geht, eine Parallele zur Neophytenökologie auf, die zu einer Übernahme der Begriffflichkeiten einlädt. Die Anwendung des immunologischen Denkens auf Ökosysteme macht dabei aber nicht nur theoretische Voraussetzungen, sondern hat auch normative Konsequenzen. Zum einen müssen Ökosysteme oder Lebensgemeinschaften im Rahmen des immunologischen Denkens notwendigerweise (quasi)-organismisch konzipiert werden. Die Pflanzengesellschaft, oder auch die Lebensgemeinschaft im Sinne einer Biozönose, wird als Organismus gedacht, der durch geeignete Abwehrmechanismen imstande ist, das Eindringen fremder Arten zu verhindern. Zum anderen, und das ist hinsichtlich der Bewertung relevant, dient die Abwehr fremder Eindringlinge im metaphorischen Rahmen des Immunsystems der Aufrechterhaltung der Integrität und Gesundheit des Organismus. Eindringende Fremdkörper gelten als schädlich und müssen vom Organismus aktiv abgewehrt werden. Ein Organismus, dem diese Abwehr nicht gelingt, gilt als geschwächt bzw. geschädigt und wird daher »krank«. Die Vorstellung eines Immunsystems setzt daher einen ursprünglichen, gesunden und daher wünschenswerten Zustand voraus, der durch Eintritt eines »Fremden« gefährdet ist.

Auf einen solchen normativen Begriff der Gesundheit bezieht sich das Konzept der »ecosystem health« explizit (Kolasa/Pickett 1992). Es unterstellt, daß es einen bestimmten, nämlich gesunden Zustand ökologischer Systeme gebe, der aufgrund inhärenter Merkmale anderen, kranken Zuständen vorzuziehen sei. Dabei darf aber nicht übersehen werden, daß in die Definition eines Sollwerts natürlicher Systeme immer auch »Humanbestimmungen« der Natur eingehen (Gärtner 1984).

Der Begriff der Resistenz setzt also implizit ein organismisches Gesellschaftskonzept voraus. Die Kennzeichnung einer gebietsfremden Art als »Eindringling« (invader) ist damit nicht nur militärisch konnotiert, sondern auch medizinisch im Sinne eines Krankheitserregers – und damit zwangsläufig negativ bewertet. Der in der englischsprachigen Literatur übliche

Begriff »invasion« bezeichnet nach Auskunft von Webster's New Encyclopedic Dictionary (1993): »1. ... entrance of an army into a country for conquest; 2. ... the entrance or spread of some usually harmful thing«. Insofern ist die Schädigung der angestammten Lebensgemeinschaft durch einwandernde Arten im Begriff der »Invasion« bereits vorweggenommen.

3.2. Resistenz durch Komplexität

> *»Die ›gesättigten‹ Lebensgemeinschaften sind auf eine bestimmte Zahl Tier- und Pflanzenarten beschränkt; sie allein sind in ihrer gegenseitigen Verbindung, dank endogenem Wechselspiel, dauernd lebensfähig, ganz im Gegensatz zu Artgemischen, die durch menschliches Zutun willkürlich zusammengewürfelt werden.« (Furrer 1961:150)*

Nach Elton (1958) beruht die Stabilität natürlicher Gesellschaften auf ihrer Komplexität. Komplexität bezeichnet dabei die Gesamtzahl aller Wechselwirkungen zwischen den Organismen einer Gemeinschaft (Cronk/Fuller 1995). Nur unter der Bedingung vielfältiger Wechselwirkungen könnten einheimische Arten die Ausbreitung neuer Arten eindämmen. Darin sah Elton den wesentlichen Grund dafür, daß Invasionen besonders auf relativ artenarmen ozeanischen Inseln und in einfach strukturierten anthropogenen Systemen, z. B. Agrarflächen, so erfolgreich seien, daß die Populationen anderer Arten gefährdet würden.

Als wesentlichster Unterschied zwischen natürlichen und anthropogenen Standorten gilt die lange Entwicklungszeit natürlicher Lebensgemeinschaften. Durch diese lange Entwicklungszeit, so lautet Eltons These, befänden sich Standortpotential und Arteninventar in einem Gleichgewicht. Es wird angenommen, daß in voneinander isolierten Gebieten im Laufe der Evolution Speziationsprozesse stattgefunden haben, die schließlich dazu führten, daß alle im Gebiet möglichen ökologischen Nischen auch von einer Art besetzt seien. Die dadurch entstandene Artenvielfalt und Komplexität der Wechselbeziehungen werden als Ursachen der Stabilität und damit Immunität dieser Gesellschaft angesehen. Solche Lebensgemeinschaften werden folglich als *gesättigt* betrachtet. Mit anderen Worten: alle verfügbaren Nischen sind bereits vollständig unter den Anwesenden verteilt. Neue Organismen finden in solchen komplexen Lebensgemeinschaften keinen Zugang zu den nötigen Ressourcen:

»[T]hey will find themselves entering a highly complex community of different populations, they will search for breeding sites and find them occupied, for food that other species are already eating, for cover that other animals are sheltering in, and they will bump into them and be bumped into – and often be bumped off.« (Elton 1958:116f.)

Ein Standardbeispiel für Resistenz durch Komplexität ist der tropische Regenwald. Nach Fox/Fox (1986) ist in solchen von Natur aus artenreichen Lebensgemeinschaften der prozentuale Anteil fremder Arten deutlich geringer. Sie folgern daraus, daß artenreiche Gemeinschaften die Etablierung neuer Arten besser verhindern können, hohe Artendiversität also zu Stabilität führe. Die evolutionär entwickelte Vielfalt autochtoner Arten gilt hier als Ursache für das Fehlen fremder Arten.

Die Interpretation dieser Beobachtung als aktive Abwehr einwandernder Arten durch die artenreiche Lebensgemeinschaften scheint mir aus zwei Gründen nicht zwingend. Erstens wäre der *prozentuale* Anteil fremder Arten in artenreichen Gesellschaften auch dann geringer, wenn der Einwanderungserfolg ausschließlich vom Zufall der Einwanderung abhinge, also völlig unabhängig von der Artenzahl der Gesellschaft wäre. Ein Beleg für größere Resistenz müßte nicht nur den Anteil fremder Arten in einer Gesellschaft angeben, sondern das Verhältnis von erfolglosen und erfolgreichen Einführungen in unterschiedlichen Gesellschaften miteinander vergleichen. Zweitens kann die immer wieder angeführte Armut des Regenwalds an eingeführten Arten leicht damit erklärt werden, daß dort wesentlich seltener neue Diasporen eingeführt werden als an Flußufern oder entlang von Verkehrsrouten. Eine Resistenz des Regenwalds aufgrund seines Artenreichtums muß also nicht postuliert werden (Trepl 1990b).

Die Ansicht, jede mögliche Nische sei in einem natürlichen Ökosystem bereits realisiert, enthält Anklänge an die antike Vorstellung einer *scala naturae* und das damit verbundene Konzept der Fülle (Potthast 1996a). Das Bild einer wohlgeordneten, harmonischen Natur ist uns bereits in der antiken Vorstellung des Kosmos begegnet (vgl. Kap. IV). Dieses Naturbild taucht in zahlreichen ökologischen Theorien wie auch ihren populären Versatzstücken immer wieder auf (Jansen 1972; Egerton 1973; Pimm 1993). Der antike Kosmos hatte zugleich eine Orientierungsfunktion für den Menschen, der Natur bzw. der Naturerkenntnis kam damit normative Kraft zu. Für eine solche Natur, die eine innere Ordnung aufweist, ist jede Veränderung notwendig eine Zerstörung, die Schaffung von Unordnung. Das im Bild der gesättigten Gesellschaft enthaltene Naturverständnis nimmt also negative Wertungen anthropogener Umweltveränderungen in gewisser

Weise vorweg: Greift der Mensch von außen in die natürliche Ordnung ein, so schafft er zwangsläufig Unordnung, wirkt destruktiv.

Die im Konzept gesättigter Gesellschaften enthaltene Gleichgewichtsvorstellung beruht aber nicht zwangsläufig auf dem Bild eines harmonischen Kosmos. Sie kann durchaus auch »modern« als Ergebnis innerartlichen Wettbewerbs interpretiert werden:

> »Die Lebensgemeinschaft ist ein Wirkungsgefüge, in dem jedes in allem und alles auf jedes wirkt. Stoffwechsel, Vermehrung und Ortswechsel, auch Wachstum, Altern und Sterben sowie Ausbreitung und Verfall sind rhythmisch geordnet. Ihr *Gleichgewicht* ist das Ergebnis von Standort, Wettbewerb, Duldung und Hilfe.« (Furrer 1961:151; Herv. UE)

Die Vorstellung, daß sich Standortpotential und die ansässige Lebensgemeinschaft in einem ausgewogenen Gleichgewicht befinden, gilt heute innerhalb der theoretischen Ökologie als überholt: In der Regel stellen Populationsdynamiken Nicht-Gleichgewichtszustände dar, in denen permanente Veränderung herrscht. Gleichgewichte werden deswegen gerade nicht erreicht (Hengeveld 1987). Daß Gleichgewichtsvorstellungen sich dennoch so hartnäckig halten, hängt vermutlich damit zusammen, daß sie dem romantisierenden Ideal einer harmonisch geordneten Natur entgegenkommen.

In weniger harmonischen, sondern wettbewerborientierten individualistischen Theorien wird Artenvielfalt nicht als Voraussetzung, sondern als Ergebnis langfristiger Stabilität interpretiert (Grubb 1977): In stabilen Beständen sind Bestandslücken die einzige Chance für die ansässigen Arten zur Reproduktion, sie stellen daher die limitierende Ressource dar, nicht etwa Nährstoffe, Wasser oder Licht. Hinsichtlich der letztgenannten wird die Koexistenz verschiedener Pflanzenarten aufgrund verschiedener Differenzierungen in Lebensformen, jahreszeitliche Entwicklungsgänge etc. ermöglicht. Die Besiedlung der Regenerationsnischen wird daher als eine wesentliche Triebfeder für artliche Differenzierung erachtet. Artenvielfalt in Pflanzengesellschaften stellt sich also nach Grubb über die Teilung der Regenerationsnische von selber ein und ist nicht als evolutionärer Vorteil im Sinne von Stabilität zu verstehen. Knappheit und Konkurrenz sind in dieser evolutionsbiologischen Interpretation der Artenvielfalt als die entscheidenden Ursachen zu betrachten. Sie führen schließlich zur bestmöglichen Ausnutzung der Ressourcenbasis durch die Vielfalt der ortsansässigen Arten. Damit ist die antike Gleichgewichtsvorstellung zwar individualistisch reformuliert, auch dieses Bild läßt dann aber keinen Raum für Neuankömmlinge. Sowohl die Vorstellung einer harmonischen Weltordnung als auch die eines individualistischen Wettbewerbs um knappe Ressourcen mündet also in der Feststellung einer prinzipiellen Begrenztheit. Das Bild der »gesättigten« Gesellschaft impliziert, daß die Zahl möglicher Arten limitiert ist. Es erinnert damit an die politische Aussage »Das Boot ist voll«. In diesem Bild muß die Zuwanderung einer neuen Art zwangsläufig negative Folgen haben: Wenn der zur Verfügung stehende Platz begrenzt ist, können sich neue Arten immer nur auf Kosten der angestammten etablieren. Die Teilbarkeit der Ressourcen oder die Möglichkeit weiterer Differenzierungen wird in diesem Bild nicht in Erwägung gezogen.

3.3. Das Konzept der freien Nische

Die Beobachtung, daß der Großteil eingeführter Arten sich ohne irgendwelche Auswirkungen auf ihre neuen Gesellschaften etabliert, gilt als Beleg des Konzepts der freien Nische (Walker/Valentine 1984). Es besagt, daß sich neue Arten etablieren können, wenn sie eine Nische finden, die noch von keiner Art besetzt ist. »Nische« kann dabei räumlich (Grinnell 1917), funktionell (Elton 1927) oder als erforderlicher Ressourcensatz (Hutchinson 1958) verstanden werden. Für Pflanzen ist eine »leere« Nische oftmals, wenn auch nicht immer, mit »verfügbarem Raum« gleichbedeutend (Crawley 1987, Trepl 1990b). Entscheidend ist in diesem Fall, daß es freien Boden gibt, auf dem eine Art keimen kann. Falls andere Faktoren, etwa Licht oder Wasser, die Dichte eines Pflanzenbestands limitieren, eröffnet die Fähigkeit einer eingeführten Art, Ressourcen zu erschließen, die der heimischen Flora unzugänglich sind, ebenfalls eine neue Nische. Dies ist beispielsweise bei *Impatiens parviflora* der Fall, die aufgrund ihrer Durchwurzelungstiefe Grundwasserhorizonte erreicht, die der heimischen Krautflora unzugänglich sind (Trepl 1984).

Die Vorstellung, daß es freie Nischen gäbe, die nur darauf warten, von einer Art besetzt zu werden, ist mit der aktuellen Definition des Nischen-Begriffs unvereinbar (Johnstone 1986). Die Hutchinson-Nische als n-dimensionaler Hyperraum ist ein abstraktes Konzept, das die Kombination von Umweltbedingungen und Ressourcen kennzeichnet, die es einer Art erlauben, eine überlebensfähige Population aufzubauen, nicht eine konkrete

Struktur. Da die spezifische Nische an die jeweilige Art gebunden ist, sind Fehlen einer Nische und das Fehlen einer Art gleichbedeutend: »I see an ›empty niche‹ as an euphemism for a non-existent or underrepresented species at some instant in space-time« (Johnstone 1986:374).

Werden Nischen dagegen als Eigenschaft der Gemeinschaft betrachtet, so ist das nur unter der Voraussetzung einer organismischen Gesellschaftskonzeption möglich (Johnstone 1986). In diesem Fall beruht das Konzept der freien Nische auf der Vorstellung, daß es eine den Individuen vorgängige Struktur gäbe, in die diese sich, unter Wechselwirkung mit anderen, einfügen müssen. Damit eröffnet das Konzept der freien Nische die Möglichkeit der Etablierung neuer Arten, ohne daß andere dadurch zwangsläufig geschädigt werden. Die neue Art nimmt keiner anderen etwas weg, sondern nutzt, was vorher keine Art nutzen konnte. Im Gegensatz zur gesättigten Gesellschaft erscheint hier die Zuwanderung einer neuen Art als Bereicherung, nicht als Zerstörung.

3.4. Störung

> *»There is no invasion of natural communities without disturbance.«*
> *(Fox/Fox 1986:65)*

Nach der derzeit weitestgehend anerkannten Definition von Pickett/White (1985) sind Störungen zeitlich diskrete Ereignisse, die die Struktur von Ökosystemen, Lebensgemeinschaften oder Populationen abrupt zerreißen und die Verfügbarkeit von Raum oder Ressourcen verändern: »A disturbance is any relatively discrete event in time that *disrupts* ecosystem, community, or population structure and changes resources, substrate availability, or the physical environment« (ebd.:7; Herv. UE).

In der umfangreichen Literatur zur Neophytenökologie gelten Störungen nach wie vor als eine der wesentlichsten Ursachen der Invasibilität von Gesellschaften (Hobbs 1989; Burke/Grime 1996). Orians (1986) führt folgende Störungseffekte an, die die Einwanderung und Etablierung neuer Arten begünstigen können: Störungen können den Boden und damit die Ressourcenverfügbarkeit betreffen, sie können die Wettbewerbsbedingungen ändern, indem sie eine Gruppe von Konkurrenten ausschalten oder neue Ressourcen eröffnen, sie können durch selektive Entfernung einzelner Arten Räuber-Beute-Beziehungen verändern oder auch mutualistische Beziehungen durch veränderte Abundanzverhältnisse. Nach Crawley (1986) begünstigen allerdings nur solche Störungen die Etablierung neuer Arten, die eine Minderung des Deckungsgrads oder der Konkurrenzintensität bewirken. In der oben zitierten Definition scheint der Begriff der Störung, wie auch in der Umgangssprache, negativ belegt. Er ist assoziativ mit Zerstörung verbunden, die ja auch explizit in die Definition eingeht. Das englische Wort »disrupt« bedeutet »in Unordnung bringen«. Das heißt, dem Störungsbegriff liegt das Bild einer Ordnung zugrunde, die durch die Störung beeinträchtigt wird. Dies ist in gewisser Weise widersprüchlich, denn zugleich werden Störung und Dynamik heute als konstitutive Wesensmerkmale der Natur aufgefaßt (vgl. Sousa 1984 sowie Beiträge in Mooney/Godron 1983; Pickett/White 1985). Diese Ambivalenz ist dem Störungsbegriff immanent. Was überhaupt eine »Störung« ist, hängt von der Betrachtungsebene ab (Orians 1986). Unter anderem deshalb ist der Begriff kaum konsistent zu verwenden (Rykiel 1985). »Natural disturbances to plant communities are simultaneously a source of mortality for some indviduals and a source of establishment sites for others« (Denslow 1980:18). Für den einzelnen Grasbüschel mag das weidende Schaf eine Störung sein, zur Erhaltung der Lebensgemeinschaft »Wacholderheide« ist es eine Notwendigkeit. Doch nicht nur solche anthropogenen Lebensgemeinschaften sind auf regelmäßige Störungen angewiesen, sondern auch in natürlichen Ökosystemen wie Wäldern und Flußauen gelten natürliche Störung als Regel (Thiele 1985; Remmert 1987; Sprugel 1991).

Im Gegensatz zum Modell der gesättigten Gesellschaft, in dem nur eine lange, ungestörte Entwicklung zu größtmöglicher Artenvielfalt führt, geht das patch-dynamics-model davon aus, daß regelmäßige Störungen die Artenvielfalt positiv beeinflussen. Den günstigsten Einfluß auf die Artenvielfalt hätten mittlere Störungsintensitäten (intermediate-disturbance-hypothesis, Conell 1978). Obwohl also Dynamik und Nicht-Gleichgewichtszustände in der aktuellen Debatte positiv belegt sind, beruhen sie implizit dennoch auf einer Gleichgewichtsvorstellung: Als wichtigster Effekt der Störung gilt, daß sie – durch Schaffung von Vegetationslücken oder durch Freisetzung zusätzlicher Nährstoffe – neue Nischen schafft. Das bedeutet, die ungestörte Gesellschaft gilt, auch in dieser Theorie, als gesättigt. Exemplarisch soll hier die Argumentation von Fox/Fox (1986) für die Begründung ihrer Störungshypothese nachgezeichnet werden.

Fox/Fox (1986) stützen sich in ihrer Begründung der Resistenz auf die Elton'sche Komplexitäts-Hypothese: In natürlichen Gemeinschaften bildeten die gemeinsam vorkommenden Arten ein Netzwerk, in dem die gemeinsame Ressourcenbasis durch evolutiv herausgebildete Wechselwirkungen bestmöglich oder gar vollständig ausgenutzt werde. Nur wenn durch Störungen dieses Netzwerk zerrissen oder neue Ressourcen geschaffen würden, entstünden freie Ressourcen, die dann die Ansiedelung neuer Arten ermöglichten (creation of spare resource by disturbance, Fox/Fox 1986): »New resources may be *utilised* by native species in the community or may be *exploited* by new species, either native or introduced« (Fox/Fox 1986:57; Herv. UE).

Die Formulierung, daß einheimische Arten die Ressourcen *nutzen*, während neue Arten sie *ausbeuten*, erscheint nun im Hinblick auf meine Fragestellung sehr aufschlußreich. Nicht die Störung selber wird als Problem betrachtet, sondern die Art und Weise, wie einwandernde Arten sie (aus)nutzen. Daß der Erfolg eingeführter Arten von ihrer Fähigkeit abhänge, Störungen nutzen zu können, ist auch die Ausgangshypothese einer Studie von Grime/Burke (1996): »... invading species differ in their ability to exploit major disruption of the ecosystem« (Grime/Burke 1996:777). Sie kommen zu dem Schluß, daß die funktionellen Eigenschaften der einwandernden Art ausschlaggebend für ihren Erfolg seien. Damit ist wieder auf die im vorigen Abschnitt diskutierten »Unkrauteigenschaften« problematischer Neophyten verwiesen.

In der Störungshypthese gibt es also einen Zustand *vor* der Störung, in dem Standort und Arten im Gleichgewicht sind und einen Zustand *danach*, der es hinreichend »rücksichtslosen« und konkurrenzstarken Arten ermöglicht, sich anzusiedeln. Eine solche Vorher-Nachher-Unterscheidung ist dem Konzept der Störung überhaupt inhärent. Sie findet sich auch in der Auffassung, das Netzwerk der Beziehungen müsse durch ein gewaltsames Ereignis zerrissen werde, damit sich neue Arten ansiedeln könnten.

Im Hinblick auf meine Leitfragen ist der Störungsbegriff sehr aufschlußreich. Indem er einen ursprünglich »guten« Zustand von einem negativ veränderten »schlechten« unterscheidet, verweist er, trotz des genau gegenteiligen Anscheins, auf das Ideal einer harmonischen Odnung der Natur. Vorausgesetzt wird hier nämlich eine Ordnung, in der alle ihren Platz haben (jede Art ihre Nische), die durch ein ihr äußerliches Ereignis aus dem Gleichgewicht gerät. Diese Unterscheidung von Vorher-gut-nachher-schlecht hat zahlreiche Parallelen: Sie erinnert an den biblischen Sündenfall, an die Schändung der jungfräulichen Natur durch das Eindringen des

Menschen, die Entfremdung von Mensch und Natur durch den neuzeitlichen Dualismus, die Zerstörung der organischen Einheit von Natur und Kultur durch die moderne Zivilisation. Ihnen allen liegt die Sehnsucht nach der – vermeintlich ursprünglichen – Einheit, Ganzheit und Harmonie zugrunde.

3.5. Konkurrenz

> *»In a world in which one organism's dinner necessarily means another's starvation, the mere consumption of resources has a kind of de facto equivalence to murder.«* (Keller 1992:70)

Während das Sättigungskonzept die Immunität bestimmter Gesellschaften erklärt, und das Konzept der freien Nische die Einfügung neuer Arten ohne negative Folgen für die Lebensgemeinschaft erlaubt, scheint die Etablierung eingeführter Arten im Konkurrenzkonzept nur auf Kosten der ansässigen möglich zu sein. Dies setzt allerdings voraus, daß eingeführte den angestammten Arten kompetitiv überlegen sind. Die hohe Konkurrenzkraft problematischer Arten war bereits unter Punkt 2.4. Thema. Dort wurde sie als Eigenschaft der einwandernden Art diskutiert. In diesem Absatz geht es dagegen um die Konkurrenzbedingungen in Lebensgemeinschaften, die die Etablierung einer eingeführten Art beeinflussen.

Konkurrenz gilt nicht nur als ein wesentlicher Faktor der Evolution, sondern nimmt auch in ökologischen Theorien breiten Raum ein. Aufgrund der umgangssprachlichen Bedeutung, seiner begrifflichen Unschärfen und fehlenden Operationalisierbarkeit sowie seiner ideologischen Komponente wird der Konkurrenzbegriff immer wieder kritisiert (Peters 1991, McIntosh 1992, Keller 1992). Konkurrenz ist nicht die einzige Interaktionsform von Organismen. Mutualismus, Symbiose oder Predation können ebenfalls eine wichtige Rolle für Struktur und Eigenart einer Lebensgemeinschaft spielen. Für Pflanzen wird jedoch davon ausgegangen, daß Konkurrenz um Raum, Licht, Wasser und Nährstoffe einen wesentlichen Faktor darstellt (Grime 1973).

Die Rolle interspezifischer Konkurrenz für den Einbürgerungserfolg neuer Arten diskutiert Trepl (1994a). Er schlägt vor, bezogen auf den Konkurrenzfaktor zwei Typen von Gesellschaften zu unterscheiden, nämlich solche, die durch unspezifische und solche, die durch spezifische Konkurrenz gekennzeichnet sind.

Unspezifische Konkurrenz liegt vor, wenn eine viele Arten um dieselbe, homogen verteilte Ressource, beispielsweise Raum, konkurrieren. Neue Arten können sich unter diesen Bedingungen nicht aufgrund spezifischer Anpassungen etablieren, sondern immer dann, wenn eine Lücke im Bestand vorhanden ist, die eine Ansiedlung erlaubt. In solchen »founder-controlled communities« ist der Konkurrenzausschluß erheblich reduziert (Begon u.a. 1996:821). In einer solchen »competitive lottery« können gebietsfremde Arten ebensogut Fuß fassen wie schon ansässige. Die Immunität des tropischen Regenwaldes beispielsweise ist nach Trepl (1994a) auf das Wirken solcher unspezifischen Konkurrenz zurückzuführen. Der ausschlaggebende Faktor für den geringen Erfolg neuer Arten sei die Geschlossenheit der Vegetation, es träfen lediglich sehr viel seltener Arten »zur rechten Zeit am rechten Ort« ein, als in anderen Gesellschaften. Auch die bereits diskutierte Erhöhung der Invasibilität durch Störungen trifft nach Trepl nur im Falle unspezifischer Konkurrenz zu, weil nur unter diesen Bedingungen jede Art von der Störung profitieren könne.

Spezifische Konkurrenz liegt dagegen nur in Pflanzengesellschaften mit inhomogen verteilten Resourcen vor, beispielsweise entlang eines Nährstoff- oder Feuchtigkeitsgradienten. Hier ist mit spezifischen Anpassungen der Arten an kleinräumliche Standortbedingungen zu rechnen, etwa morphologische Anpassungen an allmählich steigende Grundwasserspiegel. Unter den Bedingungen spezifischer Konkurrenz kommt es zur Nischendifferenzierung: Unterschiedlichste Nischen werden von verschiedenen Arten in unterschiedlicher Weise genutzt. Nur unter solchen Bedingungen ist Immunität durch Sättigung überhaupt denkbar: »Das Modell der durch spezifische Konkurrenz bestimmten Gesellschaft erlaubt die Vorstellung einer Sättigung. Für Gesellschaften mit unspezifischer Konkurrenz ergibt dieser Begriff ... keinen Sinn« (Trepl 1994a:70).

Nur im Fall unspezifischer Konkurrenz können Störungen invasionsfördernd sein. Nur sie begünstigt konkurrenzstarke, »aggressive« Arten. Bei den im ersten Kapitel vorgestellten Beispielen problematischer Neophyten geht es meistens um eine solche unspezifischen Konkurrenz um Raum und Licht (Kowarik 1996). Das Vorliegen spezifischer Konkurrenz erfordert dagegen nicht unspezifische Aggressivität, sondern die (sehr unwahrscheinliche) adaptive Einpassung der neuen Art in das Wirkungsgefüge der vorhandenen Arten. Im Falle spezifischer Konkurrenz hängt also der Einwanderungserfolg gerade nicht von der Resistenz der Aufnahmegesellschaft, sondern wesentlich von den Eigenschaften der einwandernden Art ab. Die Vorstellung, daß Lebensgemeinschaften das Ergebnis der um knappe Ressourcen konkurrierenden Individuen darstellen, habe ich im Kapitel III als Merkmal einer individualistischen Gesellschaftskonzeption dargestellt. Sie trifft ebenfalls am ehesten unter den Bedingungen unspezifischer Konkurrenz zu. Durch spezifische Konkurrenz geprägte Gesellschaften entsprechen dagegen am ehesten organismischen Gesellschaftskonzepten. Dennoch vermittelt der Begriff »Konkurrenz« als solcher bereits ein Bild der Natur, das den bisher überwiegend harmonischen Ansätzen widerstreitet: Leben scheint hier immer nur auf Kosten anderen Lebens möglich.

3.6. Predator-Control

> »*Natural enemies can prevent invasion or reduce the rate of spread of invading species.*« *(Crawley 1986:721)*

Konkurrenz um die Besetzung limitierter Nischen entscheidet nicht allein über einen möglichen Invasionserfolg. Auch andere Wechselwirkungen der Arten untereinander beeinflussen die Populationsdynamik entscheidend. So werden Populationsgrößen nicht nur durch interspezifische Konkurrenz gesteuert, sondern auch durch Predation (Harper 1977). Predation kann sich negativ auf die Vitalität und/oder den Fortpflanzungerfolg der Einzelpflanze auswirken: Beweidung, Insektenfraß oder Pilzbefall können so die Populationsgröße einer Art regulieren. Koevolutiv eingespielte Räuber-Beute-Systeme gelten als verhältnismäßig stabile Gleichgewichtszustände beider Populationen: »a predator or parasitoid population maintains a prey or host population at low density over an ecologically long period« (Murdoch/ Briggs 1996:2001).

Hierbei spielt die Vorstellung einer koevolutiv entwickelten Angepaßtheit der Arten aneinander wieder eine zentrale Rolle. Bei der Einführung einer Art in eine neue Umgebung entfällt aufgrund der ausgeprägten Wirtsspezifität vieler Herbivoren dieser Regulationsmechanismus. Daher wächst ihre Population mehr oder weniger ungebremst, zumindest solange bis andere, beispielsweise dichteabhängige Mechanismen greifen. Durch fremde Arten hervorgerufene Schädlingskalamitäten werden auf einen Mangel an evolutionär stabilisierten feed-back Mechanismen zurückgeführt (Pimentel 1961; 1986).

Die räumliche Isolation von Phytoparasiten und -phagen ihrer Heimat gilt daher als wesentlicher Grund für die Konkurrenzstärke von Neophyten (Kowarik 1996). Neophytische Pflanzen sind in ihrer neuen Heimat oft wesentlich größer und kräftiger als in ihrem Herkunftsland (Crawley 1987). Blossey/Nötzold (1995) bezeichnen dieses Phänomen als »increased competitive ability« und erklären es mit der veränderten Ressourcenallokation durch die Pflanze: Wegen der Verringerung des Predationsdrucks brauche die Pflanze keine Verteidigungsmechanismen gegen Schädlinge und könne daher mehr in ihr Wachstum »investieren«: »According to the optimal defence hypothesis ... plants optimize their defence investments in direct proportion to the cost of their loss« (Blossey/Kamil 1996).

Durch den veränderten Selektionsdruck würden daher auf lange Sicht solche Genotypen gefördert, die alles in vegetatives Wachstum investierten. Pflanzenarten, die in ihrem Ursprungland unter hohem Herbivorendruck stünden, könnten so mit größerer Wahrscheinlichkeit problematische Neophyten werden (Blossey/Kamil 1996).

Bei der Erklärung des Ausbreitungserfolgs einer eingeführten Art über das Fehlen von Räubern steht die direkte Regulierung einer Art durch eine oder mehrere andere im Vordergrund. In diesem Ansatz steht das Individuum – und insbesondere seine erfolgreiche Reproduktion – unter der Kontrolle der Gemeinschaft. Ein Versagen dieser Kontrollmechanismen (durch den Wegfall der Predatoren) führt zu einer kaum gebremsten Vermehrung. Tatsächlich zeichnen sich, wie unter 3.2. dargestellt, problematische Arten durch starke, unkontrollierte Vermehrung aus. Damit wird ein Bild von der Natur gezeichnet, das, wie der Begriff der Konkurrenz, dem klassischen individualistischen Paradigma folgt: Alle Individuen bzw. Arten optimieren ihre eigenen Überlebenschancen und werden nur durch die Kontrolle der anderen im Zaum gehalten. Mithilfe der Marquard'schen Naturbegriffe interpretiert, bedeutet das: Wenn die Kontrollnatur versagt, setzt sich die triebhafte Natur ungehemmt durch.

3.7. Anthropogene Standortveränderungen

Diese Hypothese geht davon aus, daß Veränderungen der chemischen Charakteristik eines Biotops der erfolgreichen Etablierung eingeführter Arten vorausgehen. Anders als in den bislang vorgestellten Ansätzen stehen also nicht die ansässige Lebensgemeinschaft und die Wechselwirkungen der in ihr lebenden Organismen, sondern die Standortansprüche der Arten im Vordergrund. Auf Standorten, die durch menschliche Eingriffe verändert werden, beispielsweise durch Eutrophierung, gerät das eingespielte Artengleichgewicht durcheinander, neue Arten können sich etablieren. Diese Theorie wird häufig zur Erklärung des Erfolgs gebietsfremder Wasserpflanzen herangezogen (Johnstone 1986), aber auch zur Erklärung des Erfolgs wärmeliebender Arten in Großstädten. Auch ein gesteigertes Nährstoffangebot durch anthropogene Eutrophierung eröffnet Ansiedelungsmöglichkeiten für neue Arten und verschiebt die konkurrenzbedingten Gleichgewichte. Experimentell konnte bestätigt werden, daß durch Düngung die Anfälligkeit einer Gesellschaft für Invasionen erheblich gesteigert wird, vor allem, wenn sie in Kombination mit Störungen auftritt (Burke/Grime 1996). Allerdings gilt der Umkehrschluß nicht: selbst extrem nährstoffarme Standorte sind nicht immun gegen neue Arten (Johnstone 1986). Als Folge anthropogener Standortveränderungen wird auch die Ausbreitung (wärmeliebender) Neophyten diskutiert. So wird angenommen, daß der »Global Change«, d. h. die weltweite Erwärmung des Klimas, den Ausbreitungerfolg neuer Arten, die oft aus klimatisch wärmeren Regionen kommen, in den gemäßigten Breiten Europas und Nordamerikas begünstige (Beerling 1994).

Wie das Störungskonzept nach Fox/Fox (1986) setzt dieser Ansatz voraus, daß sich die angestammten Lebensgemeinschaften unter dem Vorzeichen der Knappheit der Ressourcen entwickelt haben. Die Knappheit bewirkt eine Verschärfung des Konkurrenzkampfes, aus dem eine Differenzierung und Spezialisierung der Arten resultiert – Vielfalt stellt sich ein. Ist der ehemals limitierende Faktor (Stickstoff, Wärme) plötzlich im Überfluß vorhanden, stellen die Spezialisierungen keinen Selektionsvorteil mehr dar, eine unspezialisierte neue Art kann die nunmehr schlecht angepaßten alten Arten verdrängen. In diesem Standorts-Ansatz findet sich neben der bereits mehrfach diskutierten Vorstellung eines Gleichgewichts (zwischen Standortpotential und Arteninventar) ein deutlich individualistisches Gesellschaftskonzept. Die Artenzusammensetzung wird als Ergebnis des zwischenartlichen Wettbewerbs um Ressourcen gedeutet. Ändert sich die Ressourcenlage, so kann dies nicht ohne Auswirkungen auf die artliche Ausstattung des Raums bleiben. Diese Erklärung kommt also ohne eine postulierte Aggressivität der neuen Arten und ohne die Vorstellung resistenter Lebensgemeinschaften aus.

3.8. Das Konzept der Safe Sites

Die Vorstellung der Resistenz und der freien Nische tauchen in gewisser Weise auch im Konzept der »safe sites for survival« (Harper 1977) auf. Demzufolge setzt die Etablierung einer Pflanze an einer bestimmten Stelle voraus, daß dort keine Umwelt-Resistenz vorliegt. Unter »environmental resistance« wird dabei jeder Faktor gefaßt, der die Wachstumsrate der Population der neuen Art negativ beeinflußt: »any factor operating to reduce the intrinsic growth rate (r_{max}) of the invader« (Johnstone 1986:375).

Safe sites sind also solche, auf denen eine Pflanze sich etablieren kann, weil keine Faktoren vorhanden sind, die dies verhindern. Dieses Konzept entstammt der theoretischen Ökologie, in der es für mathematische Modelle der Sukzession verwendet wurde. Obwohl es in gewisser Weise tautologisch ist, kann es nach Johnstone (1986) zur Klassifikation und Prognose unterschiedlicher Invasionspotentiale herangezogen werden. Als einzige Ursache einer Invasion im kausalen Sinn gilt die Entfernung einer Barriere, die vorher die Art ausgeschlossen hat. Das Potential einer Art, in eine Gesellschaft aufgenommen zu werden, hängt damit von der An- bzw. Abwesenheit solcher Invasionsbarrieren in der Vegetation ab. Es sei damit stochastisch und könne als Wahrscheinlichkeit quantifiziert werden.

Johnstone (1986) unterscheidet selektive und nicht-selektive Barrieretypen sowie botanische und nicht-botanische Ursachen der Selektivität. Je nach Kombination dieser Barrieretypen ist die Etablierung einer neuen Art unterschiedlich wahrscheinlich. Hieraus ergeben sich vier Typen sog. Invasionsfenster (vgl. Abbildung 3):

1. Sind alle Barrieren vorhanden ist die Wahrscheinlichkeit einer erfolgreichen Einwanderung gleich Null.
2. Durch den Wegfall einer botanischen Barriere (also z. B. durch das Absterben einer einzelnen Pflanze) entsteht im temporären Fenster eine vorübergehende und unspezifische Invasionsmöglichkeit.
3. Durch Entfernen einer spezifischen Barriere ergibt sich eine dauerhafte Invasionsmöglichkeit für ganz bestimmte Arten.
4. Für eine Art, die bereits eine spezifische Barriere überwunden hat, und nun überdauert, bis sie Platz findet, stellt schließlich die ansässige Vegetation eine vorübergehende Barriere dar. Ihre Etablierung in Zukunft ist also möglich.

		Barrieretyp	
		nicht selektiv	selektiv
Ursache der	nicht botanisch	fehlend (1)	stabil (3)
Selektivität	botanisch	temporär (2)	zukünftig (4)

Abbildung 3: Vier Typen sog. Invasionsfenster *Quelle:* Johnstone 1986:380

Unter Zuhilfenahme dieser Einteilung soll eine situationsbezogene Vorhersage des möglichen Einwanderungserfolgs einer Art möglich sein. Obwohl diese Klassifikation behauptet, das Invasionspotential quantifizieren zu können, sehe ich nicht, daß ihr dies wirklich gelingen könnte. Johnstone (1986) belegt lediglich, daß die Invasionswahrscheinlichkeit stochastisch, d. h. in seinem Sinne systemabhängig ist: Ihre Berechnung ist also weder einzig von der Art des einwandernden Organismus noch einzig von der Art des Ökosystemes abhängig, sondern von ihrem geeigneten zeitlichen Zusammentreffen. Er bietet also eine Möglichkeit, die vage Aussage, die rechte Art müsse zur rechten Zeit am rechten Ort eintreffen, mathematisch zu operationalisieren. Was aber im einzelnen eine Barriere darstellt, dürfte sich auch hier oft erst im Nachhinein erweisen. Daher ist der prädiktive Charakter dieses Ansatzes ebenfalls beschränkt.

Hinsichtlich einer Interpretation der Bedeutung dieser Theorie fällt die Betonung des Begriffs »Barriere« auf. Ohne auf den Begriff der biotischen Resistenz eingeengt zu sein, wie bei Elton, bedeutet die abstrakte Barriere einen Widerstand gegen das Eindringen einer neuen Art. Bezüglich seines Bedeutungshofs unterscheidet sich der Begriff der Barriere jedoch deutlich von dem der Resistenz. Resistenz dient der Aufrechterhaltung der körperliche Integrität des (Gesellschafts-)Organismus, ihre Überwindung schädigt diesen. Barrieren dagegen markieren Grenzen, ihre Öffnung erlaubt die Grenzüberschreitung. Insofern ist das Eindringen einer neuen Art nach dem Wegfall einer Barriere nicht notwendig mit einer Schädigung verbunden wie im organismischen Konzept. Moralisch negativ zu bewerten ist hier allenfalls die gewaltsame Zerstörung natürlicher Barrieren durch den Menschen.

3.9. Fazit

- *Das Modell einer entwicklungsgeschichtlich bedingten Resistenz natürlicher Gesellschaften kann als gescheitert betrachtet werden. Ebenso ist es nicht möglich, aufgrund bestimmter Eigenschaften eines Organismus vorherzusagen, ob er sich an einem neuen Ort etabliert und ob dabei Verdrängungen zu erwarten sind. Vielmehr muß für eine erfolgreiche Einwanderung die richtige Art zum richtigen Zeitpunkt am richtigen Ort eintreffen.*

- *Einwanderungen sind singuläre Prozesse, die zwar anhand allgemeiner Regeln im Nachhinein erklärbar, aber nicht prognostizierbar sind.*

- *Der Begriff der Resistenz beruht auf dem Bild einer wohlgeordneten, harmonischen Natur. Wenn Natur als Kosmos gedacht ist, impliziert dies, daß jede Veränderung eine Zerstörung, die Schaffung von Unordnung ist. Indem Resistenz die Abwehrkraft natürlicher Gesellschaften bezeichnet, verweist der Begriff außerdem auf eine organismisch-holistische Gesellschaftskonzeption. Für die als Organismus konzipierte Lebensgemeinschaft gilt ebenfalls: Jeder Eindringling von außen ist schädlich.*

- *Die Verwendung des Störungsbegriffs im Zusammenhang der Invasionsforschung erscheint als Ausdruck einer Sündenfallmetaphorik, die einen ursprünglichen, guten Zustand vorher von einem schlechten nachher unterscheidet, also ein Werturteil enthält.*

- *Im Konzept der »freedom of predators«-Hypothese erscheinen Interaktionen zwischen den Organismen einer Lebensgemeinschaft als notwendige Kontrolle über die Hemmungslosigkeit des Individuums. Die scheinbare Harmonie der Lebensgemeinschaft entpuppt sich als Ergebnis von Fressen und Gefressenwerden. Hier wird das holistische Bild des Gesellschaftsorganismus individualistisch gewendet.*

- *In der Erklärung des Invasionserfolgs über ein anthropogen verändertes Standortpotential wird dagegen umgekehrt ein individualistisches Gesellschaftskonzept harmonisch gewendet: Das Gleichgewicht zwischen Standort und Arteninventar wird durch den Menschen aus der Balance gebracht. Anders als das Störungskonzept gibt es aber bezüglich der Bewertung keinen Unterschied zwischen Vorher und Nachher: Auch die neue Lebensgemeinschaft ist an die neuen Standortbedingungen angepaßt.*

- *Im Begriff der Barriere erscheint die Überschreitung einer Grenze nicht notwendig als aggressiver Akt, der mit Zerstörung verbunden ist. Allenfalls die Zerstörung der Barriere selbst durch den Menschen ist Ansatzpunkt moralischer Kritik.*

174

Kapitel VI

Bewertung der Auswirkungen eingeführter Arten

»Bei diesen Betrachtungen bleibt festzuhalten, daß die Ökologie als wertfreie Naturwissenschaft überhaupt nur Veränderungen in Ökosystemen beschreiben kann, also die Umwandlung eines Ökosystems vom Zustand A in den Zustand B. ... Schäden hingegen sind Veränderungen, die von Menschen als unerwünscht definiert werden. In diesem normativen Sinn sind Abweichungen von Zielsetzungen der Nutzung oder des Naturschutzes Schäden.«
(Sukopp/Sukopp 1993:278)

Die Einführung gebietsfremder Pflanzenarten durch den Menschen hat z. T. weitreichende Auswirkungen. Die Ökologie kann diese Folgen beschreiben und in manchen Fällen auch erklären, indem sie kausale Wirkungszusammenhänge zwischen der Etablierung eingeführter Arten und Veränderungen ihrer neuen Ökosysteme und Lebensgemeinschaften nachweist. Die Bewertung dieser Folgen ist dagegen keine naturwissenschaftliche Angelegenheit. Sie kann nur durch Vergleich mit einer Norm erfolgen, die sich nicht aus der Natur, sondern durch menschliche Wertsetzung ergibt. Werden die Folgen der Einführung einer Art als unerwünscht bewertet, so sind daraus wiederum Konsequenzen für das Handeln zu ziehen.

Nach einer Erläuterung des Begriffs der Bewertung (1) wird zunächst die Wahrscheinlichkeit der Etablierung eingeführter Arten und des Auftretens unerwünschter Folgen diskutiert (2). Danach werde ich die befürchteten unerwünschten Folgen der Etablierung und Ausbreitung von Neophyten auf der Sachebene prüfen (3). Die Kriterien, aufgrund derer diese Folgen als unerwünscht bewertet werden, werden anschließend vorgestellt und diskutiert (4). Besonderes Augenmerk gilt dabei dem Status der Argumente hinsichtlich der ethisch einschlägigen Fragen der Eigenwertigkeit der Natur bzw. der Begründungsstrategie des Naturschutzes. Während die Kriterien sich bei Kollisionen mit Nutzungen aus den jeweiligen Nutzungszielen ergeben (4.1.), werden sie im Hinblick auf Naturschutzfragen aus dem Bundesnaturschutzgesetz abgeleitet (4.2.).

1. Zum Begriff der Bewertung

Wenn im Hinblick auf die Etablierung und Ausbreitung von Neophyten von Bewertung die Rede ist, müssen zunächst einige zentrale Unterscheidungen eingeführt werden. Die Aussage »Durch die Etablierung und Ausbreitung einer eingeführten Art werden heimische Arten so beeinträchtigt, daß mit ihrer lokalen Extinktion zu rechnen ist. Deshalb sollten Regulierungsmaßnahmen erfolgen« ist auf der Sach- und der Wertebene bestreitbar: Ob die Etablierung eingeführter Arten zu einer Verdrängung heimischer Arten führt, ist eine Frage der *Beurteilung*, hier geht es um die *Richtigkeit* des behaupteten Sachverhalts. Die *Bewertung* betrifft dagegen seine *Wertdimension*, also die – zunächst noch subjektive – Frage, ob der Sachverhalt erwünscht oder unerwünscht ist (Eser/Potthast 1997). Davon zu unterscheiden ist wiederum die Formulierung von *Handlungsanweisungen*.

Diese drei Ebenen werden in der Literatur zur Neophytenproblematik leider selten angemessen unterschieden. In vielen Publikationen gilt beispielsweise die Verdrängung der angestammten Vegetation *per se* als unerwünscht: »The replacement of a native wetland plant community by a monospecific stand of an exotic weed does not need refined assessment to demonstrate that a local ecological disaster has occurred« (Thompson u.a. 1987).

Eine differenziertere Behandlung der Bewertungsproblematik macht dagegen Fragen auf drei Ebenen erforderlich:

1. *Sachebene*: »Welche Auswirkungen hat die Einführung nichtheimischer Arten auf die neuen Ökosysteme und Lebensgemeinschaften?«
2. *Wertebene:* »Sind diese Auswirkungen unerwünscht und wenn ja, aus welchen Gründen?«
3. *Normebene:* »Soll diesen unerwünschten Auswirkungen durch geeignete Maßnahmen entgegengewirkt werden und wenn ja, wie?«

Dabei sind sowohl der Übergang von der Sach- zur Wertebene, als auch der von der Wert- zur Normebene problematisch. Der Anspruch wissenschaftlicher Objektivität und Wertfreiheit scheint eine Verknüpfung von Fakten mit mehr oder weniger subjektiven Werturteilen zu allgemeinverbindlichen Normen nicht zu erlauben.

1.1. Von der Beurteilung zur Bewertung

Die Natürlichkeit eines Raumausschnitts, die Gefährdung eines Biotops oder die Seltenheit einer Art ist weder sinnlich wahrnehmbar, noch unmittelbar zu beobachten, sondern bedarf eines sachgemäßen Urteils. Die hierzu erforderliche Zuordnung eines Objekts zu einer bestimmten Klasse oder seine Einstufung auf einer Skala anhand von Kriterien wird häufig nicht als Beurteilung, sondern als Bewertung bezeichnet. So heißt es in einer Arbeit über *Reynoutria japonica* beispielsweise: »*Reynoutria japonica* hat sich auf vielen natürlichen Standorten fest eingebürgert und wird als Neophyt und als Agriophyt *gewertet* (Hayen 1995:125; Herv. UE). Im Hinblick auf die Beurteilung der Ursprünglichkeit einer Art spricht Usher von »Kriterien, die herangezogen werden können, um zu *bewerten*, ob eine Art einheimisch ist oder nicht « (Usher 1994:17; Herv. UE). Schlüter (1987:14) nennt seine Beurteilung des Natürlichkeitsgrades der Vegetation »quantitative Bewertung«. »Bewerten« ist hier jedoch nicht im moralisch-wertenden Sinn zu verstehen, sondern bedeutet lediglich »mit-einem-(Zahlen)-Wert-versehen«. Diese Form der »Bewertung«, die wissenschaftliche Beurteilung, gilt als

a) rein deskriptiv – d. h. wertfrei – und
b) objektiv – d. h. unabhängig von den jeweiligen Untersuchenden reproduzierbar.

Die Natürlichkeit eines Gebiets oder die Seltenheit der dort vorkommenden Arten sind zugleich aber die wichtigsten Kriterien der Schutzwürdigkeit (Margules/Usher 1981). Die wissenschaftliche Beurteilung ist damit also unmittelbar für die Bewertung und die Formulierung (normativer) Handlungsanweisungen relevant. Die irreführende Rede von »wissenschaftlicher Bewertung« bzw. »quantitativer Bewertung« verweist also zwar unbeabsichtigt, aber zurecht darauf, daß als deskriptiv unterstellte »Bewertungen« normative Aspekte aufweisen.

Mit dem Ziel einer intersubjektiv vermittelbaren Bewertung wird in der Naturschutzforschung vielfach der Versuch unternommen, Merkmale, Kriterien und Werte für eine ökologische Bewertung möglichst quantitativ zu definieren: »Die Quantifizierung von Kriterien ist sinnvoll, da sie zur Reproduzierbarkeit unabhängig vom Beobachter führt und man daher das Gefühl hat [*sic!*], daß der Bewertungsvorgang weniger willkürlich ist« (Usher 1994:20).

Diese Quantifizierung ist aber für zahlreiche ökologische Bewertungskriterien wie »Natürlichkeit« oder »Regenerationsfähigkeit« nicht anwendbar. Um sie im Rahmen eines Bewertungsverfahrens einer Verrechenbarkeit zugänglich zu machen, ist es daher üblich, sie auf einer ordinalen Skala einzustufen (z. B. sehr hoch, hoch, mittel, gering, sehr gering). Den Stufen dieser Skala werden dann z. T. sogar kardinale (Zahlen)Werte zugeordnet (z. B. Seibert 1980). Genau diese Wertzuweisung ist aber ein kaum wissenschaftlich zu begründender Schritt. So setzt die Annahme, daß »der Wert eines gefährdeten Naturelements nicht linear, sondern exponentiell mit seinem Platz auf einer Roten Liste steigt« (Heidt/Plachter 1996:219), neben wissenschaftlichen Hypothesen auch außerwissenschaftliche Wertannahmen wie die Wertschätzung seltener Güter voraus. Diese Werte wiederum wären aber genauer zu charakterisieren. Sind es die des Marktes, auf dem Güterverknappung zu Wertsteigerung führt, wie es das folgende Zitat aus einem Ausatz zur ökologischen Bewertung nahelegt? »Wie auf allen Märkten werden auch in unserem Falle seltene Objekte höher bewertet als häufig vorkommende« (Seibert 1980:13). Oder beruht die Wertschätzung auf einer moralischen Haltung, die Arten als (Eigen)Werte wahrnimmt? Oder aber handelt es sich um eine rein instrumentelle Wertschätzung? Schon in die rein wissenschaftliche Wertzuweisung gehen also offenbar als normativ im moralischen Sinne zu charakterisierende außerwissenschaftliche Kriterien ein. Die vielfach vorgenommene Unterscheidung biologischer von nicht-biologischen Kriterien (z. B. Margules/Usher 1981, Fuller/Langslow 1994) verkennt deren wechselseitige Abhängigkeit.

Es ist folglich nicht ganz zufällig, daß die Beurteilung der Natürlichkeit eines Gebiets oder der Ursprünglichkeit einer Art als »Bewertung« bezeichnet wird. Indem die herangezogenen Kriterien selbst Werte darstellen (z. B. Natürlichkeit, Seltenheit, Reproduzierbarkeit), kommt die Einstufung einer Art oder eines Gebiets auf einer solchen Skala tatsächlich einer Bewertung im strengen Sinne gleich. Mit der Verwendung bestimmter Kriterien können also bereits moralisch normative Vorentscheidungen verbunden sein, über deren Geltungsanspruch explizit diskutiert werden müßte.

1.2. Zum Unterschied von Werten und Normen

Anders als die eben besprochenen, quantifizierenden »Werte« der Naturwissenschaft, die im Ruf größtmöglicher Objektivität stehen, gelten moralische (»ethische«) Werte als strikt subjektiv. Dinge sind nicht *an sich* wertvoll, sondern weil jemand sie wertschätzt: »Das Werten selbst erscheint dabei als Moment einer emotionalen Stellungnahme« (Höffe 1992:303). Als Normen werden dagegen »allgemein anerkannte, als verbindlich geltende Regeln« bezeichnet (Duden 1990). Sie unterscheiden sich von Werten durch eben diesen Verbindlichkeitsanspruch. Eine Norm ist also ein »genereller Imperativ, der rechtliches und sittliches Handeln von Einzelnen und Gruppen orientiert« (Höffe 1992:200). Während Werte partikular sein können, unterliegen Normen dem Gebot der Verallgemeinerungsfähigkeit (Wimmer 1980).

Hinsichtlich der Subjektivität und Verbindlichkeit von Werten ist es in der Umweltethik mittlerweile üblich, verschiedene Arten von Werten zu unterscheiden, nämlich instrumentelle, inhärente und intrinsische. Diese Unterscheidung ist für das Verständnis der Ausführungen in diesem Kapitel zentral und soll daher an einfachen Beispielen veranschaulicht werden:

- *Instrumentell* ist der Wert eines Gegenstands im Hinblick auf seine *Funktion*: Ein stumpfes Messer, eine gesprungene Kanne sind in diesem instrumentellen Sinne wertlos. Die Begründung für den Wert eines bestimmten Objekts liegt in diesem Fall *außerhalb* seiner selbst, ist also extrinsisch.

Intrinsisch wertvoll sind dagegen Objekte, die aufgrund ihrer eigenen Eigenschaften einen Wert besitzt. Dabei hat sich die Unterscheidung von inhärentem und intrinsischem Wert im engeren Sinne eingebürgert[8] :

- *Inhärent* wertvoll ist ein Gegenstand, der von einer ganz bestimmten Person »an sich« wertgeschätzt wird. Der Grund für den Wert des Gegenstand liegt also in der *besonderen Beziehung*, die diese Person zu dem Gegenstand hat, z.B.: Die instrumentell wertlose, geborstene Kaffeekanne meiner Großmutter kann einen inhärenten Wert für mich haben. Er ist für andere Personen nicht unmittelbar erkennbar, trotzdem

---

8 Ich folge hier in der Terminologie Hampicke (1993). In der umfangreichen umweltethischen Literatur zur Wertproblematik werden die Begriffe »intrinsisch«, »inhärent«, »extrinsisch« und »instrumentell« nicht immer in derselben Weise verwendet.

aber nachvollziehbar. Pflichten Dritter beziehen sich nicht auf das inhärent wertgeschätzte Objekt, sondern auf die Person, der es wertvoll ist.

- *Intrinsisch* wertvoll ist dagegen ein Objekt, das seinen Wert *in sich selbst* und nicht aufgrund einer besonderen Beziehung hat, z. B.: Ein von mir geliebter Hamster wäre, im Gegensatz zur Kaffeekanne, möglicherweise intrinsisch wertvoll. Pflichten Dritter gegenüber diesem Hamster würden sich nicht nur auf mich beziehen, sondern auch auf den Hamster selber, beispielsweise seine Leidensfähigkeit.

Die im Naturschutz verbreitete Einstufung von Werten als »subjektiv« versäumt diese Unterscheidungen. Sicher kann eine rein subjektive Wertschätzung keine ausreichende Legitimation für ein bestimmtes Handeln sein. Sie bedarf der Rückbindung an die Bedürfnisse anderer und gegebenenfalls der argumentativen Rechtfertigung. Das Wort »subjektiv« ist in diesem Zusammenhang aber mehrdeutig: Alle Werthaltungen und Werturteile sind subjektiv insofern, als sie von (menschlichen) Subjekten eingenommen bzw. gefällt werden müssen, um faktisch vorzukommen; es gibt keine Werte und Wertungen unabhängig vom wertenden Menschen. Diese Bedeutung von »Subjektivität« ist aber nicht mit Beliebigkeit oder Irrationalität gleichzusetzen. Die Frage, ob eine Wertung so oder anders erfolgen sollte, ob ein Werturteil »gut« oder »schlecht«, »richtig« oder »falsch« ist – diese Frage ist stets erlaubt und angebracht, denn sie läßt sich in vielen Fällen vernünftig, d. h. argumentativ begündet beantworten. Insofern läßt sich von gerechtfertigten oder nicht gerechtfertigten, gut, schlecht oder gar nicht begründeten, und in diesem Sinne »objektiven«, d. h. intersubjektiv nachvollziehbaren, oder »bloß subjektiven« Wertungen und Werturteilen sprechen.

Im Fall instrumenteller Werte sind Bewertungen aufgrund der eindeutigen Bewertungsgrundlage einfach objektivierbar. Über den instrumentellen Wert sauberer Luft und schadstofffreier Böden gibt es keinen Dissens. Inhärente Wert sind dagegen strikt subjektiv und daher schwerer zu vermitteln. Das bedeutet nun aber nicht, daß auf ihnen keine verallgemeinerbaren Handlungsanweisungen zu begründen wären: Die Achtung vor der anderen Person kann es durchaus gebieten, die Objekte, die ihr wertvoll sind, zu schützen.

1.3. Von der Bewertung zur Formulierung von Handlungsanweisungen

Nachdem ich die generelle Wertfreiheit wissenschaftlicher Kriterien einerseits sowie die vermeintliche Beliebigkeit und/oder Unbegründbarkeit subjektiver Werthaltungen andererseits zurückgewiesen habe, ist nun die Frage nach der Möglichkeit »verbindlicher Handlungsanweisungen« neu zu stellen.

Bei der Erstellung einer Norm sind Sach- und Wertebene gleichermaßen zu berücksichtigen: Weder der empirische Aufweis des Rückgangs einer bestimmten Tier- oder Pflanzenart noch die Wertschätzung dieser Art durch bestimmte Personen hat für sich genommen handlungsauffordernden Charakter. Erst ihre Überführung in Normen stellt sie in einen Handlungskontext. Sie erfordert angesichts der Vielfalt an Wertvorstellungen in einer pluralistischen Gesellschaft ein gesellschaftliches Einigungsverfahren: »Das besondere Werten der einzelnen Person (subjektives Kriterium) steht immer im Zusammenhang sozialen Wertens (gesellschaftliches Kriterium), da sich jeder in seiner Bedürfnisbefriedigung mit den anderen auseinandersetzen muß« (Höffe 1992:303).

Naturschutznormen müssen also unter Einbeziehung ökologischer Erkenntnisse und gesellschaftlicher Werthaltungen durch Diskussion, Argumentation und Einigungsprozesse, d. h. diskursiv, gebildet werden (Lehnes 1994; Ott 1996; Potthast 1996b; Wiegleb 1997). In der Fachliteratur ist dagegen immer wieder die Vorstellung anzutreffen, der Maßstab für ökologische Bewertungen sei in irgendeiner Weise in der Natur aufzufinden. Daß jede Bewertung einen Bezugspunkt für einen Abgleich voraussetzt, ist dabei unstrittig. Oft erscheint es aber, als sei dieser Bezugspunkt empirisch zu ermitteln:

»[W]eder Ökosysteme noch Landschaften [können] auf der Grundlage seltener oder gefährdeter Naturelemente bewertet werden ..., sondern nur im Vergleich zu einer ›charakteristischen‹ oder ›optimalen‹ Ausprägung des jeweiligen Typs.« (Heidt/Plachter 1996:210)

Damit ist ein Problem verbunden, das ich im folgenden im (nicht nur sprachlichen) Zusammenhang von »Normalität« und »Norm« lokalisieren und genauer erörtern will. Hierzu scheint es zunächst hilfreich, unterschiedliche Bedeutungen des Ausdrucks »Norm« zu unterscheiden (verändert nach Höffe 1992):

a) Norm als empirisch ermittelter *Durchschnittswert*
b) Norm als *Idee,* auf die bezogen empirische Gegenstände mehr oder weniger gelungene Annäherungen sind
c) Norm im *technisch*-pragmatischen Sinn
d) Norm im *rechtlichen* Sinn
e) Norm im *moralischen* Sinn

Wenn bei Bewertungsverfahren konkrete Raumausschnitte mit einer »charakteristischen« oder »optimalen« Ausprägung des jeweiligen Typs verglichen werden, so wird zunächst Bezug auf eine Norm im Sinne des empirischen Durchschnitts (»charakteristisch«) bzw. auf eine Norm als Idealvorstellung (»optimal«) genommen. Da das Ziel ökologischer Bewertungen aber Normen im Sinn technischer oder rechtlicher Handlungsanweisungen sind, besteht die Gefahr, daß empirische (Durchschnitts)Normen dabei ohne Berücksichtigung subjektiver Werthaltungen in Handlungsnormen überführt werden.

Bei der Bewertung anthropogen veränderter Lebensgemeinschaften sieht die skizzierte Bedeutungsverschiebung des Normbegriffs etwa so aus:

1. Unter bestimmten Standortbedingungen sind regelhaft zusammengesetzte Lebensgemeinschaften anzutreffen. Für zahlreiche Standorte sind solche »typischen« Gemeinschaften empirisch gut beschrieben (Normbedeutung a).
2. Bei der naturschutzfachlichen Bewertung konkreter Flächen werden solche »typischen Ausprägungen« als Vergleichsmaßstab herangezogen (»charakteristische« und/oder »optimale« Ausprägung). So können im Blick auf diesen Bezugpunkt abweichende Artenzusammensetzungen den Wert der Fläche mindern (Normbedeutung b, oft sogar c).
3. Damit scheint der Befund einer veränderten artlichen Zusammensetzung, beispielsweise durch standorts- oder gebietsfremde Arten oder durch sog. »Allerweltsarten«, unmittelbar zu einer Handlungsanweisung zu führen, nämlich der Wiederherstellung oder Herbeiführung des charakteristischen Zustands, z. B. durch Bekämpfung der »unerwünschten« Arten (Normbedeutung e; falls mit rechtlichen Konsequenzen auch d).

Wenn im Rahmen des Naturschutzes Pflegemaßnahmen durchgeführt werden, um einen bestimmten – erwünschten – Zustand zu erhalten oder wiederherzustellen, liegt dem oftmals ein solcher unbemerkter Wechsel des Normbegriffs zugrunde. Wo dies der Fall ist, erfolgt aber ein Übergang von der deskriptiven zur präskriptiven Ebene, der nicht nur als solcher ausgewiesen, sondern auch begründet werden muß. Denn warum gerade der Durchschnittswert zur »Norm« idealisiert wird und nicht etwa das Anomale als wertvoll und schutzwürdig gilt, läßt sich nicht ausschließlich wissenschaftlich begründen. Die Bevorzugung bestimmter Naturzustände ist auch Ausdruck individueller oder kollektiver Bedürfnisse und gesellschaftlicher Wertungen. Diese sollten bei Bewertungen offen zur Sprache gebracht werden.

1.4. Zur Rolle der Ethik im Naturschutz

In Bewertungsverfahren werden ethische immer wieder neben ökonomischen und ästhetischen Aspekten als nichtbiologische Kriterien benannt, z. B.

»Bewertung heißt Stellung beziehen zu einem Sachverhalt (Sachebene) von einer Vorstellung (Wertebene) aus. Die Wertebene umfaßt nutzungsbezogene (z. B. Erhaltung der Lebensgrundlagen für den Menschen und nachhaltige Sicherung der Nutzbarkeit von Naturgütern), ethische (z. B. Erhaltung der natürlichen Gegebenheiten als Eigenwert) und ästhetische (z. B. nachhaltige Sicherung von Vielfalt, Eigenart und Schönheit von Natur und Landschaft) Gesichtspunkte.« (Deutscher Rat für Landespflege 1988:469)

»Ethik« kennzeichnet in diesem Zusammenhang eine ganz bestimmte Haltung, nämlich die einer (unterschiedlich motivierten) Verantwortung für die Natur oder eine Anerkennung der Eigenrechte der Natur, eines Schutzes »um ihrer selbst willen«. Als »ethisch« im engeren Sinne wird dabei also ein ganz bestimmter moralischer, in diesem Fall ein biozentrischer Standpunkt bezeichnet.

Als wissenschaftliche Bemühung ist Ethik zunächst nicht auf eine bestimmte moralische Haltung festgelegt. Als reine Reflexionstheorie der Moral vermag sie selbst nicht inhaltlich zu bestimmen, was moralisch erlaubt, verboten oder geboten ist. Sie analysiert und systematisiert in der Gesellschaft vorfindliche Moralurteile und Überzeugungen. Indem sie darüberhinaus ihre Widerspruchsfreiheit und Sachangemessenheit prüft, kann sie aber dennoch zu inhaltlich gehaltvollen Aussagen gelangen – vorausgesetzt man akzeptiert diese Kriterien als relevant.

Grundlage einer jeden normativen, also inhaltlich bestimmten Ethik, ist nämlich ein sog. Moralprinzip, d. h. ein letzter praktischer Grundsatz, der nicht aus allgemeineren Normen ableitbar ist: »Das Moralprinzpt dient ... als oberstes Kriterium, als letzter Maßstab praktischen Argumentierens, das implizit oder explizit in jeder Begründung singulärer oder genereller moralischer Urteile in Anspruch genommen wird« (Höffe 1992:191).

Die Begründung solcher Prinzipien kann dabei entweder in der Natur (naturalistische Ethiken), im moralischen Gefühl (Intuitionismus) in den kulturbedingten Gepflogenheiten (Konventionalismus) oder in der vernünftigen Einsicht (rationalistische Ethiken) gesucht werden. Alle bislang vorgelegten Versuche solcher Letztbegründungen sind aber mehr oder weniger strittig. Angewandte Ethik kann sich daher oft nur auf sehr allgemein formulierte Normen stützen und keine allgemein verbindliche detaillierte Kriteriologie erzeugen.

Ungeachtet philosophischer Begründungsfragen kann (und muß) sie sich daher auf Kriterien beschränken, die als allgemein akzeptierbar unterstellt werden können. Hierzu zählt beispielsweise formale Gerechtigkeit im Sinne von Gleichbehandlung gleicher Fälle oder die für allgemeine Handlungsanweisungen vorauszusetzende Verallgemeinerbarkeit persönlicher Einstellungen und Grundsätze (vgl. Wimmer 1980). Auch die oben erwähnte Widerspruchsfreiheit der angelegten Maßstäbe sowie die sachliche Angemessenheit der einem moralischen Urteil zugrundegelegten Sachverhalte können als plausible Kriterien einer angewandten Ethik gelten.

Eine Ethik des Naturschutzes muß moralische Haltungen gegenüber der Natur, z. B. biozentrische Intuitionen, ebenso wie unterschiedliche Nutzungsinteressen und ästhetische Bedürfnisse berücksichtigen. Sie alle müssen Eingang in den umweltethischen Diskurs finden, in dem Normen zum Umgang mit der Natur gebildet werden (zu den Grenzen eines solchen diskursiven Ansatzes vgl. Potthast 1996b).

2. Zur Wahrscheinlichkeit der Etablierung eingeführter Arten

Nicht alle Arten, die ein neues Gebiet erreichen, können sich dort auf Dauer ansiedeln. Für eine differenziertere Betrachtung unterscheidet Groves (1986) drei Phasen:

1. die *Introduktion*, d. h. die anthropogene Einbringung pflanzlicher Diasporen (Verbreitungseinheiten) in ein neues Gebiet
2. die *Kolonisation*, die Erstbesiedlung neuer Flächen jenseits des Ausbringungsorts, d. h. die selbständige Verbreitung unabhängig vom Menschen
3. die *Naturalisation*, d. h. der Aufbau selbständig überlebensfähiger Populationen in natürlichen oder naturnahen Ökosystemen

Von diesen rein ökologischen Einstufungen zu unterscheiden ist die Abschätzung der Wahrscheinlichkeit, daß eine erfolgreich etablierte Art zu einer Konkurrenz oder gar Bedrohung für die autochthone Flora wird. Diese Differenzierung wird in zahlreichen Publikationen versäumt, da der Fokus der Betrachtung von vornherein auf sog. Problemarten bzw. »weedy species« liegt. Im Zusammenhang mit der Abschätzung von Risiken durch transgene Pflanzen stellt Williamson (1993) aufgrund in Großbritannien erhobener Daten die sog. »tens-rule« auf (vgl. Tabelle 4). Diese gilt als Faustregel für die Wahrscheinlichkeit, daß eine eingeführte Art sich etabliert und Probleme bereitet. Sie besagt, daß 10% aller importierten Arten verwildern (»resulting in feral individuals«). Von diesen als eingeführt im engeren Sinne bezeichneten Arten (»introduced«) etablieren sich 10%. Von diesen wiederum haben 10% unerwünschte Auswirkungen (»become pests«). Kowarik (1995a) kritisiert jedoch zurecht, daß diese Faustregel Kriterien unterschiedlicher Ebenen vermische: Während die Etablierung einer Art sich rein biologisch definieren lasse, sei die Bezeichnung »pest« eine Frage anthropozentrischer Bewertungmaßstäbe. Eine biologische Regel solle sich aber ausschließlich auf biologische Kriterien beziehen. Kowarik (ebd.) schlägt stattdessen eine 10:2:1-Regel vor: Ungefähr 10% aller eingeführten Arten (er bezieht sich in seiner Untersuchung ausschließlich auf Gehölze) begännen sich auszubreiten, nur 2% könnten sich etablieren und wiederum die Hälfte davon (also 1%) werde Teil der natürlichen Vegetation (Naturalisation).

Kowarik (ebd.) weist darauf hin, daß längst nicht alle Arten, die einen Ausbreitungspozeß beginnen (»become invasive«), sich auch etablieren können: »16% of the invasions failed through extinction, and this rate is usually unknown or overlooked« (ebd.:26).

Das »Übersehen« erfolgloser Einführungen beruht vermutlich auf der Einschränkung der Wahrnehmung auf erfolgreiche Arten. Arten, die sich nicht etablieren, erregen auch keine Aufmerksamkeit. Erst wenn es zu großflächigem Auftreten oder gar Verdrängungserscheinungen kommt, geraten neue Arten überhaupt ins Blickfeld. Auf diesen »bias of perception« weist ebenfalls Simberloff (1981) hin.

	Einführung	Kolonisation	Etablierung	Naturalisation	Unerwünschte Folgen
Williamson (1993)	1.000 »imported«	100 »introduced«	10		1
Kowarik (1996)	1.000 »introduced«	100 »spread«	20	10	2

Tabelle 4: Vergleich der Schätzung der Problemwahrscheinlichkeit durch eingeführte Arten bei verschiedenen Autoren. Unerwünschte Auswirkungen sind als eine Frage anthropogener Bewertung graphisch unterschieden.

Im Gegensatz zu Williamson (1993) und zu Groves (1986) unterscheidet Kowarik (1995a; 1996) Etablierung und Naturalisation. Erstere bezeichnet den Aufbau dauerhaft überlebensfähiger Populationen, letztere die Integration in natürliche Vegetationseinheiten, entspricht also der Unterscheidung von Epökophyten und Agriophyten. Die Bezeichnung »Naturalisation« soll explizit noch keine Wertung bedeuten. Sie ist ein rein ökologisches Kriterium. Durch den Ausdruck »member of the natural vegetation« (Kowarik 1995a) wird die Naturalisation nicht negativ als »aggressiver« Akt beschrieben, sondern scheint eher positiv belegt: Mitglied kann nur werden, wer aufgenommen wird. Durch die Formulierung erscheint also die neue Art nicht als Eindringling im Sinne eines militärischen Invasors, sondern als Zuwanderer, der sich integriert bzw. integriert wird.

Aus Naturschutzperspektive kann die Fähigkeit einer neophytischen Art, sich in naturnaher Vegetation dauerhaft zu etablieren, problematisch erscheinen, wenn es dadurch zur Gefährdung schutzwürdiger Arten und Biotope kommt. Nicht jeder neueingebürgerte Agriophyt ist jedoch per se ein Unkraut.

3. Auswirkungen von Neophyten

> »*The most striking result is that in so many instances (678 of 854), an introduced species has no effect whatever on species in the resident community.*«
>
> *(Simberloff 1981:66)*

Die Auswirkungen neuer Arten auf natürliche und naturnahe Ökosysteme bzw. Lebensgemeinschaften sind Gegenstand zahlreicher Übersichtsarbeiten und Sammelbände (Usher 1986 und 1988, MacDonald u.a. 1989, Di Castri u.a. 1990, U.S.Congress 1993, Böcker u.a. 1995, Cronk/Fuller 1995, Sukopp 1996, Kowarik 1996). Im Brennpunkt dieser Arbeiten steht immer wieder die Gefährdung indigener Arten und Lebensgemeinschaften durch eingeschleppte neue Arten. So konstatiert die OTA[9]-Studie über schädliche nichtheimische Arten in den USA: »Harmful NIS[10] threaten indigenous species and exact a significant toll on U.S. ecosystems« (U.S. Congress 1993:70).

Die Frage, ob eingeführte Arten eine Gefährdung für die heimische Flora und Fauna, für Ökosysteme und die globale biologische Vielfalt darstellen können, soll in diesem Abschnitt auf der Sachebene beurteilt werden. Um die bei der Bewertung dieses Vorgangs zu berücksichtigenden Werte geht es dann im folgenden Abschnitt.

Indigene Arten können direkt oder indirekt durch die Etablierung von Neophyten betroffen sein. Eine Verdrängung heimischer Arten kann das Ergebnis einer Konkurrenz um ähnliche Standorte oder Ressourcen sein, wenn die neue Art konkurrenzstärker ist (1). Indirekte Effekte können von der Umgestaltung der Standortverhältnisse durch die neue Art ausgehen (2). Auch Auswirkungen auf die von der indigenen Flora abhängigen Tierarten sind zu berücksichtigen (3). Abschließend wird erörtert, ob durch den zunehmenden Florenaustausch eine Reduktion der globalen Artenvielfalt zu erwarten ist (4).

3. 1. Verdrängung durch direkte Konkurrenz

Die Vorstellung, daß die Zuwanderung neuer Arten zum Aussterben ansässiger Arten führe, beruht auf dem Konzept gesättigter Gesellschaften.

---

9 U.S. Congress: Office of Technology Assessment
10 Non-Indigenous Species

Mathematisch formuliert wurde sie als sog. Inseltheorie von MacArthur/ Wilson (1967): Zwischen Immigrations- und Extinktionsrate bestehe ein dynamisches Gleichgewicht. Nach diesem Modell muß die Immigration einer Art durch die Extinktion einer anderen kompensiert werden (Simberloff 1981). »The concept of a crowded adaptive space has produced the expectation that once equilibrium is achieved, each successful immigrant must be ›paid for‹ by the extinction of a species with a similiar ecological role« (Walker/Valentine 1984:887).

Dem Modell liegt also die Vorstellung einer prinzipiellen Begrenztheit und Unteilbarkeit der zur Verfügung stehenden Ressourcen (Nischen) zugrunde. Sie ist Voraussetzung für die Ausbildung von Konkurrenz. Nach dem Konkurrenzausschlußprinzip (Gause 1964) können Arten mit übereinstimmenden Nischen nicht im selben Gebiet koexistieren. Konkurrenzvermeidung gilt in evolutionären Zeiträumen als Ursache größtmöglicher Nischendifferenzierung.

Ob das zugrundeliegende relativ statische Modell gesättigter Lebensgemeinschaften überhaupt Gültigkeit beanspruchen kann, ist fraglich (vgl. Kap. V). Unter der Voraussetzung seiner Gültigkeit ist jedoch anzunehmen, daß eine eingeführte Art, die dieselbe Nische besetzt wie eine ansässige und über eine größere Konkurrenzkraft verfügt, diese verdrängt. Ein solches Erklärungsmuster trifft vorwiegend für die Besiedelung ozeanischer Inseln durch Festlandarten zu. Im Gegensatz zu Inselarten waren Festlandarten sehr viel höherem Konkurrenzdruck durch die große Anzahl anderer Pflanzenarten und außerdem regelmäßigen Störungen durch Menschen und herbivore Säugetiere ausgesetzt, an die sie sich im Laufe der Evolution angepaßt haben. Dies wird als Erklärung für ihre im Vergleich zu Inselarten größere Konkurrenzkraft und Widerstandskraft gegen Fraß- und Trittschäden angesehen (z. B. Smith 1989).

Diese für ozeanische Inseln plausible Erklärung ist aber nicht auf Mitteleuropa übertragbar. Auch die heterogene Struktur der meisten Landschaften, die bestimmte Habitattypen als Inseln erscheinen läßt, rechtfertigt die Anwendung der Inseltheorie in diesem Fall nicht. Nach dem Konkurrenzausschlußprinzip ist auf Kontinenten durch den größeren Konkurrenzdruck eine hochgradige Nischendifferenzierung zu erwarten. Neuankömmlinge müßten also zufällig genau dieselben Nische wie eine heimische Art besitzen und auch noch überlegen sein (vgl. Kap.V). Eine direkte Gefährdung indigener durch die Konkurrenz einwandernder Arten ist daher nicht zwangsläufig. Selbst falls zwei Arten tatsächlich dieselbe Nische beanspruchen, bewirkt das Konkurrenzausschlußprinzip nicht zwingend das Aussterben einer der beiden Arten: Eine Weiterentwicklung im Sinne einer evolutiven divergenten Entwicklung der Arten durch Konkurrenzvermeidung wäre ebenfalls denkbar (Abrams 1996).

Verglichen mit anderen Regionen ist in Mitteleuropa darüberhinaus aufgrund seiner speziellen biogeographischen Situation eine gemessen am Standortpotential niedrige Artenzahl, insbesondere an Baumarten, beheimatet (Griese 1991). Die mitteleuropäischen Standortverhältnisse würden eine weitaus größere Zahl von Arten zulassen als heute hier vorkommen (Trepl/Sukopp 1993). Hier ist also eine Eingliederung neuer Arten ohne den Verlust alter Arten möglich. So bereiten von den 229 in Deutschland vorkommenden Agriophyten tatsächlich nur ca. zehn aus Naturschutzperspektive Probleme (Kowarik 1996, Kowarik/Schepker 1997). Die Zahl der Neopyhten, die eine ernsthafte Konkurrenz für einheimische Arten darstellen, ist also sehr gering.

Auch weltweit ist die Eliminierung heimischer Arten durch direkte Konkurrenz mit eingeführten Arten noch in keinem Fall eindeutig belegt (Pimentel 1986, Crawley 1987, U. S. Congress 1993). »There is no evidence, however, that any plant species has been excluded from any plant community by competition with aliens, or that competitive exclusion has led to any plant extinctions« (Crawley 1987:441).

Die OTA-Studie kommt daher zu dem Schluß, daß das Aussterben heimischer Arten durch direkte Konkurrenz mit fremden Arten überbewertet werde. Gravierendere und zweifelsfreie Folgen der Einführung nichtheimischer Arten lägen vor allem auf ökosystemarer Ebene (U.S.Congress 1993).

3.2. Ökosystemare Auswirkungen

Jede Pflanze steht in Wechselwirkung mit ihrer biotischen und abiotischen Umwelt: Sie braucht Wasser, Nährstoffe und Licht, um die sie gegebenenfalls mit anderen Pflanzen konkurrieren muß. Neben direkter Konkurrenz kann daher auch die Veränderung der standörtlichen Bedingungen durch eine neu etablierte Art indirekt zu Beeinträchtigungen der ansässigen Flora und Fauna führen.

Pflanzen, die durch Symbiose mit stickstoffbindenden Bakterien fähig sind, Luftstickstoff zu binden, reichern den Standort mit Nitrat an, und verändern so die Wuchsbedingungen und Konkurrenzverhältnisse erheblich. Durch das Vordringen der Robinie *Robinia pseudacacia* kann die artliche Zusammensetzung von Trockenwäldern und Trockenrasen zugunsten nitrophiler Arten verändert werden (Lohmeyer/Sukopp 1992). Auf nährstoffarmen, offenen Standorten kann durch die Etablierung der Robinie die Sukzession abgelenkt werden (Kowarik 1996). Arten mit hohem Wasserbedarf können in ariden Gebieten so viel Wasser verbrauchen, daß sie die Wasserverhältnisse für andere Arten ungünstig beeinflussen (z. B. *Tamarix* spp. in Flußauen arider Gebieten der westlichen USA, Brock 1994). Durch ihre spezielle Wurzelmorphologie können manche Arten, wenn sie zur Dominanz gelangen, den Bodenabtrag durch Wind oder Wasser fördern (z. B. *Helianthus tuberosus* und *Reynoutria japonica)* Einzelne Arten können also auf unterschiedliche Weise ganze Ökosysteme erheblich verändern (Vitousek 1985; 1986), tun dies allerdings keineswegs immer (Simberloff 1981).

Da Neophyten definitionsgemäß durch menschliche Hilfe in ein Gebiet gelangen, ist es aber bei der Beurteilung der ökosystemaren Folgen neuer Arten oft schwer zu entscheiden, ob die beobachteten Effekte eine direkte Folge der neuen Arten oder der ihrer Etablierung vorausgegangenen anthropogenen Störung sind: »[I]t can be difficult to separate ecosystem-level effects of exotic species from those of the massive, often novel disturbance that allows the species to establish« (Vitousek 1986:165).

Oftmals dürften nicht die neuen Arten selbst, sondern die ihrer Einbürgerung vorausgehenden menschlichen Eingriffe als primäre Ursache der Veränderungen auf Ökosystemebene anzusehen sein (Orians 1986). So weisen Lohmeyer/Sukopp (1992) darauf hin, daß die Verdrängung der autochthonen Auevegetation durch ausdauernde neophytische Arten durch ein kräftiges Hochwasser jederzeit unterbrochen werden könne, weil in diesem Fall die aus Samen heranwachsenden Arten in sehr viel größerer Zahl zur Stelle seien. Dementsprechend kommen diese Neophyten auch nur an Fluß- und Bachläufen zur Ausbildung großer Dominanzbestände, an denen die natürliche Auendynamik durch Regulierungsmaßnahmen eingedämmt ist. Ebenso kann anthropogene Eutrophierung den Erfolg neuer Arten günstig beeinflussen. Der aus Nordamerika stammende Topinambur *Helianthus tuberosus* etwa wird durch Eutrophierung wesentlich stärker gefördert als die einheimischen Aue-Arten (Lohmeyer/Sukopp 1992). Auch die prognostizierte weltweite Erwärmung durch Treibhausgase (global change) wird als ein

Faktor diskutiert, der die Ausbreitung wärmeliebender Arten begünstigt (Beerling 1994). All diese anthropogenen Veränderungen der abiotischen Umwelt können in dem Maße wie sie Neophyten fördern auch ansässige Arten schädigen. Zu welchen Anteilen der Rückgang der schutzwürdigen Flora den Standortveränderungen oder den Neophyten selbst zuzuschreiben ist, bleibt oft ungeklärt. In einer breit angelegten Studie zu Ausmaß und Ursache der Neophytenproblematik in Niedersachsen konnten in der Hälfte der Fälle anthropogene Eingriffe in das biotopspezifische Störungsregime als Ursache problematischer Vorkommen festgestellt werden (Kowarik/ Schepker 1997).

3.3. Auswirkungen auf die autochtone Fauna

Vor einigen Jahren erregte das massenhafte Absterben von Hummeln unter spätblühenden Krim- und Silberlinden (*Tilia x euchlora* KOCH und *T. tomentosa* MOENCH) Aufsehen (Mühlen u.a. 1994). Obwohl seine Ursachen nicht restlos aufgeklärt waren, wurde zunächst davon ausgegangen, daß der Nektar der nichtheimischen Silberlinde einen Zucker enthalte (Mannose), den die hiesigen Hummelarten nicht vertragen. Baal u.a. (1994) sehen die Ursache des Hummelsterbens allerdings im Verhungern der Tiere, wenn die Lindenblüten ihre Nektarproduktion einstellen. Es wird auch diskutiert, daß der intensive Geruch dieser Linden die Hummeln vom Besuch anderer Pflanzen abhalte (Zucchi 1996).

Eine wahrscheinlichere Folge der Ausbreitung nichtheimischer Arten als die direkte Schädigung der indigenen Fauna ist die Verminderung ihres Nahrungsangebots durch den Rückgang autochthoner Wirtspflanzen. Phytophage Insekten sind meist auf eine oder wenige Wirtspflanzenarten spezialisiert. Sie können durch die Dominanz eingeführter Arten gefährdet werden, wenn dadurch ihre Nahrungsgrundlage zurückgeht. Viele Parasiten können sich an Arten, die derselben Gattung wie ihre Wirtspflanze(n) angehören, aber aus einer geographisch entfernten Region kommen, nicht entwickeln. Hering (1952) bezeichnet dieses Phänomen als Xenophobie, räumt aber auch ein, daß es sich um eine Resistenz seitens der fremden Arten handeln könne. Neophytische Springkrautarten beispielsweise werden im Vergleich zum heimischen *Impatiens noli-tangere* von wesentlich weniger Phytophagen besucht (Schmitz 1991). Diese sind praktisch ausschließlich polyphage Arten. Die einzige monophage Art, die gefunden wurde, ist nicht heimisch, sondern entstammt ebenfalls dem zentralasiatischen Raum (Schmitz 1995).

Die meisten erfolgreichen Neophyten sind in ihrer Vermehrung von Insekten unabhängig (z. B. durch Windbestäubung oder vegetative Vermehrung). Die Dominanz solcher Arten kann daher das Pollen- und Nektarangebot reduzieren und somit heimische blütenbesuchende Insekten gefährden. Zur Klärung dieser Frage untersuchte Schmitz das Blütenbesuchsspektrum auf indigenen und neopyhtischen *Impatiens*-Arten (Schmitz 1994). Anders als bei den phytophagen Arten liegt bei den Blütenbesuchern keine so enge Wirtsbindung vor. Im Gegenteil erwies sich das Spektrum der Blütenbesucher auf *Impatiens glandulifera* als wesentlich größer als auf der heimischen *I. noli-tangere*. Die höhere Attraktivität des Neophyten erklärt Schmitz mit dessen blütenbiologischen und standörtlichen Eigenschaften: Zusätzlich zu den Blütenbesuchern fänden sich noch zahlreiche Arten an den extrafloralen Nektarien des Indischen Springkrauts, die die heimische Art nicht aufweist.

Impatiens glandulifera kann sich in einigen Fällen sogar als wichtige Nahrungsergänzung in eutrophen Auen erweisen: Durch die zunehmende anthropogene Eutrophierung der Fließgewässer und ihrer Auen wird dort die Zunahme der Brennessel *Urtica dioica* gefördert. Die damit einhergehende Verarmung des Blütenangebots kann durch Neophyten teilweise ausgeglichen werden. Die Ersatzfunktion fremdländischer Blütenpflanzen für blütenbesuchende Wildinsekten, deren Nahrungsangebot durch den Rückgang heimischer Blütenpflanzen zurückgeht, betont auch von Hagen (1991). Durch die Beseitigung von Saumbiotopen in der flurbereinigten Agrarlandschaft, Herbizideinsatz im Ackerbau und Intensivierung der Grünlandwirtschaft entstünden im Frühjahr und Herbst für Wildinsekten gefährliche Trachtpflanzenlücken. Zu den von ihm vorgeschlagenen fremdländischen Ersatzpflanzen gehört beispielsweise das Indische Springkraut. Bei diesem Urteil muß allerdings wiederum die Art der davon profitierenden Insektenarten beachtet werden. Für hochspezialisierte Blütenbesucher bieten eingeführte Arten keinen Ersatz (Schmitz 1994).

Bezüglich der Auswirkungen auf die Fauna ist also ebenfalls eine differenzierte Betrachtung erforderlich. Hochspezialisierte Phytophage können durch den Rückgang ihrer Wirtspflanzen gefährdet werden. Andererseits können nektarsammelnde Insekten, die durch die Ausräumung der Agrarlandschaft gefährdet sind, durch Neophyten eine wichtige zusätzliche

Nahrungsquelle erhalten. In evolutionsbiologischen Zeiträumen gedacht, wäre auch vorstellbar, daß sich neue Wirt-Parasit-Verhältnisse zwischen eingeführten Arten und einheimischen Phytophagen ausbilden, die eventuell sogar zu weiteren Speziationsprozessen führen könnten.

3.4. Auswirkungen auf die globale biologische Vielfalt

In der Literatur zur Neophytenproblematik wird selbst bei zurückhaltenden Prognosen davon ausgegangen, daß der anthropogene Austausch von Organismen weitergehen und im globalen Maßstab zu einem Verlust an biologischer Vielfalt (»biodiversity«) führen wird (Elton 1958, Jäger 1977, MacDonald u.a. 1989, Starfinger 1991, Trepl/Sukopp 1993, Cronk/Fuller 1995, McNeely u.a. 1995): »The future is certain to bring considerable additional ecological shuffling which will have both winners and losers, although the overall effect will probably be a global loss of biodiversity at species and genetic levels« (McNeely u.a. 1995:761.)

Als verschiedene, wenn auch voneinander abhängige Aspekte der Biodiversität sind Artenvielfalt im engeren Sinn und genetische Vielfalt zu unterscheiden.

Artenvielfalt

Bereits Elton (1958) ging davon aus, daß sich die heute vorhandene Vielfalt der Arten nur unter der Voraussetzung ihrer langen räumlichen Isolation entwickeln konnte. Werde diese Isolation vom Menschen aufgehoben, sei auch die Vielfalt nicht zu erhalten. Befürchtet wird also, daß die Vermischung von Arten, die vorher getrennt waren, zu einem Verlust an Arten führt: »[I]t was seen that the former isolation of continents and to some extent of oceans had evolved as it were more species of plants and animals than the world is likely to be able to hold if they are all to be remingled again« (ebd.:109).

Diese Prognose beruht verweist – wieder einmal – auf die Vorstellung gesättigter Gesellschaften, in denen die Zuwanderung neuer Arten zwingend das Aussterben der alten zum Ergebnis habe. Von dieser Situation ist aber, wie ich oben diskutiert habe, auf Kontinenten nicht immer auszugehen. »Note that we may not see a complete extinction of the local species and therefore species richness may increase« (Newsome/Noble 1986).

Tatsächlich hat in Deutschland die Einführung neuer Arten zu einer Erhöhung der Artenzahl geführt (Kowarik 1996): 253 erfolgreich eingebürgerten Neophyten (Jäger 1988) stehen 63 ausgestorbene altansässige Arten gegenüber (Korneck/Sukopp 1988). Verglichen mit den Folgen des Wandels oder der Aufgabe menschlicher Nutzungen spielen Neophyten als Ursache des Artensterbens eine deutlich untergeordnete Rolle (Korneck/Sukopp 1988). Es ist in Mitteleuropa kein Fall bekannt, in dem das Aussterben einer Art auf einen Neophyten zurückzuführen wäre (Kowarik 1996). In Mitteleuropa gehen die größten Schäden durch eingeführte Arten auf Neomyceten zurück (zum Begriff »Neomycet« Kreisel/Scholler 1994). Die auffälligsten Schäden haben *Ceratocystis ulmi* und *Endothia parasitica*, die aus Ostasien stammenden Erreger des Ulmen- und Kastaniensterbens, verursacht (Kowarik 1996). Weltweit hat die Einführung von Ziegen und Kaninchen aus Europa in die kolonisierten Gebiete sehr viel stärker zur Ausrottung von Pflanzenarten beigetragen als eingeführte Pflanzen.

Zahlreiche Beispiele belegen, daß im Einzelfall eingeführte Arten lokal die Artenvielfalt mindern können. Falls ihre Ausbreitung zum Aussterben endemischer Arten führt oder beiträgt, wie dies in vielen Fällen für die Beispiele ozeanischer Inseln gilt, können Neophyten auch für die weltweite Artenvielfalt eine Rolle spielen. Zugleich finden jedoch manche bedrohten und gefährdeten Tierarten nur noch an gebietsfremden Pflanzen Habitate oder können nur durch Hybridisierung mit gebietsfremden eine überlebensfähige Populationsgröße aufrechterhalten (U.S. Congress 1993:76). Aufgrund der weltweiten intensiven Landnutzung muß zudem damit gerechnet werden, daß hochgradig anthropogen beeinflußte Lebensräume auch in Zukunft eher die Regel als die Ausnahme sind. Diese können zwar durchaus Lebensraum für Tier- und Pflanzenarten bieten, aber nicht unbedingt für heimische Arten: »Sometimes these can be native species, but sometimes the choice may be between exotics or virtually no wildlife at all« (Brown 1989:105). Dies gilt beispielsweise für viele Neophyten der Großstadtflora, aber auch anderer anthropogener Sonderstandorte, auf denen aufgrund ihrer Extrembedingungen indigene Arten nicht vorkommen. Es ist also wiederum eine differenzierte Einzelfallbetrachtung erforderlich.

Genetische Vielfalt

Auch wenn die lokale Verdrängung autochthoner Pflanzenarten in Mitteleuropa nicht zu einem Artensterben großen Ausmaßes führt, muß die populationsbiologische Bedeutung von lokalen Extinktionen und Hybridisierungen genauer diskutiert werden.

Eine hohe genetische Variabilität innerhalb einer Population gilt als Voraussetzung ihrer langfristigen Existenzsicherung (Carson 1989). In kleinen Populationen können durch genetische Drift einzelne Gene zufällig verloren gehen. Dieser sog. »bottleneck-effect« (Barrett/Richardson 1986) führt zu einem geringeren Variabilitätslevel und damit zu einem geringeren Anpassungspotential dieser Art an zukünftige Umweltveränderungen. Im Extremfall kann er das Erlöschen der Art zur Folge haben (Carson 1989). Die Verringerung der Populationsgrößen angestammter Arten durch die Ausbreitung von Neophyten könnte somit auf lange Sicht indirekt die betroffenen Arten gefährden.

Auch eingeführte Arten weisen anfangs meist extrem kleine Populationsgrößen auf, manchmal nur wenige Individuen. Dies dürfte einer der Gründe sein, weshalb sich so wenige überhaupt etablieren können. Diese wenigen Individuen repräsentieren nur einen Bruchteil des Gen-Pools der Ursprungspopulation. In ihrer neuen Heimat können sie sich, verstärkt durch die Wirkung der neuartigen Selektionsbedingungen, genetisch so weit von der Ursprungspopulation entfernen, daß sie sich zu eigenen, neuen Arten entwickeln. Dieses Phänomen wird in der Populationsgenetik als »Gründereffekt« bezeichnet (Remmert 1980). Durch die Etablierung von Neophyten können somit auch Speziationsprozesse in Gang gesetzt werden. Die britische Population des Japanknöterich unterscheidet sich beispielsweise hinsichtlich ihrer Reproduktionsbiologie und Fertilität von der im Ursprungsland. Bailey u. a. (1995) konnten zeigen, daß es sich bei allen auf den britischen Inseln gefundenen Exemplaren des Japanknöterich um männlich-sterile Exemplare handelt. In seinem Heimatland kommt er dagegen in gynodiözischen Populationen vor, in denen normale insektenbestäubte sexuelle Reproduktion vorliegt.

Als unerwünscht gilt ebenfalls der genetische Austausch zwischen Neophyten und heimischen Arten durch *Hybridisierung* (Bright 1995; Kowarik 1996). Aufgrund der häufig größeren Konkurrenzkraft der Hybride wird befürchtet, daß durch die allmähliche Verdrängung der Elternart(en) die Arten- und genetische Vielfalt verringert werde.

Die Beurteilung dieses Arguments hängt zunächst vom Artbegriff ab. Nach dem zoologischen Artbegriff gilt als Art eine Gruppe von Lebewesen, die zwar untereinander, aber nicht mit Individuen einer anderen Art kreuzbar sind. Dieser Artbegriff gilt für Pflanzen aber nur eingeschränkt (Raven u.a. 1988). Introgressive Hybridisierung, also der Austausch von Genen zwischen verschiedenen Arten, ist hier in einigen Genera sehr verbreitet (Heiser 1973). Mindestens ein Drittel aller Kormophyten sind das Ergebnis von Hybridisierungen (Bartsch u.a. 1993). In vielen Fällen führt also Hybridisierung gerade nicht zu einer Verringerung, sondern zu einer Zunahme der Artenvielfalt. Die in Mitteleuropa an neophytischen *Reynoutria*-Arten beobachtete Hybridisierung (Alberternst u.a. 1995) könnte als erster Schritt eines Artbildungsprozesses betrachtet werden. Kowarik (1996) führt weitere Beispiele für eine Erhöhung der Anzahl im Gebiet vorhandener Sippen durch Hybridisierung an.

Die Bedeutung der Auskreuzung einzelner Gene in Wildpopulationen wird vor allem im Rahmen der Abschätzung der mit der Freisetzung transgener Nutzpflanzen verbundenen Risiken diskutiert (Bartsch u.a. 1993, Sukopp/Sukopp 1993). Züchterisch bearbeitete Kulturpflanzen, seien sie heimischen oder fremdländischen Ursprungs, können verwildern. So konnten sich in Niedersachsen aus Nordmerika eingeführte *Vaccinium*-Sippen der Untergattung *Cyanococcus* selbständig von den Kulturflächen in die angrenzende Vegetation ausbreiten. Sie bilden mittlerweile in manchen Kiefernforsten Dominanzbestände und etablieren sich auch in geschützten Moorflächen (Kowarik/Schepker 1995, Schepker u.a. 1997). Durch Rückkreuzung mit nah verwandten Sippen kann ein Gentransfer von Kultur- zu Wildpflanzen stattfinden. Dadurch werden die autochthonen Bestände genetisch verändert. So gilt aus Naturschutzperspektive die heimische Schwarzpappel *Populus nigra* durch Kreuzungen mit nordamerikanischen Hybridpappeln *Populus x hybrida* als gefährdet (Kowarik 1996).

3.5. Fazit

- *Neophytenbestände können lokal heimische Arten zurückdrängen. Dies kann auch die von diesen abhängigen Tierarten beeinträchtigen.*

- *In Deutschland wurde das Aussterben einer Art durch die Konkurrenz mit Neophyten bislang nicht beobachtet. Die Reduktion der Populationsgröße könnte sich allerdings langfristig negativ auf die Überlebensfähigkeit heimischer Populationen auswirken.*

- *Eingeführte Arten können Struktur und Funktion von Ökosystemen verändern.*

- *Konkurrenzstarke Neophyten können lokal die Artenvielfalt reduzieren. Durch das Aussterben von Arten kann auch die weltweite Artenvielfalt betroffen sein. In Mitteleuropa sind jedoch in den seltensten Fällen eingeführte Arten ursächlich für das Artensterben.*

- *Hybridisierungen nah verwandter Arten kommen vor. Dadurch können autochthone Bestände verdrängt werden, aber auch neue Arten entstehen.*

4. Wie sind die Auswirkungen von Neophyten zu bewerten?

> *» Bewertende Schlußfolgerungen hieraus zu ziehen, ist ...keine Frage der wissenschaftlichen Exaktheit, sondern der Konsensfähigkeit, die unter anderem davon abhängt, wie stark sich der Mensch in seinen materiellen und immateriellen Lebensbedürfnissen eingeschränkt fühlt. Letztlich geht es ...um die Frage, wie die Welt aussehen soll, in der wir leben wollen, und die Antwort darauf läßt sich auch den Roten Listen nicht entnehmen.« (Fischer-Hüftle 1997:239)*

Bei der Bewertung von Neophyten kann es nicht darum gehen, eine Art an sich zu bewerten, sondern immer nur um die Auswirkungen dieser Art in einem konkreten Kontext (vgl. die Beiträge in Luken/Thieret 1997). Kowarik/Schepker (1997) sprechen daher nicht von problematischen Arten, sondern von problematischen Vorkommen einer Art. Die Einstufung eines Neophytenbestands als problematisch bedeutet, daß die Pflanzen an einem Ort wachsen, wo sie – aus den unterschiedlichsten Gründen – nicht wachsen sollen. Solche unerwünschten Pflanzen werden traditionell als Unkraut bezeichnet. Gründe für die Unerwünschtheit eines Neophytenbestands sind meist Konflikte mit anderweitigen (Nutzungs)-Interessen. Unter diesen weiten Nutzungsbegriff fallen sowohl land- und forstwirtschaftliche Nutzung, Nutzung zu Freizeit- und Erholungszwecken, aber auch die Nutzung einer Fläche als Naturschutzgebiet bzw. als Refugium für bedrohte Arten.

Bei der Bewertung gebietsfremder Arten geht es nicht nur um Konflikte zwischen der Ausbreitung von Neophyten und bestimmten Nutzungsformen. Es können auch Konflikte zwischen verschiedenen Nutzungsinteressen,

z. B. Naturschutz und Landwirtschaft, zutage treten sowie Konflikte verschiedener Naturschutzziele untereinander. So wird die Aussaat bzw. Ausbreitung von Neophyten aus der Perspektive des Insektenschutzes ganz anders bewertet als unter landschaftlichen Gesichtspunkten (von Hagen 1991). Die Ausbreitung eingeführter Arten kann mit den Zielen des Prozeßschutzes vereinbar sein, mit anderen Naturschutzzielen jedoch kollidieren.

In Tabelle 1 (Kapitel I.) sind als Konfliktfelder der am häufigsten bekämpften Arten Naturschutzkonflikte in 20 Fällen angeführt, landwirtschaftliche, forstwirtschaftlich, wasserwirtschaftliche sowie gesundheitliche Argumente scheinen dagegen sehr viel unbedeutender (Kowarik 1996). Bei einer Umfrage unter potentiell von den durch Neophyten verursachten Problemen betroffenen Institutionen (Forstverwaltung, Naturschutzbehörden, ehrenamtlicher Naturschutz, Wasserwirtschaft, Küstenschutz und Garten- und Grünflächenämter) in Niedersachsen wurden als Grund für die Einstufung eines Neophytenvorkommens als problematisch in 55% aller Angaben (n = 588) Vegetationsveränderungen genannt, forstwirtschaftliche Probleme dagegen in nur 22% der Fälle, Gesundheitsrisiken (6%) und wasserwirtschaftliche Schwierigkeiten (5%) schienen eine untergeordnete Rolle für die Wahrnehmung eines Neophyten als problematisch zu spielen. In 12% aller Fälle wurde die Ausbreitung an sich schon als Problem empfunden, ohne Nennung weiterer Gründe (Kowarik/Schepker 1997).

Da es mir in diesem Abschnitt darum geht, die der Bewertung zugrundeliegenden Kriterien und Werte zu diskutieren, unterscheide ich im folgenden zwischen praktischen Nutzungen (4.1.) und Nutzung zu Naturschutzzwecken (4.2.). Da im ersten Fall Natur instrumentell für bestimmte menschliche Zwecke genutzt wird, sind die relevanten Werte hier leicht zu benennen: die Beeinträchtigung des jeweiligen Ziels der Nutzung ist als Schaden anzusehen. Die Ziele des Naturschutzes sind dagegen weniger zweifelsfrei feststellbar. Hier kommen umweltethisch strittige Fragen wie der Wert von Arten und Ökosystemen oder der Wert der Vielfalt ins Spiel.

4.1. Beeinträchtigungen praktischer Nutzungen

Landwirtschaftliche Nutzflächen

Problematische Neophyten können den Ertrag landwirtschaftlicher Nutzflächen mindern, die Produktionskosten in die Höhe treiben oder Verluste nach der Ernte verursachen (U.S. Congress 1993). So kann die Dominanz eingeführter Arten mit geringem Futterwert auf Weideland ökonomisch bedeutsam werden. Das angepflanzte Schlickgras *Spartina townsendii* verdrängt an der Nordseeküste den Andel *Puccinellia maritima* und macht die betroffenen Flächen für die Beweidung wertlos (König 1948). Die Ausbreitung der Quetschgurke *Thladiantia dubia* hat in Maisäckern in Kärnten zu großen Ertragseinbußen geführt (dieses und weitere Beispiele in Kowarik 1996). Ein besonderes Problem stellen herbizidresistente Neophyten wie *Amaranthus retroflexus* oder *Conyza canadensis* dar (ebd.).

Auch als Zwischenwirt für Pflanzenschädlinge oder für Schadinsekten können eingeführte Arten ökonomisch relevant werden. Die OTA-Studie (U.S. Congress 1993) beziffert die in den letzten 20 Jahren durch die Berberitze *Berberis vulgaris* bzw. den von ihr beherbergten Weizenrost *Puccinia recondita*[11] verursachten Ernteausfälle mit 100 Mio US-Dollar jährlich. Erhebliche Verluste können auch durch die unbeabsichtigte Einführung von Schadorganismen entstehen. In Deutschland sind seit 1750 mindestens 59 phytoparasitische Pilze eingeführt worden, die z. T. auch landwirtschaftlich bedeutsame Nutzpflanzen befallen (Kreisel/Schöller 1994).

Die Imkerei stellt eine agrarische Nutzung dar, die von Neophyten profitieren kann und daher bezüglich der Neophytenbewertung am häufigsten mit Naturschutzinteressen konfligiert. Einige der vom Naturschutz ungern gesehenen Neophyten, z. B. *Impatiens glandulifera*, füllen durch ihre späte Blüte eine Trachtpflanzenlücke und stellen damit für Honigbienen eine wichtige Nahrungsergänzung dar. So wurden *Heracleum mantegazzianum* und *Impatiens glandulifera* von Imkern als Trachtpflanzen angesalbt, ein Vorgehen, von dem aus Naturschutzperspektive abgeraten wird (Schwabe/Kratochwil 1991).

Forste

In der Forstwirtschaft gilt vor allem die agriophytische Spätblühende Traubenkirsche *Prunus serotina* als Problemart (Starfinger 1990). Als wichtigste Schäden werden genannt: Behinderung der Bestandsbewirtschaftung, Verhinderung der Naturverjüngung des Waldes, Veränderungen im Schichten-

---

11 Obwohl die Studie diese Art ausdrücklich nennt, dürfte es sich eher um *Puccinia graminis* handeln, zumindest ist dies die Art, deren Zwischenwirt die Berberitze in Mitteleuropa ist. Nach Schlösser (1983) bildet *P. recondita* Aecidiosporen auf *Anchusa* spp.

aufbau des Waldes und in der Waldbodenvegetation sowie Minderung der Erträge forstlich genutzter Arten (Starfinger 1990, Lohmeyer/Sukopp 1992). Eine Ertragsminderung durch hohe Deckungsgrade von *Prunus serotina* ist allerdings noch nicht eindeutig bewiesen (Kowarik 1997). Dennoch schlagen die hohen Kosten für die Bekämpfung der Art wirtschaftlich zu Buche. In Niedersachsen etwa werden sie von den Betroffenen mit fast 900.000 DM jährlich veranschlagt (Kowarik/Schepker 1997). Auch verwilderte Kulturheidelbeeren bilden in niedersächsischen Kiefernforsten dichte Strauchschichten, die den Forstbetrieb behindern können (Kowarik/ Schepker 1995; Schepker u.a. 1997).

Konflikte zwischen forstlichen und Naturschutzzielen gibt es durch den Anbau der Douglasie *Pseudotsuga menziesii* (Knoerzer u.a. 1995): Aufgrund ihrer Wuchsüberlegenheit gegenüber heimischen Arten und ihrer guten Holzeigenschaften forstwirtschaftlich geschätzt, ist aus Naturschutzperspektive die durch Douglasien verursachte Veränderung der Wuchsbedingungen für die Bodenvegetation bedenklich. Bei einer Zunahme des Ersatzes heimischer Waldtypen durch douglasienreiche Bestände wird eine Gefährdung von Tier- und Pflanzenarten nährstoffarmer lichter Waldstandorte befürchtet. Dies gilt allerdings ebenfalls für die Anpflanzung heimischer standortfremder Arten.

Ufer- und Küstenschutz

Bei den diskutierten Problemarten der Auen geht es im wesentlichen um wasserbauliche Argumente. Im Zusammenhang mit der Etablierung und Ausbreitung der neophytischen Staudenknöteriche *Reynoutria japonica, R. sachalinensis, R. x bohemica* und *Polygonum polystachum* nennt Bauer (1995) folgende Schäden:

Gefördert durch die Hebelwirkung der im dichten Knöterichaufwuchs gesammelten Geschwemmselpakete komme es bei Hochwasser zu vermehrten Uferabbrüchen. Die neophytischen Staudenknöteriche könnten mit ihrem nur geringen Feinwurzelanteil das Substrat nicht ausreichend sichern. Da sie gleichzeitig durch ihren üppigen Wuchs und Beschattung andere Uferarten verdrängen, steige an knöterich-dominierten Ufern die Erosionsgefahr. An Knöterichstrecken der Kinzig würden durch Auskolkung und Rhizomwachstum Dammvorlandflächen beschädigt und die Hochwasserschutzfunktion von Dämmen beeinträchtigt. Starker Knöterichaufwuchs verringere außerdem die Abflußquerschnitte, was zu einem erhöhten Aufwand für die Gewässerunterhaltung führe. Ähnliche Folgen sind für den Topinambur *Helianthus tuberosus* beschrieben worden. Hinsichtlich der Ufersicherung beurteilen Lohmeyer/Sukopp (1992) den Japanknöterich entgegengesetzt: die Art befestige die Ufer und trage zum Schutz vor Erosion bei. Wasserbaulich bedeutsam kann in Gewässern auch der Biomasseaufwuchs der nordamerikanischen Wasserpest (*Elodea canadensis* und *E. nuttallii*) werden (Kowarik 1996).

Ökonomische Schäden können durch das Einwachsen von *Reynoutria japonica* mittels ihrer Rhizome in angrenzende Kultur- oder Verkehrsflächen entstehen. Eine Umfrage unter 24 Behörden in Wales ergab, daß die Unterwanderung eingesäter Grünflächen, beispielsweise an Straßenrändern, mit 19 Nennungen an erster Stelle der benannten Probleme rangiert, erst an zweiter Stelle wird der Verlust an Habitaten beklagt (15), dicht gefolgt von Schäden an Asphaltflächen und Uferbefestigungen (Palmer 1994). In all diesen Fällen geht es folglich im wesentlichen um die durch den erhöhten Arbeitsaufwand anfallenden Kosten.

Nicht immer ist die Bewertung der Ausbreitung von Neophyten durch Naturschutz und Wasserwirtschaft so gleichsinnig wie in den bisher angeführten Beispielen. Es können auch Konflikte zwischen Uferschutz und Naturschutz auftreten. So wurde an Küsten der Nord- und Ostsee die Kartoffelrose *Rosa rugosa* angepflanzt. Durch deren Ausbreitung ist mittlerweile die ursprüngliche Dünenvegetation gefährdet (Kowarik 1996). Umgekehrt könnten Uferanrisse, die wasserbaulich unerwünscht sind, aus Artenschutzperspektive positiv beurteilt werden: So ist beispielsweise die gefährdete Flußuferschwalbe auf frische Uferanrisse angewiesen, die heute in den weitestgehend regulierten Auen selten geworden sind.

Erholung

Die Erholungsfunktion der Natur kann durch gesundheitliche Risiken, die der Kontakt mit einigen Neophyten mit sich bringt (z. B: bei der Herkulesstaude, vgl. Kapitel I), beeinträchtigt werden. Da hier die menschliche Gesundheit als allgemein akzeptierter Wert betroffen ist, ist in öffentlichen Grünanlagen, auf Spielplätzen oder an Badeseen die Bekämpfung der Art meist unstrittig.

4.2. Beeinträchtigung von Naturschutzzielen

Wie ich eingangs dargestellt habe, erfordern Bewertungen eine Norm als Bezugspunkt. Als normative Grundlage des Naturschutzes ziehe ich für die Überlegungen dieses Abschnitts das Bundesnaturschutzgesetz heran. Das gesetzlich festgeschriebene Ziel des Naturschutzes und der Landschaftspflege lautet:

»Natur und Landschaft sind im besiedelten und unbesiedelten Bereich so zu schützen, zu pflegen und zu entwickeln, daß
1. die Leistungsfähigkeit des Naturhaushalts
2. die Nutzungsfähigkeit der Naturgüter
3. die Pflanzen- und Tierwelt sowie
4. die Vielfalt, Eigenart und Schönheit von Natur und Landschaft
als Lebensgrundlagen des Menschen und als Voraussetzung für seine Erholung in Natur und Landschaft nachhaltig gesichert sind.« (§1 Abs. 1 BNatSchG)

Um welche Werte es im Rahmen dieses Gesetzes geht, wie sie durch die Ausbreitung eingeführter Arten beeinträchtigt werden und wo partikulare Werte möglicherweise über die gesetzliche Grundlage hinausgehen, ist Gegenstand der folgenden Absätze.

Natürlichkeit

Obwohl im Gesetz nicht eigens erwähnt, nimmt Natürlichkeit im Naturschutz einen hohen Wert ein. Nicht nur im Zusammenhang mit naturschutzfachlichen Bewertungen stellt die Natürlichkeit ein wichtiges Kriterium dar, auch in umweltethischen Argumentationen wird oft implizit oder explizit ein »natürlicher« Zustand zum Bezugspunkt der Bewertung gemacht (für eine Kritik dieses Arguments vgl. Birnbacher 1997).

Im Zusammenhang mit dem Wert der Natürlichkeit muß berücksichtigt werden, daß Formationen oder Arten, die in Deutschland als schutzbedürftig gelten, in vielen Fällen nicht natürlich, im Sinne von ursprünglich bzw. ohne den Menschen vorhanden, sind. Dies gilt beispielsweise für einen Teil der von Goldrutenausbreitung betroffenen Flächen: Durch das Aufkommen artenarmer Goldrutenbestände in halbnatürlichen Kulturformationen wie Streuwiesen und Trockenrasen ist deren Funktion als Refugium für Rote-Liste-Arten in Frage gestellt (Hartmann/Konold 1995). Bei der Bewertung dieses Vorgangs ist aber zu bedenken, daß sich diese Kulturformationen, wenn sie aus der menschlichen Nutzung genommen sind, auch ohne Neophyten in einer aus Naturschutzperspektive unerwünschten Weise entwickeln würden: Durch den Wegfall der Mahd würden auch heimische Arten wie die Schlehe sich ausbreiten und schließlich durch ihre Schattwirkung die unter Schutz stehenden lichtliebenden Arten verdrängen. Deren Verschwinden wäre nach Auflassung der Nutzung, auch wenn durch Neophyten ausgelöst oder beschleunigt, völlig »natürlich«. In diesem wie in vielen Fällen des Kulturlandschaftsschutzes ist der Wert »Natürlichkeit« für die vorgeschlagenen Handlungsanweisungen nicht relevant.

Drüke u.a. (1995) gehen allerdings davon aus, daß auch die Naturlandschaft unter dem Einfluß großer Weidegänger bereits Offenstandorte besessen habe, und daher mindestens so artenreich gewesen sei, wie die Kulturlandschaft. Sie plädieren daher mit dem Bezug auf den Naturzustand für eine Offenhaltung der Landschaft durch Beweidung.

Die Verdrängung der angestammten Vegetation durch konkurrenzkräftigere eingeführte Arten ist ein »natürlicher« Vorgang in dem Sinne, daß er allgemeinen Gesetzen der Vegetation unterworfen ist. Das heißt aber selbstverständlich noch nichts für seine Bewertung. Da die Einführung der Arten ja durch den Menschen erfolgt ist, sind ihre Folgen rechenschaftspflichtig. Bezugspunkt für die Bewertung ist aber nicht »die Natur«, sondern der Schutz des (historischen) Bestands an Pflanzen- und Tierarten sowie ihrer Lebensräume. So halten denn auch die Herausgeber des Tagungsbandes zum Symposium »Neophyten – Gefahr für die Natur?« als Ergebnis fest: »[D]ie behandelten Neophyten stellen keine Gefahr für die Natur dar, denn auch Neophyten sind Teil der Natur. Wohl aber kann man sagen, daß Neophyten ... Ziele des Arten- und Biotopschutzes gefährden können « (Böcker u.a. 1995:213).

Artenschutz

Als gravierendste Folge einer Ausbreitung von Neophyten gilt die Gefährdung einheimischer, seltener oder bedrohter Arten. Damit wird das Aussterben einer Art als unerwünscht bewertet. Warum Arten wertvoll sind und erhalten werden sollen, ist dabei nicht unstrittig. Im Bundesnaturschutzgesetz wird ihnen ein instrumenteller Wert für Menschen zugeschrieben (»als Lebensgrundlage des Menschen«). Dies wird von vielen ÖkologInnen und NaturschützerInnen als unzureichend empfunden. Über den auf menschliche Nutzungen beschränkten Wert hinaus wird daher versucht, den Schutz von Arten biologisch mit ihrer Bedeutung für das Ökosystem oder den Fortgang der Evolution zu begründen (z. B. Heydemann 1985, s.u.). Dieses Argument mißt der einzelnen Art einen funktionalen Wert im Hinblick auf das Ganze zu. Damit wird dem Ökosystem-Ganzen bzw. der Natur als ganzer ein Wert zugeschrieben, der wiederum instrumentell oder aber ein Wert »an sich« sein kann (holistischer Biozentrismus nach Hampicke 1993). Andere Ansätze messen jedem einzelnen Lebewesen einen Wert »an sich« bei (individualistischer Biozentrismus nach Hampicke 1993, z. B. vertreten von Taylor 1997). Jede dieser Positionen hat ihre Stärken und Schwächen, die im Rahmen der vorliegenden Arbeit nicht ausführlich diskutiert werden können (einen Überblick über verschiedene philosophische Positionen zur Begründung des Arten- und Naturschutzes bieten die Sammelbände von Birnbacher 1980 und 1997 sowie Krebs 1997; vgl. auch meine Kritik in Eser 1998).

Wie auch immer man die Erhaltung der Artenvielfalt begründet, ob utilitaristisch, mit den Rechten zukünftiger Generationen, ästhetisch, mit einem Eigenwert oder gar Eigenrecht von Arten: daß das endgültige Aussterben einer Art als Verlust zu bewerten und nach Möglichkeit zu verhindern ist, kann als konsensfähig unterstellt werden. Schließlich ist der Schutz der Pflanzen- und Tierwelt auch im Bundesnaturschutzgesetz normativ festgeschrieben. Wenn die Ausbreitung eines Neophyten direkt oder indirekt zur Extinktion einer Art führt, so ist mit Verweis auf den Wert von Arten von einem Schaden zu sprechen. Dies kann unter Umständen Gegenmaßnahmen rechtfertigen.

Nimmt man allerdings das Gebot, nach Möglichkeit alle Arten zu erhalten, ernst, so gilt es auch für gefährdete Neophyten. Den Rückgang der in Deutschland einheimischen und eingebürgerten Farn- und Blütenpflanzen dokumentieren die sog. »Roten Listen«. Sukopp/Kowarik (1986) und Kowarik (1991 und 1992) diskutieren die Frage, ob auch Neophyten in die Rote Liste aufgenommen werden sollten. Da Rote Listen ein Maß für die Seltenheit bzw. Bedrohtheit einer Art seien, darf nach Kowarik (1991) ihre Herkunft für die Aufnahme in die Liste keine Rolle spielen:

»Die häufig vorgenommene Ausgrenzung von Neophyten durch die normative Verengung auf einheimische Arten als Zielobjekte des Naturschutzes läßt sich weder aus dem Bundesnaturschutzgesetz ableiten ..., noch ist sie durch den common sense in der Zieldiskussion des Artenschutzes abgedeckt.« (Kowarik 1995b:33)

Schutz der biologischen Vielfalt (»biodiversity«)

Vom Wert einzelner Arten ist der Wert der Artenvielfalt als solcher zu unterscheiden. Im Bundesnaturschutzgesetz ebenso wie in den in Abschnitt 1 zitierten Ausführungen des Deutschen Rats für Landespflege erscheint Vielfalt durch die gemeinsame Nennung mit Eigenart und Schönheit als *ästhetischer Wert*.

Als »Diversität« ist Vielfalt aber auch ein ökologischer Fachbegriff. In biologischen Argumentationen für den Schutz der Vielfalt wird ihr ein *funktioneller Wert* im Hinblick auf die Stabilität von Ökosystemen und als Voraussetzung für die zukünftige Evolution zugewiesen. Während Biodiversität im umweltpolitischen Diskurs als relativ eingängiges, aber kaum definiertes Schlagwort benutzt wird (für eine Kritik des Begriffs vgl. Potthast 1996a), sind in der Ökologie folgende Diversitätsbegriffe zu unterscheiden (Haber 1979a):

- α – Diversität (Artenmannigfaltigkeit)
- β – Diversität (Strukturmannigfaltigkeit)
- Strategie-Diversität (Anpassungsfähigkeit der Arten)
- Interdependenz-Vielfalt (biozönotische Abhängigkeiten)
- räumliche Vielfalt (Mosaikstruktur)
- zeitliche Vielfalt (Sukzession)

Nach der innerhalb der ökologischen Theorie sehr umstrittenen Diversitäts-Stabilitäts-Hypothese ist die Diversität eines Ökosystems Voraussetzung für seine langfristige *Stabilität*. In daraus abgeleiteten Argumentationen wäre Vielfalt damit instrumentell wertvoll im Hinblick auf die Erzeugung von Stabilität. Im Dienste der Stabilität ist Diversität jedenfalls kein Eigenwert der Natur, sondern ein instrumenteller.

Die zweite biologische Begründung für den Wert der Diversität betont ihre Bedeutung für den zukünftigen Fortgang der *Evolution*:

»Wir benötigen alle heute existierenden Tierarten, um den Fortgang der Evolution auf der Basis möglichst großer genetischer Vielfalt zu sichern; die Weiterentwicklung des Lebens erscheint umso gesicherter, je größer das genetische Ausgangspotential ist; von der genetischen Vielfalt hängt die Adaptationsfähigkeit der Organismen an Veränderungen der Umweltverhältnisse ab.« (Heydemann 1985:581)

Solche evolutionsgestützten Argumente zum Schutz der Artenvielfalt sind aber zirkulär (Trepl 1991) und kommen nicht ohne eine außerbiologische

Begründung aus: Wenn die Reduktion der Artenvielfalt abgelehnt wird, weil damit die Weiterentwicklung der Arten bzw. die Entwicklung anderer Arten beeinträchtigt werde, dann lautet das verkürzte Argument: Wir müssen die Artenvielfalt schützen, um die Artenvielfalt zu schützen. Diese Aussage enthält also implizit bereits das Werturteil: »Wir wollen möglichst viele Arten!«

Der Schutz der Artenvielfalt als Ausdruck der Erhaltung bestehender und Voraussetzung der Entstehung zukünftiger Arten beruht somit auf einer Wertschätzung von Arten an sich (s. o.). In Mitteleuropa geht aber ein Verlust an Vielfalt meist nicht mit dem unwiederbringlichen Verlust einzelner Arten einher (Trepl 1991). Der Großteil der hierzulande gefährdeten Arten hat andernorts noch lebensfähige Populationen. Wenn also ein Verlust an Vielfalt als unerwünscht bewertet wird, obwohl es nicht um den irreversiblen Verlust einzelner Arten geht, gleichfalls aber »rein biologische« oder praktische Begründungen der Bedeutung der Vielfalt scheitern, ist zu fragen, welche Bedeutung Vielfalt im Zusammenhang mit der Neophytenproblematik noch haben kann.

Ein regelmäßig wiederkehrendes Argument in der Bewertung eingeführter Arten lautet, der weltweite Artenaustausch führe zu einer *Vereinfachung* und *Uniformisierung* der Flora und Fauna:

»We must expect a progressive *simplification* of the world's biota as superior species arrive in suitable habitats and displace the local species.« (Newsome/Noble 1986, Herv. UE). »Moreover, the very establishment of a NIS diminishes global biological diversity: as NIS like starlings, grass carp, and crabgrass spread to more places, *these places become more alike* biologically.« (U.S. Congress 1993:75, Herv. UE)

Die weltweite Angleichung und Uniformisierung ursprünglich verschiedener Gebiete scheint dabei nicht nur im Hinblick auf mögliche negative Folgen, sondern *per se* als unerwünscht. Der OTA-Report entwirft folgendes worst-case Szenario für die zukünftige Entwicklung der Neophytenproblematik:

»By the mid-21st century, biological invasions become one of the most prominent issues on Earth. … *One place looks like the next and no one cares*...The homogeneity may not be aesthetically or practically displeasing, but inherently it diminishes the capacity of the biotic world to respond to changing environments such as those imposed by global warming.« (U.S. Congress 1993:16, Herv. UE)

In diesem Szenario wird der Verlust an Anpassungs- und Entwicklungsmöglichkeiten als Grund für die negative Bewertung der zunehmenden

Gleichheit verschiedener Florengebiete genannt. Die Schwäche dieser Argumentation habe ich oben gezeigt. Das eigentliche Motiv für die deutliche Ablehnung der weltweiten Uniformierung scheint daher in der Aussage: »One place looks like the next – and no one cares« zu liegen. Hier geht es genaugenommen nicht um die Vielfalt, sondern um die Eigenart der verschiedenen Regionen und Landschaften und damit um ihren Wiedererkennungswert für die Menschen, die in ihnen zuhause sind. In diesem Sinne steht Vielfalt – Bio-Diversität – für die jeweilige *Besonderheit* der verschiedenen Räume.

Auch die im Zusammenhang mit Hybridisierungen geäußerte Befürchtung einer Reduktion der genetischen Vielfalt scheint eher der Eigenart der betroffenen Arten zu gelten. Diese Verbindung von Vielfalt und Besonderheit wird etwa in folgendem Beispiel deutlich: »Kreuzungen können den natürlichen Genpool mit fremden Genen durchsetzen und dadurch die Besonderheit und die genetische Vielfalt einer Art verwässern« (Bright 1995:15). Eine Verwässerung der Vielfalt ist sprachlich unmöglich: Vielfalt kann man nicht verwässern, allenfalls verringern. Der Begriff »Verwässerung« macht nur im Bezug auf die Besonderheit Sinn, um diese scheint es im wesentlichen zu gehen. Biologisch scheint mir eine Kritik an der »genetischen Verschmutzung« kaum begründbar, jede Hybridisierung kann als Verschmutzung aufgefaßt werden.

Auf die Bedeutung der Verschiedenheit im Begriff der biologischen Vielfalt verweist auch die Definition des Begriffs »Biodiversität«:

»Biodiversität ist die Eigenschaft lebender Systeme unterschiedlich, d. h. von anderen spezifisch verschieden und andersartig zu sein. Biodiversität wird definiert als die Eigenschaft von Gruppen oder Klassen von Einheiten des Lebens, sich voneinander zu unterscheiden.« (Solbrig 1994:9)

Auf die Frage, inwiefern solches Verschiedensein wertvoll sein kann, wird später noch zurückzukommen sein.

Ökosystemschutz

Das Aussterben einer Art durch die Etablierung und Ausbreitung einer eingeführten Art ist noch in keinem Fall eindeutig belegt. Daher werden mittlerweile verstärkt die offensichtlicheren Folgen auf ökosystemarer Ebene betont: »Overemphazising the significance of extinction as a consequence of NIS tends to divert attention from their other very significant and unambiguous environmental effects« (U.S. Congress 1993:70).

Unter Wertgesichtspunkten ist hierbei wiederum zu fragen, um welche Werte es geht: Was bedeutet es, ein Ökosystem zu schädigen? Geht es dabei um seine Nutzbarkeit durch Menschen? In diesem Fall hätten Ökosysteme einen rein instrumentellen Wert im Hinblick auf menschliche Nutzungen, die bereits unter Punkt 4.1. diskutiert wurden. Wenn aber die »Leistungsfähigkeit des Naturhaushalts«, wie es das Bundesnaturschutzgesetz nahelegt, von der »Nutzungsfähigkeit der Naturgüter« unterschieden ist (§1 BNatSchG), muß es über die Nutzbarkeit durch den Menschen hinausgehende Funktionen des Ökosystems geben. Die Aufrechterhaltung der Lebensbedingungen der im System lebenden Arten könnte eine solche Funktion sein. Damit wäre Ökosystemschutz aber letzlich doch rückführbar auf Artenschutz und damit das System selber wiederum als instrumentell wertvoll zu verstehen. Oder aber haben Ökosysteme einen intrinsischen Wert? Was es bedeuten könnte, Ökosysteme »an sich« zu schützen, soll im folgenden kritisch diskutiert werden.

Das Ziel, Ökosyteme zu schützen, beinhaltet die im weitesten Sinne normative Vorstellung, menschliche Eingriffe in natürliche Systeme sollten so gestaltet werden, daß diese dabei noch sie »selbst« bleiben. Damit ist das Problem der Identität und Stabilität von Ökosystemen angesprochen.

Ähnlich dem Diversitätsbegriff ist der Begriff der Stabilität zwar intuitiv ansprechend, wissenschaftlich aber kaum präzise zu bestimmen. Nach Peters (1991) ist die theoretische Unschärfe des Stabilitätsbegriffs in der Ökologie durch deren Gegenstand bestimmt. Das lateinische *stabilis* bedeutet »fest, standhaft, dauerhaft, unerschütterlich«. In der Physik bedeutet Stabilität die Fähigkeit eines Systems, in einem bestimmten Zustand zu verharren oder nach Auslenkung in den Ausgangszustand zurückzukehren. Ökosysteme reagierten als offene Systeme jedoch ständig auf innere und äußere Veränderungen. Daher muß ein biologischer Stabilitäts-Begriff in dynamischen Ausdrücken definiert werden. Orians (1975) unterscheidet folgende Formen der Stabilität:

- Konstanz: Abwesenheit von Veränderungen
- Persistenz: Länge des Überdauerns
- Inertheit: Resistenz gegen Störungen
- Elastizität: Geschwindigkeit der Rückkehr in die Ausgangslage
- Amplitude: maximal mögliche Abweichung, die eine Rückkehr zur Ausgangslage ermöglicht

- zyklische Stabilität: Ausmaß der Oszillation eines Systems
- trajektorische Stabilität: Tendenz zur Entwicklung in eine bestimmte Richtung

Das bedeutet aber für die Praxis, daß »Stabilität« kein operationalisierbares Naturschutzziel ist. Es muß vielmehr klargestellt werden, was im jeweiligen Fall unter Stabilität zu verstehen ist. Je nach Schutzgebiet kann die Persistenz eines Ökosystems (beispielsweise durch pflegerische Eingriffe) oder die trajektorische Stabilität (durch Unterlassen von Eingriffen und Zulassen von Sukzession) Schutzziel sein. In beiden Fällen hätte man »die Stabilität« des Systems geschützt, wobei im einen Fall die Veränderlichkeit des Systems, im anderen sein Gleichbleiben im Vordergrund stünden (zum Problem der Identität von Ökosystemen vgl. Jax u.a. 1998; zur komplexen Wechselbeziehungen zwischen vorwissenschaftlichen und ökologischen Vorstellungen von Stabilität und Veränderlichkeit und verschiedenen Naturschutzkonzepten vgl. Potthast 1999).

Gerade unter Berücksichtigung der Dynamik natürlicher Systeme stößt im Zusammenhang mit der Ausbreitung eingeführter Arten ein statischer Naturschutz, der ein bestimmtes Arteninventar schützen will, aus ökologischer Perspektive auf Kritik:

»Der gegenwärtige Zustand, oder jener, der kurz vorher gegeben war, ist durch nichts als der bessere oder der beste aller möglichen Naturzustände ausgezeichnet. Im Gegenteil: die Natur ist dynamisch, nicht statisch, und die Arten, die in einem Gebiet leben, sind keineswegs so festgefügte Bausteine des Naturhaushalts, wie die Nischen eines Hauses, die oft als Bild benutzt werden.« (Reichholf 1996:87)

Für Peters (1991) ist angesichts dieser geringen Praxisrelevanz die Bedeutung des Stabilitätsbegriffs in der Ökologie vor allem Ausdruck überkommener Gleichgewichtsvorstellungen der Natur: »The origins of this discussion (over stability, its meaning and its ecological relevance) lie in prescientific concepts of the balance of nature which are certainly much older than the science of ecology« (ebd.:92).

Jenseits solcher tradierten Naturideale ist der hohe Stellenwert der Stabilität im Naturschutz meines Erachtens vor allem im Kontext menschlichen Handelns zu verstehen: Der Wert der Stabilität hängt mit menschlichen Nutzungsinteressen zusammen. Stabilität ist die Voraussetzung einer Nutzbarkeit der Natur durch Menschen. Dieses praktische Interesse findet ebenfalls in der ökologischen Theoriebildung seinen Niederschlag:

»Der Begriff Stabilität reflektiert wie kaum ein anderer in der ökologischen Theorie das Interesse, das die Betrachtenden an jeweilige Naturzusammenhänge herantragen. Der Stabilitätsbegriff ist wesentlich angesprochen, wenn es darum geht, daß Natur aus Nutzungsinteressen heraus in die gesellschaftliche Kalkulationsgrundlage einbezogen wird. In dem Sinne spricht Stabilität die Frage der ›Zuverlässigkeit‹ von Natur für solche Erwägungen an.« (Breckling 1993:27)

Das Argument des Ökosystemschutzes fügt daher den bislang entfalteten Argumenten kein wesentlich neues hinzu. Der Wert »funktionierender« Ökosysteme liegt in der Sicherung ihrer Nutzung durch Menschen sowie der Überlebenssicherung der in ihnen lebenden Tier- und Pflanzenarten und ist damit als instrumentell zu erachten.

Landschaftsschutz

Mit dem Begriff der Landschaft ist auch im Bundesnaturschutzgesetz ein Gegenstand angesprochen, der außerhalb des Zuständigkeitsbereichs der Ökologie liegt. Wie in Kapitel IV. ausgeführt, stellt »Landschaft« in erster Linie ein ästhetisches und mithin kulturgebundenes Phänomen dar. Die diesbezügliche Bewertung von Neophyten unterliegt so auch erheblichen historischen Wandlungen. Mitte des letzten Jahrhunderts brachten sog. Landschaftsverschönerungsvereine noch systematisch »exotische« Tier- und Pflanzenarten aus. Noch 1952 betont Wilhelm Kreh den günstigen Einfluß von Neophyten auf das Landschaftsbild:

»Die landschaftliche Wirkung dieser buntblühenden Fremdlinge ist deshalb besonders groß, weil unsere urwüchsige Uferflora recht eintönig ist; fast nur unscheinbar blühende Arten (Rohr, Schilf, Seggen, Gräser) setzen sie zusammen. Auch dem Laien fällt heute schon diese Bereicherung des Landschaftsbildes auf.« (Kreh 1952:69)

Bezüglich des ästhetischen Werts der Vielfalt werden Neophyten also als »Bereicherung« der Landschaft wahrgenommen. Auch die frühe Adventivfloristik ist durch eine große Begeisterung für fremde, bislang unbekannte Arten gekennzeichnet, die vorwiegend als Bereicherung der heimischen Flora wahrgenommen werden (z. B. bei Thellung 1912).

Anders als in dem historischen Zitat werden Veränderungen des Landschaftsbilds durch die Etablierung von Neophyten heute meist als negativ bewertet. Das Bundesnaturschutzgesetz sieht für die Ausbringung nichtheimischer Tiere und Pflanzen in die Umwelt folgende Regelung vor:

»Gebietsfremde Tiere und Pflanzen wildlebender und nichtwildlebender Arten dürfen nur mit Genehmigung der nach dem Landesrecht zuständigen Behörde ausgesetzt oder in der freien Natur angesiedelt werden. ... Die Genehmigung ist zu versagen, wenn die Gefahr einer *Verfälschung* der heimischen Tier und Pflanzenwelt oder eine Gefährdung des Bestandes oder der Verbreitung heimischer wildlebender Tier- oder Pflanzenarten oder von Populationen solcher Arten nicht auszuschließen ist.« (§ 20 d Abs. 2 BNatSchG; Zit. aus Doyle u.a. 1997, Herv. UE)

Wenn eingeführte Arten als »Verfälschung« der Flora bzw. Fauna wahrgenommen werden, geht es nicht mehr um die Vielfalt, sondern um die *Eigenart* von Landschaften. Dasselbe gilt für die durch Hybridisierung befürchtete Verfälschung des Genpools: auch hier ist nicht die Vielfalt, sondern die Eigenart eines ganz bestimmten Genpools, nämlich des natürlichen, gemeint.

Auf Landschaftsebene bezieht sich der Begriff der Eigenart nicht nur auf Naturlandschaften, sondern auch auf Kulturlandschaften, deren Erscheinungsbild durch angepaßte Formen der Landnutzung geprägt ist (Fischer-Hüftle 1997). Im Hinblick auf die Bewertung menschlicher Eingriffe in Natur und Landschaft wird in der üblichen Rechtsprechung unter anderem die Hinzufügung eines »Fremdkörpers« als Beeinträchtigung der Eigenart einer Landschaft aufgefaßt. Diese gilt als »Verunstaltung«:

»Beeinträchtigungen des Landschaftsbildes sind – aus der Sicht eines Juristen – im wesentlichen:
– Verlust prägender Elemente ...;
– erhebliche Einschränkung/Verhinderung der sinnlichen Wahrnehmbarkeit solcher Elemente;
– Hinzufügen *neuer Elemente*, die als störend empfunden werden, weil sie *Fremdkörper* im bestehenden Gefüge bilden ...«. (Fischer-Hüftle 1997:242, Herv. UE)

»Neue Elemente«, »Fremdkörper« beeinträchtigen also die Eigenart einer Landschaft. In diesem Sinne ist es zu verstehen, daß Hagen (1991), der »altes pauschales Blut- und Boden-Denken« ausdrücklich zurückweist, die Pflanzung von Cotoneaster und Berberitzen aufgrund ihrer Bedeutung für Insekten prinzipiell befürwortet, dann aber zu dem Schluß kommt: »Wegen ihres doch zu ausgeprägt fremdländischen Aussehens eignen sich Cotoneaster und Berberitzen aber mehr für den Gartenbereich« (ebd.:37).

Was genau ist aber die Eigenart einer Landschaft? Welchen Wert hat sie? In ihrer Kritik der derzeitigen rechtlichen Regulierung der Ausbringung nichtheimischer Arten argumentieren Doyle u.a. (1997):

»Für eine rechtlich unterschiedliche Behandlung der Neu- und der Wiederansiedelung[12] spricht, daß, während die Neuansiedelung gebietsfremder Arten weltweit betrachtet zu einer Nivellierung des Artenbestandes führt, die Wiederansiedelung die Eigenheiten der Regionen sichert und stärkt. Somit stellt die Wiederansiedelung einen Wert für sich dar.« (Doyle u.a. 1997:8)

Trotz der etwas ungenauen Formulierung (die Wiederansiedelung ist ja gerade kein Wert »für sich«, sondern dient der Wiederherstellung der Eigenart) wird hier ein Eigenwert regionaler Eigenart geltend gemacht. In welchem Sinne aber können regionale Verschiedenheit und Eigenart einen Eigenwert haben? Handelt es sich dabei um einen Eigenwert im strengen Sinne (intrinsischer Wert) oder um einen auf menschliche Bedürfnisse bezogenen Quasi-Eigenwert (inhärenter Wert)? Als intrinsisch wertvoll kann die regionale Eigenart nur dann gelten, wenn der Grund für ihre Wertschätzung in ihr selber liegt.

Als stellvertretend für die Ansicht vieler im Naturschutz engagierter ÖkologInnen kann in diesem Zusammenhang die Auffassung David Ehrenfelds gelten, schon die bloße Existenz von Arten und Lebensgemeinschaften sei Grund genug für ihre Erhaltung, denn sie begründe »ein unanfechtbares Recht auf Fortexistenz« (Ehrenfeld 1997:173). Wert wird dabei aus dem puren Sein der Dinge selbst abgeleitet. Von besonderer Bedeutung ist bei dieser Begründung die Entwicklungszeit: Je länger die Entwicklungszeit eines bestimmten Zustands desto schwieriger ist seine Wiederherstellung, wenn er zerstört ist. Einmaligkeit und Wiederherstellbarkeit sind daher wichtige Kriterien naturschutzfachlicher Bewertungen.

Die unterschiedliche Artenausstattung der Naturräume gilt nun als Ergebnis einer solchen langen, nicht wiederholbaren Entwicklung: Die Evolution erscheint als Ursache der Vielfalt der verschiedenen Arten und Lebensräume und damit zugleich als Begründung für ihren Wert (vgl. hierzu die Dissertation von Potthast 1998). Innerhalb dieses Rahmens gilt jede Art als bestmögliches Ergebnis der Anpassung an eine spezifische Umwelt. Karl Friederichs, der bereits mehrfach zitierte Vertreter einer holistischen Ökologie, bezeichnet diese Anpassung an eine Region als »regionale Bestimmtheit

---

[12] Als Neuansiedelung gilt die Ausbringung ursprünglich nichtheimischer Arten, als Wiederansiedelung die Ausbringung ehemals verbreiteter, mittlerweile aber im Gebiet ausgestorbener Arten. Heimisch sind nach der gesetzlichen Vorlage alle Arten, die sich »in freier Natur und ohne menschliche Hilfe über mehrere Generationen als Population erhalten«. Demnach können auch gebietsfremde Arten heimisch im Sinne des Gesetzes sein (Doyle u.a. 1997).

jedes Lebewesens« (Friederichs 1934:280). Hier taucht das antike Natur-
ideal der Anpassung und Harmonie naturwissenschaftlich verbrämt wieder
auf. Der ursprünglich fortschrittliche Charakter der Evolutionstheorie, die ja
gerade die Wandelbarkeit und Veränderlichkeit der Natur behauptet hatte,
wird durch die Betonung der regionalen Angepaßtheit konservativ gewendet: Alles hat seinen Platz und soll da bleiben, wo es hingehört.

Aufschlußreich ist in diesem Zusammenhang, daß die Einbürgerung eingeführter Arten oft mit dem Begriff »Verschmutzung« in Verbindung
gebracht wird (z. B. als »biological pollution« , McKnight 1993). Das Wort
Schmutz, das ja in Verschmutzung enthalten ist, bezeichnet kulturanthro-
pologisch betrachtet »etwas, das am falschen Platz ist« (Douglas 1985). Der
verbreitete Sprachgebrauch verweist also ebenfalls auf die Wertschätzung
des organischen Gewachsenen: Vom Menschen verbreitete Arten sind da,
wo sie jetzt wachsen, fehl am Platze. Diesen Umstand bezeichnet auch das
im Zusammenhang mit Naturschutzfragen im angelsächsischen Spachraum
bevorzugte Wort »alien«: »The word alien has a connotation of not be-
longing« (Smith 1989:60).

Wenn aber alles, was von Natur aus existiert, schon allein deshalb auch
wertvoll wäre, würde daraus eine Unantastbarkeit natürlicher Gegebenheiten
folgen, die im Widerspruch zur Wertschätzung such anthropogener Kulturformationen steht. Wertmindernd scheint demnach nicht menschliches Eingreifen *per se*, sondern insbesondere die Mißachtung der »regionalen
Bestimmtheit« von Lebewesen. Nur solange menschliches Handeln den
Raumbezug wahrt und damit organischem Wachstum gleicht, gilt es ebenfalls als wertvoll. Damit erhalten zwei Kriterien in dieser Argumentation ein
besonderes Gewicht, die uns bereits früher begegnet sind: Tradition und
Bodenständigkeit waren zwei Wesensmerkmale der Heimat.

Dieser Befund legt nun eine neue Deutung des Werts der Eigenart nahe:
Eigenart ist für das Empfinden einer Landschaft als Heimat unentbehrlich
(vgl. Kapitel IV). Der Wert der Eigenart wäre daher nicht in ihr selbst,
sondern vor allem in der Beziehung, die Menschen zu ihr haben, zu suchen.
Das Bedürfnis nach unverfälschter Heimat soll daher im letzten Absatz als
ein wesentliches Motiv für die ablehnende Haltung gegenüber Neophyten
analysiert werden.

Wenn Natur als Heimat geschützt wird, kommt ihr ein inhärenter Wert zu. Ihre Bedeutung liegt dann in der Beziehung, die die in ihr lebenden Menschen zu ihr haben. Über direkte Nutzungsinteressen hinaus, durch die der Stabilität ein instrumenteller Wert zukommt, wird eine nicht zu schnelle Veränderlichkeit des eigenen Lebensraums offenbar auch aus einem emotionalen Bedürfnis nach Geborgenheit, Sicherheit und Vertrautheit wertgeschätzt. Daß *Vertrautheit* eine zentrale Rolle in der Bewertung nichtheimischer Arten spielt, mag folgendes Zitat veranschaulichen:

»Having rather implied that introduced species, especially strong invasive ones, reduce the value of semi-natural areas as nature reserves, it should be remembered that some introduced species can increase value. ... It is only the uncommon and *long-established* alien ... valued for it's rarity, that could increase the conservation value of an area. (Usher 1986:708; Herv. UE)

In einer Umfrage zur Problematik eingeführter Staudenknöteriche in Wales ergab sich zur Verwunderung des Autors, daß *Reynoutria japonica* in vielen Distrikten, in denen sie verbreitet ist, für die zuständigen Behörden kein Problem darstellt. Als Grund dafür vermutet er »The plant has, of course, been long established in these areas and has been part of the scenery since childhood for most people« (Palmer 1994:165).

Mangelnde Vertrautheit scheint eine große Bedeutung für die Wahrnehmung eingeführter Arten als »Problem« zu haben. Die Einbürgerung und Ausbreitung neuer, ungewohnter Arten, die früher noch nicht da waren, werden als Beeinträchtigung der Kontinuität und Unveränderlichkeit des gewohnten und vertrauten Lebensumfelds wahrgenommen. Was aus dem beschriebenen Vertrautheitsbedürfnis geschützt wird, ist aber nicht Natur, sondern Kulturlandschaft, eine Landschaft also, die sich durch »angepaßte Formen der Landnutzung« auszeichnet. Dieses Ideal, nach dem Menschen im Einklang mit der Natur leben und wirtschaften, hatte ich als Heimat bezeichnet. Heimat erfüllt darüberhinaus aber auch Orientierungsfunktion, ihre Stabilität und Eigenart gewährleisten Identifikation.

Auch die Bedeutung der stets wiederkehrenden Kritik an der weltweiten Uniformisierung verweist auf den Begriff der Heimat. Meines Erachtens ist sie ohne die Wertschätzung der Tradition und Geschichte, des historisch Gewordenen und Gewachsenen und der lokalen und regionalen Eigenart nicht zu verstehen. Um Identifikation zu ermöglichen, müssen Landschaften unterscheidbar, d. h. voneinander verschieden sein.

Der Wert der Vielfalt ist aber durchaus diskussionswürdig. Die Wertschätzung der Verschiedenheit des Lebendigen *kann* sich gegen die Uniformierung des Lebendigen durch den funktional zurichtenden Zugriff ökonomischer Verwertungsinteressen richten. Sie betont damit die Individualität, Eigenständigkeit und Widerständigkeit der Einzelnen. Die Betonung der Differenz ist in diesem Sinne ein zentrales Thema vieler Modernisierungskritiken.

Die in kritischer Absicht erfolgende Betonung der Vielfalt hat aber auch in der politischen Debatte eine konservative Kehrseite: In deren dezidiert anti-fortschrittlichem Sinn geht die Wertschätzung der Vielfalt mit einer Ablehnung des Gleichheitsgedankens einher, die nicht Freiheit zur Verschiedenheit, sondern Pflicht zur Ungleichheit bedeutet. Die »Verschiedenheit« der Natur wird dabei zur Legitimation gesellschaftlicher Ungleichheit herangezogen.

Der Ökologe Wolfgang Haber (1979b) sieht in der Erhaltung der natürlichen Vielfalt einen Widerspruch zum modernen Gleichheitsideal:

»Ökologische Vielfalt bzw. Vielfalt der Ökosysteme in der Landschaft aber auch Vielfalt der Landschaften bedeuten also natürliche, damit aber auch wirtschaftliche und gesellschaftliche Ungleichartigkeiten ... Die gesellschaftlichen Ideen der Neuzeit, die die Grundrechte der Menschen von heute bestimmen, fordern aber die weitgehende Beseitigung von Ungleichartigkeiten. .... Eine Landschaftspflege, die auf Erhaltung von *Vielfalt, d.h. Ungleichartigkeit* ausgerichtet ist, muß in Konflikt zu dieser angestrebten Gleichartigkeit geraten, zumal wenn diese in Gleichmacherei auszuarten droht.« (ebd.:99)

Hier wird allerdings das emanzipatorische Ideal der Gleich*wertig*keit aller Menschen als Behauptung ihrer Gleich*artig*keit mißverstanden. Eine solche Kritik an der »Gleichmacherei« der Moderne ist uns bereits in der Ideologie der frühen Heimatschützer begegnet. Auch hier wurde versucht, politische Überzeugungen mit dem Verweis auf »natürliche« Zustände zu legitimieren. Was genau jeweils gemeint ist, wenn Vielfalt als Wert angegeben wird, wie eine vielfältige Welt aussehen soll, darüber kann man erst sinnvoll streiten, wenn man sich klar macht, daß es sich dabei nicht um einen in der »Natur« aufzufindenden Wert handelt, sondern um einen ganz und gar menschlichen.

4.3. Fazit

- *Neophyten sind kein Schaden für »die Natur«, sondern für die Natur, die wir erhalten wollen.*
- *Ein (Eigen)Wert von Arten kann nur geltend gemacht werden, wenn eine Art in ihrem Bestand bedroht ist. Dies ist bei der Neophytenproblematik in Deutschland in der Regel nicht der Fall.*
- *Ökosystemen kommt ein instrumenteller Wert im Hinblick auf die Erhaltung der Artenvielfalt und menschliche Nutzungen zu.*
- *Vielfalt, Eigenart und Schönheit der vertrauten Landschaft sind keine »ökologischen«, sondern auf den Menschen bezogene Werte: Als Heimat des Menschen muß Natur bestimmte Eigenschaften besitzen. Eigenschaften von Neophyten, die dem Heimatbedürfnis widerstreiten, sind in Tabelle 5 zusammengefaßt.*

Erwünschte Eigenschaften der Natur	Eigenschaften unerwünschter Neophyten
sicher	gefährlich
zuverlässig	unberechenbar
einzigartig	austauschbar
vielfältig	uniform

Tabelle 5: Aus der Perspektive der Heimat erwünschte Eigenschaften der Natur im Kontrast zu Eigenschaften unerwünschter Neophyten.

5. Was tun?

Eine allgemeine und verbindliche Bewertung von Neophyten war nicht das Ziel dieser Arbeit und kann es nach allem bisher Gesagten auch nicht sein. Daher verbieten sich an dieser Stelle konkrete Handlungsanweisungen.

Die Bewertung eines Neophytenbestands kann immer nur art-, raum-, und zielspezifisch erfolgen. Diese Schutzziele sind nicht in erster Linie eine Frage der Wissenschaft, sei es der Ökologie oder der Ethik, sondern Ergebnis eines gesellschaftlichen Aushandlungsprozesses. Die Werte, die darin geltend gemacht werden, müssen einer kritischen Überprüfung standhalten. Wenn im Einzelfall ein Neophytenbestand mit anerkannten Schutzzielen kollidiert, sei es indem als schützenswert erachtete Arten durch seine Ausbreitung bedrängt werden oder die historisch gewachsene Eigenart der Landschaft in einem für die dort lebenden Menschen unerwünschten Ausmaß verändert wird, können Bekämpfungsmaßnahmen gerechtfertigt sein.

Allerdings ist in diesem Fall auf die *Angemessenheit* der Mittel zu achten: Wo Neophyten nicht die Ursache von Vegetationsveränderungen, sondern die Folge menschlicher Einwirkungen sind, würde sich eine einseitige Fokussierung der Schutzmaßnahmen auf die Zurückdrängung von Neophyten dem Vorwurf aussetzen, statt der eigentlichen Ursache nur eine Nebenfolge zu bekämpfen. Wird beispielsweise die beobachtete Ausbreitung der Goldrute in der Oberrheinebene der Aggressivität der Art zugeschrieben, wird übersehen, daß ihr Ausbreitungserfolg einem anthropogenen Eingriff, nämlich der Grundwasserabsenkung, zuzuschreiben ist. In einem solchen Fall sind Bekämpfungsmaßnahmen allein zur Wiederherstellung des Schutzziels nicht ausreichend.

Auch die *Verhältnismäßigkeit* der eingesetzten Mittel ist zu beachten: Wer mit Artenschutzgründen argumentiert, kann nicht gleichzeitig unspezifische Herbizide einsetzen, ohne seine Glaubwürdigkeit zu verlieren. Wenn der Schutz natürlicher Prozesse das Ziel ist, scheiden Bekämpfungsmaßnahmen streng genommen aus. Durch Bekämpfungsmaßnahmen sollten schließlich die angegebenen Ziele auch wirklich erreichbar sein. Sonst könnte der Eindruck entstehen, daß die Bekämpfung der nichtheimischen Arten eine Alibifunktion in einem ansonsten allzuoft macht- und erfolglosen Naturschutz einnimmt.

Kapitel VII

Neophyten, Naturschutz und Ethik

Die Ergebnisse der vorigen Kapitel sollen nun zusammengefaßt und im Kontext der Wissenschaftsethik, des Naturschutzes und der Umweltethik eingeordnet werden. Dabei geht es zunächst um die Frage, wie die Diskussion über Neophyten aus einer wissenschaftsethischen Perspektive zu bewerten ist (1). Im Vordergrund steht dabei eine Kritik der wissenschaftlichen »Wertfreiheit«. Danach erörtere ich die Relevanz von Neophyten für den Naturschutz. Es soll dargestellt werden, inwiefern sich Neophyten von der Natur, die im Naturschutz geschützt wird, unterscheiden. Hierzu wird das Ideal der Natürlichkeit (2.1.) dem Ideal der Kultur (2.2.) gegenübergestellt. Die emotionale Dimension der Neophytenproblematik wird anschließend erörtert (2.3.) Abschließend diskutiere ich die der Neophytendebatte zugrundeliegenden Natur- und Menschenbilder und ihre ethische Relevanz (3.)

1. Neophytenproblematik und Wissenschaftsethik

Dem Vorwurf der Fremdenfeindlichkeit wird von seiten der mit Neophyten befassten ÖkologInnen häufig die Neutralität der Wissenschaft entgegengehalten. Bewertungen wissenschaftlicher Fakten würden nicht durch Wissenschaft, sondern erst durch die Gesellschaft vorgenommen. Ich hatte daher eingangs die Frage aufgeworfen, ob sich ökologische Beschreibungen des Ausbreitungsverhaltens von Neophyten und seine Bewertung so trennen lassen, wie es unter der Voraussetzung des Wertfreiheitspostulats erforderlich wäre. Insbesondere war zu untersuchen, ob dem Anspruch nach deskriptive Begriffe und Konzepte der Ökologie implizite Werte enthalten. Die Neophytenforschung soll daher im folgenden hinsichtlich ihrer Wertfreiheit und der von ihr verwendeten Sprache diskutiert werden.

1.1. Der »conservation bias« der Neophytenforschung

Während die Naturschutzforschung schon ihrem Anspruch nach Fakten mit Wertungen verbinden will, nimmt die Wissenschaft traditionell für sich in Anspruch, wertfrei zu sein. Zugleich liegt es jedoch nahe, daß ÖkologInnen von der Vielfalt der Erscheinungen und Wechselbeziehungen der lebendigen Natur, mit der sie sich befassen, fasziniert sind. Wenn sie diese daher wertschätzen und gegebenenfalls vor Zerstörung bewahren wollen, ist das ein legitimes Anliegen. Das Wertfreiheitspostulat wird durch eine aus subjektiver Wertschätzung resultierende Parteilichkeit der Forschenden für Naturschutzbelange nicht *per se* affiziert. Es erfordert allerdings, daß der eigene Standpunkt als solcher kenntlich gemacht wird. Wo immer möglich, sind die Werte, auf die sich ein Werturteil bezieht, konkret zu benennen. Werden Werturteile dagegen implizit über Wortwahl und Ausdrucksweise mehr suggeriert als argumentiert, ist der Vorwurf der Unsachlichkeit angemessen.

Die von mir untersuchten Arbeiten haben meist gerade nicht die wertfreie Beschreibung des Ausbreitungsverhaltens einer Art zum Thema, sondern ihre Bewertung aus Naturschutzperspektive. Sie haben also einen mehr oder weniger expliziten »conservation bias« (explizit z. B. Cronk/Fuller 1995). Die Bezugsmaßstäbe der vorgenommenen Bewertungen werden dabei aber oft nur unzureichend verdeutlicht. Zwischen Beschreibung im Sinne einer Einstufung auf einer Skala und Wertungen im normativen Sinn einer Handlungsanweisung liegt oftmals ein unbemerkter Übergang. Ein Beispiel:

Schwabe/Kratochwil (1991) beschreiben aus Naturschutzperspektive fünf Typen gewässerbegleitender Neophyten Baden-Württembergs, die sie im Hinblick auf die Einpassung in die indigene Vegetation oder deren Verdrängung unterschiedlich bewerten. Die im folgenden zitierten Typen nehmen somit eine Beschreibung und Bewertung gleichzeitig vor. Meine Hervorhebungen kennzeichnen sprachliche Ausdrücke, durch die Wertungen indirekt Eingang in die Klassifikation finden:

Typ 1: »Arten, die sich ... relativ kleinflächig deckend, in die bestehende Flußufer-Vegetation *eingepaßt* haben und eine *Bereicherung,* z. B. im Hinblick auf das Nektar- und Pollenangebot darstellen. Eine Tendenz zur *Eroberung* flußferner Standorte besteht nur geringfügig« ...

Typ 2: »Arten, die sich ..., relativ kleine Flächen deckend, in die bestehende Ufervegetation an kleineren Flüssen eingepaßt haben und dort eine *Bereicherung* z. B. im Hinblick auf das Nektar- und Pollenangebot darstellen können. Es besteht eine *Tendenz zur Eroberung* des weiteren Auenbereichs großer Ströme und flußferner Standorte« ...

Typ 3: »Arten, die sich ..., großflächig deckend, in die bestehende Flußufervegetation eingepaßt oder diese *verdrängt* haben und regional eine biologische *Bereicherung* darstellen
können« ...

Typ 4: »Arten, die aus biologischer Sicht eine Bereicherung der Ufervegetation darstellen,
aber *ungünstige Wirkungen auf die Gesundheit des Menschen* haben« ...

Typ 5: »Arten, die lokal an Flußufern zur *Dominanz* kommen und zur *Monotonisierung* der
Ufervegetation beitragen; Arten mit *sonstigen negativen Wirkungen*« (Schwabe/Kratochwil
1991:15-19)

Die Begriffe »eingepaßt« und »Bereicherung« sind so deutlich positiv konnotiert wie »Eroberung« und »Verdrängung« negativ. Auch »Dominanz«
und »Monotonisierung« sind, insbesondere durch die Aufzählung mit »sonstigen negativen Wirkungen« deutlich werthaft. Es scheint kaum möglich,
eine Art diesen Gruppen zuzuordnen, ohne sich der damit verbundenen
Wertung anzuschließen.

Ob eine Art eine Ausbreitungstendenz hat, läßt sich empirisch überprüfen
und ist zunächst eine wertfreie Feststellung. Die Beurteilung der Ausbreitungstendenz wäre dann durch eine Bewertung der Ausbreitung als
erwünscht oder unerwünscht zu ergänzen. Wird derselbe Sachverhalt als
»Tendenz zur Eroberung« beschrieben, ist die Einstufung nicht mehr wertneutral. Aufgrund ihrer alltagssprachlichen negativen Konnotationen impliziert sie, daß die Ausbreitung bereits eine »negative Wirkung« ist. Der damit
nahegelegte Handlungsbedarf ergibt sich aber nicht aus einem »wertfreien«,
wissenschaftlichen Befund, sondern aus der Wertschätzung der Vielfalt
heimischer Arten.

Ihrem Selbstverständnis zufolge soll Wissenschaft nicht nur wert-,
sondern auch zweckfrei sein. Wissenschaftliche Erkenntnis gilt als Wert an
sich. Tatsächlich wird aber sowohl von der Öffentlichkeit als auch von
seiten der beteiligten Forschenden erwartet, daß die wissenschaftliche Ökologie dazu beiträgt, Umweltprobleme zu erkennen und zu benennen, und
darüberhinaus durch Erforschung der Ursachen ihre Lösung zu ermöglichen.
Es geht also um die Produktion von Verfügungswissen. Diese gesellschaftliche Erwartungshaltung geht über die oben beschriebene, bloß subjektive
Wertschätzung der Natur durch ÖkologInnen, den sog. »conservation bias«,
hinaus. Wenn solcherart »externe Zwecksetzungen gegenüber der Wissenschaft zum Entwicklungsleitfaden der Theorie werden« liegt eine Vorgang
vor, der von Böhme u.a. (1973) als »Finalisierung« bezeichnet wird.

Eine solche Finalisierung der ökologischen Forschung war in der bearbeiteten Fachliteratur zur Neopyhtenproblematik vielfach zu beobachten.

Einen Hinweis darauf lieferte beispielsweise die Differenz zwischen der englischsprachigen überseeischen und der mitteleuropäischen Terminologie eingeführter Arten: Unterschiede in der Nomenklatur habe ich in Kapitel III als Resultat unterschiedlicher »Managementprobleme« interpretiert.

1.2. Die »Fremden« im ökologischen Diskurs: eine Sprachkritik

> *»Geradezu bedenklich stimmt aber das Vokabular, das nicht selten im Zusammenhang mit fremden Arten benutzt wird. Da ist von ›ausmerzen‹ die Rede, von ›bodenständig‹ und von der Notwendigkeit, die (heimische) ›Rasse rein zu halten‹. Daß solche Ausdrücke Überbleibsel einer ›Biologie‹ einer der finstersten Phasen in der neueren Geschichte Deutschlands sind, fällt offenbar gar nicht auf!«* (Reichholf 1996:87)

Populärwissenschaftliche Darstellungen der Neophytenproblematik bedienen sich gelegentlich einer Sprache, die jeglicher Sachlichkeit entbehrt. Wenn etwa die Bildzeitung verkündet »Russen-Krähen fressen unsere Singvögel auf« (Bild 16.2.94:1) oder die Frankfurter Allgemeine unter dem Titel »Kampf dem Monstrum aus dem Kaukasus« (FAZ 17. 7. 1996:9) über die Herkulesstaude berichtet, wird ein Naturschutzproblem mit verbreiteten ausländerfeindlichen Klischees verknüpft. Solche unsachgemäßen Darstellungen zu kritisieren, ist Teil wissenschaftlicher Verantwortung.

Allerdings wäre es zu einfach und auch in der Sache falsch, solche Darstellungen bloß als populistische Verzerrung der Problematik abzutun. Auch in Naturschutz- und wissenschaftlichen Publikationen findet sich gelegentlich eine ähnliche Sprache. Meist entspringt diese wohl dem Bedürfnis, Aufmerksamkeit für ein Problem zu erheischen, das nach Ansicht der Beteiligten von der Öffentlichkeit in seiner Bedeutung unterschätzt wird. So werden in einer Publikation des Worldwatch Institutes in Washington D.C., USA, die Auswirkungen gebietsfremder Pflanzen- und Tierarten auf die genetische Vielfalt folgendermaßen beschrieben:

»Doch die vielleicht *schleichendste* Form der Schädigung tritt auf, wenn sich fremde und ortsansässige Arten vermischen. Kreuzungen können den *natürlichen* Genpool mit *fremden* Genen *durchsetzen* und dadurch die Besonderheit und die genetische Vielfalt einer Art *verwässern*.« (Bright 1995:15, Herv. UE)

In dieser Passage wird offensichtlich mehr suggeriert als argumentiert. Die Wahl des Begriffs »schleichend« provoziert Assoziationen von »Subversivität« und »Zersetzung« und legt ein absichtsvolles Verhalten der fremden

Arten nahe. Da der Genpool »natürlich« ist, erscheint es unnatürlich, wenn nicht widernatürlich, ihn mit fremden Genen zu »durchsetzen«. Der überindividuelle »Genpool«, als sinnlich nicht faßbare Größe, blendet das individuelle Erscheinungsbild der Neophyten aus. Dadurch wird die Voraussetzung geschaffen, das Bedrohliche an ihnen herausstellen zu können. In seinem Duktus erinnert der Text fatal an die Forderung nach einer Reinerhaltung der Rasse im Kontext biologistischer Rassenpolitik. Ohne dem Autor eine solche rassistische Gesinnung unterstellen zu wollen, muß darauf aufmerksam gemacht werden, daß solche Sprache dergleichen Parallelen provoziert. Es kann nicht im Interesse von Umweltschutzorganisationen sein, unbewußte Vorurteile ihres Publikums zu bedienen, zumindest sollte es dies auch dann nicht, wenn damit ein größeres Publikum zu erreichen ist.

Der Sammelband »Biological Pollution« (McKnight 1993), Publikation eines gleichnamigen Symposiums an der Indiana-University, stellt ein Beispiel für eine emotionalisierte und unsachgemäße Darstellung der Problematik auch durch WissenschaftlerInnen dar. So wird hier die Einbürgerung neuer Arten mit einer Zeitbombe verglichen – eine im Zusammenhang mit zukünftigen Umweltrisiken beliebte Metapher: »Naturalizing exotic species are living time bombs, but no one knows for sure how much time we have« (Harty 1993:195).

Diese Aussage redet einem Katastrophenszenario das Wort, das weder der Art noch der Größe des Problems angemessen ist. Bei der Benennung der mit der Ausbreitung eingeführter Arten verbundenen Probleme sollte argumentiert und nicht polemisiert werden. Wenn ÖkologInnen zur Schärfung des Umweltbewußtseins erzieherische Aufgaben wahrnehmen, müssen sie mit politisch sensiblen Themen angemessen umgehen. Insbesondere sollten sie vermeiden, verbreitete rassistische Vorurteile zu schüren. »Public ›learned‹ statements ... should be free of confusion between ›species‹ and ›race‹, transfers of moral values from humans to trees, and should not discard key areas of ecology such as biogeography.« (Binggeli 1994:12)

Anthropomorphe Beschreibungen laden in hohem Maße zur Übertragung gesellschaftlicher Werte in die Tier- und Pflanzenwelt ein. Bereits in der ersten Publikation des SCOPE-Programms werden anthropomorphe Begriffe und Konzepte im Rahmen der Neophytenforschung problematisiert (Vorwort in Groves/Burdon 1986). Garthwaite (1993) plädiert dafür, den Begriff »heimisch« in der wissenschaftlichen Sprache nicht weiter zu verwenden, weil er diskriminierend und darüberhinaus biologisch nichtssagend sei. Auch von der Bezeichnung »weed« sei in ökologischen Arbeiten abzusehen, weil sie eine anthropogene Bewertung beinhalte (Rejmánek 1995). »»Aliens‹ and ›weeds‹ are anthropomorphically based terms. Their use should be minimized or altogether avoided in ecological literature.« (Bazzaz 1986:97)

Die bundesdeutsche Debatte über Neophyten weist insbesondere dank der Beiträge der »Berliner Schule« um Herbert Sukopp heute bezüglich der latenten Fremdenfeindlichkeit ein ausgesprochenes Problembewußtsein auf (Kowarik 1985, 1989 und 1992; Trepl 1984 und 1992; Sukopp/Sukopp 1993; Sukopp 1995) Sukopp (1996) warnt davor, anthropomorphe Ausdrücke zur Beschreibung der Ausbreitung eingeführter Arten heranzuziehen, weil dadurch ein überzogener Aktionismus hervorgerufen werden könne.

Dieser Forderung ist prinzipiell zuzustimmen. Sie verkennt allerdings, daß im Kontext des Umwelt- und Naturschutzes naturwissenschaftliche Erkenntnisse einer Laienöffentlichkeit verständlich gemacht werden müssen. Wenn aus ökologischen Forschungsergebnissen umweltpolitische Forderungen abgeleitet werden sollen, ist aus ethischer Perspektive die Zustimmung der davon Betroffenen erforderlich. Die Ermöglichung einer qualifizierten Urteilsbildung macht es erforderlich, die relevanten Sachverhalte möglichst allgemeinverständlich und unter Vermeidung von Fachbegriffen aufzubereiten. Gerade eine anthropomorphe Redeweise vermag abstrakte Sachverhalte anschaulich darzustellen. Indem bei der Vermittlung von Naturschutzbelangen Alltagssprache verwendet wird, ist die Gefahr der Wertübertragung unvermeidlich gegeben. Allerdings kann ein reflektierter Umgang mit Sprache diese Gefahr erheblich reduzieren.

1.3. Werte in der Ökologie

Mit dem Bemühen um eine sachliche Sprache allein ist es jedoch nicht getan. Zum einen ist es, wie ich im Kapitel III gezeigt habe, trotz der präzisen wissenschaftlichen Definition des Neophytenbegriffs nicht gelungen, eine ebenso präzise Alltagsverwendung durchzusetzen. Im Naturschutz steht der Begriff »Neophyt« für eingeführte Arten, die eine Bedrohung für die heimische Vegetation darstellen und wird somit wertend verwendet.

Zum anderen – und dies widerspricht dem Ideal einer »sauberen«, weil wertfreien Wissenschaft – gehen verbreitete negative Bewertungen des Fremden auch in die wissenschaftliche Theoriebildung mit ein. Ich habe gezeigt, daß ökologische Konzepte und Theorien im Umfeld des Neophytenproblems und die von ihnen verwendeten Metaphern und Analogien (vgl. Kap. III) sowie Hypothesen über die Etablierung und Ausbreitung eingeführter Arten (vgl. Kap. V) werthafte Elemente enthalten. So bringt es die verbreitete Konzeption von Lebensgemeinschaften oder Ökosystemen als Organismen mit sich, daß eingeführte Arten als fremde »Eindringlinge« wahrgenommen werden. Der dem immunologischen Bildfeld entstammende Begriff der Resistenz oder Immunität setzt erfolgreiche Zuwanderer dem Verdacht aus, Krankheitserreger und Schädlinge zu sein. Solche Analogien mögen in heuristischer Hinsicht unverzichtbar sein. Es gilt daher aber besonders, bei der Formulierung von Zielstellungen und Handlungsanleitungen, die daraus abgeleitet werden, ihren metaphorischen Charakter zu reflektieren.

2. Neophytenproblematik und Naturschutz

> »Doch je mehr das Wirkliche als das Beherrschbare gesichert war, desto bedrohlicher wurde, was sich der Beherrschung entzog.«
> (Böhme/Böhme 1992:14)

Ich habe in dieser Arbeit immer wieder betont, daß der Naturschutzgedanke zwei verschiedenen Naturidealen gilt: zum einen der ursprünglichen Natur als sittlichem Ideal, zum anderen der von Menschen bearbeiteten Natur als Heimat. Beide setzen die Beherrschung der Natur durch Menschen voraus. Unter Berücksichtigung der bei der Neophytenbewertung angeführten Argumente möchte ich die Neophytenproblematik abschließend nochmals hinsichtlich dieser verschiedenen Aspekte interpretieren.

2.1. Natürlichkeit der Natur

Natürlichkeit hat im Naturschutz einen hohen Wert. Ganz im Sinne der aristotelischen *physis* wird die natürliche Natur als das nicht vom Menschen gemachte aufgefaßt. Gerade die völlige Freiheit von menschlichen Zwecksetzungen zeichnet diese Natur aus. Sie wird als »*Natur an sich*« wertgeschätzt und geschützt. Im Nationalparkkonzept soll diese Natur durch Verzicht auf menschliche Interventionen geschützt werden. Auch physiozentrischen Ansätzen der Umweltethik (Krebs 1996)[13] geht es um die dem Menschen grundsätzlich fremde Natur. Ihnen kommt es darauf an, einen Schutz der Natur zu gewährleisten, der nicht von menschlicher Wertschätzung, manchmal sogar nicht von menschlichen Wertsetzungen, abhängig sein soll.

Neophyten passen in dieses Naturbild nicht hinein. Sie verdanken ihre Existenz im Gebiet menschlicher Tätigkeit. Dies in zweierlei Hinsicht, nämlich erstens, indem sie nur unter der Mithilfe des Menschen ihre natürlichen Grenzen überqueren konnten, und zweitens, indem ihre Ausbreitung und Etablierung oft (wenn auch nicht immer) eine anthropogene Störung oder dauerhafte Umgestaltung des Lebensraums voraussetzt. Nach dem Maßstab »Natürlichkeit« ist die Etablierung und Ausbreitung von Neophyten aufgrund ihres anthropogenen Ursprungs und ihrer anthropogenen Ausbreitung als negativ zu bewerten.

Daß Neophyten nicht »Natur« sind kann aber zweierlei bedeuten: Eine erste Gegenüberstellung von natürlich wäre unnatürlich oder künstlich. Diese Begriffe sind im Zusammenhang mit Naturschutz meist negativ belegt. Ein weitere Opposition zu »Natur« ist als Gegenbegriff notwendig »Kultur«. Dieser Begriff ist traditionell im Naturschutz durchaus positiv belegt. Aus der Perspektive der Kultur erscheinen Neophyten, da sie ja gerade nicht unter Kultur, sondern an ihrem aktuellen Wuchsort vom Menschen unabhängig sind, in gewisser Weise als Natur. Sie genießen aber nicht das Privileg der Unberührtheit. Im Gegenteil, sie legen Zeugnis davon ab, daß es sich bei dem in Frage stehenden Naturstück gerade nicht mehr um ursprüngliche Natur handelt.

Die Unberührtheit der Natur ist also für deren Wertschätzung offenbar von großer Bedeutung. Der Grund hierfür scheint mir darin zu liegen, daß die ursprüngliche, oft auch als »jungfräulich« bezeichnete Natur – im Gegensatz zu problematischen Neophyten – zumindest *potentiell beherrschbar* ist. Ihre Beherrschung und Unterwerfung, das Eindringen des Menschen, würde jedoch unwiderruflich das zerstören, was sie kostbar macht. Natur zu schützen, bedeutet den freiwilligen Verzicht auf eine Handlung, die prinzipiell möglich wäre. Die Jungfräulichkeit der Natur ist

---

13 Angelika Krebs wählt zur Kennzeichnung nicht-anthropozentrischer Umweltethiken den vom griechischen *physis* abgeleiteten Begriff Physiozentrik. Dieser läßt die Begründungsstruktur (Patho-, Bio- oder Ökozentrik oder Holismus) noch offen (vgl. Krebs 1996 und 1997).

gleichbedeutend mit ihrer permanenten Bedrohung und Gefährdung durch den Menschen/Mann. Gerade das Bewußtsein dieser Gefährdetheit macht die Ursprünglichkeit wie die Jungfräulichkeit so kostbar und macht ihren Reiz ebenso wie ihre Wertschätzung aus (vgl. Wächter 1996). In Tabelle 6 habe ich die Begriffspaare, hinsichtlich derer Neophyten sich vom Ideal einer »natürlichen« Natur unterscheiden, zusammenfassend gegenübergestellt.

unberührte Natur	Neophyten
Natur »an sich«	Natur »durch den Menschen«
natürlich	unnatürlich
eigenständig entstanden	absichtlich eingeführt
prinzipiell beherrschbar	unkontrollierbar
bedroht	bedrohlich
schutzbedürftig	gefährlich
»jungfräulich«	»schändend«

Tabelle 6: Gegensätze zwischen unberührter Natur und Neophyten.

2.2. Kultivierte Natur

Den Begriff der Kulturlandschaft habe ich im vierten Kapitel als Ideal einer gelungenen Beziehung von Mensch und Natur dargestellt. Als Kulturlandschaft wird nicht die ursprüngliche Natur, sondern die von Menschen bearbeitete und gestaltete geschützt. Auch die Heimat gilt als Utopie einer Harmonie von Mensch und Natur. Sie hat darüberhinaus aber identitätsstiftende Funktion und war damit als strukturell fremdenfeindlich zu erweisen. In der Heimattradition des Naturschutzes erscheint schon die Fremdheit der Neophyten störend, weil sie die Vertrautheit des gewohnten Lebensraums beeinträchtigt.

Während aus der Heimat-Perspektive alles Fremde bereits an sich stört, ist aus der Perspektive der Kultur ein anderer Aspekt der Neophyten bedeutsam: Gepflanzte Exoten galten einst als Kulturmaßnahme im Rahmen der

Landschaftsverschönerungsvereine. Gerade durch fremdländische Arten unterscheidet sich der Garten von der unveredelten Natur (Kiermeier 1988). Nichtheimische Kulturpflanzen werden längst nicht in derselben Weise problematisiert wie kulturflüchtige Neophyten[14]. Problematisch an agriophytischen Neophyten ist daher offenbar weniger ihre Fremdheit als die Tatsache ihrer Verwilderung. Die meisten Problemneophyten waren ursprünglich Kulturpflanzen: Sie wurden zu bestimmten Zwecken absichtlich angepflanzt. Daß sie nicht (mehr) kultiviert sind, unterscheidet problematische Neophyten von den ursprünglich wertgeschätzten Kulturpflanzen.

Doch nicht nur das, sie sind darüberhinaus nicht mehr unter *Kontrolle* zu bringen. Im Hinblick auf schwer bekämpfbare Neophyten erweist sich Natur als unbeherrschbar. Hier wird das »Die Natur schlägt zurück«-Motiv wirksam (vgl. Kap. IV). Die Kultivierung, verstanden als Prozeß der An-Eignung von Natur durch den Menschen, schlägt in ihr Gegenteil um: Die selbstbewußt und frei gestaltete Natur entzieht sich wieder, sie wird fremder als sie vorher war. Wenn Natur nur als prinzipiell beherrschbare schützenswert ist, dann stellen ihre unbeherrschbaren Seiten eine Bedrohung dar. In diesem Sinne kann die Ausbreitung von Neophyten als Gefährdung des Heimatgefühls interpretiert werden.

Die Wertschätzung der Natur als »Heimat« setzt also voraus, daß die prinzipiell fremde Natur durch menschliche Arbeit zur Heimat, zum Eigenen gemacht wird. Erst angeeignete Natur kann zur Heimat, nur die durch Beherrschung gesicherte wertgeschätzt werden. Damit verweist der Heimatbegriff auf einen Naturaspekt, den romantisierende Natur-Idealisierungen der Heimatschutzbewegung zu verleugnen neigen: Natur als bedrohliche, zu unterwerfende, als das Fremde schlechthin. Diesen Naturaspekt verkörpern Neophyten offensichtlich in ganz besonderer Weise.

Die Bedeutung der Neophyten ist aufgrund dieser Überlegungen sowohl darin zu sehen, daß sie als Fremde nicht in die als schutzwürdig erachtete Heimat passen, als auch darin, daß sie der Kultur entkommen sind und dem Menschen jetzt wieder als wilde und fremde Natur gegenüberstehen, ohne dabei allerdings das Privileg ursprünglicher Unberührtheit zu besitzen. Tabelle 7 faßt die auf den Kulturbegriff bezogenen Oppositionen nochmals zusammen.

---

14 In der Naturgartenbewegung wird allerdings für eine Bevorzugung heimischer Arten auch in Gärten geworben. Als Grund wird die größere Vielzahl an ökologischen Beziehungen heimischer Arten angeführt (Heinrich 1990).

Kultivierte Natur	Neophyten
Heimat	Fremde
bodenständig	eingeführt
kultiviert	wild
vertraut	unvertraut
traditionell	neu
»beherrscht«	unkontrollierbar
Harmonie von Mensch und Natur	Natur »schlägt zurück«

Tabelle 7: Oppositionen von »kultivierter« Natur und Neophyten.

Unter dem Primat der Kultur gilt Natur als verbesserungswürdig und verbesserungsbedürftig, Menschen dagegen als Träger der Kultur und Veredler der Natur. Unter dem Ideal der Natürlichkeit erscheint dagegen die unberührte Natur als sittlich gut, der in sie eindringende Mensch als ihr Schänder. Spuren menschlichen Wirkens sind in der Kulturlandschaft Ausdruck menschlicher Kreativität und Freiheit, in der freien Natur jedoch ein Schaden.

Dies erklärt die unterschiedliche Bewertung von Neophyten auf unterschiedlichen Standorten: In der »freien Natur« ist ein Goldrutenbestand Beleg menschlichen Wirkens, er entlarvt ihre phantasierte Unberührtheit als Illusion. Im Garten kann dieselbe Art Ausdruck menschlicher Gestaltungsfreiheit oder aber auch bäuerlicher Tradition sein. In der Beton»wüste« der Großstadt schließlich erscheint der fremdländische Fliederbusch als Symbol der vitalen und lebendigen Natur gegen die zerstörerische Herrschaft des Menschen.

2.3. Neophyten als Triebnatur: Zur subjektiven Seite der Neophytenproblematik

Im Kapitel IV habe ich die Unterwerfung der äußeren Natur durch den Menschen auf der symbolischen Ebene als Ausdruck der Beherrschung seiner inneren Natur gedeutet. Die Kontrolle über die äußere Natur soll dabei die Kontrolle über die bedrohlichen, weil verdrängten, Anteile der inneren Natur garantieren. Diesen Gedanken möchte ich nun im Hinblick auf die Neophytenproblematik noch etwas genauer entwickeln, weil ich vermute, daß er eine Erklärung für die emotionale Brisanz der Thematik liefert.

Die Idee der Kulturlandschaft habe ich hinsichtlich ihrer subjektiven Bedeutung symbolisch interpretiert: Wie der Theweleit'sche »Garten« ist die heimatliche Kulturlandschaft gezähmte Natur. Klare Grenzen sorgen hier für emotionale Sicherheit, Zuverlässigkeit und Beständigkeit. Hier hat alles seinen Platz, ist bekannt und daher unbedrohlich. Von außen in diesen geschützen Raum eindringende fremde Arten können nun als Gefährdung dieser Konstruktion und damit ihrer emotionalen Funktion interpretiert werden. Als Naturphänomen, dem die Menschen hilflos ausgeliefert sind, werden Neophyten emotional offenbar als Bedrohung erlebt. Als unkontrollierte und unkontrollierbare Natur können problematische Neophyten somit als Repräsentanten jener naturhaften Teile des Selbst gedeutet werden, deren Beherrschung sonst als Kulturleistung gilt.

Zwei Eigenschaften sind damit für die emotionale Bedeutung der Neophytenproblematik relevant: Kontrollverlust und Grenzüberschreitung.

Kontrollverlust

Um Natur gemäß ihrer eigenen Bedürfnisse nutzen zu können, sind Menschen auf eine zuverlässige, berechenbare und daher beherrschbare Natur angewiesen. Kaum oder schwer kontrollierbare Neophyten, aber auch heimische »Unkräuter«, widersetzen sich diesem Bedürfnis. In Kapitel V habe ich dargestellt, daß die Unkontrollierbarkeit unerwünschter Arten nicht nur wegen der daraus resultierenden ökonomischen Kosten, sondern auch wegen ihrer emotionalen Bedeutung einen nicht zu unterschätzenden Teil des Neophyten»problems« bildet.

Dieses Moment der Unkontrollierbarkeit ist ebenfalls konstitutiv für den Begriff der Masse. Nach Theweleit (1995) kann »Masse« – auf der symbolischen Ebene (!) – als Entgegensetzung zu »Kultur« verstanden werden. Während »Kultur« Ausdruck der Unterwerfung und (Selbst)beherrschung ist, wird die »Masse« als das unbeherrschte Andere wahrgenommen.

Diese Opposition von »Masse« und »Kultur« konnte ich auch in der Neophytenproblematik wiederfinden: Die Neophytenarten, um die es in der

Naturschutzdebatte geht, sind meist ausgesprochen wuchsfreudig und verfügen über eine intensive vegetative Vermehrung. Sie bilden schnell geschlossene Bestände – Massen. In einem Aufruf zu mehr Intoleranz gegenüber fremden Arten referiert Rüdiger Disko (1997) zustimmend den Geobotaniker Pott:

»Die ›Fremdlinge‹ seien meist als Kulturbegleiter kosmopolitische Arten, die ausgerotteten und gefährdeten Arten dagegen empfindliche und seltene Charakterarten einheimischer Pflanzengesellschaften. Somit werde Typisches und Eigenständiges gegen weltweit Verbreitetes eingetauscht, ein Vorgang der Enttypisierung und Vermassung.« (ebd.:46)

Die negative Bewertung der Masse im Vergleich zum Einzigartigen, Nicht-Reproduzierbaren habe ich bereits in Kapitel V erörtert. In diesem Zitat wird nun die Masse ganz explizit den empfindlichen und seltenen heimischen Charakterarten gegenübergestellt.

Als Einzelstücke im Garten angepflanzt können offenbar auch fremde Arten – wertvolle – Kultur sein. Erst wenn sie dem Garten, also der Kultur, entronnen sind, werden sie zur wertlosen Masse. Die Wertschätzung, die ein vereinzelt stehender Baum als sog. Solitärbaum im Rahmen des Landschaftsschutzes genießt, ist das Pendant zur Geringschätzung der Masse. Auch die abwertende Bezeichnung »Allerweltsarten« rekurriert auf den Begriff der Masse.

Grenzüberschreitung

Grenzüberschreitung ist in mehrfacher Hinsicht ein konstitutives Merkmal der Neophytenproblematik. Erstens haben die problematischen Arten mit Hilfe des Menschen *natürliche Grenzen* überschritten und sich in neue Areale ausgebreitet. Zweitens haben sie als verwilderte Kulturpflanzen die *Grenze zwischen Kultur und Natur* überbrückt. In der freien Natur schließlich überschreiten sie aus anthropomorpher Perspektive die *Grenzen des Anstands*: Sie verbreiten und vermehren sich ohne Rücksicht auf andere Arten. Ihre Ausbreitung wird als »Überschwemmung« bezeichnet (man denke an den Begriff der »swampers«, vgl. Kap. V).

Dieser im Zusammenhang mit Neophyten immer wieder auftauchende, negativ besetzte Begriff der Flut kann wiederum symbolisch als Ausdruck der Furcht vor Grenzüberschreitungen interpretiert werden. Die Grenze markiert den Rahmen des Erlaubten; jenseits dieser Grenze beginnt das Verbotene:

»Die Flut ist so abstrakt, daß sehr verschiedene Vorgänge unter ihrem Bild subsumiert werden können; gemeinsam sein muß ihnen lediglich eine Art Grenzüberschreitung: Landesgrenzen, Körpergrenzen, Grenzen des Anstands, der Gewohnheit; diese Überschreitungen müssen Verbotenes betreffen.« (Theweleit 1995 Bd.1:239)

Maßlosigkeit und Grenzüberschreitung sind beide Kennzeichen der Triebnatur. Kultur als Garantie für Sicherheit wird durch die triebhafte Natur gefährdet. Die Grenzüberschreitung wird emotional aber durchaus ambivalent erlebt: Sie macht Angst und Lust zugleich, weil das Verbotene zugleich verlockend und gefährlich scheint: »Dies machtvolle Gebilde Flut setzt die Leute in eine deutlich ambivalente Erregung: es ist bedrohlich, aber es ist auch attraktiv« (ebd.:237).

Die Hin- und Hergerissenheit zwischen Faszination und Abstoßung kommt auch in den untersuchten Arbeiten über problematische Neophyten immer wieder zum Ausdruck. Die Attraktivität der Blüten, die Wuchskraft der Pflanzen, ihre Ausdauer und Zähigkeit sowie ihr Widerstand gegen Kontrollversuche lösen einerseits Ärger, gleichzeitig aber immer wieder auch Bewunderung aus.

Ich habe den Schutz der Kulturlandschaft als Versuch der Umwandlung von Triebnatur in Kontrollnatur, also in durch Gesetze geregelte, beherrschbare und faktisch beherrschte Natur, gedeutet. Innerhalb dieses Interpretationsrahmens können Neophyten als Beweis gelten, daß auch die vermeintliche Kontrollnatur bloß gebändigte Triebnatur ist. Bei Verlust der Kontrolle kann sie sich jederzeit wieder in reine Triebnatur wandeln und dann bedrohlich werden. Als Symbol der Triebnatur gefährden Neophyten das Gefühl der Kontrolle über die Natur, das nicht nur aus Nutzungsaspekten erforderlich, sondern auch aus psychodynamischen Motiven erwünschte ist.

Im romantisierenden Klischee der unberührten Natur wird dagegen die Romantiknatur verehrt und die Bedrohlichkeit der Triebnatur geleugnet. In der solcherart idealisierten Natur sind Konfikte harmonisch aufgehoben. Nur diese Natur kann ein sittliches Vorbild darstellen. Neophyten, die aufgrund ihrer Unkontrollierbarkeit der Triebnatur zuzurechnen sind, widerstreiten diesem Bild von der Natur. Sie können aufgrund ihrer Triebhaftigkeit, Rücksichtslosigkeit und Unbeherrschtheit nicht das moralische Vorbild sein, das in der Natur gesucht wird. Widersprüche zwischen erwarteten Eigenschaften der Ideal-Natur und den beobachteten Eigenschaften problematischer Neophyten habe ich in Tabelle 8 zusammengefaßt.

Erwünschte Eigenschaften der (Vorbild)-Natur	Eigenschaften unerwünschter Neophyten
Anpassung	Verdrängung
harmonisch	aggressiv
rein	schmutzig
ausgeglichen	triebhaft
gut	schlecht

Tabelle 8: Oppositionen von idealisierter Vorbild-Natur und Neophyten.

Das Neophytenproblem – und mit ihm der Naturschutzgedanke überhaupt – ist daher besser zu verstehen, wenn Neophyten als Symbole der Triebnatur interpretiert werden: Sie repräsentieren die Natur, die Menschen im Namen eines friedlichen Zusammenlebens unter Kontrolle zu halten lernen sollen. Während diese Triebnatur in romantischen Idealisierungen der Natur negiert wird, wird sie in der Kulturlandschaft durch Beherrschung in Kontrollnatur verwandelt. Aus dieser Wertschätzung gerade der kultivierten Natur ergeben sich folgende emotionale Präferenzen:

1. Das Beherrschte und Beherrschbare wird dem Unbeherrschten und Unbeherrschbaren vorgezogen.
2. Das Eigene und Vertraute wird dem Fremden vorgezogen.
3. Das Einzelne und Besondere wird der Masse vorgezogen.

Neophyten entsprechen in allen Punkten der abgewerteten Triebnatur: Sie sind triebhaft, unkontrolliert, unkontrollierbar, fremd und treten massenhaft auf – kurz: Sie sind in jeder Hinsicht unkultiviert. Sie scheinen daher die ideale Projektionsfläche für die ausgegrenzten Anteile des Subjekts. Sie sind all das, was das Ich nicht ist bzw. nicht sein darf. Zugleich sind sie das Andere, was in seiner Andersartigkeit das Konstrukt des identischen Selbst gefährdet und deshalb ausgeschlossen werden muß. Der Versuch, Kontrolle über Neophyten zu gewinnen, kann daher als Ausdruck des Wunsches nach Beherrschung der inneren und äußeren Natur und damit letztlich als Versuch der Selbstbehauptung verstanden werden.

»Das mit sich identisch bleibende, das verharrende Selbst, das in Starrheit und Unerbitt-lichkeit siegen und halten will, was es hat, und bleiben will, wie es ist, kann sich nur in Abwehr gegenüber dem Fremden und Ausgegrenzten halten. Diese Identität der Selbst-behauptung gelingt nur im Schutz vor dem Anderen.« (Thürmer-Rohr 1994a:118)

Da die Heimat als äußeres Symbol und Garant der Identität der in ihr leben-den Menschen fungiert, muß auch sie vor dem Hereindringen des Fremden bewahrt werden.

3. Neophytenproblematik und Umweltethik

> »Wir müssen nicht der Natur ablauschen, wie wir leben sollen, sondern wir
> sollten in kritischer Diskussion verschiedene Vorstellungen von der
> Kultivierung der Natur zu bewerten suchen.« (Schäfer 1988:87)

Der Begriff der Kultur hat sich in meinen bisherigen Überlegungen zur Neophytenproblematik als zentral erwiesen. Nicht daß sie unnatürlich sind, schien das größte Problem an Neophyten, sondern daß sie unkultiviert sind. Diesen Befund möchte ich abschließend für die Diskussion um den Stellen-wert von Mensch und Natur in der Umweltethik fruchtbar machen.

3.1. Mensch und Natur in der Umweltethik

Die naturwissenschaftliche Ökologie unterscheidet programmatisch nicht zwischen Mensch und Natur. Menschliche Tätigkeit wird als Standortfaktor anderen ökologischen Faktoren gleichgestellt. Fragen der Verantwortung kann die Ökologie daher weder stellen noch beantworten (vgl. Kap. III). Insofern ist der Begriff »ökologische« Ethik irreführend. Aus ethischer Per-spektive ist die Besonderheit menschlichen Handelns hervorzuheben: Anders als die Natur sind Menschen zu verantwortlichem Handeln fähig.

Im Weltbild der Aufklärung sind Menschen als Subjekte, d. h. als von äußeren Zwängen freie Individuen konzipiert. Sie gelten als fähig, ihre bio-logischen Triebe und Bedürfnisse zu beherrschen. Ihre Wahl zwischen Handlungsoptionen folgt nicht bloß Kausalgesetzlichkeiten, sondern ist in gewisser Weise als frei vorauszusetzen. Auch wenn diese Freiheit faktisch oft oder sogar meist Fällen eingeschränkt sein mag, ist sie die *Bedingung der Möglichkeit jeder Ethik*. Unter der Voraussetzung einer vollständigen Determiniertheit menschlichen Handelns, sei es durch biologische Gesetze oder durch soziale Strukturen, bliebe für ethische Erwägungen kein Raum mehr.

Da Menschen aber *auch* Natur- und Bedürfniswesen sind, setzt ein angemessenes Autonomieverständnis auch die Integration körperlicher und sozialer Bedürfnisse voraus. Diese »Versöhnung« von Selbstbeherrschung und Bedürfnisbefriedigung scheint nun im Ideal einer gelungenen Beziehung von Mensch und Natur ebenfalls auf. Die offensichtlich den psychoanalytischen Kategorien von Es, Ich und Über-Ich entlehnten Naturbilder Marquards legen diese Analogisierung nahe: So wie das »Ich« sich im Zuge seiner Autonomiebestrebungen einerseits von den Bedürfnissen des »Es« emanzipieren und sie andererseits gegen den permanenten Zugriff des »Über-Ich« verteidigen muß, müssen Menschen sich in ihrer Auseinandersetzung mit der Natur einerseits von ihr emanzipieren und sich gleichzeitig ihren Gesetzen unterwerfen. In dieser Analogie erscheint Romantiknatur als die natürliche Entsprechung des Ich, als gelungene Integration von Es und Über-Ich.

Mir scheint nun, daß sich humanistische Ethikkonzeptionen und sog. ökologische Ethiken im wesentlichen dadurch unterscheiden, wie sie Menschen und Natur in dieses Schema einordnen. In der Debatte um anthropozentrische versus biozentrische Ethik-Konzeptionen streitet man mithin nicht in erster Linie um ein angemessenes *Naturverständnis*, sondern vor allem um ein angemessenes *Menschenbild* (vgl. Abbildung 4).

»humanistische« Ethik				»ökologische« Ethik
Natur	Es	Bedürfnisse	Triebnatur	*Mensch*
	Über-Ich	Triebkontrolle	Kontrollnatur	
Mensch	Ich	Autonomie	Romantiknatur	*Natur*

Abbildung 4: Verortung von Mensch und Natur in der Triade von Bedürfnissen, Triebkontrolle und Autonomie durch verschieden Ethik-Konzeptionen

In der humanistischen Konzeption wird Natur als das Reich der Triebe und Zwänge aufgefaßt (Kontroll- und Triebnatur), der Mensch hingegen im Reich der Freiheit verortet. Diese Zuordnung der Naturbegriffe erscheint nun in radikalen Konzeptionen ökologischer Ethik, z. B. der sog. Deep

Ecology, umgekehrt: Hier wird Natur als (sittlich gute) Romantiknatur gedeutet und der Mensch als (verwerfliche) Triebnatur. In dieser Sichtweise erscheint der Mensch als Schädling der Natur. Nur in diesem Sinne ist es zu verstehen, daß in solchen Ansätzen der Begriff »Human–ismus« in pejorativer Absicht verwendet wird (z. B. bei Ehrenfeld 1997).

Solch ein negatives Menschenbild ist auch in der Neophytenliteratur verbreitet. Ich habe an verschiedenen Stellen gezeigt, wie das Wirken des Menschen als Zerstörung eines vermeintlich intakten, harmonischen Naturzustands dargestellt wird (z. B. anhand des Störungsbegriffs). Als eigentliches Grundübel wird dabei oft die Mißachtung der Naturgesetze und die Überschreitung natürlicher Grenzen durch den Menschen erachtet.

So stellt es einen wiederkehrenden Topos der »ökologischen« Literatur dar, daß die Menschheit sich durch den wissenschaftlichen und technischen Fortschritt natürlichen Regulierungsmechanismen entzogen habe. Dadurch übersteige die Größe der Population der Spezies »Mensch« die natürliche Tragfähigkeit der Erde. Schon Elton (1958) erklärt dieses sog. Bevölkerungsproblem zur eigentlichen Ursache der Neophytenproblematik: »The reason behind this, the worm in the rose, is quite simply the human population problem. The human race has been increasing like voles or giant snails, and we have been introducing too many of ourselves into the wrong places« (ders.:144).

Diese Kritik erinnert mich an die Zivilisationsschelte der Heimatschützer: Auch der von diesen kritisierte moderne Mensch mißachtet nicht nur die natürlichen Gegebenheiten, sondern dringt an Plätze vor, an denen er nicht sein sollte, beutet natürliche Ressourcen rücksichtslos aus und macht anderen Lebewesen ihren Lebensraum streitig. Die als problematisch empfundenen Neophyten ähneln diesem kritisierten Menschentyp auffällig.

Es ist, denke ich, kein Zufall, daß die Neophytenproblematik auffällig oft mit denselben Metaphern beschrieben wie die sog. Überbevölkerung: Auch hier ist die Rede von »Zeitbombe«, »Flut« und »Masse«. Die Menschheit erscheint in dieser Sicht als der größte und eigentliche Schädlinge der Natur[15]. Es ist daher nicht überraschend, wenn die menschliche Art selbst zum »Super-Eindringling« erklärt wird: »The species *homo sapiens* itself is without question the super invader of all time« (Wagner 1993:3).

---

15 So kursiert unter UmweltschützerInnen der zynische Witz: »Ein fremder Planet trifft die Erde und fragt: ›Wie geht's ?‹. Sagt die Erde: ›Schlecht, ich habe homo sapiens‹. Daraufhin der andere Planet: ›Keine Sorge, das geht vorbei!‹«

In der »Ökologiebewegung« wie in der Diskussion um Neophyten wird der Mensch – getreu dem reduktionistischen Programm der Naturwissenschaft – ausschließlich in seiner Eigenschaft als biologische Spezies betrachtet. Diese Sicht nimmt auch das naturalistische Programm mancher ökozentrischer Ethiken ein. Der Mensch wird zur »Natur« erklärt, und zwar zur Triebnatur, die sich nicht unter Kontrolle hat, rücksichtslos eigene Interessen verfolgt und so die harmonische, gute Natur, in der eigentlich für alle gesorgt wäre, gefährdet. Nicht umsonst sehen sich auf eine solche biologistische Anthropologie gestütze Ansätze mit dem Vorwurf des Misanthropismus konfrontiert (z. B. Schäfer 1988).

Ein biologischer Reduktionismus erscheint mir aber sowohl sachlich unangemessen als auch für die Anliegen der Umweltethik wie der Umweltpolitik kontraproduktiv. Zwar lassen sich Ursachen von Umweltproblemen (bestenfalls) auch kausalanalytisch erklären. Bevölkerungswachstum, Landnutzungssysteme, industrielle Produktion und auch die Einführung neuer Arten haben aber sehr viel mehr mit Ökonomie und Politik zu tun als mit Ökologie. Eine solche Ökologisierung in ihrem Kern politischer Fragen stößt zu Recht auf vehemente Kritik:

»Die Vernichtung der tropischen Regenwälder beispielsweise läßt sich durchaus als ökologisches Problem beschreiben: Zoologen verweisen auf den Verlust vieler endemischer Arten, Hydrogeologen auf die Konsequenzen für den Wasserhaushalt und Klimatologen auf klimatische Veränderungen. Die Bedingungen jedoch, die dazu führen, daß die in erster Linie betroffenen Länder Raubbbau an ihren eigenen Lebensquellen zu treiben gezwungen sind, finden in den Ursachenanalysen gewöhnlich keine Berücksichtigung, oder nur in einer Form, die in ihrer Allgemeinheit unangreifbar ist und damit folgenlos bleibt.« (Fachschaft Biologie 1988:8)

Um die durch menschliches Handeln verursachten Probleme lösen zu können, ist geradezu vorauszusetzen, daß sie sich nicht naturgesetzlichen Zwangsläufigkeiten verdanken. Anders als Neophyten, deren »rücksichtslose« Ausbreitung mit fast schon moralisch zu nennender Empörung beanstandet wird, sind Menschen dazu in der Lage, sich und ihr Verhalten zu reflektieren und gegebenenfalls zu korrigieren. Wenn die Kritik an der rücksichtslosen Ausbeutung der Natur durch den Menschen dagegen eben diese Rücksichtslosigkeit zugleich anthropologisch festschreibt, entzieht sie damit der Möglichkeit jeder Umweltethik und jeglichen umweltgerechten Handelns den Boden.

3.2. Naturschutz als menschliche Aufgabe: Achtung vor dem Anderen

»Auf befremdliche Weise ist der Fremde in uns selbst: Er ist die verborgene Seite unserer Identität, der Raum, der unsere Bleibe zunichte macht, die Zeit, in der das Einverständnis und die Sympathie zugrundegehen. Wenn wir ihn in uns erkennen, verhindern wir, daß wir ihn selbst verabscheuen.« (Kristeva 1990:11)

In der wissenschaftstheoretischen Grundlegung dieser Arbeit habe ich erläutert, warum die herkömmliche »wertfreie« Wissenschaft für die moralischen und politischen Überzeugungen, die die Gesellschaft strukturieren, durchlässig ist (Kap. II). Ich hoffe gezeigt zu haben, daß fremdenfeindliche Denkmuster ihre Spuren auch in der ökologischen Theoriebildung hinterlassen haben (Kap. V). Gerade weil die in ökologischen Erklärungen enthaltenen Wertungen aus dem gesellschaftlichen Alltag so selbstverständlich sind, werden sie oft nicht als solche erkannt und scheinen intuitiv sehr plausibel. Vor diesem Hintergrund ist einerseits der Status moralischer Intuitionen in der Ethik kritisch zu hinterfragen, andererseits wird deutlich, daß die Werte, die ökologische Erklärungen zu liefern scheinen, einer kritischen Überprüfung bedürfen.

In der Neopytenproblematik geht es um Fragen, die zwar auch mit Ökologie, im Hintergrund aber ebensoviel mit Weltanschauung zu tun haben. Die Kritik an der Ausbreitung eingeführter Arten enthält, meist versteckt, eine Kritik an der Globalisierung überhaupt. Natur ist dabei, wie so oft, Projektionsfläche. In der Natur sollen Werte geschützt werden, die uns auch als Menschen wichtig sind: Vielfalt, Einzigartigkeit, Besonderheit. Umgekehrt werden, wie ich anhand der Neophyten gezeigt habe, »natürliche« Verhaltensweisen abgelehnt, die im Rahmen menschlichen Handelns als unmoralisch gelten, wie Rücksichtslosigkeit und Egoismus. Daß diese Eigenschaften in der Natur überhaupt »gesehen« werden, ist m. E. Ausdruck davon, daß sie als moralische Werte unsere Wahrnehmung bereits beeinflussen.

Statt die Begründung für das moralische Sollen aus der Natur abzuleiten, wäre es daher angemessener, implizit als gültig vorausgesetzte Prinzipien kenntlich zu machen, und sie explizit zu diskutieren.

Ich habe die Ansicht vertreten, daß die Ausbreitung von Neophyten unter anderem deshalb als unerwünscht erachtet wird, weil sie die »Heimatlichkeit« des betroffenen Naturstücks beeinträchtigen. Daraus habe ich gefolgert, daß dem Naturschutz, zumindest hinsichtlich der Neophytenproblematik, das menschliche Bedürfnis nach Heimat, d. h. nach Vertrautheit, Geborgenheit, Orientierung und Sicherheit, zugrundeliegt. Dieses verständliche Bedürfnis, in der Welt – und auch in der Natur – zuhause zu sein, geht dabei aber nur allzu leicht mit einer ablehnenden Haltung gegenüber Fremden und Fremdem einher. Das Heimatbedürfnis kann deshalb, so nachvollziehbar es auf der *Motivations*ebene sein mag, als *Legitimation* eines bestimmten Handelns oder als Begründung einer Umweltethik nicht in Frage kommen. Denn eine solche Festschreibung der Angst vor Fremdem und Neuem käme einer Affirmation der strukturellen Fremdenfeindlichkeit unserer Gesellschaft gleich, die den von mir zugrundegelegten emanzipatorischen Idealen widerstreitet. Gerade die Überwindung überkommener Vorurteile habe ich eingangs als Anliegen einer der Aufklärung verpflichteten Wissenschaft ausgewiesen.

Das dem Heimatschutz zugrundeliegende Prinzip einer Anpassung des Menschen an die Natur, das in vielen »ökologischen« Ethikansätzen ebenfalls vertreten wird, kommt aber auch aus einem weiteren Grund nicht als Fundament einer Umweltethik in Frage: Es beruht, wie ich mehrfach gezeigt habe, gerade nicht auf moralischer *Rücksichtnahme*, sondern auf der Einsicht in die *Abhängigkeit* des Menschen von der Natur. Die Betonung dieser Abhängigkeit ist heute so weit verbreitet, daß sie mittlerweile schon werbewirksam eingesetzt werden kann: »Der Mensch glaubt, die Natur zu beherrschen. Tatsächlich beherrscht sie ihn – er ist ein Teil von ihr« (Anzeige der Daimler-Benz-AG in der *Frankfurter Rundschau* vom 31.5.91).

Eine solche Auffassung verkennt aber das Wesen der Moral: Moralisches Handeln kann gerade nicht aus dem Gefühl einer Unterlegenheit und Abhängigkeit resultieren. Die Einsicht, daß die Natur letztlich stärker ist als wir und wir von ihr abhängig sind, kann daher keine Grundlage einer Umweltethik sein: Unterordnung unter die Gesetze einer übermächtigen Natur wäre ein schlichtes Gebot der Klugheit um des eigenen Überlebens willen. »Moralisch« handeln zu können, erfordert dagegen eine gewisse Handlungs- und Entscheidungsfreiheit. »Moral« hat etwas mit Schutz zu tun: »moralische Berücksichtigung« setzt voraus, daß jemand oder etwas nicht völlig hilflos diesen Handlungsspielräumen von Personen ausgeliefert sein soll (Ott 1996). Eine uns beherrschende Natur hätte solchen Schutz nicht nötig.

Ich habe den menschlichen Umgang mit der Natur in meinen Ausführungen mehrfach als Symbol des Umgangs mit dem Anderen interpretiert. Die Geschichte der Aufklärung läßt sich bekanntlich *auch* schreiben als eine

Geschichte der Ausgrenzung dieses Anderen (z. B. Horkheimer/Adorno 1969). In diesem Sinne kann die *Achtung vor dem Anderen* auch die Grundlage einer Achtung der Natur sein. Eine Anerkennung des Von-uns-verschieden-seins der Natur, ihrer Andersartigkeit, würde es ermöglichen, das grundsätzlich Fremde der Natur zu respektieren, es also weder abzuwerten noch zu idealisieren.

Sich durch das Andere nicht bedroht zu fühlen, ist Voraussetzung für die Möglichkeit, es zu achten. Dies wiederum setzt die Anerkennung auch der eigenen, »fremden« Anteile voraus. Nur dann müssen diese nicht gewaltsam unterdrückt, auf Andere projeziert und an diesen bekämpft werden. Solcherart die Fremdheit in uns selbst aufzuspüren, so Julia Kristeva, ist »vielleicht die einzige Art, sie draußen nicht zu verfolgen« (ebd.:209).

»Als Symptom, das gerade das ›wir‹ problematisch, vielleicht sogar unmöglich macht, entsteht der Fremde, wenn in mir das Bewußtsein meiner Differenz auftaucht, und er hört auf zu bestehen, wenn wir uns alle als Fremde erkennen, widerspenstig gegen Bindungen und Gemeinschaften.« (ebd.:11)

Gegen die im Heimatbedürfnis zum Ausdruck kommende Sehnsucht nach Bindung und Gemeinschaft bedeutet die Anerkennung des Anderen also auch die Anerkennung der eigenen Widerspenstigkeit.

Eine solche Anerkennung der Natur als des Anderen macht die kontradiktorische Gegenüberstellung anthropozentrischer und physiozentrischer Ansätze obsolet: Indem das Andere immer auch, aber nie ausschließlich Teil des Selbst ist, achte ich in der Natur immer *auch* das Menschliche, aber eben nicht nur. Anders als die von Taylor (1997) vorgeschlagene Ethik der Achtung für die Natur braucht dieser Ansatz nicht die Besonderheit des Menschen zu leugnen. Im Gegenteil, gerade daß Menschen eine Haltung der Achtung jenseits von Abhängigkeit und Instinkt entwickeln können, unterscheidet sie ja von der Natur.

Im Unterschied zu »ökologischen« Ansätzen der Ethik, die der Auffassung sind, unsere herkömmliche (»anthropozentrische«) Ethik sei prinzipiell ungeeignet, adäquate Regeln für den Umgang mit Natur bereitzustellen, erhält in dem von mir vorgeschlagenen Ansatz die Umweltethik den ihr gebührenden Rang einer Bereichsethik, die sich auf Prinzipien einer allgemeinen Ethik gründet. Denn das Prinzip, das Andere zu achten, gilt nicht in erster Linie für den Umgang von Menschen mit der Natur. Vielmehr kann und sollte es auch für den Umgang von Menschen mit anderen Menschen gelten.

»Das Anderssein verlöre seine stigmatisierende Bedeutung, wenn alle sich als Fremde erkennten oder wenn das Andere zum Anderen *in uns* würde, zum Uneigenen, das jedes Subjekt in sich und außerhalb von sich selbst akzeptieren müßte – zu einer Form von Freiheit.« (Thürmer-Rohr 1994b:153)

Der stellenweise unerträgliche Misanthropismus mancher »ökologischer« Ethiken wird mit einem solchen Ansatz explizit zurückgewiesen. Eine Haltung der Achtung des Anderen ist schließlich auch eine Grundbedingung für das Gelingen der Diskurse, die allein moralische Normen gegenüber der Natur begründen können. Nicht die Autorität der Ökologie als wissenschaftlicher Disziplin, sondern die offene Auseinandersetzung darüber, wie wir als Menschen miteinander und mit der Natur umgehen wollen, kann eine verbindliche Grundlage der Umweltethik wie des Naturschutzes sein.

Literatur

Abrams, Peter A. (1996), »Evolution and the consequences of species introductions and deletions«, in: *Ecology* 77 (5), S. 1321-1328

Adam, Thomas (1996), »Mensch und Natur: das Primat des Ökonomischen. Entstehen, Bedrohung und Schutz von Kulturlandschaften aus dem Geiste materieller Interessen«, in: *Natur und Landschaft* 71 (4), S. 155-159

Adolphi, Klaus (1995), *Neophytische Kultur- und Anbaupflanzen als Kulturflüchtlinge des Rheinlandes,* Wiehl

Alberternst, Beate (1995), *Kontrolle des Japan-Knöterichs an Fließgewässern. II. Untersuchungen zu Biologie und Ökologie der neophytischen Knöterich-Arten,* Handbuch Wasser 2/ hg. v. LfU Karlsruhe; Karlsruhe

Alberternst, Beate/Konold, Werner/Böcker, Reinhard (1995), »Genetische und morphologische Unterschiede bei der Gattung Reynoutria«, in: Böcker, R./Gebhardt, H./Konold, W./Schmitt-Fischer, S. (Hg.), *Gebietsfremde Pflanzenarten. Auswirkungen auf einheimische Arten, Lebensgemeinschaften und Biotope. Kontrollmöglichkeiten und Management,* Landsberg, S. 113-124

Altner, Günter (1990), »Ethische Perspektiven für das politisch-gesellschaftliche Handeln in der Überlebenskrise«, in: *Landschaft + Stadt* 22(1), S. 1-4

Amery, Carl (1976), *Natur als Politik. Die ökologische Chance des Menschen,* Hamburg

Andersen, Arne (1987), »Heimatschutz: Die bürgerliche Naturschutzbewegung«, in: Brüggemeier, F.-J./Rommelspacher, T. (Hg.), *Besiegte Natur. Geschichte der Umwelt im 19. und 20. Jahrhundert,* München, S. 143-157

ANL (Hg.) (1979), *Ist die Pflege der Landschaft erforderlich?* Tagungsberichte der Akademie für Naturschutz und Landschaftspflege (ANL) 5/79. Lauffen

ANU (Hg.) (1996), *Neophyten, Neozoen - Gefahr für die heimische Natur?* Beiträge der Akademie für Natur- und Umweltschutz Baden-Württemberg (ANU) 22. Stuttgart

Baal, T./Denker, B./Mühlen, W./Surholt, B. (1994), »Die Ursachen des Massensterbens von Hummeln unter spätblühenden Linden«, in: *Natur und Landschaft* 69(9), S. 412-418

Bacon, Francis (1990), *Neues Organon.* Hg. u. mit einer Einl. vers. v. Wolfgang Krohn [Orig. 1620], Hamburg

Bailey, John P. (1994), »Reproductive biology and fertility of Fallopia japonica (Japonese Knotweed) and its Hybrids in the British Isles«, in: De Waal, L.C./Child, L.E./Wade, P.

M./Brock, J.H. (Hg.), *Ecology and management of invasive riverside plants*, Chichester, New York, Brisbane, S. 141-158

Bailey, John P./Child, Lois E./Wade, Max (1995), »Assessment of the genetic variation and spread of British populations of Fallopia japonica and its hybrid Fallopia x bohemica«, in: Pyšek, P./Prach, K./Rejmánek, M./Wade, M.(Hg.), *Plant Invasions. General aspects and special problems*, Amsterdam, S.

Baker, H.G. (1965), »Characteristics and modes of origin of weeds«, in: Baker, H.G./Stebbins, G.L. (Hg.), *The genetics of colonizing species*, New York, London, S. 147-172

Barrett, S.C.H./Richardson, B.J. (1986), »Genetic attributes of invading species«, in: Groves, R.H. /Burdon, J.J. (Hg.), *Ecology of biological invasions*, Cambridge, London, New York, S. 21-33

Bartsch, D./Sukopp, H./Sukopp, U. (1993), »Introduction of plants with special regard to cultigen running wild«, in: Wöhrmann, K. /Tomiuk, J. (Hg.), *Transgenic Organisms*, Basel, S. 135-149

Bauer, Manfred (1995), »Verbreitung neophytischer Knöterricharten an Fließgewässern in Baden-Württemberg«, in: Böcker, R./Gebhardt, H./Konold, W./Schmitt-Fischer, S. (Hg.), *Gebietsfremde Pflanzenarten. Auswirkungen auf einheimische Arten, Lebensgemeinschaften und Biotope. Kontrollmöglichkeiten und Management*, Landsberg, S. 105-111

Bausinger, Hermann (1980), »Heimat und Identität«, in: Moosmann, E. (Hg.), *Heimat. Sehnsucht nach Identität*, Berlin, S. 13-29

Bazzaz, F. A. (1986), »Life history of colonizing plants: some demographic, genetic, and physiological features«, in: Mooney, H.A. /Drake, J.A. (Hg.), *Ecology of biological invasions of North America and Hawaii*, New York, Berlin, Heidelberg, S. 96-110

Beauvoir, Simone de (1968), *Das andere Geschlecht. Sitte und Sexus der Frau* (frz. Orig. »Le deuxieme Sexe« 1949), Hamburg

Beck, Ulrich (1986), *Risikogesellschaft. Auf dem Weg in eine andere Moderne,* Frankfurt/ M.

Beerling, David J. (1994), »Predicting the response of the introduced species Fallopia japonica and Impatiens glandulifera to global climatic change«, in: De Waal, L.C./Child, L.E./Wade, P. M./Brock, J.H. (Hg.), *Ecology and management of invasive riverside plants*, Chichester, New York, Brisbane, S. 135-139

Begon, Michael/Harper, John L./Townsend, Colin R. (1996), *Ecology. Individuals, populations and communities,* Oxford

Bensch, Margit (1993), *Die ›Blut und Boden‹-Ideologie - ein dritter Weg der Moderne. Zum naturgeschichtlichen Hintergrund eines Naturalismus ohne Ökoromantik,* Diplomarbeit am Fachbereich Landschaftsentwicklung der TU Berlin, n.p.

Bernatsky, J. (1905), »Anordnung der Formationen nach ihrer Beeinflussung seitens der menschlichen Kultur und der Weidetiere«, in: *Botanische Jahrbücher für Systematik, Pflanzengeschichte und Pflanzengeographie* 34, S. 1-8

Bierhals, Erich (1984), »Die falschen Argumente? - Naturschutzargumente und Naturbeziehung« in: *Landschaft + Stadt* 16 (1/2), S. 117-129

242

Binggeli, Pierre (1994), »Misuse of terminology and anthropomorphic concepts in the description of introduced species«, in: *Bulletin of the British Ecological Society* 25 (1), S. 10-13

Birnbacher, Dieter (1997), »»Natur‹ als Maßstab menschlichen Handelns«, in: ders. (Hg.), *Ökophilosophie*, Stuttgart, S. 217-241

Birnbacher, Dieter (Hg.)(1997), *Ökophilosophie*, Stuttgart

Blossey, Bernd/Nötzold, Rolf (1995), »Evolution of increased competitive ability in invasive nonindigenous plants: a hypothesis«, in: *Journal of Ecology* 83, S. 887-889

Blossey, Bernd/Kamil, Jeremy (1996), »What determines the increased competitive ability of invasive non-indigenous plants?«, in: Moran,V.C./Hoffmann J.H. (Hg.), *Proceedings of the IX International Symposium on Biological Control of Weeds, 16-26 January 1996*, Stellenbosch, South Africa, Cape Town, S. 3-9

Böcker, Reinhard/Gebhardt, Harald/Konold, Werner/Schmidt-Fischer, Susanne (1995), »Neophyten - Gefahr für die Natur? Zusammenfassende Betrachtung und Ausblick«, in: dies. (Hg.), *Gebietsfremde Pflanzenarten. Auswirkungen auf einheimische Arten, Lebensgemeinschaften und Biotope. Kontrollmöglichkeiten und Management*, Landsberg, S. 209-215

Böcker, Reinhard/Gebhardt, Harald/Konold, Werner/Schmidt-Fischer, Susanne (Hg.) (1995), *Gebietsfremde Pflanzenarten. Auswirkungen auf einheimische Arten, Lebensgemeinschaften und Biotope. Kontrollmöglichkeiten und Management*, Landsberg

Böhme, Gernot/van den Daele, Wolfgang/Krohn, Wolfgang (1973), »Die Finalisierung der Wissenschaft«, in: *Zeitschrift für Soziologie* 2, S. 128-144

Böhme, Hartmut/Böhme, Gernot (1992), *Das Andere der Vernunft. Zur Entwicklung von Rationalitätsstrukturen am Beispiel Kants*, Frankfurt/M.

Braun-Blanquet, Josias (1921), »Prinzipien einer Systematik der Pflanzengesellschaften auf floristischer Grundlage«, in: *Jahrbuch der St. Gallischen Naturwissenschaftlichen Gesellschaft* 57, S. 305-351

Braun-Blanquet, Josias (1952), »Pflanzensoziologische Einheiten und ihre Klassifizierung«, in: *Vegetatio* 3, S. 126-133

Braun-Blanquet, Josias (1959), »Grundfragen und Aufgaben der Pflanzensoziologie«, in: *Vistas in Botany* 1, S. 145-171

Braun-Blanquet, Josias (1964), *Pflanzensoziologie. Grundzüge der Vegetationskunde, 3.*, neubearbeitete und wesentlich vermehrte Auflage, Wien, New York

Breckling, Broder (1990), Singularität und Reproduzierbarkeit in der Modellierung ökologischer Systeme. Dissertation am Fachbereich 2 (Biologie/Chemie) der Universität Bremen

Breckling, Broder (1993), *Naturkonzepte und Paradigmen in der Ökologie. Einige Entwicklungen*, WZB-Papier FSII 93-304, Berlin

Bright, Chris (1995), »Bioinvasion: Der Vormarsch der fremden Arten«, in: *World Watch* 4(5), S. 10-23

Brock, John H. (1994), »Tamarix spp. (Salt Cedar), an invasive exotic woody plant in arid and semi-arid riparian habitats of western USA«, in: De Waal, L.C./Child, L.E./Wade,

P.M./Brock, J.H. (Hg.), *Ecology and management of invasive riverside plants*, Chichester, New York, Brisbane, S. 27-44

Brock, John L./Child, Lois E./de Waal, Louise C/Wade, Max (1995), »The invasive nature of Fallopia japonica is enhanced by vegetative regeneration from stem issues«, in: Pyšek, P./Prach, K./Rejmánek, M./Wade, M. (Hg.), *Plant Invasions. General aspects and special problems*, Amsterdam, S. 131-139

Bröring, Udo/Wiegleb, Gerhard (1990), »Wissenschaftlicher Naturschutz oder ökologische Grundlagenforschung?«, in: *Natur und Landschaft* 65(6), S. 283-292

Brown, James H. (1989), »Patterns, modes and extents of invasions by vertebrates«, in: Drake, J.A./Mooney, H.A./Di Castri, F./Groves, R.H./Kruger, F.J./Rejmánek, M./Williamson, M. (Hg.), *Biological Invasions. A Global Perspective*, Chichester, New York, Brisbane, S. 85-109

Brugger, Walter (Hg.) (1990), *Philosophisches Wörterbuch*, Freiburg, Basel, Wien

Buchwald, Konrad (1968), »Geschichtliche Entwicklung von Landschaftspflege und Naturschutz in Nord-, West- und Mitteleuropa«, in: Buchwald, K./Engelhardt, W. (Hg.), *Handbuch für Landschaftspflege und Naturschutz Band 1*, München, Basel, Wien, S. 97-114

Buchwald, Konrad (1983), »Ethik und Umweltpolitik. Wege zu einer ökologischen Ethik«, in: *Natur und Landschaft* 58 (7/8), S. 271-272

Burke, M. J. W./Grime, J. P. (1996), »An experimental study of plant community invasibility«, in: *Ecology* 77 (3), S. 776-789

Caffrey, Joe M. (1994), »Spread and management of Heracleum mantegazzianum (Giant Hogweed) along Irish river corridors«, in: De Waal, L.C./Child, L.E./Wade, P.M./Brock, J.H. (Hg.), *Ecology and management of invasive riverside plants*, Chichester, New York, Brisbane, S. 67-76

Cain, Stanley A. (1978), »The climax and its complexities (1935)«, in: McIntosh, Robert M. (Hg.), *Phytosociology*, Stroudsberg/Pennsylvania, S. 115-131

Candolle, Alphonse de (1855), *Géographie botanique raisonnée ou exposition des faits principeaux et des lois concernantes la distribution géographique des plantes de l'époque actuelle*, Paris

Carson, Hampton L. (1989), »Gene pool conservation«, in: Stone, C.P. /Stone, D.B. (Hg.), *Conservation Biology in Hawai'i*, Honolulu, S. 118-124

Chalmers, A.F. (1986), *Wege der Wissenschaft. Einführung in die Wissenschaftstheorie*, Berlin, Heidelberg, New York

Clements, F.E. (1916), *Plant Succession. An analysis of the development of vegetation*, Washington

Connell, Joseph H. (1978), »Diversity in tropical rain forests and corall reefs«, in: *Science* 199, S. 1302-1310

Conwentz, Hugo (1904), *Die Gefährdung der Naturdenkmäler und Vorschläge zu ihrer Erhaltung. Denkschrift*, Berlin

Conwentz, Hugo (1922), *Heimatkunde und Heimatschutz in der Schule*, Berlin

Cornelius, R. (1990), »The strategies of Solidago canadensis L. in relation to urban habitats. I. Resource requirements«, in: *Acta Oecologica* 11(1), S. 19-34

Crawley, Michael J. (1986), »The population biology of invaders«, in: *Philosophical Transactions of the Royal Society London* B 314, S. 711-731

Crawley, Michael J. (1987), »What makes a community invasible?«, in: Gray, A. J./Crawley, M.J./Edwards, P.J. (Hg.), *Colonization, succession and stability*, Oxford, London, Edinburgh, S. 429-453

Cronk, Quentin C. B./Fuller, Janice L. (1995), *Plant invaders - The threat to natural ecosystems*, London, Glasgow, Weinheim

Crosby, Alfred W. (1986), *Ecological imperialism. The biological expansion of Europe, 900-1900*, Cambridge, London, New York

De Waal, Louise C./Child, Loise E./Wade, P. Max/Brock, John H. (Hg.) (1994), *Ecology and management of invasive riverside plants*, Chichester, New York, Brisbane

Debatim, Bernhard (1990), »Der metaphorische Code der Wissenschaft. Zur Bedeutung der Metapher in der Erkenntnis- und Theoriebildung«, in: *Europäische Zeitschrift für semiotische Studien* 2(4), S. 793-820

Denslow, Julie Sloan (1980), »Patterns of plant species diversity during succession under different disturbance regimes«, in: *Oecologia* 46, S.

Descartes, René (1977), *Meditationes de prima philosophia (lat.-dt.)* 2. Aufl. (lat. Orig. 1641), Hamburg

Deutscher Rat für Landespflege (1988), »Zur Umweltverträglichkeitsprüfung. Gutachtliche Stellungnahme und Ergebnisse eines Kolloquiums des Deutschen Rates für Landespflege«, in: *Schriftenreihe des Deutschen Rates für Landespflege* 56, S. 453-555

Di Castri, Francesco (1989), »History of biological invasions with special emphasis on the old world«, in: Drake, J.A./Mooney, H.A./Di Castri, F./Groves, R.H./Kruger, F.J./Rejmánek, M./Williamson, M. (Hg.), *Biological Invasions. A Global Perspective*, Chichester, New York, Brisbane, S. 1-30

Di Castri, Francesco/Hansen, A.J./Debussche, M. (Hg.) (1990), *Biological Invasions in Europe and the Mediterranean Basin*, Dordrecht

Diaz, M./Hurle, K. (1995), »Am Japanknöterich vorkommende Pathogene: Ansatz zu einer biologischen Regulierung«, in: Böcker, R./Gebhardt, H./Konold, W./Schmitt-Fischer, S. (Hg.), *Gebietsfremde Pflanzenarten. Auswirkungen auf einheimische Arten, Lebensgemeinschaften und Biotope. Kontrollmöglichkeiten und Management*, Landsberg, S. 173-178

Dierschke, Hartmut (1984), »Ein Heracleum mantegazzianum-Bestand im NSG ›Heiliger Hain‹ bei Gifhorn (Nordwest-Deutschland)«, in: *Tuexenia* 4, S. 251-154

Dinnebier, Antonia (1996), *Die Innenwelt der Außenwelt. Die schöne ›Landschaft‹ als gesellschaftstheoretisches Problem*, Landschaftsentwicklung und Umweltforschung, Schriftenreihe im Fachbereich Umwelt und Gesellschaft der TU Berlin, Band 100, Berlin

Disko, Rüdiger (1996), »In dubio contra reum. Mehr Intoleranz gegen fremde Arten«, in: *Nationalpark* 4/96, S. 38-42

Disko, Rüdiger (1997), »Grauhörnchen für Bayern«, in: *Nationalpark* 3/97, S. 43-46

Dodd, Felicite S./De Waal, Louise C./Wade, P. Max/Tiley, Gordon E. D. (1994), »Control and management of Heracleum mantegazzianum (Giant Hogweed)«, in: De Waal, L.C. /Child, L.E./Wade, P.M./Brock, J.H. (Hg.), *Ecology and management of invasive riverside plants*, Chichester, New York, Brisbane, S. 111-126

Douglas, Mary (1985), *Reinheit und Gefährdung. Eine Studie zu Vorstellungen von Unreinheit und Tabu*, Berlin

Doyle, Ulrike/Fisahn, Andreas/Ginzky, Harald/Winter, Gerd (1997), »Die rechtliche Regulierung des Ausbringens nichtheimischer Tiere und Pflanzen in die Umwelt in der BRD«, Vortragsmanuskript, publiziert als »Current legal status regarding release of non-native plants and animals in Germany« in: Starfinger,U./Edwards, E./Kowarik, I./ Williamson, M. (Hg.), *Plant invasions. Ecological mechanisms and human responses*, S.71-83

Drake, James A./Mooney, Harold A./Di Castri, Francesco/Groves, Richard H./Kruger, Fred J./Rejmánek, Marcel/Williamson, Mark (Hg.) (1989), *Biological invasions. A global perspective*, SCOPE 37, Chichester, New York, Brisbane

Droste, Bernd von/Plachter, Harald/Rössler, Mechthild (Hg.) (1995), *Cultural landscapes of universal value. Components of a global strategy*, Jena, Stuttgart, New York

Drüke, Joachim/Vierhaus, Henning/Bunzel-Drüke, Margret (1995), »Zur Diskussion um das Aussehen der heimischen Naturlandschaft«, in: *ABU Info* 19 (2), S. 34-39

Duden (1990), *Fremdwörterbuch* 5. neu bearb. u. erw. Auflage, Mannheim

Dürrmann, Peter (1994), *Heimat und Identität. Der moderne Mensch auf der Suche nach Geborgenheit*, Tübingen, Zürich, Paris

Eco, Umberto (1977), *Zeichen. Einführung in einen Begriff und seine Geschichte*, Frankfurt/M.

Egerton, Frank N. (1973), »Changing concepts of the balance of nature«, in: *The Quaterly Review of Biology* 48, S. 322-350

Ehni, Jörg (1967), *Das Bild der Heimat im Schullesebuch*, Tübingen

Ehrenfeld, David (1997), »Das Naturschutzdilemma«, in: Birnbacher, D. (Hg.), *Ökophilosophie*, Stuttgart, S. 135-177

Ellenberg, Heinz (1979), *Zeigerwerte der Gefäßpflanzen Mitteleuropas*, Göttingen

Ellenberg, Heinz (1986), *Vegetation Mitteleuropas mit den Alpen in ökologischer Sicht*, 4. Aufl., Stuttgart

Elton, Charles S. (1927), *Animal ecology*, London

Elton, Charles S. (1958), *The ecology of invasions by animals and plants*, London

Erz, Wolfgang (1994), »Bewerten und Erfassen für den Naturschutz in Deutschland: Anforderungen und Probleme aus dem Bundesnaturschutzgesetz und der UVP«, in: Usher, M.B. /Erz, W. (Hg.), *Erfassen und Bewerten im Naturschutz*, Wiesbaden, Heidelberg, S. 131-166

Eser, Uta (1998), »Buchbesprechung Ökophilosophie/ hg. v. D. Birnbacher«, in: *Zeitschrift für philosophische Forschung*, 52 (3), S. 479-483

Eser, Uta/Grötzinger, Christian/Konold, Werner/Poschlod, Peter (1992), *Naturschutzstrategien. Primäre Lebensräume - Sekundäre Lebensräume - Ersatzlebensräume und ihre Lebensgemeinschaften. Ansätze für eine Neuorientierung im Naturschutz,* Karlsruhe

Eser, Uta/Potthast, Thomas (1997), »Bewertungsproblem und Normbegriff in Ökologie und Naturschutz aus wissenschaftsethischer Perspektive«, in: *Zeitschrift für Ökologie und Naturschutz* 6, S. 181-189

Evernden, Neil (1992), *The social creation of Nature,* Baltimore, London

Fachschaft Biologie (1988), »Vorwort« in: dies. (Hg.) *Ökologie & Politik. Vom biologischen Wissen zum politischen Handeln?* Tübingen, S. 7-9

Feldmann, R. (1987), *Industriebedingte sekundäre Lebensräume als sicherheitswissenschaftliches Problem,* Habilitationsschrift, Gesamthochschule Wuppertal

Felt, Ulrike/Nowotny, Helga/Taschwer, Klaus (1995), *Wissenschaftsforschung. Eine Einführung,* Frankfurt/M.

Finck, Hans (1991), »Die grünen Besatzer. Ausländer auf Erfolgskurs: Fremde Pflanzen überwuchern deutsche Kräuter: Experten setzen auf die Integrationskraft der heimischen Flora«, in: *natur* 2/91, S. 52-54

Fink-Eitel, Hinrich (1994), *Die Philosophie und die Wilden. Über die Bedeutung des Fremden für die europäische Geistesgeschichte,* Hamburg

Fischer-Hüftle, Peter (1997), »Vielfalt, Eigenart und Schönheit der Landschaft aus der Sicht eines Juristen«, in: *Natur und Landschaft* 72 (5), S. 239-244

Fleck, Ludwik (1983a), »Über die wissenschaftliche Beobachtung und die Wahrnehmung im allgemeinen (1935)«, in: ders. *Erfahrung und Tatsache. Gesammelte Aufsätze* hg. v. L. Schäfer u. T. Schnelle, Frankfurt/M., S. 59-83

Fleck, Ludwik (1983b), »Schauen, sehen, wissen (1947)«, in: ders. *Erfahrung und Tatsache. Gesammelte Aufsätze,* hg. v. L. Schäfer u. T. Schnelle, Frankfurt/M., S. 147-174

Fleck, Ludwik (1993), *Entstehung und Entwicklung einer wissenschaftlichen Tatsache. Einführung in die Lehre vom Denkstil und Denkkollektiv/* hg. v. L. Schäfer u. T. Schnelle, (2. Aufl.) Frankfurt/M.

Foeckler, F. (1991), »Zum Gegenstand der Naturschutzforschung und ihrer Bedeutung als Ergänzung zur traditionellen ökologischen Grundlagenforschung«, in: Henle, K./Kaule, G. (Hg.), *Arten- und Biotopschutzforschung für Deutschland,* S. 48-59

Fowler, Simon V./Holden, Anthony N. G. (1994), »Classical biological control for exotic invasive weeds in riparian and aquatic habitats - Practice and prospects«, in: De Waal, L.C./Child, L.E./Wade, P.M./Brock, J.H. (Hg.), *Ecology and management of invasive riverside plants,* Chichester, New York, Brisbane, S. 173-182

Fox, M.D./Adamson, D. (1979), »The ecology of invasions«, in: Recher, H.F./Lunney, D./Dunn, I. (Hg.), *A Natural Legacy. Ecology in Australia,* Sydney, S. 135-151

Fox, Marylin D./Fox, Barry J. (1986), »The susceptibility of natural communities to invasion«, in: Groves, R.H. /Burdon, J.J. (Hg.), *Ecology of biological invasions,* Cambridge, London, New York, S. 57-66

Francé, Raoul (1923), *Die Entdeckung der Heimat,* Stuttgart

Freud, Sigmund (1972), »Das Unbehagen in der Kultur«, in: ders. *Abriß der Psychoana-lyse. Das Unbehagen in der Kultur*, Frankfurt/M., S. 63-129

Friederichs, Karl (1966), »Ist das Ganze des Lebens im Agrarbiotop eine Lebensgemein-schaft«, in: Tüxen, R. (Hg.), *Anthropogene Vegetation. Bericht über das internationale Symposium in Stolzenau/Weser 1961*, Den Haag, S. 51-59

Friederichs, Karl (1967), »Über den Gebrauch der Worte und Begriffe ›Gesellschaft‹ und ›Soziologie‹ in verschiedenen Sparten der Wissenschaft«, in: Tüxen, R. (Hg.), *Pflan-zensoziologie und Palynologie. Bericht über das internationale Symposium in Stol-zenau/ Weser 1962*, Den Haag, S. 1-13

Fröbel, Julius (1834), »Entwurf eines Systemes der geographischen Wissenschaften«, in: *Mitteilungen aus dem Gebiete der Theoretischen Erdkunde* 1(1/2), S. 1-15

Fuchs, Manfred (1990), »Naturschutzforschung: Abgrenzung, Ziele, Aufgaben. Konzept der Akademie für Naturschutz und Landschaftspflege«, in: *Laufener Seminarbeiträge* 3/90, S. 6-13

Fukarek, F. (1987), »Pflanzen in Ausbreitung. Gefährdete Arten – gefährliche Arten«, in: *Botanischer Rundbrief für den Bezirk Neubrandenburg* 19, S. 3-8

Fuller, R.J./Langslow, D.R. (1994), »Ornithologische Bewertungen für den Arten- und Biotopschutz«, in: Usher, M.B. /Erz, W. (Hg.), *Erfassen und Bewerten im Naturschutz*, Wiesbaden, Heidelberg, S. 112-235

Furrer, Ernst (1961), »Bericht über das internationale Symposion für Biosoziologie in Stol-zenau/Weser vom 20. bis 22. April 1960«, in: *Vegetatio* 10, S. 149-159

Garthwaite, P.E. (1993), »End to term ›native‹«, in: *Journal of Forestry* 87, S. 59-60

Gärtner, Edgar (1984), »Zum Status der Ökologie: Die Analogie von Medizin und Ökolo-gie«, in: *Dialektik* 9, S. 107-116

Gause, G.F. (1964), *The struggle for existence,* (Orig. 1934) New York

Ginzburg, Carlo (1980), »Spurensicherung. Der Jäger entziffert die Fährte, Sherlock Hol-mes nimmt die Lupe, Freud liest Morelli – die Wissenschaft auf der Suche nach sich selbst«, in: *Freibeuter* 3, S. 7-17 und 4, S. 11-36

Gleason, H.A. (1926), »The individualistic concept of the plant association«, in: *Torrey Botanical Club Bulletin* 53, S. 7-26

Gradmann, Robert (1909), »Über Begriffsbildung in der Lehre von den Pflanzenformatio-nen«, in: *Botanische Jahrbücher für Systematik, Pflanzengeschichte und Pflanzengeo-graphie* 43 (Beiblatt 99), S. 91-103

Griese, Fritz (1991), »Fremdländische Gehölze in Waldschutzgebieten«, in: *NNA-Berichte* 4(1), S. 45-48

Grime, J.P. (1973), »Competitive exclusion in herbaceous vegetation«, in: *Nature* 242, S. 344-347

Grime, J.P. (1974), »Vegetation classification by reference to strategies«, in: *Nature* 250, S. 26-31

Grime, J.P. (1979), *Plant strategies and vegetation processes*, Chichester, New York, Bris-bane

Grinnell, J. (1917), »The niche-relationships of the California thrasher«, in: *Auk* 34, S. 427-433

Grisebach, A. (1838), »Über den Einfluß des Klimas auf die Begrenzung der natürlichen Floren«, in: *Linnaea* 12

Gröning, Gert/Wolschke-Bulmahn, Joachim (1992), »Some notes on the mania for native plants in Germany«, in: *Landscape Journal* 11(2), S. 116-126

Groves, Richard H. (1986), »Plant invasions in Australia. An overview« in: Groves, R.H./Burdon, J.J. (Hg.), *Ecology of biological invasions* Cambridge, London, New York, S. 137-149.

Groves, Richard H./Burdon, J. J. (Hg.) (1986), *Ecology of biological invasions* Cambridge, London, New York

Grubb, P.J. (1977), »The maintenance of species-richness in plant communities: The importance of the regeneration niche«, in: *Biological Reviews* 52, S. 107-145

Haber, Wolfgang (1979a), »Theoretische Anmerkungen zur Ökologischen Planung«, in: *Verhandlungen der Gesellschaft für Ökologie* VII, S. 19-30

Haber, Wolfgang (1979b), »Grundsätzliche Anmerkungen zum Problem der Pflege der Landschaft«, in: *Berichte der ANL* 3(5), S. 87-105

Haber, Wolfgang (1993a), »Vom rechten und falschen Gebrauch der Ökologie. Eine Wissenschaft und ihr Dilemma, Regeln für den Umgang mit Umwelt abzuleiten«, in: *Naturschutz und Landschaftsplanung* 25(5), S. 187-190

Haber, Wolfgang (1993b), »Von der ökologischen Theorie zur Umweltplanung«, in: *GAIA* 2(2), S. 96-106

Habermas, Jürgen (1982), »Gegen einen positivistisch halbierten Rationalismus (1964)«, in: ders., *Logik der Sozialwissenschaften*, Frankfurt/ M., S. 45-76

Hagemann, Wolfgang (1995), »Wuchsform und individuelle Bekämpfung des Japanknöterichs durch Herbizidinjektionen: ein vorläufiger Bericht«, in: Böcker, R./Gebhardt, H./Konold, W./Schmitt-Fischer, S. (Hg.), *Gebietsfremde Pflanzenarten. Auswirkungen auf einheimische Arten, Lebensgemeinschaften und Biotope. Kontrollmöglichkeiten und Management*, Landsberg, S. 179-194

Hagen, Hans-Heinrich von (1991), »Zur ökologischen Bedeutung fremdländischer Blütenpflanzen für die heimische Insektenfauna«, in: *NNA-Berichte* 4(1), S. 35-38

Haila, Yrjö (1986), »On the semiotic dimension of ecological theory: the case of Island Biogeography«, in: *Biology & Philosophy* 1(4), S. 377-387

Hampicke, Ulrich (1993), »Naturschutz und Ethik - Rückblick auf eine 20jährige Diskussion, 1973-1993, und politische Folgerungen«, in: *Zeitschrift für Ökologie und Naturschutz* 2, S. 73-86

Hanf, Martin (1991), *Neophyten - Neubürger in der Pflanzenwelt Deutschlands*, Limburgerhof

Hard, Gerhard (1969), »Das Wort ›Landschaft‹ und sein semantischer Hof. Zu Methode und Ergebnis eines linguistischen Tests«, in: *Wirkendes Wort* 19, S. 3-14

Hard, Gerhard (1995), *Spuren und Spurenleser. Zur Theorie und Ästhetik des Spurenlesens in der Vegetation und anderswo*, Osnabrück

Harding, Sandra (1991), *Feministische Wissenschaftstheorie. Zum Verhältnis von Wissenschaft und sozialem Geschlecht,* 2. Aufl., Hamburg

Harding, Sandra (1994), *Das Geschlecht des Wissens. Frauen denken die Wissenschaft neu,* Frankfurt/ M.

Harper, John L. (1977), *Population Biology of plants,* London

Hartmann, Elisabeth/Konold, Werner (1995), »Späte und Kanadische Goldrute (Solidago gigantea et canadensis): Ursachen und Problematik ihrer Ausbreitung sowie Möglichkeiten ihrer Zurückdrängung«, in: Böcker, R./Gebhardt, H./Konold, W./Schmitt-Fischer, S. (Hg.), *Gebietsfremde Pflanzenarten. Auswirkungen auf einheimische Arten, Lebensgemeinschaften und Biotope. Kontrollmöglichkeiten und Management,* Landsberg, S. 93-104

Hartmann, Elisabeth/Schuldes, Helga/Kübler, Renate/Konold, Werner (1995), *Neophyten. Biologie, Verbreitung und Kontrolle ausgewählter Arten,* Landsberg

Harty, Francis M. (1993), »How Illinois kicked the exotic habit«, in: McKnight, Bill N. (Hg.), *Biological pollution,* Indianapolis, S. 1-8

Hayen, Bernd (1995), »Populationsökologische Untersuchungen an Reynoutria japonica. Erste Ergebnisse«, in: Böcker, R./Gebhardt, H./Konold, W./Schmitt-Fischer, S. (Hg.), *Gebietsfremde Pflanzenarten. Auswirkungen auf einheimische Arten, Lebensgemeinschaften und Biotope. Kontrollmöglichkeiten und Management,* Landsberg, S. 125-140

Hayles, N. Katherine (1995), »Searching for common ground«, in: Soulé, M.E. /Lease, G. (Hg.), *Reinventing nature? Responses to postmodern deconstruction,* Washington, D.C., S. 47-63

Heidt, E./Plachter, H. (1996), »Bewerten im Naturschutz: Probleme und Wege zu ihrer Lösung«, in: *Beiträge der Akademie für Natur- und Umweltschutz Baden Württemberg* 23, S. 193-252

Heiland, Stephan (1992), *Naturverständnis. Dimensionen des menschlichen Naturbezugs,* Darmstadt

Heinrich, Christiane (1990), *Die Naturgartenidee - zwischen Grünfetischismus und Grünfaschismus,* Berlin

Heiser, Charles B. (1973), »Introgression re-examined«, in: *The Botanical Review* 39(4), S. 347-366

Hengeveld, R. (1987), »Theories on biological invasions«, in: *Proceedings of the Koninklijke Nederlandse Akademie van Wetenschappen, Series C* 90(1), S. 45-49

Henle, Klaus/Kaule, Giselher (1991), »Zur Naturschutzforschung in Australien und Neuseeland: Gedanken und Anregungen für Deutschland«, in: Henle, K./Kaule, G. (Hg.), *Arten- und Biotopschutzforschung für Deutschland,* S. 50-74

Hering, Erich M. (1951), »Probleme der Xenophobie und Xenophilie bei der Wirtswahl phytopathogener Insekten«, in: *Proceedings of the International Congress of Entomology* IX, S. 507-513

Heringer, Josef K. (1981), »Landschaftsbild - Eigenart und Schönheit«, in: *Tagungsberichte der Akademie für Naturschutz und Landschaftspflege (ANL)* 7, S. 12-22

Heydemann, Berndt (1985), »Folgen des Ausfalls von Arten – am Beispiel der Fauna«, in: *Schriftenreihe des Deutschen Rates für Landespflege* 46, S. 581-594

Heywood, Vernon H. (1989), »Patterns, extents and modes of invasions by terrestrial plants«, in: Drake, J.A./Mooney, H.A./Di Castri, F./Groves, R.H./Kruger, F.J./Rejmánek, M./Williamson, M. (Hg.), *Biological Invasions*, Chichester, New York, Brisbane, S. 31-60

Hobbs, Richard J. (1989), »The nature and effects of disturbance relative to invasions«, in: Drake, J.A./Mooney, H.A./DiCastri, F./Groves, R.H./Kruger, F.J./Rejmánek, M./ Williamson, M. (Hg.), *Biological Invasions*, Chichester, New York, Brisbane, S. 389-405

Höffe, Otfried (Hg.)(1992), *Lexikon der Ethik* München

Horkheimer, Max/Adorno, Theodor W. (1969), *Dialektik der Aufklärung. Philosophische Fragmente*, Frankfurt/ M.

Hornstein, Felix Freiherr von (1957), »Waldgeschichte und Pflanzensoziologie«, in: *Mitteilungen der floristisch-soziologischen Arbeitsgemeinschaft 6/7*, S. 320-328

Humboldt, Alexander v. (1806), *Ideen zu einer Physiognomik der Gewächse*, Tübingen

Hume, David (1989), *Ein Traktat über die menschliche Vernunft. Buch I: Über den Verstand*, (engl. Orig. 1739) Hamburg

Hutchinson, G.E. (1958), »Concluding remarks«, in: *Cold Spring Harbor Symp. Quant. Biol.* 22, S. 415-427

Jäger, E. (1977), »Veränderungen des Artenbestandes von Floren unter dem Einfluß des Menschen«, in: *Biologische Rundschau* 15, S. 287-300

Jäger, E. (1988), »Möglichkeiten der Prognose synanthroper Pflanzenausbreitung«, in: *Flora* 180, S. 101-131

Jahn, Thomas/Wehling, Peter (1991), *Ökologie von rechts. Nationalismus und Umweltschutz bei der Neuen Rechten und den Republikanern,* Frankfurt/M.

Jalas, Jaakko (1955), »Hemerobe und hemerochore Pflanzenarten. Ein terminologischer Reformversuch«, in: *Acta Societatis pro Flora et Fauna Fennica* 72(11), S. 1-15

Janich, Peter/Kambartel, Friedrich/Mittelstraß, Jürgen (1974), *Wissenschaftstheorie als Wissenschaftskritik,* Frankfurt/M.

Jansen, A.J. (1972), »An analysis of ›balance in nature‹ as an ecological concept«, in: *Acta biotheoretica* 21, S. 86-114

Jax, Kurt/Jones, Clive G./Pickett, Steward T.A. (1998), »The self-identity of ecological units«, in: *Oikos* 82, S. 253-264

Jeggle, Utz (1980), »Wandervorschläge in Richtung Heimat«, in: *Vorgänge. Zeitschrift für Gesellschaftspolitik* 19 (5/6), S. 55-62

Jelinek, Elfriede (1985), *Oh Wildnis, oh Schutz vor ihr*, Hamburg

Joenje, W. (1987), »The SCOPE programme on the ecology of biological invasions: an account of the Dutch contribution«, in: *Proceedings of the Koninklijke Nederlandse Akademie van Wetenschappen, Series C* 90(1), S. 3-13

Johnstone, J.M. (1986), »Plant invasion windows: A time-based classification of invasion potential«, in: *Biological Reviews* 61, S. 369-394

Kaiser, Thomas (1996), »Die potentielle natürliche Vegetation als Planungsgrundlage im Naturschutz«, in: *Natur und Landschaft* 71 (10), S. 435-439

Kamyšev, N.S. (1959), »A contribution to the classification of anthropochores (Orig. russ.)«, in: *(Russ.) Bot. Zurn.* 44, S. 1613-1616

Kant, Immanuel (1990), *Kritik der reinen Vernunft,* (Erstausgabe 1781) nach der 1. und 2. Orig.-Ausg. hg. v. R. Schmidt, Hamburg

Kardorff, Ernst von (1991), »Zum Biologismus und Organizismus in den Sozialwissenschaften«, in: Heilmeier, J./Mangold, K./Markavis, A./Pfister, T. (Hg.), *Gen-Ideologie. Biologie und Biologismus in den Sozialwissenschaften,* Hamburg, S. 53-79

Kareiva, Peter (1996), »Contributions of ecology to biological control«, in: *Ecology* 77 (7), S. 1963-64

Kaule, Giselher/Henle, Klaus (1991), »Überblick über Wissensstand und Forschungsdefizite«, in: Henle, K./Kaule, G. (Hg.), *Arten- und Biotopschutzforschung für Deutschland,* S. 2-44

Keller, Evelyn Fox (1989), »Feminismus und Wissenschaft«, in: List, E. /Studer, H. (Hg.), *Denkverhältnisse. Feminismus und Kritik,* Frankfurt/ M., S. 281-300

Keller, Evelyn Fox (1992), »Competition: current usages«, in: Keller, E.F. /Lloyd, E. (Hg.), *Keywords in evolutionary biology,* Cambridge, MA, S. 68-73

Keuth, Herbert (1991), »Die Abhängigkeit der Wissenschaften von Wertungen und das Problem der Wertfreiheit«, in: Lenk, H. (Hg.), *Wissenschaft und Ethik,* Stuttgart, S. 116-133

Kiermeier, Peter (1988), »›Einen Garten ohne Exoten könnte man mit der Natur verwechseln‹ oder: Das Vordringen fremder Pflanzen in die Gärten des 19. Jahrhunderts«, in: *Das Gartenamt* 37 (Juni), S. 369-375

Kinzelbach, Ragnar (1997), »Neozoen: Neue Tiere im Lande. Was tun mit den Fremden?«, in: *Neozoen. Newsletter der Arbeitsgruppe Neozoen* 1997 (1), S. 1-2

Klauck, Eberhard-Johannes (1988), »Das Urtico-Heraclaetum mantegazzianii – Eine neue Pflanzengesellschaft der nitrophytischen Stauden- und Saumgesellschaften (Glechometalia hederaceae)«, in: *Tuexenia* 8, S. 263-267

Knapp, Rüdiger (1971), *Einführung in die Pflanzensoziologie,* Stuttgart

Knaut, Andreas (1993), *Zurück zur Natur! Die Wurzeln der Ökologiebewegung,* Greven

Knoerzer, Dietrich/Kühnel, Udo/Reif, Albert/Theodoropoulos, Konstantinos (1995), »Zur Aus- und Verbreitung neophytischer Gehölze in Südwestdeutschland mit besonderer Berücksichtigung der Douglasie (Pseudotsuga menziesii)«, in: Böcker, R./Gebhardt, H./Konold, W./Schmitt-Fischer, S. (Hg.), *Gebietsfremde Pflanzenarten. Auswirkungen auf einheimische Arten, Lebensgemeinschaften und Biotope. Kontrollmöglichkeiten und Management,* Landsberg, S. 67-81

Kolasa, J./Pickett, S.T.A. (1992), »Ecosystem stress and health: an expansion of the conceptual basis«, in: *J. Aquat. Ecosystem Health* 1, S. 7-13

König, Dietrich (1948): »Spartina townsendii an der Westküste von Schleswig-Holstein« in: *Planta* 36: 34-70.

König, René (1965), »Der Begriff der Heimat in den fortgeschrittenen Industriegesellschaften«, in: ders., *Soziologische Orientierungen. Vorträge und Aufsätze,* Köln, S. 419-425

Konold, Werner (1988), »Kritische Gedanken zur Bewertung von Landschaftselementen am Beispiel oberschwäbischer Stillgewässer«, in: *Hohenheimer Arbeiten: Gefährdung und Schutz von Gewässern*, Stuttgart, S. 117-125

Konold, Werner (1994), »Von der Dynamik einer Kulturlandschaft«, in: *Der Bürger im Staat* 44(1), S. 22-27

Konold, Werner/Alberternst, Beate/Kraas, Stefanie/Böcker, Reinhard (1995), »Versuche zur Regulierung von Reynoutria-Sippen durch Mahd, Verbiß und Konkurrenz: Erste Ergebnisse«, in: Böcker, R./Gebhardt, H./Konold, W./Schmitt-Fischer, S. (Hg.), *Gebietsfremde Pflanzenarten. Auswirkungen auf einheimische Arten, Lebensgemeinschaften und Biotope. Kontrollmöglichkeiten und Management*, Landsberg, S. 141-150

Kopecký, Karel (1967), »Die flußbegleitenden Neophytengesellschaften Impatienti-Solidaginetum in Mittelmähren«, in: *Preslia* 39, S. 151-166

Kornberg, Sir Hans/Williamson, Mark H. (Hg.) (1986), *Quantitative aspects of the ecology of biological invasions*, Philosophical Transactions of the Royal Society London B 314.

Korneck, Dieter/Sukopp, Herbert (1988), *Rote Liste der in der Bundesrepublik Deutschland verstorbenen, verschollenen und gefährdeten Farn- und Blütenpflanzen und ihre Auswertung für den Arten- und Biotopschutz*, Schriftenreihe für Vegetationskunde 19, Bonn-Bad Godesberg

Kosmale, Susanne (1989), »Die Haldenvegetation im Steinkohlebergbaurevier Zwickau – ein Beispiel für das Verhalten von Pflanzen an Extremstandorten, Rekultivierung und Flächennutzung«, in: *Hercynia N.F.* 26 (3), S. 253-275

Kowarik, Ingo (1985), »Zum Begriff ›Wildpflanzen‹ und zu den Bedingungen und Auswirkungen der Einbürgerung hemerochorer Arten«, in: *Publ. Natuurhist. gen Limburg* XXXV(3-4), S. 8-25

Kowarik, Ingo (1987), »Kritische Anmerkungen zum theoretischen Konzept der potentiellen natürlichen Vegetation mit Anregungen zu einer zeitgemäßen Modifikation«, in: *Tuexenia* 7, S. 53-67

Kowarik, Ingo (1989), »Einheimisch oder nichteinheimisch? Einige Gedanken zur Gehölzverwendung zwischen Ökologie und Ökologismus«, in: *Garten + Landschaft* 5/89, S. 15-18

Kowarik, Ingo (1991), »Berücksichtigung anthropogener Standort- und Florenveränderungen bei der Aufstellung Roter Listen«, in: Auhagen, A./Platen, R. /Sukopp, H. (Hg.), *Rote Listen der gefährdeten Pflanzen und Tiere in Berlin*, Berlin, S. 25-56

Kowarik, Ingo (1992), »Berücksichtigung von nichteinheimischen Pflanzenarten, von ›Kulturflüchtlingen‹ sowie von Pflanzenvorkommen auf Sekundärstandorten bei der Aufstellung Roter Listen«, in: *Schriftenreihe für Vegetationskunde* 23, S. 175-190

Kowarik, Ingo (1995a), »Time lags in biological invasions with regard to the success and failure of alien species«, in: Pyšek, P./Prach, K./Rejmánek, M./Wade, M. (Hg.), *Plant Invasions. General aspects and special problems*, Amsterdam, S. 15-38

Kowarik, Ingo (1995b), »Ausbreitung nichteinheimischer Gehölzarten als Problem des Naturschutzes?«, in: Böcker, R./Gebhardt, H./Konold, W./Schmitt-Fischer, S. (Hg.), *Gebietsfremde Pflanzenarten. Auswirkungen auf einheimische Arten, Lebensgemeinschaften und Biotope. Kontrollmöglichkeiten und Management*, Landsberg, S. 33-56

Kowarik, Ingo (1996), »Auswirkungen von Neophyten auf Ökosysteme und deren Bewertung«, in: *Texte des Umweltbundesamtes* 1996 (58), S. 119-155

Kowarik, Ingo (1997), »Unerwünschte Folgen der Ausbreitung neophytischer Baum- und Straucharten«, in: Gandert, K.-D. (Hg.), *Beiträge zur Gehölzkunde*, Rinteln, S. 18-28

Kowarik, Ingo/Schepker, Hartwig (1995), »Zur Einführung, Ausbreitung und Einbürgerung nordamerikanischer Vaccinium-Sippen der Untergattung Cyanococcus in Niedersachsen«, in: *Schriftenreihe für Vegetationskunde (Sukopp-Festschrift)* 27, S. 413-421

Kowarik, Ingo/Schepker, Hartwig (1997), Risiken der Ausbreitung neophytischer Pflanzenarten in Niedersachsen. Bericht zum Forschungsvorhaben, Institut für Landschaftspflege und Naturschutz, Hannover, n.p.

Krause, Joh. (1929), »Bemerkungen über anthropogene Pflanzenverbreitung in Mitteleuropa«, in: *Jahresberichte der Schlesischen Gesellschaft für Vaterländische Cultur* 102, S. 51-56

Krebs, Angelika (1996), »Ökologische Ethik I: Grundlagen und Grundbegriffe«, in: Nida-Rümelin, J. (Hg.), *Angewandte Ethik. Die Bereichsethiken und ihre theoretische Fundierung. Ein Handbuch*, Stuttgart, S. 883

Krebs, Angelika (1997): »Naturethik im Überblick« in: dies., *Naturethik. Grundtexte der gegenwärtigen tier- und ökoethischen Diskussion*, Frankfurt/ M., S. 337-379.

Krebs, Angelika (Hg.) (1997), *Naturethik. Grundtexte der gegenwärtigen tier- und ökoethischen Diskussion*, Frankfurt/ M.

Kreh, Wilhelm (1952), »Von der Veränderung des Landschaftsbildes durch neueinwandernde Pflanzen«, in: *Veröffentlichungen Naturschutz und Landschaftspflege Baden-Württemberg*, S. 68-71

Kreh, Wilhelm (1955), »Das Ergebnis der Vegetationsentwicklung auf dem Stuttgarter Trümmerschutt«, in: *Mitteilungen der floristisch-soziologischen Arbeitsgemeinschaft* 5, S. 69-75

Kreh, Wilhelm (1957), »Zur Begriffsbildung in der Adventivfloristik«, in: *Mitteilungen der floristisch-soziologischen Arbeitsgemeinschaft* N.F. 6/7, S. 90-95

Kreisel, H./Scholler, M. (1994), »Chronology of phytoparasitic fungi introduced to Germany and adjacent countries«, in: *Botanica Acta* 107, S. 387-392

Kretz, Michael (1995), »Praktische Bekämpfungsversuche des Japanknöterichs (Reynoutria japonica) in der Ortenau«, in: Böcker, R./Gebhardt, H./Konold, W./Schmitt-Fischer, S. (Hg.), *Gebietsfremde Pflanzenarten. Auswirkungen auf einheimische Arten, Lebensgemeinschaften und Biotope. Kontrollmöglichkeiten und Management*, Landsberg, S. 151-160

Kristeva, Julia (1990), *Fremde sind wir uns selbst*, Frankfurt/ M.

Krolzik, Udo (1990), »Der Gedanke der Perfektibilität der Natur«, in: Bubner, R./Gladigov, B. /Haug, W. (Hg.), *Die Trennung von Natur und Geist*, München, S. 145-159

Kübler, Renate (1995), »Versuche zur Regulierung des Riesenbärenklaus (Heracleum mantegazzianum)«, in: Böcker, R./Gebhardt, H./Konold, W./Schmitt-Fischer, S. (Hg.), *Gebietsfremde Pflanzenarten. Auswirkungen auf einheimische Arten, Lebensgemeinschaften und Biotope. Kontrollmöglichkeiten und Management*, Landsberg, S. 89-92

Küppers, Günter/Lundgren, Peter/Weingart, Peter (1978), *Umweltforschung - die gesteuerte Wissenschaft. Eine empirische Studie zum Verhältnis von Wissenschaftsentwicklung und Wissenschaftspolitik,* Frankfurt/M.

Kuhn, Thomas S. (1976), *Die Struktur wissenschaftlicher Revolutionen,* 2. revidierte und um das Postskriptum von 1969 erweiterte Aufl., (engl. Orig. 1962) Frankfurt/ M.

Kunnemann, Harry (1991), *Der Wahrheitstrichter. Habermas und die Postmoderne,* Frankfurt/M.

Landtag von Baden-Württemberg (1993), *Antrag der Fraktion Die Republikaner und Stellungnahme des Umweltministeriums: Außereuropäische Wildpflanzen.* Drucksache 11/281, S. 1-4

Lehnes, Patrick (1994), »Zur Problematik von Bewertungen und Werturteilen auf ökologischer Grundlage«, in: *Verhandlungen der Gesellschaft für Ökologie* 23, S. 421-426

Levins, Richard/Lewontin, Richard (1980), »Dialectics and reductionism in ecology«, in: *Synthese* 43, S. 47-78

Linkola, K. (1916), »Studien über den Einfluss der Kultur auf die Flora in den Gegenden nördlich vom Lagodasee«, in: *Acta Societatis pro Flora et Fauna Fennica* 45(1), S. 1-429

Locke, John (1981), *Versuch über den menschlichen Verstand,* 3. Aufl., (engl. Orig. 1689) Hamburg

Lodge, David M. (1993), »Biological invasions: Lessons for ecology«, in: *TREE* 8 (4), S. 133-137

Lohmeyer, Wilhelm/Sukopp, Herbert (1992), *Agriophyten in der Vegetation Mitteleuropas,* Schriftenreihe für Vegetationskunde 25, Bonn-Bad Godesberg

Lorenz, Albrecht/Trepl, Ludwig (1993), »Das Avocado-Syndrom. Grüne Schale – brauner Kern: Faschistische Strukturen unter dem Deckmantel der Ökologie«, in: *Politische Ökologie* (Nov./Dez. 1993 Spezial), S. S17-S24

Luken, James O./Thieret, John W. (Hg.) (1997), *Assessment and management of plant invasions,* New York, Berlin, Heidelberg

Lundström, Harald/Darby, Ed (1994), »The Heracleum mantegazzianum (Giant Hogweed) problem in Sweden: Suggestions for its management and control«, in: De Waal, L.C./Child, L.E./Wade, P.M./Brock, J.H. (Hg.), *Ecology and management of invasive riverside plants,* Chichester, New York, Brisbane, S. 93-100

Maarel, E.van der (1975), »The Braun-Blanquet Approach in Perspective«, in: *Vegetatio* 30(3), S. 213-219

MacArthur, R.H./Wilson, E.O. (1967), *The theory of island biogeography,* Princeton, NJ

MacDonald, Ian A. W./Kruger, Fred J./Ferrar, A.A. (Hg.) (1986), *The ecology and management of biological invasions on Southern Africa* Cape Town

MacDonald, Ian A. W./Loope, Lloyd L./Usher, Michael B./Hamann, O. (1989), »Wildlife conservation and the invasion of nature reserves by introduced species: a global perspective«, in: Drake, J.A./Mooney, H.A./Di Castri, F./Groves, R.H./Kruger, F.J./Rejmánek, M./Williamson, M. (Hg.), *Biological Invasions*, Chichester, New York, Brisbane, S. 215-255

Maegerle, Anton (1993), »Eine Öko-Nische nur für die Deutschen und bald eine Öko-Diktatur für alle« in: *Frankfurter Rundschau* vom 21.12.93

Margules, C./Usher, M.B. (1981), »Criteria used in assessing wildlife conservation potential: a review«, in: *Biological Conservation* 21, S. 79-109

Marinelli, Janet (1995), »Native or Not? Debating the link between fascism and native-plant gardening, as highlighted in BBG's Symposium on the Future of the Garden«, in: *Plants & Garden News* 10(3), S. 1, 14-15

Marquard, Odo (1987), *Transzendentaler Idealismus, Romantische Naturphilosophie, Psychoanalyse,* Köln

Marschall, Franz (1966), »Fettrasen, Mähwiese und Weide. Drei anthropogen bedingte Vegetationsformen«, in: Tüxen, R. (Hg.), *Anthropogene Vegetation. Bericht über das internationale Symposium in Stolzenau/Weser 1961,* Rinteln, S.

Mayerl, Dieter (1990), »Die Landschaftspflege im Spannungsfeld zwischen gezieltem Eingreifen und natürlicher Entwicklung«, in: *Natur und Landschaft* 65(4), S. 167-175

McIntosh, Robert P. (1985), *The background of ecology. Concept and theory,* Cambridge

McIntosh, Robert P. (1992), »Competition: historical perspectives«, in: Keller, E.F./Lloyd, E. (Hg.), *Keywords in evolutionary biology*, Cambridge MA, S. 61-67

McKnight, Bill N. (Hg.) (1993), *Biological Pollution: The control and impact of invasive exotic species*, Indianapolis

McNeely, J.A./Gadgil, M./Leveque, C./Padoch, C./Redford, K. (1995), »Human influences on Biodiversity«, in: Heywood, V.H. (Hg.), *Global Biodiversity Assessment*, S. 711-821

Meisel, K. (1966), »Ergebnisse von Daueruntersuchungen in nordwestdt. Ackerkrautgesellschaften«, in: Tüxen, Reinhold (Hg.), *Anthropogene Vegetation*, Den Haag, S. 86-102

Meisel-Jahn, Sofie (1955), *Die Kiefernforstgesellschaften des nordwestdeutschen Flachlandes,* Angewandte Pflanzensoziologie 11, Stolzenau/Weser

Merchant, Carolyn (1994), *Der Tod der Natur. Ökologie, Frauen und neuzeitliche Naturwissenschaft,* 2. Aufl. München

Meusel, Hermann (1943), *Vergleichende Arealkunde. Einführung in die Lehre von der Verbreitung der Gewächse mit besonderer Berücksichtigung der mitteleuropäischen Flora,* Berlin

Meyer-Abich, Klaus Michael (1987), »Landespflege heute – Naturphilosophische und ethische Perspektiven«, in: *Garten + Landschaft* 97, S. 19-25

Mooney, Harold A./Drake, James A. (Hg.) (1986), *Ecology of biological invasions of North America and Hawai'i*, New York, Berlin, Heidelberg

Mooney, H.A./Godron, M. (Hg.) (1983), *Disturbance and ecosystems. Components of response*, Berlin, Heidelberg, New York

Moosmann, Elisabeth (Hg.) (1980), *Heimat. Sehnsucht nach Identität,* Berlin

Moss, C. E. (1978), »The fundamental units of vegetation: Historical development of the concepts of the plant association and the plant formation (1910)«, in: McIntosh, R.P. (Hg.), *Phytosociology*, Stroudsberg/Pennsylvania, S. 24-53

Mott, J. J. (1986), »Plant invasions of Australian tropical savannas«, in: Groves, R.H./Burdon, J.J. (Hg.), *Ecology of biological invasions*, Cambridge, London, New York, S. 89-96

Mühlen, Werner/Riedel, Volkhard/Baal, Thomas/Surholt, Bernhard (1994), »Insektensterben unter blühenden Linden«, in: *Natur und Landschaft* 69(3), S. 95-100

Murdoch, William W./Briggs, Cheryl J. (1996), »Theory for biological control: recent developments«, in: *Ecology* 77 (7), S. 2001-1013

Naess, Arne (1989), *Ecology, community and lifestyle. Outline of an ecosophy,* Cambridge

Neumeyer, Michael (1992), *Heimat. Zu Geschichte und Begriff eines Phänomens,* Kiel

Newsome, A. E./Noble, I. R. (1986), »Ecological and physiological characters of invading species«, in: Groves, R.H. /Burdon, J.J. (Hg.), *Ecology of biological invasions*, Cambridge, London, New York, S. 1-20

NNA (Norddeutsche Naturschutzakademie) (Hg.) (1991): *Einsatz und unkontrollierte Ausbreitung fremdländischer Pflanzen - Florenverfälschung oder ökologisch bedenkenlos? NNA-Berichte 4 (1)*, Schneverdingen

Noble, Ian R. (1989), »Attributs of invaders and the invading process: terrestrial and vascular plants«, in: Drake, J.A./Mooney, H.A./Di Castri, F./Groves, R.H./Kruger, F.J./ Rejmánek, M./Williamson, M.(Hg.), *Biological Invasions*, Chichester, New York, Brisbane, S. 301-313

Oberdorfer, E. (1966), »Grünlandgesellschaften und Grünlandprobleme in Chile im Rahmen der chilenischen Vegetationsgliederung«, in: Tüxen, Reinhold (Hg.), *Anthropogene Vegetation*, Den Haag, S. 212-222

Olschowy, Gerhard (1978), »Zur Entwicklung des Natur- und Umweltschutzes in Deutschland«, in: ders. (Hg.) *Natur- und Umweltschutz in der BRD*, Hamburg, Berlin,S. 1-7

Opitz von Boberfeld, W. (1989), »Prinzipielles zum Naturschutz auf Grünland unter botanischem Aspekt«, in: *Zeitschrift für Kulturtechnik und Landentwicklung* 30, S. 92-104

Orians, G.H. (1975), »Diversity, stability and maturity in natural ecosystems«, in: Dobben, W.H. van (Hg.), *Unifying concepts in ecology*, The Hague, S. 139-150

Orians, G.H. (1986), »Site characteristics favoring invasions«, in: Mooney, H.A./Drake, J.A. (Hg.), *Ecology of biological invasions of North America and Hawaii*, New York, Berlin, Heidelberg, S. 133-148

Ott, Konrad (1996), »Wie ist eine diskursethische Begründung von ökologischen Rechts- und Moralnormen möglich?«, in: ders., *Vom Begründen zum Handeln. Aufsätze zur angewandten Ethik*, Tübingen, S. 88-128

Palmer, John P. (1994), »Fallopia Japonica (Japanese Knotweed) in Wales«, in: De Waal, L.C./Child, L.E./Wade, P.M./Brock, J.H. (Hg.), *Ecology and management of invasive riverside plants*, Chichester, New York, Brisbane, S. 159-171

Peters, R.H. (1991), *A critique for ecology,* Cambridge

Pflug, W. (1987), »Der Naturschutz und die Natur«, in: *Seminarberichte des Naturschutzzentrums NRW* 1(1), S.

Phillips, John (1935), »Succession, development, the climax and the complex organism: an analysis of concepts«, in: *Journal of Ecology* 23, S. 488-508

Pickett, S.T.A./White, P.S. (Hg.) (1985), *The ecology of natural disturbance as patch dynamics*, New York

Piepmeier, Rainer (1980), »Das Ende der ästhetischen Kategorie ›Landschaft‹. Zu einem Aspekt neuzeitlichen Naturverhältnisses«, in: *Westfälische Forschungen* 30, S. 8-46

Pimentel, D. (1961), »Animal population regulation by the genetic feed-back mechanism«, in: *American Naturalist* 95, S. 65-79

Pimentel, D. (1986), »Biological invasions of plants and animals in agriculture and forestry«, in: Mooney, H.A. /Drake, J.A. (Hg.), *Ecology of biological invasions of North America and Hawaii*, New York, Berlin, Heidelberg, S. 149-162

Pimm, S.L. (1993), »Biodiversity and the Balance of Nature«, in: Schulze, E.-D./Mooney, H.A. (Hg.), *Biodiversity and Ecosystem Function*, Berlin, Heidelberg, New York, S. 347-359

Plachter, Harald (1997), »Naturschutzforschung in Marburg«, in: *Wirtschaft und Wissenschaft* 5(3), S. 39-37

Popper, Karl R. (1973), *Objektive Erkenntnis. Ein evolutionärer Entwurf*, (Orig.: 1972) Hamburg

Popper, Karl R. (1984), *Logik der Forschung*, 8. Aufl. (Orig. 1934) Tübingen

Pörksen, Uwe (1994), *Wissenschaftssprache und Sprachkritik. Untersuchungen zu Geschichte und Gegenwart*, Tübingen

Pötsch, Joachim (1991), *Unkraut oder Wildpflanze?* Leipzig, Jena, Berlin

Potthast, Thomas (1996a), »Inventing biodiversity: Genetics, evolution, and environmental ethics«, in: *Biologisches Zentralblatt* 115, S. 177-188

Potthast, Thomas (1996b), »Die Methode diskursiver Leitbildentwicklung, die Rolle der Ethik und das ›Bewertungsproblem‹ aus einer wissenschaftsethischen Perspektive«, in: *BTU Cottbus Aktuelle Reihe* 8/96, S. 18-29

Potthast, Thomas (1999), Die Evolution und der Naturschutz. Zum Verhältnis von Evolutionsbiologie, Ökologie und Naturethik, Frankfurt/M.

Prach, Karel (1994), »Seasonal dynamics of Impatiens glandulifera in two riparian habitats in Central England«, in: De Waal, L.C./Child, L.E./Wade, P.M./Brock, J.H. (Hg.), *Ecology and management of invasive riverside plants*, Chichester, New York, Brisbane, S. 127-133

Praxenthaler, Judith (1996), Wildnis. Vom Ort des Schreckens zum Ort der Sehnsucht nach der Vergöttlichung – die Idee der Wildnis vor dem Hintergrund der Veränderungen des Naturverständnisses in der Neuzeit. Diplomarbeit im Studiengang Landespflege der TU München, n.p.

Pyšek, Petr (1994), »Ecological aspects of invasion by Heracleum mantegazzianum in the Czech Republic«, in: De Waal, L.C./Child, L.E./Wade, P.M./Brock, J.H. (Hg.), *Ecology and management of invasive riverside plants*, Chichester, New York, Brisbane, S. 45-54

Pyšek, Petr (1995), »Recent trends in studies on plant invasions (1974-93)«, in: Pyšek, P./Prach, K./Rejmánek, M./Wade, M.(Hg.), *Plant Invasions. General aspects and special problems*, Amsterdam, S. 223-226

Pyšek, Petr/Prach, Karel (1994), »How important are rivers for supporting plant invasions?«, in: De Waal, L.C./Child, L.E./Wade, P.M./Brock, J.H. (Hg.), *Ecology and management of invasive riverside plants*, Chichester, New York, Brisbane, S. 19-26

Pyšek, Petr/Prach, Karel/Smilauer, Petr (1995), »Relating invasion success to plant traits: an analysis of the Czech alien flora«, in: Pyšek, P./Prach, K./Rejmánek, M./Wade, M. (Hg.), *Plant Invasions. General aspects and special problems*, Amsterdam, S. 39-60

Rapaies, R. (1957), »Das Wesen der Pflanzensoziologie (Orig. 1931)«, in: *Mitteilungen der floristisch-soziologischen Arbeitsgemeinschaft* N.F. 6/7, S. 275

Raven, Peter/Evert, Ray F./Curtis, Helena (1988), *Biologie der Pflanzen*, 2.verb. Aufl., Berlin, New York

Reichholf, Josef H. (1996), »Wie problematisch sind Neozoen wirklich?«, in: ANU (Hg.), *Neophyten, Neozoen - Gefahr für die heimische Natur?*, Stuttgart, S. 86-90

Rejmánek, Marcel (1995), »What makes a species invasive?«, in: Pyšek, P./Prach, K./Rejmánek, M./Wade, M.(Hg.), *Plant Invasions. General aspects and special problems*, Amsterdam, S. 3-13

Rejmánek, Marcel/Richardson, David M. (1996), »What attributes make some plant species more invasive?«, in: *Ecology* 77 (6), S. 1655-1661

Remmert, Hermann (1980), *Ökologie. Ein Lehrbuch*, 2. neubearb. u. erw. Aufl., Berlin, Heidelberg, New York

Remmert, Hermann (1987), »Sukzessionen im Klimax-System«, in: *Verhandlungen der Gesellschaft für Ökologie* XVI, S. 27-34

Remmert, Hermann (1988), »Gleichgewicht durch Katastrophen. Stimmen unsere Vorstellungen von Harmonie und Gleichgewicht in der Natur noch?«, in: Fischer, P. /Kunze, C. (Hg.), *Das Gleichgewicht der Natur. Aus Forschung und Medizin 3 (1)*, S. 7-17

Riehl, Wilhelm Heinrich (1854), *Land und Leute*, Stuttgart, Tübingen

Rietz, G. Einar du (1978), »Classification and nomenclature of vegetation (1930)«, in: McIntosh, Robert P. (Hg.), *Phytosociology*, Stroudsberg/Pennsylvania, S. 100-114

Rikli, M. (1903), »Die Anthropochoren und der Formenkreis des Nasturtium palustre D.C.«, in: *Berichte der Zürcher Botanischen Gesellschaft* 8, S. 71-82

Ritter, Joachim (1974), »Landschaft. Zur Funktion des Ästhetischen in der modernen Gesellschaft (1962)«, in: ders., *Subjektivität. Sechs Aufsätze*, Frankfurt, S. 141-163

Rolston, Holmes (1989), *Philosophy Gone Wild*, New York

Rübel, Eduard (1917), »Anfänge und Ziele der Geobotanik«, in: *Vierteljahrsschrift der naturforschenden Gesellschaft in Zürich* 62, S. 629-650

Rüdenauer, B./Rüdenauer, K./Seybold, S. (1974), »Über die Ausbreitung von Helianthus- und Solidago-Arten in Württemberg«, in: *Jahreshefte der Gesellschaft für Naturkunde Baden-Württemberg* 129, S. 65-77

Rudorff, Ernst (1926), *Heimatschutz* (Orig. 1897), Berlin-Lichterfelde

Rykiel, Edward J. (1985), »Towards a definition of ecological disturbance«, in: *Australian Journal of Ecology* 10, S. 361-365

Sampson, Clare (1994), »Cost and impact of current control methods used against Heracleum mantegazzianum (Giant Hogweed) and the case for instigating a biological control programme«, in: De Waal, L.C./Child, L.E./Wade, P.M./Brock, J.H. (Hg.), *Ecology and management of invasive riverside plants*, Chichester, New York, Brisbane, S. 55-65

Schäfer, Lothar (1988), »Selbstbestimmung und Naturverhältnis des Menschen«, in: Fachschaft Biologie (Hg.), *Ökologie & Politik. Vom biologischen Wissen zum politischen Handeln?* Tübingen, S. 77-95

Schama, Simon (1996), *Der Traum von der Wildnis. Natur als Imagination,* München

Schepker, Hartwig/Kowarik, Ingo/Garve, Eckhard (1997), »Verwilderungen nordamerikanischer Kultur-Heidelbeeren (Vaccinium subgen. Cyanococcus) in Niedersachsen und deren Einschätzung aus Naturschutzsicht«, in: *Natur und Landschaft* 72(7/8), S. 346-351

Scherzinger, Wolfgang (1990), »Das Dynamik-Konzept im flächenhaften Naturschutz, Zieldiskussion am Beispiel der Nationalpark-Idee«, in: *Natur und Landschaft* 65(6), S. 293-298

Schiefer, W. (1981), »Bracheversuche in Baden-Württemberg«, in: *Beih. Veröff. Naturschutz Landschaftspflege Bad. Württ.* 22, S. 325 S.

Schlösser, Eckart (1983), *Allgemeine Phytopathologie,* Stuttgart

Schlüter, H. (1987), »Vegetationsmerkmale zur Kennzeichnung und Bewertung von Hemerobie und ökologischer Stabilität«, in: Schubert, R./Hilbig, W. (Hg.), *Erfassung und Bewertung anthropogener Vegetationsveränderungen*, Halle/Saale, S. 13-19

Schmithüsen, Josef (1950), »Das Klimaxproblem, vom Standpunkt der Landschaftsforschung aus betrachtet«, in: *Mitteilungen der floristisch-soziologischen Arbeitsgemeinschaft* 2, S. 176-182

Schmithüsen, Josef (1957), »Anfänge und Ziele der Vegetationsgeographie«, in: *Mitteilungen der floristisch-soziologischen Arbeitsgemeinschaft* N.F. 6/7, S. 52-78

Schmitz, Gregor (1991), »Nutzung der Neophyten Impatiens glandulifera ROYLE und I. parviflora D.C. durch phytophage Insekten im Raum Bonn«, in: *Entomologische Nachrichten und Berichte* 35(4), S. 260-264

Schmitz, Gregor (1994), »Zum Blütenbesuchsspektrum indigener und neophytischer Impatiens-Arten«, in: *Entomologische Nachrichten und Berichte* 38(1), S. 17-24

Schmitz, Gregor (1995), »Neophyten und Fauna – Ein Vergleich neophytischer und indigener Impatiens-Arten«, in: Böcker, R./Gebhardt, H./Konold, W./Schmitt-Fischer, S. (Hg.), *Gebietsfremde Pflanzenarten. Auswirkungen auf einheimische Arten, Lebensgemeinschaften und Biotope. Kontrollmöglichkeiten und Management*, Landsberg, S. 195-204

Schoenichen, Walther (1954), *Naturschutz, Heimatschutz. Ihre Begründung durch Ernst Rudorff, Hugo Conwentz und ihre Vorläufer,* Stuttgart

Schroeder, F.-G. (1969), »Zur Klassifizierung der Anthropochoren«, in: *Vegetatio* 16, S. 225-238

Schuldes, Helga (1995), »Das indische Springkraut (Impatiens glandulifera): Biologie, Verbreitung und Kontrolle«, in: Böcker, R./Gebhardt, H./Konold, W./Schmitt-Fischer, S. (Hg.), *Gebietsfremde Pflanzenarten. Auswirkungen auf einheimische Arten, Lebensgemeinschaften und Biotope. Kontrollmöglichkeiten und Management*, Landsberg, S. 83-88

Schultze-Naumburg (1942), *Das Glück der Landschaft. Von ihrem Verstehen und Genießen*, Berlin

Schwabe, Angelika/Kratochwil, Anselm (1991), »Gewässerbegleitende Neophyten und ihre Beurteilung aus Naturschutz-Sicht unter besonderer Berücksichtigung Südwestdeutschlands«, in: *NNA-Berichte* 4(1), S. 14-27

Schwarz, Astrid/Trepl, Ludwig (1999), »The Relativity of orientors: Interdependences of potential goal functions and political and social developments«, in: Müller, F./Leupelt, M. (Hg.), *Eco targets, goal functions and orientors. Theoretical concepts and interdisciplinary fundamentals for an integrated, sytem-based environmental management*, i.p.

Schwind, Martin (1950), »Sinn und Ausdruck der Landschaft«, in: *Studium Generale* 3(4/5), S. 196-201

Seibert, Paul (1980), »Ökologische Bewertung von homogenen Landschaftsteilen, Ökosystemen und Pflanzengesellschaften«, in: *Berichte der ANL* 4, S. 10-23

Sieferle, Rolf Peter (1989), *Die Krise der menschlichen Natur. Zur Geschichte eines Konzepts*, Frankfurt/M.

Simberloff, Daniel (1981), »Community effects of introduced species«, in: Nitecki, M.H. (Hg.), *Biotic Crises in ecological and evolutionary time*, New York, S. 53-81

Simmons, O. (1910), »Om hemerofila växter«, in: *Botaniska Notiser*, S. 137-155

Smith, Clifford W. (1989), »Non-native plants«, in: Stone, C.P. /Stone, D.B. (Hg.), *Conservation Biology in Hawai'i*, Honolulu, S. 60-69

Sohn-Rethel, Alfred (1978), »Zur kritische Liqidierung des Apriorismus (1937)«, in: ders, *Warenform und Denkform*, Frankfurt/ M., S. 27-89

Sousa, Wayne P. (1984), »The role of disturbance in natural communities«, in: *Annual Reviews of Ecological Systems* 15, S. 353-391

Spaeth, Isolde/Balder, Hartmut/Kilz, Elmar (1994), »Das Problem mit der Spätblühenden Traubenkirsche in den Berliner Forsten«, in: *Allgemeine Forstzeitschrift* 5/1994, S. 234-236

Sprugel, Douglas, G. (1991), »Disturbance, equlibrium, and environmental variability: What is ›natural‹ vegetation in a changing environment?«, in: *Biological Conservation* 58, S. 1-18

Starfinger, Uwe (1990), *Die Einbürgerung der Spätblühenden Traubenkirsche (Prunus serotina Ehrh.) in Mitteleuropa*, Landschaftsentwicklung und Umweltforschung 69, Berlin

Starfinger, Uwe (1991), »Nicht-einheimische Pflanzenarten als Problem für den Artenschutz«, in: Kaule, G./Henle, K. (Hg.), *Arten- und Biotopschutzforschung für Deutschland*, Jülich, S. 225-233

Stone, Charles P./Stone, Danielle B. (Hg.) (1989), *Conservation Biology in Hawai'i* Honolulu, Hawai'i

Strohschneider, Renate (1991), »Einsatz und unkontrollierte Ausbreitung fremdländischer Pflanzen – Florenverfälschung oder ökologisch bedenkenlos?«, in: *NNA-Berichte* 4(1), S. 4-5

Sukopp, H. (1957), »Der Einfluß des Menschen auf die Vegetation«, in: *Mitteilungen der floristisch-soziologischen Arbeitsgemeinschaft N.F.* 6/7, S. 396-398

Sukopp, Herbert (1976), »Dynamik und Konstanz in der Flora der BRD«, in: *Schriftenreihe Vegetationskunde* 10, S. 9-26

Sukopp, Herbert (1995), »Neophytie und Neophytismus«, in: Böcker, R./Gebhardt, H./ Konold, W./Schmitt-Fischer, S. (Hg.), *Gebietsfremde Pflanzenarten. Auswirkungen auf einheimische Arten, Lebensgemeinschaften und Biotope. Kontrollmöglichkeiten und Management*, Landsberg, S. 3-32

Sukopp, Herbert (1996), »Gefährdung von Flora und Vegetation durch Neophyten?«, in: ANU (Hg.), *Neophyten, Neozoen - Gefahr für die heimische Natur?*, Stuttgart, S. 7-18

Sukopp, Herbert/Kowarik, Ingo (1986), »Berücksichtigung von Neophyten in Roten Listen gefährdeter Arten«, in: *Vegetatio* 18, S. 105-113

Sukopp, Ulrich/Sukopp, Herbert (1993), »Das Modell der Einführung und Einbürgerung nicht einheimischer Arten. Ein Beitrag zur Diskussion über die Freisetzung gentechnisch veränderter Kulturpflanzen«, in: *GAIA* 2(5), S. 267-288

Swincer, D. E. (1986), »Physical characters of sites in relation to invasions«, in: Groves, R.H. /Burdon, J.J. (Hg.), *Ecology of biological invasions*, Cambridge, London, New York, S. 67-76

Tansley, A.G. (1935), »The use and abuse of vegetational concepts and terms«, in: *Ecology* 16, S. 284-307

Taylor, Paul W. (1997), »Die Ethik der Achtung für die Natur«, in: Birnbacher, D. (Hg.), *Ökophilosophie*, Stuttgart, S. 77-116

Thellung, A. (1912), *La flore adventice de Montpellier*, Cherbourg

Thellung, A. (1915), »Pflanzenwanderungen unter dem Einfluß des Menschen«, in: *Botanische Jahrbücher für Systematik, Pflanzengeschichte und Pflanzengeographie* 53(Beiblatt 116), S. 37-66

Thellung, A. (1918/19), »Zur Terminologie der Adventiv- und Ruderalfloristik«, in: *Allgemeine Botanische Zeitschrift* 24/25, S. 36-42

Theweleit, Klaus (1995), *Männerphantasien Band 1: Frauen, Fluten, Körper, Geschichte, Band 2: Männerkörper. Zur Psychoanalyse des weißen Terrors*, (Orig. 1977) München

Thiele, K. (1985), »Gestört ist normal«, in: *Nationalpark* 13, S. 6-9

Thompson, D.Q./Stuckey, R.L./Thompson, E.B. (1987), *Spread, impact, and control of Purple Loosestrife (Lythrum salicaria) in North American wetlands*, Washington D.C.

Thürmer-Rohr, Christina (1994a): »Achtlose Ohren. Zur Politisierung des Zuhörens« in: dies., *Verlorene Narrenfreiheit. Essays*, Berlin, S. 111-129.

Thürmer-Rohr, Christina (1994b): »Wir und die Anderen. Überlegungen zum Unrechtsbewußtsein« in: dies., *Verlorene Narrenfreiheit. Essays*, Berlin, S. 131-153.

Tiley, Gordon E. D./Philp, Bruce (1994), »Heracleum mantegazzianum (Giant Hogweed) and its control in Scotland«, in: De Waal, L.C./Child, L.E./Wade, P.M./Brock, J.H. (Hg.), *Ecology and management of invasive riverside plants*, Chichester, New York, Brisbane, S. 101-109

Treml, Manfred (1992), »Eine Wurzel – viele Blüten. Zur Geschichte der Heimat- und Naturschutzbewegung«, in: ANL (Hg.), *Beiträge zu Natur- und Heimatschutz*, Laufen/Salzach, S. 14-20

Trepl, Ludwig (1981), »Ökologie und ›ökologische‹ Weltanschauung. Zurück zur Natur – eine Konsequenz ökologischer Erkenntnisse?«, in: *Natur und Landschaft* 56(3), S. 71-75

Trepl, Ludwig (1984), *Über Impatiens parviflora DC. als Agriophyt in Mitteleuropa*, Diss. Bot. 73, Vaduz

Trepl, Ludwig (1987), *Geschichte der Ökologie. Vom 17. Jahrhundert bis zur Gegenwart*, Frankfurt/M.

Trepl, Ludwig (1990a), »Research on the anthropogenic migration of plants and naturalisation«, in: Sukopp, H./Hejný, S. /Kowarik, I. (Hg.), *Urban Ecology. Plants and plant communities in urban environments*, The Hague, S. 75-97

Trepl, Ludwig (1990b), »Zum Problem der Resistenz von Pflanzengesellschaften gegen biologische Invasionen«, in: *Verh. Berl. Bot. Ver.* 8, S. 195-230

Trepl, Ludwig (1991), »Forschungsdefizite: Naturschutzbegründungen«, in: Henle, K./ Kaule, G. (Hg.), *Arten- und Biotopschutzforschung für Deutschland*, Jülich, S. 424-432

Trepl, Ludwig (1992), »Was sich aus ökologischen Konzepten von ›Gesellschaften‹ über die Gesellschaft lernen läßt«, in: Mayer, J. (Hg.), *Zurück zur Natur? - Zur Problematik ökologisch-naturwissenschaftlicher Ansätze in den Gesellschaftswissenschaften*, Rehburg-Loccum, S. 51-63

Trepl, Ludwig (1994a), »Zur Rolle interspezifischer Konkurrenz bei der Einbürgerung von Pflanzenarten«, in: *Archiv für Nat.-Lands.-* 33, S. 61-84

Trepl, Ludwig (1994b), »Competition and coexistence: on the historical background in ecology and the influence of economy and social sciences«, in: *Ecological Modelling* 75/76, S. 99-110

Trepl, Ludwig/Sukopp, Herbert (1993), »Zur Bedeutung der Introduktion und Naturalisation von Pflanzen und Tieren für die Zukunft der Artenvielfalt«, in: *Dynamik von Flora und Fauna - Artenvielfalt und ihre Erhaltung*, München, S. 127-142

Tüxen, Reinhold (1950), »Wanderwege der Flora in Stromtälern«, in: *Mitteilungen der floristisch-soziologischen Arbeitsgemeinschaft 2*, S. 52-53

Tüxen, Reinhold (1956), »Die heutige potentielle natürliche Vegetation als Gegenstand der Vegetationskartierung«, in: ders. (Hg.), *Angewandte Pflanzensoziologie*, Stolzenau/ Weser, S. 5-42

Tüxen, Reinhold (1957), »Entwurf einer Definition der Pflanzengesellschaft (Lebensgemeinschaft)«, in: *Mitteilungen der floristisch-soziologischen Arbeitsgemeinschaft N.F.* 6/7, S. 151

Tüxen, R. (Hg.) (1966), *Anthropogene Vegetation. Bericht des internationalen Symposiums in Stolzenau/ Weser 1961* Den Haag

U.S. Congress, Office of Technology Assessment (OTA) (1993), *Harmful Non-Indigenous Species in the United States*, Washington, D.C.

Usher, Michael B. (1986), »Invasibility and wildlife conservation: invasive species on nature reserves«, in: *Philosophical Transactions of the Royal Society London* B 314, S. 695-710

Usher, Michael B. (1988), »Biological invasions of nature reserves: A search for generalisations«, in: *Biological Conservation* 44, S. 119-135

Usher, Michael B. (1994), »Erfassen und Bewerten von Lebensräumen: Merkmale, Kriterien und Werte«, in: Usher, M.B. /Erz, W. (Hg.), *Erfassen und Bewerten im Naturschutz*, Wiesbaden, Heidelberg, S. 17-47

Vitousek, P. M. (1985), »Plant and animal invasions: Can they alter ecosystem processes?«, in: Halvarson, H.O./Pramer, D. /Rogul, M. (Hg.), *Engeneered organisms in the environment: scientific issues*, Washington, D.C., S. 169-175

Vitousek, P. M. (1986), »Biological invasions and ecosystem properties: can species make a difference?«, in: Mooney, H.A. /Drake, J.A. (Hg.), *Ecology of biological invasions of North America and Hawaii*, New York, Berlin, Heidelberg, S. 163-176

Vogt Andersen, Ulla (1994), »Sheep grazing as a method of controlling heracleum mantegazzianum«, in: De Waal, L.C./Child, L.E./Wade, P.M./Brock, J.H. (Hg.), *Ecology and management of invasive riverside plants*, Chichester, New York, Brisbane, S. 77-91

Wächter, Monika (1996), »Frau und Naturschutz – Selbstverständnis oder Widerspruch«, in: FOPA (Hg.), *Ortswechel - Blickwechsel. Frauenräume in der Migration*, Bielefeld, S. 152-163

Wagner, Warren Herb (1993), »Problems with biotic invasives: a biologist's viewpoint«, in: McKnight, Bill N. (Hg.), *Biological pollution*, Indianapolis, S. 1-8

Walker, Timothy D./Valentine, James W. (1984), »Equilibrium models of evolutionary species diversity and the number of empty niches«, in: *The American Naturalist* 124(6), S. 887-899

Walser, Bernd (1995), »Praktische Umsetzung der Knöterichbekämpfung«, in: Böcker, R./Gebhardt, H./Konold, W./Schmitt-Fischer, S. (Hg.), *Gebietsfremde Pflanzenarten. Auswirkungen auf einheimische Arten, Lebensgemeinschaften und Biotope. Kontrollmöglichkeiten und Management*, Landsberg, S. 161-171

Warming, E (1896), *Lehrbuch der ökologischen Pflanzengeographie. Eine Einführung in die Kenntnis der Pflanzenvereine*, Berlin

Watson, H.C. (1847), *Cybele Britannica*, London

Webb, D.A. (1985), »What are the criteria for presuming native status«, in: *Watsonia* 15, S. 231-236

Weber, Max (1904), »Die Objektivität sozialwissenschaftlicher und sozialpolitischer Erkenntnis«, in: ders., *Gesammelte Aufsätze zur Wissenschaftslehre*, 6. Aufl. Tübingen 1985, S. 146-214

Weber, Max (1917), »Der Sinn der ›Wertfreiheit‹ der soziologischen und ökonomischen Wissenschaften«, in: ders., *Gesammelte Aufsätze zur Wissenschaftslehre*, 6. Aufl. Tübingen 1985, S. 489-540

Wehling, Hans-Georg/Konold, Werner (1994), »Naturlandschaft – Kulturlandschaft«, in: *Der Bürger im Staat* 44(1), S. 1

Weingart, Peter (1976), *Wissensproduktion und soziale Struktur*, Frankfurt/M.

Weingart, Peter (Hg.) (1972), *Wissenschaftssoziologie I. Wissenschaftliche Entwicklung als sozialer Prozeß*, Frankfurt/M.

Weingart, Peter (Hg.) (1974), *Wissenschaftssoziologie II. Strukturen wissenschaftlicher Entwicklung*, Frankfurt/M.

Westrich, Paul (1989), *Die Wildbienen Baden-Württembergs*, Stuttgart

Whittaker, Robert H. (1973), »Approaches to classifying vegetation«, in: ders. (Hg.), *Ordination and classification of communities*, The Haque, S. 325-342

Whittaker, Robert H. (1978), »A criticism of the plant association and climatic climax concepts (1951)«, in: McIntosh, R.P. (Hg.), *Phytosociology*, Stroudsberg/Pennsylvania, S. 250-260

Wiegleb, Gerhard (1997), »Leitbildmethode und naturschutzfachliche Bewertung«, in: *Zeitschrift für Ökologie und Naturschutz* 6, S. 43-62

Williamson, Mark (1993), »Invaders, weeds, and the risk from genetically modified organisms«, in: *Experientia* 49, S. 219-224

Wimmer, Reiner (1980), *Universalisierung in der Ethik. Analyse, Kritik und Rekonstruktion ethischer Rationalitätsansprüche*, Frankfurt/ M.

Windelband, W. (1894), »Geschichte und Naturwissenschaft«, in: *Das Stiftungsfest der Kaiser-Wilhelm-Universität* 1894, S. 15-41

Wöbse, Hans Hermann (1987), »Die Einheit von Materie, Geist und Seele. Über die Sinnhaftigkeit einer Synthese natur- und geisteswissenschaftlicher Erkenntnisse für die Ethik-Diskussion«, in: *Landschaft + Stadt* 19(1), S. 1-12

Wöbse, Hans Hermann (1991), »Kulturlandschaftspflege – Theorie und Praxis eines gesetzlichen Auftrags«, in: Landschaftsverband Rheinland (Hg.), *Kulturlandschaftspflege im Rheinland. Symposium 1190*, Köln, S. 18-28

Wölk, Volkmar (1992), *Natur und Mythos. Ökologiekonzeptionen der ›Neuen‹ Rechten im Spannungsfeld zwischen Blut und Boden und New Age*, Duisburg

Wormbs, Brigitte (1976), *Über den Umgang mit Natur. Landschaft zwischen Illusion und Ideal*, München

Wüst, Jürgen (1993), *Konservatismus und Ökologiebewegung. Eine Untersuchung im Spannungsfeld von Partei, Bewegung und Ideologie am Beispiel der Ökologisch-Demokratischen Partei (ÖDP)*, Frankfurt

Wysemborski, Andrea (1991), »Die Bedeutung der Naturerfahrung für das Subjekt. Eine politische und ideengeschichtliche Interpretation«, in: Eisel, U./Schultz, S. (Hg.), *Geschichte und Struktur der Landschaftsplanung*, Berlin, S. 34-57

Zimen, Erik (1985), »Schützt die Natur vor den Naturschützern«, in: *natur* 6/85, S. 54-57

Zimmermann, Beate (1996), »Wie das Reden vom Immunsystem leibhaftig wird«, in: Frauengruppe gegen Bevölkerungspolitik (Hg.), *Lebensbilder - Lebenslügen. Leben und Sterben im Zeitalter der Biomedizin*, Hamburg, S. 77-87

Zizka, Georg (1985), *Botanische Untersuchungen in Nordnorwegen. Anthropochore Pflanzenarten der Varangerhalbinsel und Sör-Varangers*, Diss. Bot. 85, Vaduz

Zucchi, Herbert (1996), »Ist die Silberlinde rehabilitiert? Zur Diskussion um das Hummelsterben an spätblühenden Linden«, in: *Natur und Landschaft* 71 (2), S. 47-50